사랑이 키티를 조선에 부르다

사랑이 키티를 조선에 부르다

초판 1쇄 인쇄 | 2018년 8월 24일
초판 1쇄 발행 | 2018년 8월 30일

지은이 캐스린 길머(Kathryn N. Gilmer)
발굴 서정운
기획 임희국
해제·감수 김석주
번역 서선영
펴낸이 임성빈
펴낸곳 장로회신학대학교 출판부

등록 제1979-2호
주소 04965 서울시 광진구 광장로5길 25-1(광장동 353)
전화 02-450-0795
팩스 02-450-0797
이메일 ptpress@puts.ac.kr
홈페이지 http://www.puts.ac.kr

값 20,000원
ISBN 978-89-7369-437-2 93230

＊이 도서의 국립중앙도서관 출판예정도서목록(CIP)은
 서지정보유통지원시스템 홈페이지(http://seoji.nl.go.kr)와
 국가자료공동목록시스템(http://www.nl.go.kr/kolisnet)에서
 이용하실 수 있습니다. (CIP제어번호 : CIP2018026199)

사랑이 키티를 조선에 부르다

미국 여선교사 캐스린 길머의 편지 묶음 (1923–26)

발굴 **서정운**

기획 **임희국**

해제·감수 **김석주**

번역 **서선영**

장로회신학대학교출판부

발굴 및 추천의 글

　　몇 해 전 인도네시아에 갔다가 자카르타신학대학에서 가르치는 정 승현 선교사를 통해 20세기 초반 한국에서 사역한 캐스린 길머 Kathryn N. Gilmer 선교사의 외손녀가 동료 교수로 있다는 말을 들었습니다. 만사를 제쳐 놓고 그 교수 Rebecca Young, 레베카 영 를 만나 점심을 함께 했습니다. 그날, 레베카 영 선교사가 그의 컴퓨터에 정리하여 간직해 왔던 자료인 외할머니가 주고받은 서신과 남긴 사진들을 보여 주었습니다. 땅속에 감추어져 있던 보물을 찾아낸 듯한 기쁨을 느꼈습니다. 사실은 금은보화와도 견줄 수 없는 더 귀중한 자료들이었습니다. 한국어로 번역해 책으로 출판하여 널리 알리자고 제안했더니 승락해 주었습니다. "전기만이 오직 진정한 역사"(Thomas Carlyle)라는 말이 있습니다. "역사가들보다 사람들을 탐구하라"(H. Truman)는 충고도 있습니다. 이 책에 담긴 편지들이 전기는 아니지만 그와 비슷한 의미를 가지고 있습니다. 캐스린 길머의 한국 사역이 그리 길지는 않았지만, 그가 남긴 많은 서신들과 사진들은 독특한 가치가 있다고 생각 합니다. 우리가 접하는 선교사들이 남긴 대부분의 글은 강의나 설교이거나 보고서나 요청서들입니다. 보고서나 요청서들은 여러 가지를 염두에 두고 쓴 경우가 많습니다. 내밀하고 개인적인 느낌이나 생각들을 적나라하게 적기가 쉽지 않습니다. 길머가 쓴 편지들은 그의 가족친지들과 기탄없이 나눈 사신(私

信)들이라 그 당시의 미국과 한국의 사회 상황 및 교회 형편과 더불어 가림이 없는 선교사의 모습을 있는 그대로 보여 주고 있습니다. 일종의 "측면관찰"(Oswald Spengler)을 통해 그것들의 내면통찰을 하게 하는 묘미가 있습니다. 더 오랫동안 우리가 모른 채 그냥 지나칠 뻔 했던 가문의 가보처럼 모셔온 소중한 자료들을 장로회신학대학교에 넘겨 준 레베카 영 선교사와 이 편지뭉치들을 낱낱이 번역하여 출판하는 학교에 감사를 드립니다. 이 책이 해이해진 우리를 정숙하게 하고 거룩하게 분발시키는 하나님의 선물이 되기를 바랍니다.

장로회신학대학교 명예총장 서 정 운

책머리에

　이 책은 1920년대 호남 목포지역 여성 선교사 캐스린 길머 Kathryn N. Gilmer, 1897-1926 의 영문(英文) 유고(遺稿)편지(1923~26)를 한글로 번역하여 출판한 단행본입니다. 이 단행본은 그 당시 미국 장로교 남장로회의 호남지역 교육 선교와 개신교(장로교회) 역사를 파악할 수 있는 1차 사료이고, 또한 한국 최초로 번역 출판되는 아주 소중한 자료입니다.

　이 유고편지를 본교 서정운 명예총장께서 현재 인도네시아 자카르타신학대학에서 교육선교사(교수)로 재직하고 있는 길머 선교사의 외손녀인 레베카 영 Rebecca Young 으로부터 전해 받았습니다.

　이 사료의 번역작업을 본교 기독교사상과문화연구원의 교회사연구부가 수년간 진행했습니다. 구체적으로 1차 작업인 번역은 교회사 박사후보 서선영이 완료했고, 2차 작업인 감수 및 수정 그리고 해제까지는 김석주 교수가 완료했습니다. 그리고 최종적으로, 이 번역원고를 본교 출판부(부장 신옥수 교수)가 발간하기로 결정했습니다.

　교회사 연구기법의 측면에서 살펴볼 때, 캐스린 길머의 유고 편지는 미시사(微時史)의 결정판입니다. 우선 이 편지에는 길머 선교사가 미국을 떠나 선교 현장인 한국까지 오는 긴 여정에서 겪은 세세한 경험들과 느낌이 빠짐없이 기록되어 있습니다. 또, 이방인 길머 선교사의 눈에 비친 당대 한국인의 삶이 서술되어 있으며, 나아가 선교 현장에서 마주했던 일상과 사역의 과정들이 구체적이고도 섬세하게 표현되어 있습니다.

이 책은 독자로 하여금 캐스린 길머의 안내에 따라 1920년대의 한국 속으로 '시간 여행'을 떠나게 할 것입니다. 모쪼록, 흥미진진한 독서가 되기를 기대합니다.

2018년 8월 1일 아차산 기슭에서
교회사연구부장(교회사 교수) 임 희 국

해제

캐스린 길머 Kathryn N. Gilmer 는 1897년* 12월 12일 미국 미시시피주 볼드윈 Baldwyn, Mississippi 에서 아버지 찰스 뉴먼 Charles F. Newman, 1864-1920 과 어머니 올리비아 뉴먼 Olivia P. Newman, 1865-1937 사이에서 여덟 자녀 중 셋째로 태어났다. 그녀에게는 언니 하나와 오빠 하나 그리고 남동생 넷과 여동생 하나가 있었다. 미시시피주에서 사범학교를 졸업하고 코린트 Corinth 에서 교직에 종사하다, 1923년(26세) 미국 장로교 남장로회가 한국에 파송한 교육선교사로서 목포 선교부에서 사역하기 시작하였다.

당시 캐스린은 6월 15일 기차로 코린트를 출발하여 남북과 동서로 미국 대륙을 가로질러 6월 26일 샌프란시스코에 도착하였으며, 6월 28일 프레지던트 태프트호를 타고 태평양을 건너 7월 12일 일본에 도착한 후 거기서 미리 여름휴가를 보낸 다음, 다시 배를 타고 8월 28일 부

---

* 『양림동에 묻힌 22명의 미국인 - 한국에서 순교한 선교사들의 이야기』(광주: 호남신학대학교, 2000)의 집필자 차종순에 의하면, 캐스린 길머의 출생연도가 1891년이라고 하지만, 아직 더 연구해야 할 과제이기에, 여기에서는 그녀의 여권과 광주 양림동 선교사묘역의 묘비를 따라 1897년으로 표기하였다. 출생연도의 논란에 대해서는 다음 차종순의 주장을 참조하라. "묘비에는 Mrs. Gilmer가 1897년에 태어난 것으로 되어 있지만, 실제의 나이는 이보다 훨씬 많다. 이 사실은 그녀의 조카인 Mrs. Douglas Blair Meeks (Nee, Miss Helen Blair Gilmer)에 의하여 밝혀졌다. 다시 말하여 Dr. Gilmer는 전 부인의 처제와 결혼하여 두 딸을 낳았는데, 두 번째 딸인 Mrs. Meeks가 본 저자에게 1999년 8월 25일자로 보내온 전자우편에 의하면, '그 당시에는 출생 확인서라는 것이 없었으며, 이모는 어머니보다 12세 혹은 13세가 많았으므로 그 출생연도가 1891년 혹은 1892년이 된다. 그리고 아버지와 결혼할 당시에 이미 30이 넘은 나이라는 것을 비밀로 하였을 것이다'라고 전한다. 이로써 확인하건데, Mrs. Kathryn Newman Gilmer의 출생연도는 1891년이라고 말할 수 있다"(앞의 책, 123).

산에 도착한 후 기차로 대전을 거쳐 목포로 왔다. 미국에서 한국의 사역지 목포에 오기까지 두 달 보름이나 걸린 여정이었다.

캐스린이 9월부터 목포를 중심으로 수행한 사역은 선교사 자녀들을 교육시키는 일과 현지인들에게 영어를 가르치는 일 그리고 교회에서 성경공부 반을 인도하는 일이었다. 1923년 10월 7일 그녀의 편지에 의하면, 캐스린은 자신의 사역에 열중하고 있고 너무 재미있어 죽을 지경이라고 하였다. 그러다 1925년 3월 15일 목포병원장인 의료선교사 윌리엄 길머 박사Dr. William H. Gilmer, 1891-1978 와 결혼하였고, 1926년 3월 16일 같은 이름을 가진 딸 캐스린Kathryn Newman Gilmer, 1926-2013 를 출산한 후 그 후유증으로 인하여 11일 후인 3월 27일 뇌출혈로 사망하여 광주 양림동 선교사묘역에 묻혔다.

길머 박사는 아내가 사망한 후 얼마 동안 혼자 아이를 기르며 여전히 목포병원장으로 사역을 감당하였고, 딸 캐스린이 여행할 정도가 되자 미국으로 돌아와 처가를 방문하였으며, 1928년 2월 8일에 처제인 헬렌 뉴먼Helen E. Newman, 1903-1990 과 재혼하였다 그리고 이 둘 사이에서 두 딸 베티Betty J. Gilmer, 1929- 와 블레어H. Blair Gilmer, 1941- 가 태어났다. 베티는 프린스턴신학대학원을 다닐 때 같은 신학생인 필립 영Philip H. Young 을 만나 결혼을 하고, 이 둘 사이에 네 명의 자녀를 두었는데, 그 중 하나가 인도네시아에서 선교사로 사역하는 레베카 영Rebecca Young 교수이다.

딸 캐스린은 이모이자 새 엄마인 헬렌에 의해 잘 양육된 후 대학에서는 음악학을, 대학원에서는 교육학을 전공하였다. 그 후 음악교사로서 어린이들을 가르쳤고, 사랑받는 이야기꾼으로 여러 방송에 출연하였으며, 일본 도쿄의 미군부대에서 가르치기도 하였다. 1978년에는 광주를 다녀갔고, 1994년 은퇴하여 노스캐롤라이나주에서 지내다, 2013년 버지니아주 드레이퍼 Draper, Virginia 에서 87세로 평안히 생을 마감하였다.

캐스린 길머의 한국 사역 및 삶은 1923년 8월 28일부터 1926년 3월 27일까지 2년 5개월에 불과하다. 그러나 그녀는 선교사로 선임된 후 고향 미시시피주를 출발하여 샌프란시스코까지의 기차여행, 샌프란시스코에서 부산까지의 선박여행, 관동대지진 직전의 일본 체류, 부산에서 대전을 거쳐 목포까지의 기차여행 등 선교사가 파송을 받아 한국에 오기까지의 모든 일정과 느낌을 이 책에 낱낱이 기록하고 있다. 또한 한국에서의 동료선교사와의 결혼, 금강산 여행, 사역지인 목포를 중심으로 인근 순천, 광주, 전주에서의 선교사의 삶과 한국인들의 모습 등을 잘 묘사하였다.

이런 면에서 볼 때 캐스린 길머의 편지 묶음인 이 책은 당시 여느 선교사의 편지나 선교일지와 다르며, 구체적이면서도 섬세하게 기록된 미시사의 결정판이라 말할 수 있다. 따라서 여기 그녀의 미시사를 통해서만 찾아볼 수 있는 당시의 특색 있는 시대상을 몇 가지 특별히 언급하려고 한다.

첫째는 당시의 교통사정을 잘 엿볼 수 있다. 우선 선교사들이 미국에서 태평양을 건너 아시아에 오는 길이 무척 짧아졌다. 1807년 로버트 모리슨Robert Morrison, 1782-1834 은 거의 4개월의 항해를 거쳐 선교지 중국에 다다를 수 있었다. 아직 미국의 대륙횡단철도나 파나마 운하가 건설되기 이전이었기 때문에, 1807년 5월 12일 뉴욕을 출발하여 남미 대륙의 끝 케이프 혼Cape Horn 을 돌아 태평양을 건너 9월 4일에야 마카오에 당도했던 것이다.* 호러스 언더우드Horace G. Underwood, 1859-1916 는 대륙횡단철도를 이용하여 뉴욕에서 시카고를 거쳐 샌프란시스코로 이동한 다음, 거기서 1884년 12월 16일** 출발하여 1885년 1월 25일 일본에 도착할 수 있었다. 그러나 아직도 40일 정도가 걸렸다. 캐스린의 경우에는 보름만에 태평양을 횡단할 수 있었으니, 두 배 이상이나 빨라졌던 것이다. 이 책에는 태평양 횡단만이 아니라 요코하마에서 부산을 오가는 연락선의 형편이나 동양에서 처음 만들어진 "만주 철도"의 전망차가 부산에서부터 운행되고 있었다는 사실, 목포에서 서울, 부산, 대전, 전주, 광주, 순천 등을 오가는 방법 등 쉽게 접할 수 없는 당시의 교통사정이 잘 묘사되어 있다.

둘째는 당시 미국사회가 어떻게 선교 사역이나 선교사를 바라보았는지 단편적이지만 여러 면면을 잘 살펴볼 수 있다. 당시 태평양을 건너는 정규 요금이 305달러인데, 캐스린은 선교사 요율을 적용받아 더 싸게 표를 구할 수 있었고, 무엇보다도 "각층에 있는 수많은 방들 중 단

---

* 이에 대해서는 Eliza A. Morrison, *Memoirs of the Life and Labours of Robert Morrison 1* (London: Longman, Orme, Green, and Longmans, 1839), 131-157을 참조하라.

** 언더우드가 언제 샌프란시스코를 떠났는지에 대해서는 아직 논란의 여지가 많은데, 이에 대해서는 박형우, "미국 북장로회 선교사 호러스 G. 언더우드의 내한에 관한 연구," 『동방학지』 170 (2015), 74의 본문과 각주를 참조하라.

네 개의 방에만 개인 욕실이 있는데," 바로 그 욕실이 딸린 방을 "노처녀 선교사"이기 때문에 추가 요금 없이 배정 받았던 것이다. 그녀의 고향 마을 신문사들은 서로 경쟁적으로 그녀의 소식을 전하곤 하였다. 관동대지진에 그녀가 안전한지, 한국에서의 그의 삶은 어떠한지 살폈으며, 그녀의 죽음을 크게 애도하였다.

셋째는 한국에서 생활하는 미국 선교사들의 갈망과 어려움을 세세하게 잘 볼 수 있다. 누구나 겪는 언어의 문제로부터, 그로 인해 필연적으로 따라오게 되는 함께 일하는 사람들과의 오해와 갈등, 위생문제 등이 그것이다. 사실 어떤 것은 동서양의 서로 다른 관점의 차이기도 하지만, 위생에 대해 전혀 고려해 볼 수 없는 한국의 요리사가 파리를 쫓으라는 그래함 양에게 "어머, 부인, 그 작은 것이 가져가는 적은 음식도 놓칠까 봐 그렇게 걱정하시는 거예요?"라고 말하는 것을 듣고는, 오늘날 우리 독자들이 배꼽을 잡고 웃을 수만은 없는 노릇이다. 한국에서 하루하루를 살아가기 위하여 샐러리와 토마토 등 새로운 작물을 심거나 젖소를 기르는 이들 선교사들의 삶과 실천을 통해 한국의 먹거리가 하나둘 더 늘었던 것이다.

넷째는 캐스린을 통해 길머 박사가 사역하던 목포병원의 모습이 잘 전해주고 있다. 길머 박사는 하루에 평균 한 건의 수술을 하였지만, 어떤 때는 2-3건도 하였고, 독감, 장티푸스, 설사 등이 유행하여 각처의 선교사나 외국인 환자들이 밀려올 때는 병원 일이 폭주하였다. 이럴 때마다 그의 육체적 고단함은 이루 말할 수가 없었다. 하지만 이보다도 병들거나 거동이 불편한 한국인 환자들을 병원 재정상 다 받아들이지 못하는 정신적 괴로움이 더 컸었다. 간호사들 역시 헌신적으로 환자들을 돌보고 병실을 깨끗하게 유지하였다. 거기 일하는 한국인 조수들의 실력과 형편도 잘 전해준다. 아마 목포병원이나 길머 박사 혹은 초기 한국 병원의 간호에 대해 관심이 있거나 연구하려는 사람은 이 책을 꼭 읽어야 할 것이다.

다섯째는 1920년대 한국 교회의 모습이 잘 그려져 있다. 어린이들과 여성들로 가득 찬 성경공부 반이나 열악한 풍금, 그림카드를 이용한 공부 등이 생생하게 소개되고, "신여성" 등으로 인한 불편함도 언급되어 있다. 사실 1920년대 중반에 접어들면서 한국 교회는 밖으로는 사회주의자들과의 갈등으로, 안으로는 세대간의 대립으로 서서히 위기에 처하고 있었다. 교회의 지도자들 역시 40대, 50대에서 30대, 40대로 내려가면서 신학생의 수는 점차 늘었으나 조사와 장로의 수는 점차 줄어 지방에 있는 교회가 크게 어려워졌다. 젊은이들은 새시대 새공기에 사는데, 교회의 지도자들은 여전히 구시대 구공기에 젖어있기도 하였다. 이런 분위기 속에서 교회가 갈등하고 위기를 맞는 순간이 장로를 새롭게 선출할 때였는데, 캐스린은 이 순간도 단편적이나마 잘 언급하고 있다.

마지막으로 당시 선교사들의 자녀들에 대한, 특히 그들의 자녀 교육에 대한 파송 선교회나 교단에서의 배려가 이 책 전반에 잘 나타난다. 선교 역사를 통해 볼 때, 런던선교회가 조직된 이래로 유럽이나 미국의 선교회들이나 교단 선교부가 가장 염려하고 관심을 기울인 것은 선교사 본인의 안전과 그들 자녀들의 교육이다. 물론 이 책에 잘 소개되고 있는 것처럼, 자녀 교육에 드는 일정 부분의 재정적인 부담은 선교사

사랑이 키티를 조선에 부르다

본인이 감당하기도 했지만, 전체적인 맥락에서 선교회나 교단 선교부가 계획하고 실행에 옮기고 있음을 생각할 때, 늦었지만 우리 한국 교회가 꼭 고려해야 할 바가 바로 이것이 아닌가 생각한다.

이 책을 통하여 우리가 1920년대의 한국과 세계를 새롭게 인식하거나 배워야 할 것이 이외에도 여러 가지가 있겠지만, 나머지는 독자 여러분 스스로가 새롭게 찾아내는 기쁨을 맛보도록 여기서 멈추고자 한다.

前 장로회신학대학교 교회사 교수 김 석 주

차례

첫째 묶음

대륙을 가로질러 샌프란시스코로

당시 발급된 여권 내용

날짜: 1923년 5월 28일
케이트 뉴먼 Kate Newman, 모든 나라에 대하여 유효
방문 목적: 여행
개인 기재사항:

나이: 26세	입: 큼
키: 159cm	턱: 짧음
이마: 중간	모발: 갈색
눈: 갈색	혈색: 어두움
코: 짧음	얼굴: 작음

특이사항: 없음
출생지: 미시시피주 볼드윈 Baldwyn, Mississippi
생년월일: 1897년 12월 12일
직업: 교사

1923년 6월 15일 금요일, 밤

코린트Corinth 에서 잭슨Jackson 으로 이동 중

내가 뭘 하고 있는 걸까…?

여러분을 너무 사랑해요. 그리고 제가 어디로 가고 있는지 생각 중이에요.

저는 코린트에서 너무 들뜬 나머지 남녀를 가리지 않고 사람들을 마구 붙들어댔어요.

샘 Sam J. 이 오지 않았네요. 기차가 떠나는 날이 목요일 밤이라고 생각을 했는지 안 했는지 모르겠고, 저는 그에게 올 건지만 물었고, 더 이상 아무 말도 하지 않았지요. 리즈Liz 가 여러분에게 표에 대해서 말했을 거예요. 트렁크 체크하는 것 말고는 다 괜찮았어요. 세인트루이스St. Louis 에서 바로잡을 수 있을 거라고 생각해요.

지금 저의 유일한 즐거움이라곤 통로 건너에서 발가락을 까딱거리고 있는 12번 좌석의 발뿐이네요.

사랑을 담아,

여러분의 키티.

배 멀미약을 잃어버린 거 있죠. 아하하!

첫째 묶음 · 대륙을 가로질러 샌프란시스코로

1923년 6월 17일 일요일, 아침 9시 35분

C&A 안에서*

그리운 여러분,

30분 전에 세인트루이스를 떠나 마샬Marshall 로 가는 길이에요. 빌 부인Mrs. Bill 이 기차에서 저를 만나서 하는 말이, 저더러 꼭 자기와 함께 있어야 한다는 거예요. 맥켈리 부인Mrs. McCally 도 그게 좋겠다고 거들었죠. 오늘 오후 3시 30분경 마샬에 도착하면 거기서 밤을 보내고 아침에 떠날 거예요. 빌 부부와 멋진 시간을 보냈답니다.

정말 걱정이에요. 제 표가 잘못 끊기는 바람에, 페스케Mr. Paeske 가 자기 일을 제대로 몰랐다는 걸 알게 됐어요. 이곳 열차 승무원들과 티켓 판매원들은 너무 괴팍하고, 잘못된 걸 바로잡기 위해 시간을 써주지도 않아요. 어떤 사람이 제게 말하더군요. "아이고! 남쪽 사람들은 이런 망할 일을 어떻게 해야 하는지 모른다니까." 자기는 자기 자신이 돌봐야만 하는 거죠. 정말이에요. 소심하고 무지한 제가 어떻게 어디에 도착이나 할지 모르겠네요. 제가 뭘 해야 할지 정확히 모르겠어요. 빌이 오늘 튜플로Tupelo 에서 페스케에게 전보를 칠 거예요. 그가 제 표와 보관표 번호를 가져갔거든요. 로스엔젤레스로 전보를 칠 수 없는지, 그리고 트렁크를 샌프란시스코로 보낼 수 있는지 확인할 거예요. 맥켈리 부인

---

* 역자 주: 알턴 철도는 일리노이주의 시카고, 알턴, 미주리 주의 세인트루이스, 캔자스시티를 잇는 철도였고, C&A라는 마크를 사용했다. (이후 특별히 언급하지 않는 한 모든 각주는 '역자 주'이다.)

사랑이 키티를 조선에 부르다

은 기차가 떠날 때까지 가족 전체의 짐, 표, 그리고 또다른 일들로 바빴기 때문에 저는 맥켈리 부인을 약 3분 정도 밖에 보지 못했어요. 저 혼자 로스앤젤레스로 가고, 프리스코 Frisco** 에서 부인을 만나야 할 것 같기도 해요. 세인트루이스에서는 수백명의 사람들이 표를 사고 정보를 얻기 때문에 시간이 많이 지체되죠. 그래서 짧은 시간 안에 일을 처리할 수가 없어요. 페스케! 던져버리고 싶어요! 그 일로 너무 걱정이 되거든요. 어떻게든 처리가 되겠지만, 그저 불편하고, 저의 시간을 상당히 잃어버리겠죠.

맥켈리 부인의 자매는 매우 유쾌하고 괜찮아 보였어요. 28살 정도로 보이고, 뭐 특별히 예쁘진 않지만 그렇다고 못생기지도 않았어요. 꾸밈 없이 입었지만 여행에 매우 적절해 보였고, 유쾌한 미소가 있었어요.

맥켈리 부인은 여전히 깐깐하고, 얼굴 구석구석이 '나는 엄격하게 사무적임'이라고 말하는 것 같아요.

단 3분간의 교제 중에 만난 앨리스 Alice 는 영화에 나오는 여자 같은 소년 '아치볼드' 같았어요. 큰 '안경'을 끼고 내 손을 잡자마자 입을 맞췄죠. 남자애는 멀리서만 봤구요.

빌 가족은 제게 사탕 한 상자를 줬고, 세인트루이스에 있는 온갖 곳을 데리고 다녔어요. 제게 캘리포니아 주소를 줄 수 있는지 맥켈리 부인에게 물어본다는 걸 깜박했어요. 마샬에 도착하는 대로 물어봐야겠어요. 거기서 우편으로 부칠게요.

제 감정이 어떤지에 대해 말하지 않을 거예요. 여러분의 상상에 맡기겠어요. 아마도 이 말을 많이 할 것 같아요. 어쩌면 저는 목적지에 도착하기도 전에 산만하고 제정신이 아니라고 체포될지도 몰라요.

** 샌프란시스코

사랑해요. 안녕히 계세요.

케이트

편지는 많이 쓰지 않으려고 해요. 올게 되거든요.

1923년 6월 17일 일요일

샌프란시스코 엘리스가 174 라모나 호텔. 제 캘리포니아 주소예요. 아침까지는 마샬이에요. 사랑해요. 케이트.

1923년 6월 18일 월요일, 아침 9시

7시 25분에 막 마샬을 떠나 캔자스시티를 향하고 있어요. 마샬 사람들은 멋지고, 너무 다정하고, 정말이지 교양이 있는 좋은 사람들이었어요. 제가 지금까지 본 가장 멋진 매너……. 그리고 이건 자랑삼아 말하는 건 아니지만 여러분만 알고 계시고 다른 사람은 모르게 해주세요. 저 히트 쳤어요. 그들은 제게 멋진 이야기를 해줬고, 그리고 맥켈리 부인이 말해줬는데, 그들이 저를 만나게 된 게 정말 행운이라고 했다나요. 아마도 제 옷이 제가 만났던 사람들 모두에게 깊은 인상을 준 것 같아요. 그 옷을 입어서 너무 기뻐요. 오늘 오전에는 다른 옷을 입었어요. 아무래도 제가 절대 만날 수 없는 사람을 만난 것 같은 느낌이랄까.

앨리스와 하디 Hardy, 보다보다 제 인생에 그런 사나운 아이들은 처음

사랑이 키티를 조선에 부르다

봐요. 제 앞에 펼쳐질 행복한 시간이라니……. 그 아이들은 맥켈리 부인의 말을 거의 듣지 않아요.

그들의 멋진 친구들이 이 기차에 탔어요. 그래서 이 편지를 멈추고 그들과 수다를 떨 수밖에 없었죠. 한 사람은 로스앤젤레스에 있는 캘리포니아 대학의 선생님인데, 저는 그녀에 비해 너무 초라하다고 느꼈답니다.

맥켈리 부인 자매의 나이를 잘못 알았네요. 그녀는 맥켈리 부인보다 나이가 더 많은데 그렇게 보이지 않아요. 제 생각으로는 40세에 가깝거나 아님 그 이상일 것 같아요. 맥켈리 부인의 손은 완벽해요. 모든 일에 사람을 부리거든요.

그녀의 언니인 레오나 양Miss. Leona 은 비록 나이가 들었지만, 정말 너무 멋지고 친절해요. 사람들이 충분히 함께 할만 해요.

로스앤젤레스로 가는 이 친구는 토요일 아침에 거기 도착할 거예요. 그래서 그녀가 제 트렁크에 대해 문의를 하고, 만약 그 전에 트렁크가 도착해 있지 않으면 샌프란시스코로 속달로 부치도록 하겠다고 말하네요.

세인트루이스에서 사람들이 말하길 제 트렁크가 도착하지 않았대요. 이해할 수가 없어요. 트렁크는 저와 함께 갔어야 했는데, 토요일 아침에 거기에 없었던 거죠. 어쨌든 일을 계속 진행하지 않고 샌프란시스코까지 체크를 하지 않은 그 교활한 매표꾼을 생각하면, 그를 죽이고 싶을 정도예요. 제가 거기 체류하도록 되어 있었으니까 가능했거든요. 저야 표를 가지고 샌프란시스코에 무사히 도착하고, 동료들과 여행을 계속 할 수 있을 테니 트렁크만 손에 넣는다면 괜찮아요. 우리는 많은 걸 보고 있고, 더 많은 것들을 보게 될 거니까요. 정말 굉장해요.

헬렌Helen, 그 글자 카드와 숫자 카드 각 한 상자를 캘리포니아로 보내 줄 수 있겠니? 한 상자씩만.

　　주소: 샌프란시스코 엘리스가 174 로마나 호텔

　　그 내용을 카드에 써서 보냈는데 네가 받지 못할까봐 걱정이야.

　　　　많이 사랑해요.

　　　　엄청 사랑해요.

　　　　정말 너무 사랑해요.

베이비돌에게 키스를.

키티

(캔자스시티행으로 갈아타다.)

　　　　　　　　🐛

　　　　　1923년 6월 20일 수요일, 아침

　　사랑하는 엄마에게,

　　오늘 아침에 눈을 뜨니 제가 유타에 있네요. 저는 아직 침대에 있고, 프라이스Price 라는 마을을 통과하고 있어요. 길안내 책자에서 제가 어디에 있는지를 찾아봤죠. 몇 시인지 모르겠지만 아마도 6시 30분쯤 되지 않을까 생각해요.

　　제 침대를 보셔야 하는 건데. 지난밤에 양말을 빨아서 목욕 수건 등과 함께 창문에 널어 말리고 있어요. 우리는 긴급정차신호 때문에 언제든 설 것 같아요. 지난밤에는 너무 피곤해서 생각보다 잘 잤어요. 월요일 오후부터 계속 이 침대차를 타고 있고, 다만 몇 개 역에서 신선한 공기를 마시기 위해 잠깐 내렸을 뿐이라 너무 피곤해요. 제가 다시 깨끗해질 수 있을까요? 너무 지저분해요.

하지만 굉장한 것들을 보고 있어요. 어제는 오후 내내 자연의 걸작이자 예술인 로얄 협곡 Royal Gorge 을 통과했죠. 그때부터 줄곧 산을 옆에 두고 움직이고 있어요. 눈 덮인 산들도 멋졌고, 아름답고 굉장했어요. 해발 4천 2백 미터의 가장 높은 고도를 지나느라 모두들 코트를 입어야 했죠.

협곡을 통과하면서 무개차를 운행했거든요. 추가로 25센트를 내고 진정한 아름다움을 만끽했어요. 헬렌이 돈을 아껴서 언젠가 꼭 이 여행을 하면 좋겠네요. 움직이기만 하면 돈이 든다니까요.

시간이 지나고. 10시.

경치를 보기 위해 멈추자, 코델 양 Miss Cordell, 맥켈리 부인의 언니 이 와서 머리를 들이밀고 아침을 먹으러 가자고 하더군요. 그때가 8시 30분이었죠. 저는 옷을 입고 아침 식사를 하러 갔어요.

엄마, 제가 지금 보고 있는 걸 엄마도 보실 수 있다면 얼마나 좋을까요? 와! 정말 웅장해요. 지금 거대한 산을 넘어가고 있는데, 7천 피트 높이에 있어요. 어디로 착지할 수 있을지 수십 번이나 자리를 찾아봤어요. 어떻게 기차가 깊은 계곡이나 강으로 추락하지 않고 이런 선로 위를 지나갈 수 있을까요? 선로가 가장자리로부터 불과 몇 인치 밖에 떨어져 있지 않은 곳이 많고, 또 어떤 곳에서는 엔진이 뒷 객차와 닿을 정도에, 커브는 거의 원에 가깝죠. 아마 엄마는 겁이 나서 돌아가실 지경이 될 거예요. 이 모든 것을 보면, 누가 하나님께서 계시지 않는다고 말할 수 있겠어요? 가능한 한 있는 그대로를 묘사할 수 있다면 좋겠는데……. 이틀 동안 내내 산 속을 여행한다고 생각해보세요. 그 이상은 모르겠어요.

자매를 만나기 위해 중국으로 가는 한 숙녀를 만났어요. 자매의 남편이 북경에 주둔하는 군인이래요. 만약 제가 거기 가게 되면 즐거운 시간을 보내게 해주겠다네요. 다행히 실크 크레이프를 가져왔기 때문에 모든 초대에 응할 수 있게 돼서 기뻐요. 그녀는 혼자서 여행을 하고 있고, 일본의 정기선을 탈 예정이에요.

맥켈리 부인은 대부분 혼자 지내고, 코넬 양과 저는 기차 이쪽 끝에서 저쪽 끝까지를 돌아다녀요. 코넬 양은 지금까지 여행을 많이 해서 웬만한 일은 별로 신경을 쓰지 않는 것 같아요.

코넬 양은 사랑스럽고 상냥한 사람이지만, 코르셋 커버를 입어요.

(맥켈리 부인의) 이 악동들이 온 기차를 쑥대밭으로 만드네요. 둘 다를 창문 밖으로 밀어버릴 수 있었으면! 하디가 저와 함께 의자에 앉아 있어서 편지를 쓸 수가 없네요. 지난밤에는 앨리스가 식당 칸에 있는 식탁 위에 서서 웨이터가 들고 있던 쟁반에서 무언가를 낚아챘어요. 그 두 녀석들은 모든 사람들을 깜짝 놀라게 하죠. '짓궂다'는 말로는 명함도 못 내밀어요. 어쩌면 좋죠? 맥켈리 부인은 그 아이들과 한 가지 일도 할 수가 없어요. 부인이 말하면 걔네들은 모조리 거부하고, 절대로 통제할 수가 없어요. 앨리스는 세상에서 가장 심술궂은 태도를 가졌답니다. 탁자를 발로 걷어차고, 돼지처럼 먹고, 껌은 물론이고 엄마가 상상하실 수 있는 모든 것을 씹어요. 게다가 모든 사람들에게 뭘 사달라고 애걸해요. 나이는 거의 열 두 살인데.

좀더 구경하러 가야겠어요. 이 편지는 다음 역에서 부칠게요.

엄마를 많이 사랑해요.

키티.

뭘 썼는지 모르겠네요.

사랑이 키티를 조선에 부르다

1923년 6월 21일 목요일, 11시 30분

'씨에라 네바다 산맥을 통과하는 중. 캘리포니아 어디.'

오! 오! 오! 제가 보고 있는 것을 여러분 모두가 볼 수 있다면 얼마나 좋을까요! 정말 놀라워요. 우리는 지금 페더강 협곡에 있고, 여길 통과하려면 5시간이 걸려요. 이런! 지금 산 속의 터널을 통과해 돌고, 산을 넘고 강을 건너고 강을 따라가고 있어요. 때때로 절벽을 통과한다는 걸 알면 작별인사를 한답니다. 제발 여러분들 모두 돈을 아껴서 이 여행을 하세요. 아무 것도 하지 않아도, 그냥 캘리포니아로 갔다가 왕복 여행 티켓으로 돌아가세요. 분명 이 씨닉 Scenic Limited 을 탈 거예요. 세인트루이스에서 타고 샌프란시스코에 도착할 때까지 내리지 않는 거예요.

맥 부인이 오늘 아침에는 정말 붙임성이 있었어요. 오전 내내 저에게 말을 하는 거 있죠. 그녀는 계획을 하나 세웠는데, 그건 바로 코델 양과 제가 며칠 동안 일본에 있는 커다란 여름 휴양지에 가도록 하는 거예요. 그런데 이름이 생각나지 않아요. 아무리 노력해도 기억이 나질 않네요. 아무튼 다시 돌아가서. 맥켈리 씨가 앨리스를 데리고 유럽에 가기를 간절히 원한다는군요. 그녀가 맥켈리 씨에게 원하는 건, 제가 거기 있을 동안이나 아니면 제가 집으로 돌아갈 때, 그 여행을 계획하는 거예요. 그녀는 가고 싶어하지 않거든요. 그녀는 그 어떤 재밌는 것에 대해서도 관심이 없는 반면 맥켈리 씨는 아니에요. 그리고서 그녀는 제게 조선 생활 등에 대해 많이 얘기해줬어요.

우리는 오늘 오전에 산을 통과하는 25개의 터널을 지났어요. 3시 30분경에는 스톡턴에 도착해서, 요세미티를 향해 떠날 거예요. 월요일에는 프리스코를 향해 같은 열차를 탈 예정이에요.

아무쪼록 저를 많이 사랑해주세요.

열렬한 사랑으로,

케이트

뭔가 놓친 게 있는 것 같아 길게는 쓰지 못하겠어요.

추신: 제가 다시 깨끗해질 수 있을까요? 너무 더러워요. 짐꾼이 제 옷을 어딘가에 있는 라커 안에 넣었어요. 열차 내 그 어디서도 보이질 않아요. 하지만, 찾지 못하면 못쓰게 될 것이기 때문에 혹시 찾아줄 수 있겠느냐고 물었더니 찾아보겠다고 말했어요. 아마 추가로 팁을 줘야 할 것 같아요.

여러분 모두를 보고 싶어요. 네, 기분이 좀 그래요.

헬렌! 세인트루이스에서 너에게 보라색 벨벳을 보내려고 했는데 시간이 없었어. 만약 찾지 못하게 되면 빌 부인 Mrs. O. H. Bill 에게 편지를 써. 워싱턴가 4001 아파트 308호야. 그녀가 기꺼이 보내줄 거야.

맥 부인이 방금 말해줬는데, 여기서는 18달러 하는 아름다운 진주(짧은 줄)를 거기서는 75센트에 구할 수 있을 거래요. 돈이 좀 더 있었으면 좋겠어요. 일본에 있는 이 멋진 휴양지는 멋진 쇼핑 장소이기도 해요. 하지만 제가 거기 도착할 때까지는 한 푼도 없을 거니까 아무 물건도 살 수가 없겠죠? 이 2백 달러는 철도 요금 등에다, 요코하마에서 조선까지의 남은 여정에 충당해야 해요. 요코하마가 상당 부분 차지하고, 우리가 고베로 가기 전 이틀 동안 배가 요코하마에서 이틀을 머물 것이고, 고베에서 조선 해협을 넘어가요. 또 목포까지 가는 기차를 탈 거니까, 결국 2백 달러도 많지는 않아요.

사랑해요.

요세미티 로지
요세미티 국립공원, 캘리포니아

1923년 6월 25일 월요일, 아침

사랑하는 언니,

내가 매표꾼 루터 Mr. Luther 에 대해 어떻게 생각하는지 언니가 솔직하게 말해줬으면 해. 정말이지 내가 겪고 있는 모든 골치 아픈 일들 때문에 미치겠어. 나는 스톡턴에서 표를 대행하는 사람에게 수표를 맡겼어. 내 트렁크를 멈춰주거나 아니면 위치를 알아내기 위해서였지. 그런데 그가 말하기를 트렁크가 스톡턴을 통과한 기록이 없다더군. 캔자스시티 사람은 캔자스시티를 통과했다고 말하고, 세인트루이스 사람은 트렁크가 세인트루이스에 없다고 했어. 스톡턴 사람은, 그러니까 요세미티에 있는 동안 수표를 남겨야 한다고 했고, 그렇게 했어. 여기를 벗어나면 샌프란시스코까지 한 곳에서도 멈추지 않고, 써던 퍼시픽을 이용해 오늘 도착하게 된다는군. 하지만 나는 수표 때문에 스톡턴에 가야만 해. 그렇게 하기 위해서 맞출 수 있는 일정은, 여기서 약 11시에 출발할 건데, 지금 엘 포털 El Portal, 밸리 스테이션임 로 가는 여정을 기다리고 있는 중이야. 그리고 머시드에 가서 3시간을 기다렸다가 래스롭 Lathrop 으로, 다시 스톡턴행으로 갈아타면 밤 8시에 도착하고, 호텔을 찾고 거기서 밤을 보내고, 다음날 11시 30분에 스톡턴을 벗어나 프리스코로 향하는 것! 더 이상 못참겠어! 내가 만약 선교사가 아니라면 저주라도 하고 싶군.

하루 온종일 기차를 타느라 프리스코에서 유용하게 쓸 수 있는 시간을 버리는 거잖아. 나는 혼자 가겠다고 주장했지만, 사람들이 나를 혼자 가도록 두지 않아. 코델 양이 나랑 함께 할 거고, 맥 부인과 그 아이들은 오늘 아침 7시에 프리스코로 떠났어. 저런! 그녀는 코델 양이 없이 짐과 그 작은 녀석들과 함께 시간을 보내게 되겠지. 그 점에 대해 참으로 유감이야. 하지만 내가 스톡턴에 도착했을 때 상황 파악이 전혀 안될 수도 있다는 점이 날 슬프게 해.

코델 양을 남겨놓고 로스앤젤레스로 내려가서, 배 시간에 맞춰 프리스코에 도착해야 할 수도 있어. 래스롭에서 스톡턴으로 가는 추가표를 사서 돌아가고, 스톡턴에서 호텔 비용을 지불해야 할 거야. 정말 폭발하기 직전이야. 그 경비는 모두 내 주머니에서 나갈 것이고, 그러고 나면 나는 완전히 빈털터리가 되겠지. 게다가 코델 양의 비용을 지불해야 한다니 슬퍼.

내 트렁크를 찾지 못할 경우 5달러나 8달러 정도의 대금을 청구해 줘. 그 안에 3년 만큼의 가치가 들어있거든. 그것 이상이어야 한다고 생각해. 정말 폭발하겠어! 우리가 거기서 왔기 때문에 스톡턴으로 돌아가는 것 말고는 대책이 없었어. 결국 지난밤에는 '리브 노티스'를 남기고 앞으로 여정을 위해 자리를 예약했지.

풋츠Puts 에게는 내가 날마다 풋츠를 위해 일을 찾는 중이라고 말해 줘. 풋츠는 버스를 타고 다니면서 오래된 인디언 전설과 개척자 시대의 일들을 말해주는 가이드가 되고 싶을 거야. 우리 가이드는 정말 멋진 언어로 사람들에게 설명을 하고, 끝나면 모든 사람들이 박수를 쳐. 함께 차에 타고 가다가 차가 잠시 멈추면 메가폰을 통해 이러저러한 일들을 얘기해······.

[페이지 유실]*

---

* 이후 [ ]로 묶여있는 것은 영어 원문 최초 편집자인 레베카의 주석 표시이다.

…… '신부의 면사포'라고 부르는 그 아름다운 하얀 안개는 정말이지 사람을 유혹하는 매력을 가지고 있어. 이사회에 감사를!

지난밤에는 한 벌의 담요, 깃털이불, 그리고 내 외투를 덮고 잤어. 밤에는 엄청 춥거든. 사람들은 밤마다 로지 앞에서 커다란 모닥불 두 개를 피워. 나무를 쌓고 그걸 함께 묶고 몇 시간 동안 하늘을 향해 높이 높이 태우지.

좀 쉬는 중이야. 매일 아침 '악마같은 장난꾸러기'들은 일어나기만 하면 자유롭게 돌아다니니까 거의 보이질 않아. 그 아이들을 위한 온갖 놀거리들이 널려 있지. 그러니 맥 부인도 걱정하지 않는 것 같아. 그 어린 악마들은 분명히 태평양 바다에서도 자유롭게 돌아다닐 거야. 그리고 집에 다시 불쑥 나타나겠지. 걔네들이 자기네 구역에서 사람들을 그렇게도 지치게 하고 거칠게 구는데도 감옥에 가지 않을 걸 보면! 아마도 앨리스가 원하는 게 있을 경우 수많은 사람들의 뺨을 때려가면서 그걸 달라고 할 걸? 어린 악마들 같으니라고! 문 뒤로 데리고 가서 귀를 쭉 잡아당기고 눈이 사시가 되도록 때려주고 말겠어.

나는 맥 부인에게 '샐리 벅 Miss Sallie Buck'이라는 이름을 붙였어. 비슷한 구석이 너무 많아서 그렇게 부르지 않는 게 다행이지. 너무 초라한 행색을 하고 있어서 안내하는 사람들이나 점원들이 그저 눈만 깜박이면서 대답을 하곤 해. 모름지기 여행을 할 때 호감을 받으려면 멋지게 보여야 해. 하지만 그녀는 영리한 사람이지. 그럼에도 그녀는 깍쟁이 같은 구닥다리 여성이어서, 돈이 많으면서도 '가난한 사람들'이 이용하는 요금을 선택해. 그런데 맥켈리 씨는 정반대야. 요세미티에 와서는 하루 9달러하는 호텔에 숙박했고, 2.5달러하는 모든 파크라이드를 이용했어. 맥 부인은 그 모든 것을 만회하려고 노력하고. 그녀는 아마 내가 무인도에서 할 수 있는 것보다 더 경제적인 방법으로 여행하는 것에 대해 수도 없이 생각하면서 돈을 쓸 수 있을 걸? 그렇지만 앨리스는 아빠를 닮아서 돈에 대해서는 앞뒤를 가리지 못해.

15센트로 일본을 향해 출발한 나는 정말 용감한 것 같아. 내가 만약 샌프란시스코를 떠난 후에 편지를 쓰지 않는다면 우표를 살 돈이 없기 때문이라고 생각해 줘.

나를 사랑해?

나는 언니를 사랑해.

　"불쌍한 키티".

[요세미티 로지 편지지에 기록된 날짜 미상의 편지]

안녕, 사랑하는 헬렌.

지겹도록 바느질을 하고 있지? 너에게 내 옷을 좀 남겨놨다면 좋았을 뻔 했어. 늘 모든 사람들을 독점했던 게 참 후회스러웠어.

돈만 있다면 너를 위해 스웨터를 살 수 있을 텐데. 잘 들어. 스웨터를 사려거든 실크로 된 건 가급적 사지 마. 여기서는 그냥 약간의 보일이 달려있는 울로 된 민소매나 아니면 크레이프드신 블라우스, 하얀 실크나 주름이 있는 서지, 그리고 스웨터에 맞추기 위해 하얀색 구두와 바지, 이게 가장 멋진 거야. 아니면 소매가 있는 스웨터를 많이 입는데 대부분 실크가 아니라 가벼운 울 소재야.

정말 보고 싶구나. 네가 여기서 멋진 시간을 보낼 수 있었으면.

사랑해,

　　캣

사랑이 키티를 조선에 부르다

열심히 공부해.

너랑 언니랑 바이올린 팔려고 하는 거지? 거저는 주지 마. 유명한 바이올리니스트들에게 편지를 쓰면 사회에 진출할 수 있을 만큼 받을 수 있을 거야.

내 2백 달러는 목포로 가는데 사용할 것이고. 일본 요코하마에서는 비용을 하나도 들이지 않고 이틀을 보낼 예정이야. 요코하마를 떠나 조선에 갈 때 그 2백 달러를 쓸 거야. 아직 멀었고, 그러니 그것도 전혀 많은 건 아니지. 내가 월급을 받기 전 한 달 동안은 조선에서 근근이 버텨야 할 것 같아. 맥켈리 부인이 일본에서 살 수 있는 멋진 것들에 대해 말해줬는데, 거저나 마찬가지인 파라솔, 그리고 6달러나 7달러 정도면 화려한 기모노를 구할 수 있대.

✦✦✦

임페리얼 호텔 Imperial Hotel
캘리포니아 스톡턴 E. 메인가 904

1923년 6월 25일 월요일, 밤 10시

안녕~

스톡턴이야. 트렁크가 없네.

우리 여행은 거의 코미디 수준이야. 우리가 실패하지 않고 그곳에 도착해서 테프트호에 발을 들여놓을 수 있을까?

일단 말이야. 원래 표를 가지고 10개 주를 통과했고 지금은 캘리포니아주 전체를 돌고 있거든. 나나 언니, 아니면 언니나 내가, 표를 잘못 끊었다고 페스케 씨를 비난했다면 그에게 사과해줘. 깜짝 놀랐고, 감사해. 표를 추가로 구매하지 않았어.

자, 그럼 이제 무슨 일이 일어났는지 들려줄게. 맥켈리 부인은 오늘 아침 7시에 프리스코로 떠났어. 코넬 양과 나는 11시에 떠나서, 오후 4시에 머시드Merced에 도착했는데, 알고 보니 래스롭으로 가는 우리 기차가 50분 지연되었더군. 기차가 제대로 도착하면 아슬아슬하게 환승하는 거야. 우리는 3번이나 졸도할 지경이었어. 뭐라도 먹을 게 있는지 구하려고 했는데 먹을 게 전혀 없었고, 심지어 기차에도 식사가 없었어. 그리고 누구랑 마주쳤는지 알아? 바로 맥켈리 부인이야!

기차가 머시드에서 이미 5시간이 지연되었던 거야. 게다가 기차가 언제 도착할지도 모르는 상황이었어. 그래서 맥 부인과 악동들은 거기서 밤새 머물러야 했지. 우리가 서있는데, 모데스코Modesto, 래스롭 등으로 향하는 기차가 들어온다고 포터가 외치더군. 우리는 그 기차로 달려가서 물었지. "이 기차 타면 래스롭 가나요?" 물론. 그게 맥 부인이 탄 기차였어! 그녀 홀로 프리스코에 자정에 도착할 예정이었기 때문에 차라리 거기 가지 않고 머시드에 머무르는 것이 최선이라 생각했던 거야. 너덜너덜한 채 여자들은 곧장 지연된 기차를 타고 래스롭에 갔지. 환승을 할 수 있을지 못할지 알지도 못한 채로 말이야. 그런데 웃기는 건 거기 도착했더니, 스톡턴행 기차가 50분 지연된 우리 기차를 기다리고 있지 뭐야. 그 기차를 타려고 그렇게 전력을 다 했는데 말이지.

그때까지 나는 신경이 예민했고, 등이 아프도록 무거운 자루 가방을 지고 다녀서 정말 죽을 지경이었어. 9시에 여기 도착해서 블록 건너편에 있는 퍼시픽S. Pacific 스테이션으로 갔지. 가서 확인해 보았지만 트렁크에 관한 정보는 없었어. 스테이션 가까이 있는 호텔을 찾았어. 싸구려려니까 무슨 호텔인지는 아무한테도 말하지 마. 버스도 없었고, 피곤하고, 배고프고, 돈도 모자랐어. 그래서 거기서 멈춰서, 방을 구했는데 둘

사랑이 키티를 조선에 부르다

다 2달러 짜리였어. 알약이 필요해서 씨씨*를 찾아 나섰어. 우리의 약해진 위를 위해 좀 먹고 싶었는데 드럭스토어는 문을 닫았더군. 알약 대신 햄 샌드위치를 샀어. 알약을 대신해서 반응을 하길 바랄 뿐이야.

오전 7시 10분에 떠날 예정이야.

맥켈리 부인과 두 아이들의 표가 잘못 끊겨서 머시드에서 새로운 표를 사야만 했지. 하지만 내 표는 세인트루이스에서부터 코넬 양의 표와 완전히 똑같았고, 사람들이 프리스코로 가는 그녀의 트렁크를 확인했으니 매표꾼이 내 것도 확인했을 텐데. 그녀의 목적지 역시도 로스앤젤레스였어.

굿바이.

"케이트"

ᕽ᠁᠁
라모나 호텔
샌프란시스코
(포웰 가까운 곳) 엘리스가 174
미국식 또는 유럽식

1923년 6월 26일 화요일

사랑하는 여러분,

우리는 모두 안전하고 건강해요. 코넬 양과 저는 오늘 오전 10시에 여기 도착했고, 맥 부인은 오후 2시 10분에 도착했어요.

---

*   C C: Compound Cathartic, 복합배변제로 사용되었음

제일 먼저는, 제 트렁크를 껴안고 기쁨의 눈물을 흘렸어요. 11일 동안 걱정한 이후잖아요. 누가 트렁크를 여기 갖다 놨는지 모르겠는데, 아무래도 빌씨인 것 같아요. 그는 친절했고 제가 세인트루이스를 떠나던 날 아침에 페스케씨에게 전보를 쳤거든요. 그게 아마 트렁크가 여기 있는 이유가 아닐까 싶어요. 그리고 제가 오는 도중에 트렁크에 대해 신경써 준 사람이 아무도 없었거든요.

샌프란시스코는 대단한 곳이에요. 정말이에요. 블록을 걸으면 현기증을 느끼게 될 거에요. 그렇게 많은 사람들은 생전 처음 봐요. 저는 너무 피곤해서 숨 한 번 더 쉬는 것도 힘들었어요. 그래서 맥 부인을 만난 후 우리는 뒤에 있는 조용한 방으로 돌아왔어요. 씻고 잠시 쉬었다가, 증기선에 실을 짐을 좀 보고, 늙은 일본 영사를 만날 예정이에요.

내 앞으로 온 8통의 편지를 발견했어. 그가 내민 첫 번째 편지가 언니에게서 온 것이었고, 내가 그걸 봤을 때 뭘 했는지 말해주지 않을 거야! 부끄러웠고, 힘이 났고, 모든 편지를 읽었어. 그리고! 트위들디 트위들덤~.•

언니 두 통, 헬렌 한 통, 베이비돌 한 통, 애리스Arris 와 피어슨Pearson 한 통, 레나Lena 한 통, 헨리Henry 두 통. 이 사람들이 내가 어디로 가는지 아는 사람들 전부야. 언니와 레나 말고는 아무에게도 내 주소를 알려주지 않았지. 샘Sam J. 이 기차를 놓쳐서 정말 유감이야. 그가 왜 기차에 타지 않았는지 무척 궁금하지만, 뭐 이러저러한 이유가 있겠지.

오늘 오전에 코델 양과 나는 상점을 둘러보러 갔어. 그리고 세상에

• 루이스 캐럴의 동화 『이상한 나라의 앨리스』의 속편인 『거울 나라의 앨리스』에 등장하는 뚱뚱하고 키가 작은 쌍둥이 형제로서, 시간이 되면 서로 싸워야 한다. 그렇게 티격태격하는 정겨운 형제자매들이었던 것 같다.

사랑이 키티를 조선에 부르다

서 가장 크고, 멋지고, 예쁜 임포리엄 Imporium **이라는 백화점을 발견했어. 정말 그림 같고 세상의 모든 것을 구할 수 있는 곳이지. 한 상점에서 아름다운 드레스와 코트를 봤는데 16달러 하더군. 와! 언니와 헬렌, 엄마, 모두에게 뭔가를 사줄 수 있다는 생각에 나는 소리를 질렀어. 10달러, 22.5달러하는 싼 티가 팍팍 나는 낡은 것들, 그러니까 내 것과 헬렌의 것이 생각나 마음이 아팠어. 언니가 쇼핑하러 샌프란시스코에 온다면 얻는 게 있을 거야. 하지만 임포리엄은 무척 높아서 다 둘러보려면 그만큼의 대가를 치러야 해. 오로지 거기에만 싸게 파는 판매대가 많이 있거든. 드레스 하나를 봤는데 몹시도 베이비돌에게 보내주고 싶었어. 고맙기도 하지. 나는 울고 또 울었어. 음, 그러니까 내가 말하는 건 그녀의 편지에 미소 짓고 또 미소 지었다는 뜻이야.

모든 편지들에 대해 감사해. 그리고 내가 그 곳에 도착하도록 그저 기도만 해줘.

수요일, 오후 1시 30분

사람들을 '벗어나고,' 잠시 동안 '악마 같은 녀석들'에게서 벗어나 쉬려고 핑계를 좀 댔어. 그러나 방에 들어온 지 얼마 되지 않아 어마어마한 소리를 들었지. 죽는 줄 알았다니까. 쾅! 폭발이 일어났는데, 그건 저 악동들이 홀을 내리달리는 상황이었어. 자물쇠고 문이고 전혀 고려하

** 임포리엄 백화점은 샌프란시스코에 본사를 둔 백화점 체인이다. 1896년부터 1995년까지 99년 동안 영업을 했으며, 마켓 가의 샌프란시스코 본점은 수십 년 동안 쇼핑의 최종목적지였다.

지 않고 그냥 '쾅' 통과하는 거지. 으! 저 죽일 것들!

오늘 아침에는 할 일이 많았어. 이런 곳에서는 종이 한 장에 이름 한 자 쓰는 것도 오래 걸리거든. 일본 영사에게는 비자를 받아 와야 하고, 다른 장소에서 여권과 배표를 정리하고, 또 쓸 것도 많았어. 그래서 아침 식사를 하자마자 일을 시작했는데, 아이들이 오전 내내 우리에게 매달리더군. 걔네들 몸무게는 각각 최소한 85파운드, 90파운드, 아니면 그 이상일 거야. 매달리는 건 무서워가 아니고 그냥 심술을 부리는 거지. 온몸을 실어서 우리 팔에 매달리는데, 맥 부인은 그 아이들을 말릴 수가 없어. 퍼시픽 우편 사무실에서는 바쁜 사람들이 모두들 놀라서 하던 일을 멈추고 노려볼 때까지 싸우더군. 걔네들은 길에 서서 법석을 떨거나 아니면 뭔가를 달라고 조르는데 거의 모든 시간을 써. 우리는 어디 갈 수도 없고 뭘 할 수도 없어. 미치겠다니까. 코넬 양과 나는 걔네들 때문에 기진맥진했어. 나는 더 이상은 참을 수 없을 것 같아서, 사야 할 물건이 좀 있노라고 말했지. 그랬더니 그 아이들도 그렇다더군. 나는 이 길로, 그들은 다른 길로 갔어. 코닥 필름이랑 헬렌에게 줄 리본 등을 산 후 들어왔는데, 걸어 들어오자마자 이놈의 악동들이 뒤집어 놓고 있어. 세상에! 코넬 양은 휴게실에 누군가 만나고 있고, '굼뜬 샐리 벅 양'은 아직 오지 않았고.

오늘 아침 식당에서 식사를 할 때였어. 앨리스가 컵에 든 물을 하디에게 끼얹으려고 하더니, 은그릇을 쳐서 떨어뜨리고, 멜론은 우리 테이블의 완전히 반대편 바닥으로 떨어뜨렸지. 그리고는 누가 말할 틈도 없이 웨이터를 불러서 다른 걸 가져다 달라는 거야. 결국 맥 부인이 다른 테이블로 가서 하디를 데려왔는데, 2분도 채 지나지 않아 앨리스가 벌떡 일어나더니 쌩 하고 달려서는 하디가 가져온 시럽을 잡아챘고, 하디는 그걸 움켜잡았지. 애들은 먹을 걸 가지고 그렇게 야단법석을 떨고,

사랑이 키티를 조선에 부르다

맥 부인은 걔네들이 세상에 있는 건 뭐든 다 먹도록 내버려둔다니까. 게다가 원하는 걸 결정하기까지 시간이 너무 오래 걸리니까 웨이터들이 질색하면서 돌아가 버리고 결국 우리는 아무런 서비스도 받을 수 없게 되었지. 언니는 이 사실을 믿지 않을 수도 있지만 모든 게 진짜야. 예전에도 불량한 아이들은 보긴 했지만 이 아이들과는 비교할 수가 없어. 맥 부인이 걔네들을 통제하는 방법은 또 어떻고? 그녀는 자신이 앨리스는 다룰 수 없다는 걸 알기 때문에 앨리스가 험한 말을 할 때면 그냥 조용히 앉아있어. 그러다가 간혹 흥분해서 앨리스를 때리면, 앨리스는 '멈춰!' 아니면 '다시는 날 때리지 마!'라고 말해. 그 아이는 얼마 전 12살이 됐어. 말썽꾸러기 같으니! 정말 싫어! 늘씬 패주고 싶을 뿐이야. 물론 결코 그렇게 할 수 없다는 걸 알고 있지만, 참을 수 있을까? 상관할 바 아냐. 나는 너무 신경이 곤두서서 모자를 쓰고 어디론가 가야겠다는 생각을 했어. 어디로 가야 할지 모르겠지만 그냥 나가야 하는 거지. 너무 피곤해서 단 몇 분이라도 눕고 싶었어.

헬렌에게 내가 리본을 대금 상환 방식 C.O.D 으로 보냈노라고 전해줘. 내가 지불할 수도 있었지만 더 적은 돈으로 견뎌내지 못할까봐 두려웠어. 내 수중에 가지고 있던 35달러 중 5달러가 남아있고, 월급을 받기 전에 스탬프머니가 필요하잖아. 스톡턴에서 요세미티까지 그리고 다시 돌아간 비용이 13.5달러. 요세미티에서의 승차 비용 4.5달러와 기록하지 않은 식사 비용. 화요일 밤 스톡턴에서 추가 발생한 호텔 비용. 그리고 여기저기서 관광을 위해 사용한 사소한 비용들. 그게 내 개인 비용이야.

가야겠다. 안녕.

케이트가 사랑을~

추신: 내가 나가기 전에 맥 부인이 들어왔는데, 지금 앨리스와 하디를 설득하기 위해 말하고 있는 중이야. 그녀는 하디를 집으로 돌려 보내겠다고 위협하고 있어. 돌아가는 표를 가지고 있으니까 하고픈 대로 하라는 거지. 착해지든지 아니면 하디를 집으로 보내겠다! 그녀는 그리스도께서 성경에서 말씀하신 것을 걔네들에게 말해주고, 계속 가고자 한다면 상냥하고 고분고분할 것을 약속하도록 하는 중이야. 만약 하디가 앨리스를 때리더라도 다시 하디에게 돌려주지 않겠다는 약속을 하라고 하지만, 앨리스는 약속을 하지 않으려고 해. 저런! 그 불쌍한 영혼에게 무슨 일이 일어나게 될지!

걔네들은 말대꾸하고 못된 짓을 하고 있는 걸.

사랑이 키티를 조선에 부르다

둘째 묶음

태평양을 건너 일본으로

1923년 6월 28일

웨스턴 유니온 텔레그램*

화요일, 12시 정각, 41번 부두, 프레지던트 태프트호
엄마와 가족들에게:
증기선에 승선함.
기온 낮음.
기선은 가라앉지 않을 것 같으나 마음이 가라앉을 것 같음.
여러분이 알고 있는 것보다 더 많이 사랑함.
케이트.

---

* 웨스턴 유니온은 1851년에 전보 통신 회사로 설립되었으며, 1871년에 전신 송금 업무를 시작했고, 현재는 금융 관련 업무에 집중하고 있다.

둘째 묶음 · 태평양을 건너 일본으로

꒦꒷ꕥ

퍼시픽 메일 컴퍼니, 프레지던트 태프트호

1923년 6월 29일 금요일 밤, 글쓰는 방

"깊고 푸른 바다"
사랑하는 여러분:

마침내 여러분들에게 저의 진정한 속사람을 증명할 기회가 생겨서 너무 기뻐요.* 여러분은 항상 제가 이기적이고, 응석받이이고, 불친절하다고 생각했죠. 제 친구들과 지인들도 아마 같은 생각일 거예요. 하지만 여기 낯선 사람들 가운데서! 머나먼 외국으로 저를 데려다주는 이 거대하고 푸른 바다에 제가 가졌던 모든 것을 내던졌어요. (제 말을 증명하기 위해 이 배와 여기 타고 있는 사람들에게 물어보세요.) 다시 말하지만, 제가 가진 모든 것을, 꾀부리거나, 구걸하거나, 달래지 않고, 주저하거나 생각하지도 않고 거저 줬어요. 성경인지 사전인지 어디선가 (날짜와 저자가 생각나지 않아요) 말했죠. '거저 주어라. 그러면 네가 거저 받을 것이다.' 이 배에서는 하루에 6번 식사를 할 수 있기 때문에, 가능하다면 제가 준만큼 되찾을 셈이에요.

맞아요! 저는 '프레지던트 태프트호'가 출발한 후 몇 시간이 지나자 속이 편하지 않았어요. 잊어버리려고 작정을 했지만, 장 속에서 꿈틀거리는 말썽꾸러기 군단들이 제 의지의 저항력보다 강했는데, 승선 직후 먹었던 가벼운 점심 때문에 더 강력해졌어요. 결국 강제로 항복하게 되

---

* 키티는 아마도 뱃멀미를 심하게 했던 자신의 상황을 '자신이 가진 모든 것을 바다에 내준' 것으로 표현하는 것 같다.

사랑이 키티를 조선에 부르다

었고, 처음부터 쌓였던 모든 것들이 드넓은 태평양으로 돌아가게 된 거예요. 아! 완전히 참사였어요! 금요일 아침, 그 이야기를 전하기 위해 겨우 살아남은 생명의 불꽃이라고는 창백하고 수척해진 채 집을 그리워하는 한 인간이었고, 그는 활기도 없고, 몸도 가누지 못하고, 그 어떤 의욕도 없이 2번 객실의 A 침대에 뻗어버렸어요.

B 침대에서는 천사의 용모를 가진 행복하고 낯선 얼굴이 살짝 들여다보면서 지저귀었죠. "괜찮아요?" 저는 그녀에게 대답했죠. "전혀 괜찮지 않아요. 죽을 것 같아요." 그녀는 제게 신선한 공기를 마시러 갑판으로 나가야 한다고 하더군요. 저는 그녀에게 공기를 가져다 달라고 했죠.

몇 분 동안 비틀거리면서 저는 제 몸을 추스르고는 계단을 올라 갑판으로 갔어요. 저는 밖에서 배와 '그녀'에게 딱 달라붙어 있었어요. 강한 바람이 저를 강타해서 제 몸의 일부가 '깊고 푸른' 곳으로 날아가 버린 건 아닌지 확인하고픈 느낌이 들 정도였죠. 오르락내리락하는 오한을 막기 위해 러그를 감싼 채로, 맥켈리 부인이 저를 위해 예약한 갑판 의자에 팔다리를 쭉 뻗었어요. 다시 저의 의지력을 작동시키기 시작했고, 기운이 차려지는 느낌이 들었어요. 그래서 저는 씩씩하게 갑판 주변을 10번 걸었고 그 거리는 1마일이었어요. 그건 한 친절한 선원이 그렇게 하라고 제게 조언해 준건데, 제가 후에 실행에 옮긴 거예요.

11시 정각에 중국인 갑판원이 진한 쇠고기 수프와 크래커가 담긴 쟁반을 가지고 '덜컥거리면서' 왔어요. "차를 드시겠솝, 숙녀분? 숙녀분, 차를 드시겠솝?" 그를 때리고, 차 주전자와 크래커 쟁반을 이 바다의 바닥으로 던져버리고 싶었죠. 영어라는 언어에 그런 단어가 있는 것조차 생각할 수 없는 상황에서 제게 음식을 권하려는 생각이라니! 다니엘 웹스터 Daniel Webster 가 그 단어를 그곳에 둔 것이 전혀 존경스럽지 않았어요.* 하지만, 오늘밤에는 침대 B를 차지하고 있는 사람이 애정 어린 마음과 웃는 얼굴로 저를 설득했고, 게다가 제 위가 털끝 하나 남지 않고 완전히 깨끗해졌기 때문에 저녁식사를 시도하게 되었어요.

식당을 들여다보고 싶었고, 금속 장식이 달린 드레스가 획 하고 내는 소리, 담배 피우는 여자들이 만들어내는 동그라미, 그리고 승객들의 잡담이 궁금해서, 그저 별 욕심 없이 검정색 태피터를 걸치고 뛰어 들었어요. 음식도 서비스도 좋았죠. 하지만 조금 먹은 그 음식이 위라고 부르는 제 몸의 한 부분에서 자기 자리를 요구하면서 치열한 전투가 벌어졌어요. 꿀꺽꿀꺽 삼키고 나니 상태가 유지되었고, 신선한 공기를 몇 분 쐰 뒤 저는 2번 선실로 돌아와 침대 A에서 평안과 위로를 구하는 거죠.

여러분, 안녕히 주무세요.

추신: 한 가지 깜박하고 말하지 않은 게 있어요. 뱃사람들이 '어이!'라고 외치고 트랩을 들어올리기 10분 전, 불쌍한 제 트렁크가 보이지 않았어요. 항해 한 시간 전에 내려와서 우리 짐에 외국용 꼬리표를 확인하고 붙이는데, 제 것이 없는 거예요. 저는 그게 프리스코에 있다는 것을 알게 되었죠. 거기서 내릴 때 제가 직접 수하물 보관소로 가서 제 표를 제시하고 '당신 트렁크가 여기 있습니다.'는 말을 제 귀로 직접 들었거든요. 그래서 저는 부두의 일꾼에게 그렇게 말했죠. 그런데 일에 허덕이며 그가 하는 말이 "가능한 빨리 찾아보겠습니다."였어요. 물론 제가 3년

- 다니엘 웹스터(Daniel Webster, 1782-1852)는 정치가이자 법률가로서 미국의 국무장관을 지낸 인물이고, 노아 웹스터(Noah Webster, 1758-1843)는 미국 최초의 사전편찬자이자 교과서 편찬자이다. 그가 만든 American Dictionary는 언어, 문화적으로 영국과 단절됐다는 평가를 받는 미국적인 사전으로 평가 받는다. 아마도 키티는 다니엘 웹스터와 노아 웹스터를 혼동한 것 같다.

사랑이 키티를 조선에 부르다

동안 조선에 가 있는다는 것이 그 사람에게는 아무 것도 아니었겠죠.

맥 부인이 수요일에 퍼시픽 P.M.S.S.•• 에 가서 그들에게 그녀의 수표를 남길 예정이었어요. 저는 그녀에게 제 것도 주었는데 그녀가 그 짐들을 맡긴 수령증을 받지 않았더군요. (여자답죠.) 우리는 전화로 미친 듯이 달려가서, 동전을 한 개 떨어뜨리고는, 엄청 먼 곳에 있는 퍼시픽 회사에 전화를 걸었어요. 그들은 그 사실에 대해 아무 것도 모르더군요. 하지만 프레지던트 테프트호에 실린 모든 짐들에 대해서는 수령증이 발행되었을 거라고 말했어요. 그래서 우리는 승선했고, 전부 다 해서 7개 트렁크에 대한 수령증을 찾았어요. 맥켈리의 트렁크 6개는 배에 실린 것으로 확인되었는데, 제 것만 확인되지 않는 거예요. 우리는 그 수령증을 밖에 있는 부두 일꾼에게 들고 갔어요. 마지막 순간이 되어서야 그 사람이 연락을 했고, 항해 시작 20분 전에서야 트럭 기사가 말하는 거예요. "내가 직접 찾아볼게요." 거긴 엄청나게 바쁜 곳이고, 다룰 짐 보따리들이 엄청 많고…. 항해 시작 10분 전에 그놈이 오더니 말했죠. "숙녀분, 이름과 주소를 제게 주세요. 숙녀분의 트렁크는 아무래도 2주 후에 항해하는 다음 배로 숙녀분을 따라가야 할 것 같아요." 저는 큰소리로 그에게 감사했고, 제 트렁크가 거기 있다고 말했어요. 제가 선착장에서 그 물건을 제 팔로 안아 쓰다듬고 감사와 기쁨의 눈물을 엄청나게 쏟았으니까요. 그가 말하기를, "트렁크는 거기 없습니다. 그러나 트렁크가 나타나게 되면 그걸 수령하기 위해 제게 75센트를 지불해야 할 것 같습니다." 제가 말했죠. "그 어떤 물건도, 내가 수령하지 않은 건 절대 돈을 내지 않겠어요." 하지만 생각해보니, 그들이 트렁크를 발견했

•• Pacific Mail Steamship Company

을 때 저는 거기 없잖아요. 그래서 그에게 돈을 줬어요. 그리고 만약 트렁크를 받지 못할 경우에 책임을 물을 수 있는 담당자의 주소를 달라고 했죠. 그가 말하더군요. "틀림없이 다음 배에서 받을 겁니다." 그건 언젠가 보관료를 낸다는 걸 뜻했겠죠? 옷은 없는데 말이죠.

나는 창백하게 얼어붙은 채로 거기 서있었어요. 눈물이 떨어졌어요. 그때 문득, 분빌 Booneville 에서 필러 부인 Mrs. Peeler 이 이별 선물로 줬던 라벤더색 실크 테디와 분홍색 실크 브래지어를 갖고 있다는 것이 떠올랐어요. 어쩌면 굉장히 예쁜 조합이 될 수 있을 거란 생각이 들었죠. 바지를 입은 여자들도 보고 온갖 흥미로운 복장을 봤거든요. 제가 입었던 드레스는 못쓰게 되었고 다른 것들도 죄다 더러워졌으니, 차라리 그걸 입고서 바다 여행객들에게 뭔가 말할 거리를 제공하고 저의 범상치 않은 복장으로 건너편에 있는 현지인들을 놀라게 하는 거예요. 저는 손수건으로 눈물을 훔쳤어요. 주변에 물이 충분히 있는 것 같았거든요. 그리고 트랩을 가로질러 3분을 걸었어요.

제가 막 횡단을 시작했을 때였어요. 굉장히 털털거리는 기계 소리가 들렸고 가스 냄새가 나서, 프리스코에 또다른 지진이 일어났나 싶어 확인하려고 고개를 돌렸더니 방금 말한 그 기계의 운전사가 소리를 지르는 거예요. "숙녀분, 이 트렁크입니까?"

저는 말했어요. "맞아요. 그런데 저 맹세해요!* 그냥 그걸 바다에 던져버리고 제 불행을 끝내주세요. 그 트렁크는 나쁜 일을 불러일으키는 물건이에요. 만약 제가 그걸 가지려고 한다면 분명 무슨 일이 생길 거예요." 정말 그렇게 느꼈기 때문이었지만 그는 트렁크를 던졌고, 트렁크는 배에 상륙했어요. 그 사람들이 트렁크를 찾지 못한 이유인즉, 트

---

*   Faith and Begorrah

사랑이 키티를 조선에 부르다

링크에 로스앤젤레스 꼬리표가 붙어 있었고, 그들은 프리스코 꼬리표가 붙은 물건을 찾고 있었기 때문이었어요. 이 트럭 기사가 직접 짐 보관소에 들어가 그걸 직접 찾았답니다.

🪶

퍼시픽 메일 컴퍼니, 프레지던트 태프트호

1923년 7월 1일 일요일, 아침 11:45,
갑판에서

"너무 먼 곳"

사랑하는 여러분, 안녕하세요!

저는 육지에서 천리만리 떨어져 있어요. 이런…. 여기 앉아서 이런 거대한 물을 바라본다는 건 무력한 느낌을 주네요. 물, 그리고 물, 그리고 물. 아, 정말 여러분은 그 느낌을 상상할 수 없을 거예요. 지난 밤 영화를 보는 동안 엄청났어요. 굉장한 폭풍이 불었고, 별은 하나도 보이지 않았고, 바다는 점점 더 거칠어 보였어요. 사람들이 모두들 밖을 내다보며 불안에 떨었어요. 하지만 마침내 폭풍이 지나갔고, 별 몇 개가 빼꼼 나오자 안전하다는 느낌이 들어 잠자리에 들 수 있었죠. 어두워진 후 하늘에 점이 찍히고, 아름다운 분홍, 회색, 그리고 여러 색깔의 줄무늬가 생겨서 모든 것들이 조화로웠어요. 세상에서 가장 아름답고 찬란한 그림이죠. 제가 살아서 그걸 보고 있다는 게 믿기지 않았어요.

배의 어느 부분에 있으면 움직이고 있다는 걸 모르지만, 갑판이나 배의 끝이나 선실 밖에서는 늘 그 움직임이 느껴져요. 때로는 아주 심하게 느껴지기도 하죠.

배의 구조와 관리는 마치 큰 호텔 같아요. 정말이지 크고, 방이 많아요. 그리고 부드럽고 예쁜 카펫이 바닥에 깔려 있고 멋지게 장식된 벽과 천정과 조명기구가 있는 매력적인 작은 방들이 있어요. 큰 거울 등등…….

어떤 방들은 조금 더 크고, 그 안에는 소파가 있어서 사람들이 앉거나 또는 방 하나에 세 명이 자는 경우에 사용되기도 해요. 각층에 있는 수많은 방들 중 단 네 개의 방에만 개인 욕실이 있는데, 세상에! 우리가 어떻게 그 중 하나를 갖게 됐는지 모르겠다니까요. 핑키 Pinkey 가 예약을 잡으려고 갔을 때 제가 그 방에 예약이 되어 있었어요. 사람들이 그녀를 저랑 묶었는데, 그녀는 제가 노처녀 선교사라는 사실에 벌벌 떨었어요.

개인 욕실에 대해 돈을 더 내야 해야 하는지 아닌지 잘 모르겠어요. 저는 선교사 요율로 표를 받았거든요. 맥 부인이 말하는데 정규 요금은 305달러래요. 그러니까 저는 분명히 추가 요금을 내지는 않았는데, 여하튼 제게는 개인 욕실이 있고, 몹시 아팠던 첫 날 온종일 그게 참 자랑스러웠어요. 그런데 모든 방들이 공동 욕실에서 가까워요.

식당은 거대하고 아주 예쁘고 아름다운 꽃들, 꽃들로 수놓인 타일들, 그리고 "중국인들"로 가득해요. — 제 생각에 중국인 웨이터들이 수백 명인 것 같아요. — 모든 일꾼들과 선원들이 중국인들이에요. 그들은 자기네가 미국인들보다 일을 훨씬 잘 한다고, 미국인을 고용하는 건 힘들대요. 그들은 기가 막히게 유쾌해요. 어제는 우리 캐빈 보이가 청소를 하러 왔는데, 그때 제가 방에 있었거든요. 제가 마닐라로 간다고 생각을 했는지, 계속 손동작을 하면서 말하는 거예요. "넘무 더워요, 아갓씨, 므닐라, 아갓씨, 집으로 가요, 더 좋아, 넘무 더워, 밤은 괜찮은데,

낮은 끔찍해요!" 뭐 어떤 사람들은 말을 더 잘 하기도 해요.

　오늘 아침에는 선실에서 아침식사를 불렀어요. 멋지다! 저희가 그런 걸 시도하는 이유는 대체로 그게 어떨지, 또 어떤 일이 벌어질지 보기 위해서랍니다. 어떤 '사람'이 쑥 들어오더니 말했어요. "??? - !! -- --- ___ --- …" 무슨 말인지 몰랐는데, 우리에게 메뉴판을 쑥 내밀었죠. 원하는 걸 '체크'하라는 뜻으로 이해했고, 그래서 주문 내용에 체크를 했더니 쑥 나갔어요. 저희는 침대에서 기분이 최고로 좋은 상태로 있었고 직원이 저희 식판을 들고 들어왔어요. 저희가 훌쩍거리고 있을 때였어요. 문이 열렸고 또다른 노란 얼굴이 안을 들여다보더니 환한 미소를 지으며 이렇게 쏟아내더군요. "방에서 아침 식샤하십니까? 어늘 아츰에는 테이블이 없네요. 모도 괜찮섭니까?"

　어느 곳에나 승객이 편안한지를 살피는 사람이 있어요. 방 청소가 끝난 후에는 남자 검열관이 와서 상황을 확인하고 필요한 것을 보고해요. 침대 아래에는 구명 기구들이 있고 화재나 침몰 때, 혹은 다른 위급 상황이 발생할 때 해야 할 모든 것들, 그리고 어디로 가야 할지를 적은 규칙들이 유리로 된 액자 안에 들어 있어요.

　물론 사방에 갑판이 빙 둘러 있고, 티룸, 독서실, 흡연실, 글쓰는 방, 로비, 소셜룸, 도서관이 있는데, 모두 아름다운 카펫 장식에, 휘장들, 타일이 깔린 계단들, 커다란 장식이 있는 의자들, 기타 등등이 있답니다.

　먹을 것? 어머 세상에! 아마도 그들은 탑승객들을 구멍 뚫린 쓰레기통으로 아는 것 같아요. 저희는 하루에 여섯 번 식사를 해요. 8시 30분부터 9시까지 아침. 오전 11시에는 비프티와 크래커. 오후 1시에는 점심. 오후 4시에는 티룸에서 간단한 차와 케이크. 오후 7시에는 저녁. 밤 10시 30분에는 어디서나 샌드위치와 코코아를 먹을 수 있죠. 굉장하죠? 식사는 정말 좋아요. 원하기만 하면 모든 메뉴를 주문할 수 있고,

중국인들은 '예, 예'만 연발해요. - 잠깐 멈춤 -

이런! 우리는 방금 고래를 지나쳤어요. 물론 저는 너무 늦어서 보질 못했네요. 맙소사!

오늘 오전에는 소셜룸에서 예배를 드렸어요. 어떤 사람들은 갔고 어떤 사람들은 카드놀이를 하고 어떤 사람들은 셔플보드를 했죠. 저는 예배를 드리러 갔어요.

온갖 종류의 오락거리가 있어요. 프리스코에서 밴드가 떠난 것 때문에 모두들 실망했죠. 또다른 밴드가 고용되어 있기는 한데 뭐 특별히 두각을 나타내진 못했어요. 정말 별로라고들 생각해요. 배에는 '베이비 그랜드 피아노'가 있고, 자동피아노 한 대에, 장식장에 든 멋진 빅터 축음기가 있어서 춤이라는 춤은 죄다 이걸로 연주를 하죠. 이 배에 탄 모든 남자들이 저에게 춤을 청했지만, 뭐, 물론 '무기력한' 키티는 그냥 손가락을 물고 말했어요. "저는 춤을 출 수 없어요." (함께 있는 여자, 멕켈리 부인 때문이죠. 아시죠?) 하지만 그들은 전혀 나쁜 춤을 추지 않아요. 사실은 어느 모로 보나, 제가 예상했던 것만큼 나쁘지 않아요. 두 명의 여성 끽연가들, 바람둥이 남자 한 명, 바, 그리고 강한 술이 있기는 하지만 지금까지 '만취한' 사람들을 본 적은 없어요. 마닐라, 요코하마, 중국, 그리고 여러 다른 곳들로 가는 육군들, 해군들이 많이 있어요. 그들의 아내들이 있고, 어떤 이들은 아이들도 데리고 있죠. 그냥 여행을 하며 돌아다니는 부유한 사람들. 그리고 영어, 수학, 또는 다른 과목을 가르치러 외국으로 가는 선생님들. 선교사들과, 미국에서 공부하는 현지인들. 이런 사람들이 승선하고 있어요. 승선 후 첫 아침식사 때 모든 탑승자들의 이름과 목적지가 적힌 예쁘고 작은 책을 제공 받았어요. 여러분께 그걸 보내고 싶었지만 동시에 간직하고픈 마음도 있었어요.

일본으로 가는 새로운 대사가 승선을 했었는데 어떤 이유인지 지금

사랑이 키티를 조선에 부르다

은 없어요. 그리고 하딩 대통령의 비서의 아내도 있어요. 식당에서 그 녀와 그녀의 친구들은 캡틴 테이블에 앉는데, 제 친구 중 한 명도 승선한 이후 늘 캡틴 테이블에 앉는답니다. 캡틴 테이블은 이 세 사람과 두 명의 옛 선장으로 구성되는 거죠. 저는 이 여성을 첫째 날 만났는데, 결혼하러 가는 길이에요. 약혼자는 마닐라에 있는데 무역을 하는 사람이고, 거기서 살 거래요. 그녀는 정말 매력적이에요. 그녀의 삼촌을 통해 캡틴 테이블에 앉게 되었는데, 우린 꽤 친밀한 친구가 되었어요.

제 룸메이트 가르시아 Miss Garcia 는 뉴멕시코 New Mexico 에서 왔는데, 영어를 가르치는 남자와 결혼하기 위해 요코하마로 가는 중이에요. 더할 나위 없이 상냥하고 멋져요. 제가 그녀를 좋아해서, 우리 세 명이 함께 어울린답니다. (중단)

어떤 남자가 날치를 보여준다고 와서 보고 왔어요.

바다는, 세탁할 때 쓰는 블루잉 워터랑 정확히 똑같아요. 그냥 파랑 그 자체이죠. 호놀룰루에서 온 (집으로 가는) 남자가 약속하길, 저희가 호놀룰루에 가면 재미있는 것들을 많이 보여준대요. 물이 달라지고 있어요. 상어가 보이고, 내일 밤 즈음에는 인광체를 볼 것 같아요.

이런! 할 말이 너무 많은데, 그걸 어떻게 다 말할 수 있을까요? 여러분 모두가 저랑 함께 있다면 얼마나 좋을까요.

헬렌, 헬렌, 헬렌, 내 동생, 많이 읽고, 그대로 훈련하고, 말하고 토론하는 것을 익히도록 해. 내가 만나고 있는 그런 사람들과 만나게 될 때 그런 훈련이 몹시도 필요할 거야. 얼마나 필요한지 너 상상할 수도 없을 걸? 내가 박식하고 교양 있는 사람들 가운데 있다 보니 너무 무력하고 하찮게 느껴지는 거 있지. 내 충고를 받아들이고 준비하도록 해.

사랑하는 여러분,

거긴 오후 2시 30분이네요. 여러분 모두 평온하게 낮잠을 즐기고 있겠죠?

우리는 1시간이나 1시간 30분 정도면 호놀룰루에 도착해요. 거길 떠나게 되면 편지마다 10센트씩을 지불해야 할 것 같아서 할 수 있는 한 많은 것을 지금 집어넣으려고 노력하는 중이에요. 여러분들은 5센트만 지불하면 되니까, 제발 자주, 아니 더 자주, 아니 더 많이 자주 편지를 써주세요.

저의 아주 오래된 시골뜨기 녀석(생리) 아시죠? 그 녀석이……. 이 망망대해까지 줄곧 따라왔지 뭐예요? 그래서 어제는 하루 종일 침대에 누워 있었지만, 오늘은 썩 괜찮은 편이랍니다.

지난밤은 아주 멋졌어요. 7월 4일을 축하하는 만찬이 열렸거든요. 아시다시피 오늘 우리는 호놀룰루에 도착하는데 거기서 많은 승객들이 내릴 예정이기 때문이죠. 아마 더 많은 사람들이 탈 것 같긴 한데, 약 70명 정도가 우리를 떠날 것 같아요.

만찬을 대비해서 만국기, 호박등, 꽃 등등으로 식당을 장식했어요. 모든 사람들이 정장으로 차려 입었고요. 모든 접시마다 기념품이 있었고, 색종이 가루 비슷한 온갖 것들이 있는데, 딱 그건 아니고, 알록달록한 색깔의 긴 종이가 말려있는 큰 두루마리에요. 그걸 이쪽 편에서 던지면 맞은편에 있는 사람이 한쪽 끝을 잡아요. 그러면 여기저기에서 알록달록한 시냇물이 흐르게 되는 거죠. 테이블마다 온갖 색깔의 작은 풍선들이 있고, 노인들까지도 어린애처럼 되어서 죄다 풍선을 불었어요.

멋진 만찬이었고 너무 재밌었어요. 그렇게 많은 사람들이 정장으로 차려입은 건 처음 봤어요. 남자들은 다 입었고, 여자들은 거의 안 입었고……. 만찬용 드레스가 없이 견딜 수 없었을 거예요.

여러분이 만약 증기선을 타고 여행을 하게 되거든 반드시 예쁜 옷들을 몇 벌 준비하도록 하세요. 드레스가 없다면 아무 것도 못하고 그냥 앉아서 먹기만 하게 될 거예요.

저는 많은 친구들을 사귀었고 가장 멋진 사람들과 함께 있어요. 많은 사람들이 와서 수다를 떨려고 앉기 때문에 도대체 이 편지를 쓸 수가 없네요.

매력적이고 지적으로 보이려고 노력을 해봤지만, 이런! 저는 아는 게 너무 없어요. 완벽하게 멋지고 체스터필드같은 매너를 가진 어떤 사람이 방금 저를 떠났어요. 그 사람은 보스턴에서 왔죠. 와, 너무 멋져요. 저도 모르는 사이에 미시시피에 대해 죄다 말하게 만들었죠. 몇 번이나 해외를 다녔고 동양을 아우르고, 미국에서는 남부와 서부를 제외한 거의 모든 곳을 가봤어요.

프리스코에서 온 의사 페니건 부부 Dr. and Mrs. Fennigan 는 근사하고 매력이 있어요. 젊은 해군 의사죠. 노스 캐롤라이나에서 온 어떤 멋쟁이 '어쩌구저쩌구'는 계속 제게 와서 물어요. "어디어디서 당신을 본 것 같은데요? 뉴욕에서 봤나? 아니면 어디 주둔지에서 봤을까요?" 그녀는 자신이 저를 어딘가에서 보긴 봤는데 그게 생각이 나질 않아서 무척 걱정이 되고 헤어나지질 않나 봐요. 하지만 그녀가 절 본 적이 없다는 걸 저는 알고 있지요.

오늘 아침에 저는 좀 얌전을 떨었던 것 같아요. 제가 어제 아팠다는 걸 알았는지 아침에 사람들이 온갖 아름다운 표현을 쓰면서 제게 왔거든요. 이런. 저는 사람들이 저를 그리워할 거라고 생각하지 못했어요. 하지만 '핑키'가 말하길 모두들 제가 어디 있느냐고 물었다는 거예요. 그리고는 배에 탄 모든 숙녀들이 뜨거운 물주머니를 찾아 여기저기 뛰어다녔어요. 제 물주머니는 구멍이 나서 샜거든요.

여러분은 아마도 배에서는 편안하게 아플 거예요. 뭐 필요한 게 없는지 확인하려고 승무원들이 자주 들락거려요. 선내 의사가 있고, 언제든 필요하면 울릴 수 있는 종이 있고, 적절한 음식이 있어요. 가엾은 코델은 변비와 뱃멀미가 같이 있어서 오늘 오전까지 단 1분도 침대 밖으로 나오지 못했어요.

이제 카드를 몇 장 써야겠어요. 1센트에 부칠 수 있거든요. 그래서 여러분을 잠시 떠납니다. 모든 일에 대해 제게 편지 써주세요. 그리고 제가 출발한 이후로 거의 매일 편지를 썼으니까 그 편지들을 모두 받았는지 말씀해주세요.

사랑해요.

캣.

우리가 사랑하는 선장이 호눌룰루에서 우리를 떠났어요. 슬퍼요. 그리고 그리워할 거예요. 깜박하고 말하지 않았는데, 맥캘리 부인은 마음이 넓고, 제가 카드를 하는 것도 개의치 않는 것 같고, 또 춤추는 것도 반대하지 않는다고 생각해요. 하지만 맥캘리 씨는 둘 다 반대해요. 물론 제가 그를 두려워하지는 않지만요.

사랑이 키티를 조선에 부르다

7월 6일 금요일

촌스런 파티는 엄청 성공적이었어요. 정말 즐거웠죠. 상도 있었지만, 저는 받지 못했어요. 우리는 너무 태만하거나 혹은 드레스에 무관심한 심사위원들과 관중들을 위해 갑판을 퍼레이드했어요. 제 모습이 너무 이상했기 때문에 저는 데이트를 위해서 아래로 내려가 옷을 다시 입었답니다. 데이트는 꽤 만족.

1번 에피소드 (쓸 수가 없어요.)

7월 8일 일요일, 오후 11시

웃기는 세상이죠? 어제는 금요일이었고, 오늘은 일요일이에요. 놀랍지 않아요? 제가 이렇게 휙 지나가는 삶을 살고 있다니까요. 우리는 지난 밤 자정 직후 경도 180도를 지났기 때문에 토요일을 건너뛰었어요. 저는 오늘 예배를 드리러 갔는데, 여러분은 토요일에 해야 할 많은 일들을 하고 있겠죠. 오늘 아침 아이린, 윌리엄슨 씨 Mr. Williamson, 그리고 저는 갑판 주변에서 아침 운동을 하고 있었죠. 그때 선장이 자기 숙소에서 여유롭게 햇볕을 즐기고 있는 모습이 보였어요. 그가 우리를 부르더니, (그와 저는 상당히 친한 친구예요. 그는 중년의 기혼 남성이고 완벽해요. 그리고 우리처럼 멋지고 젊은 여자들을 잘 돌보려고 애를 써요) 안을 들여다보고 싶으냐고 물었고 우리는 그렇다고 했어요. 아이린이 그에게 말했죠. "제 생일이 일요일이니까 한 살 더 어릴 수 있었어요. 당신이 토요일을 건너뛰고 일요일을 건너뛰지 않아 유감이에요." 나중에 그가 저를 조리장 사무실로 부르는 거예요. 저는 거의 쓰러질 뻔 했고, 제가 혹시 뭘 잘못했나 생각했죠. 하지만 그는 그냥 아이린의 생일을 위해 마음이 맞는 9명의 이름을 달라고만 했어요. 저는 우리 테이블의 다섯 명에 추가로 네 명을 썼어요. 모두들 있는 대로 잘 차려 입었어요. 식당 한가운데 멋진 테이블이 차려졌는데, 온갖 장식에, 멋진 기념품에, 양초가 있는 멋진 케이크가 있었어요. 정말 재미있었답니다!

오늘 오후 2번 갑판 에피소드 발생. 제 취향은 아닌 신사가 '꼭대기'에서 둘만의 시간을 갖자고 했어요. 저는 우아하게 허락하고 위로 올라갔어요. 그가 로맨틱한 위치에 의자 두 개를 놓았고, 대화가 시작되었어요. 여걸로부터 시작해서 '투탄카문 왕,' '버킹검 공작' 또는 '부처를 따르는 사람들'의 역사까지. 이런 불행한 일이 있나. 아직 막이 올라 시작되기도 전이었어요. 그가 제 손을 잡았어요. 그리고는 손에 키스를 하려고 하질 않나, 아니면 그 이상이었을지도 몰라요. 갑자기 저를, 자기야 뭐 이렇게 부르질 않나, 그리고는 쓸데없는 말들을 막 하는 거예요.

무대가 바뀝니다.

관심 가져주시는 모든 분들을 위해 다음 행동은 말하지도 않고 쓰지도 않을래요.

주로 여주인공들이 하는……. 막이 끝나갈 무렵 악당은 바다로 뛰어내릴지 아니면 숨기 위해 선실로 피할지 몰라 헤매죠. 그가 했던 작별의 말들은 이랬어요. "구닥다리 같으니. 당신은 이 세상에서 절대로 재미를 보지 못할 거요. 고상한 척 하기는!" 저는 그 칭찬에 대해 감사했어요. 그리고 여주인공은 탈출해요. "다시는 제게 말 걸지 마세요."(중국인 스타일로) 그는 이제 '갑판 요부'에게 붙었어요. 남편을 만나러 마

사랑이 키티를 조선에 부르다

닐라로 가고 있는 젊은 기혼녀인데 거친 여자에요. 그녀와 같은 부류의 사람이 두 명, 그리고 이 악당. 모든 승객들이 이 사람들을 혐오하고 그들과 어울리지 않아요. 그리고 관계자들이 그들을 열심히 관찰하고 있지요.

2번 에피소드

스웨덴에서 온 한 젊은 미남이 있는데, 그에게 어이없는 취향이 있더군요. 제가 자기보다 몇 달 어리다고 확신하면서 (그는 20살이에요.) 저더러 제 시간을 온통 자기에게 쏟아야 한다느니, 저의 특기를 사용해서 그를 오래 동안 기분 좋게 만든 뒤 그에게 해줄 또 다른 것을 생각해야 한다느니, 참! 그런 유치한 지성에 놀아다니! 그는 참 귀찮은 존재에요.

하지만 우리는 대부분 우리가 하고 싶은 대로 해요. 누군가에게 말을 하면서 앉아 있기도 하지만, 일어나 떠나는 권한도 있어요. 갑판을 걷기도 하고, 다른 층으로 올라가기도 하고, 아니면 방에 잠깐 들어가거나 그러다가 다른 누군가를 붙잡고 계속 말을 할 수도 있어요.

이 배에는 세상에서 가장 웃기는 두 사람이 있어요. 그들이 입만 열면 우리는 웃게 되죠. 앨버트 리 Albert Lee 는 아내와 함께 프리스코에서 와서 인도의 캘커타로 가는 젊은 사람이에요. 그는 인도에서 태어났지만 줄곧 미국에서 공부했고, 공부를 마치고는 결혼을 해서 일하러 가는 중이에요. 그는 아주 예의 바른 사람이고, 모든 걸 흉내 낼 수 있고, 뭐든 연기할 수 있어요. 게다가 하찮은 것이든 고전적인 것이든 끊임없이 시를 기억해내죠.

또 다른 한 명은 윌리엄슨 목사님 Rev. Williamson 인데, 그는 진짜 영국 태생이지만 지금은 뉴욕 출신의 귀화한 미국인이에요. 결혼할 나이쯤된 것 같고, 하는 걸 보면 절대 목사님 같지 않죠. 그는 선원훈련학교

Seamen's Institute 를 세우기 위해 마닐라로 가는 길이래요. 몸집이 거대하고 정말 웃기는 사람이고, 저를 '어린이'라고 불러요. 저 오늘밤 정말 죽을 뻔 했어요. 오늘이 일요일인 걸 잊어버리고서 오헤어 씨 Mr. O'Hear, 저의 충실한 지지자, 세이어 씨 Mr. Thayer, 보스턴 변호사 아이린과 함께 흡연실에서 멋진 브릿지 게임을 하고 있었죠. 걷고 있던 '핑키', '레이 Lae', 윌리엄슨이 우리를 몇 분 동안 바라봤어요. 그리고 그녀들이 말했죠. "우리 일하러 갈 거예요." 윌리엄슨이 말했어요. "그래요. 저는 이들과 일하러 갈 거예요. 하지만 일요일에 여러분들과 브릿지를 하지는 않을 겁니다."

2장

한 시간 후. 저는 일하러 갔어요. 모두들 그렇게 해요. 그러니까 모두들이란 그들을 말하는 거예요. 제가 상처받은 것 같지는 않아요. 하지만 저는 결코 그런 적도 없고, 제가 만약 일요일인 걸 생각했다면 이런 시간을 보내지 않았을 거예요. 아시죠? 제발 목사님께는 말씀하지 마세요.

7월 10일 화요일

제 일생에서 최고로 재미있는 시간을 보내고 있어요. 바다 여행이 이렇게 재미있을 수 있는지 몰랐네요. 오늘 토너먼트를 시작했는데, 저는 테니스와 셔플보드에서 예선전을 통과했어요. 아이린과 저는 배에서 최고의 테니스 선수로 뽑혔어요. 피곤해 죽겠어요. 셔플보드는 프로미나드 덱에서 하는데, 경기를 할 사람들이 너무 많기 때문에 모든 사

사랑이 키티를 조선에 부르다

람들이 참여하도록 하려면 여기서 저기로 뛰어다녀야 한답니다. 테니스와 골프는 "상갑판"에서 진행되고…….

어젯밤은 저의 짧은 삶이 공포를 경험하는 밤이었어요. 새벽 3시 경우리는 크고 다급한 노크 소리에 잠을 깼고, 뭔가 잘못되었다는 걸 알았고, 대답하기도 겁이 났죠. 문이 열리자, 사환이 정말 미친 듯이 달려오더니 말하는 거예요. "현창을 닫으세요." 우리는 그가 무슨 말을 하는지 이해하지 못 했고, 아주 자연스럽게 우리가 가라앉고 있다는 생각을 하게 되었어요. 그래서 '핑키'에게 안녕이라고 인사를 했고, 그저 바다밑바닥에서 다시 만나기를 바랄 뿐이었죠. 하지만 제가 그에게 "무슨일이죠? 폭풍인가요?"라고 말하자, "네, 심한 폭풍에 비가 많이 내립니다."라고 대답하고는 급히 뛰어나갔어요. 음, 아마도 우리가 그들이 '스콜'(강한 비)이라고 부르는 것을 통과하고 있었던 것 같아요. 그래서 저는 이른 아침의 평온함을 위해 마음을 진정시키고 자리에 누웠답니다.

그래요, 오하라 씨 Mr. O'Hara, 곧 가요.

⚜

[7월 12일] **목요일**

자, 우리는 이제 일본에 가까워지고 있어요. 아마도 아침 일찍 도착할 것 같고, 우리는 의사들에게 검진을 받기 위해 다섯 시 경에 식당으로 모일 예정이에요. 핑키는 짐을 싸면서 엄청 흥분해 있네요. 코델 양과 저는 요코하마에서 내려서 카리 Kari 로 갈 것 같은데, 카리는 일본에서 유명한 여름 휴양지로서 거기서 며칠, 아니면 일주일 정도를 보낼 예정이랍니다.* 맥켈리 부인은 그냥 제가 조선에 있는 것으로 간주하고 똑같이 월급을 줄 예정이에요. 코넬 양이 카리에 가는 것을 그녀가 원하기 때문이고, 그래서 저도 가게 되는 것이죠. 거기 도착하는 대로 지급해서 제가 월급을 벌도록 할 것 같은데, 그렇지 않을까요? 뭐 제가 적절한 옷을 가지고 있다고 생각하지는 않지만, 맥 부인과 코넬 양은 제가 옷을 끔찍하게 입는다고 생각하고 마이러 양Miss Myra 에게 편지를 썼어요. 깅엄을 입고 구석에 가만히 앉아서 제가 날마다 갈아입는 예쁜 옷들을 감탄하며 바라봤다나? 히히. 제1호 농담!

정말이지 다른 사람들과 이야기하고 또 다른 의견들을 듣는 건 참 재미있어요. 제가 평가를 받는 방식도 흥미로워요. 저와 몇 번 대화를 나눈 어떤 사람이 내린 결론은 제가 극도로 운명론자라는 거예요. 또 다른 사람은 자기 입으로 이렇게 말했어요. "구닥다리 같으니. 당신은 이 세상에서 절대로 성공하지 못할 거요. 너무 점잔을 빼는구먼." 또 다른 사람의 말도 있어요. "당신은 분명 내가 많이 읽었던 1849년의 구식 남부 여자들 중 한 명일 거예요." 그리고 어떤 사람이 나타나더니 말하더라구요. "당신은 작은 악마에요. 분명해요." 그 사람은 아직 저를 경험하지 않은 거예요, 그렇죠?

저는 계속해서 담배를 권유 받았는데, 누가 그러더군요. 저는 구식 여성이고, 담배에 빠지지도 않았고, 또 그렇게 하는 걸 제 여성성이 허락하지도 않는데요. 가까이에 있는 어떤 사람은 말해요. "그리고 당신은 그렇게 하면서도 형편이 나쁘지도 않아요." 누구는 "당신은 요즘이라는 건 알지도 못해요." "얼굴 보면 다 알아요." 그러니 정말 웃기는 세상이죠? 신비나 뭐 그런 것들에 대해 생각하려고 노력할 필요가 없어요. 그럴 수도 없어요. 해야 할 건, 생각을 보류하고, 내 일만 신경 쓰고,

---

• 카리는 가루이자와이다.

사랑이 키티를 조선에 부르다

아무도 믿지 않고, 그럴 법하고, 1등만을 생각하는 거죠. 이 낡은 세계와 그 신비를 풀려고 노력할 필요는 없고, "그럴 수도 없어요." 그 안에는 별난 사람들이 있고 이 별난 사람들은 또 별난 일들을 한답니다. 제게는 덕지덕지 별명이 많아요. 예를 들면, "키티"(여자들), "어린이"(윌리엄슨), "미시시피"(모두), "우리 어린 키티"(페니건 의사), "곱슬머리"(모두), "구식 여자"(유명한 남자들) 뭐 이런 것들이에요.

펑키가 달려 들어와서는 로이드 Lloyd 에게서 무선전보가 왔다고 하네요. 그는 그녀를 만나기 위해 요코하마에 도착했어요. 그녀는 지난 일요일에도 알래스카 Alaska 에 있는 친구에게서 전보를 받았죠. 너무 신나는 일이었어요.

오늘은 무척 바쁠 것 같아요. 모두에게 제 카드와 주소를 주고, 짐을 싸고, 거기 도착하고, 그리고 만약 카리로 가게 된다면, 고베 Kobe 로 가는 대신 요코하마에서 배를 떠나게 될 거예요. 우리가 방을 구할 수 있을지 못 구할지 모르겠지만 그러기를 바라야죠.

언니와 헬렌, 내게 두 사람을 위한 좋은 생각이 있어. 나중에 '알려줄테니' 내가 말하는 대로 해야 해. 돈을 모으도록 해! 윌리엄슨 씨가 어떻게 해서든 마닐라에서 내 일을 마련해주겠대. 찾기만 하면 다양한 자리가 있기 때문에 잘 살피고 있는 중이야. 꼭 와야 해. 그건 바로 교육이야.

온갖 곳을 향하는 사람들이 배에 타고 있어요. 어떤 여자와 아기는 자바 Java 로 가는데, 55일 동안 길을 갈 것이고 마닐라에서 배를 갈아타게 돼요. 앨버트 Albert 와 에디쓰 Edith 는 인도 캘커타로 가요. 배에는 할머니, 할아버지, 혼자서 여행하는 여성들, 그리고 유아들이 있어요. 어떤 사람에게는 3개월 된 아기가 있는데 마닐라로 가고 있죠. 너무 늙어서 혹은 너무 어려서 여행하기에는 위험하다? 그런 건 절대 없어요. 매우 안전한 일인데, 다만 외로울 뿐이에요.

이제 그만 써야겠어요. 다음 편지를 어디서 쓸지는 모르겠어요. 이 편지를 레나Lena 와 애니 스펜서Annie Spencer 에게도 전해주세요. 그들에게도 편지를 쓰고 싶었는데 쓸 여유가 없었거든요. 제가 여러분에게 보내는 편지마다 10센트 씩 내야 할 거예요.

큰 사랑으로, 키티

도쿄 임페리얼 호텔
전신 약호 "IMPEHO TOKYO"

1923년 7월 13일 금요일

핑키를 위해 신부 들러리를 서고 오늘밤은 여기서 만찬이 있어요.

급하게, 하지만 사랑을 담아
케이트

[이 호텔은 프랭크 로이드 라이트Frank Lloyd Wright 가 설계한 도쿄 최초의 호텔이었다. 케이트가 거기 있었을 때 호텔은 9월 1일 개업식을 준비하는 중이었다. 그날 일본 역사상 최악의 지진이 발생했다. (추산 1백만 명 사망) 그 호텔은 도쿄 안에서 충격을 견뎌낸 몇 안되는 건물들 중 하나였다. 케이트는 그 호텔이 문을 연 며칠 후에 봤던 것 같다. (개업식 이전) 지진이 발생하기 몇 주 전이었다.]

사랑이 키티를 조선에 부르다

The Imperial Hotel   親社の築式トイラ ルチホ圖書 (京東大)

일본 가루이자와
"아주 좋아요"

1923년 7월 17일

　음, 만약 여러분이 요즘 저의 편지들 가운데서 "천국"이라고 날짜가 써져 있어도 놀라지 마세요. 아니면 "L"이라고 써졌을 수도. 제가 언제 어디에 있게 될지 알 수가 없기 때문이에요. 저의 한 가지 소망이라면 앉아서, 더 이상 웃을 수 없을 때까지 크게 소리 지르면서 웃고 또 웃는 거예요.

　제 생각에 철도 여행과 선상 여행에 대해 약간만 다뤘던 것 같아서, 어떤 일이 생각날 때면 거기에 덧붙여야겠어요. 그렇지 않으면 아마도 제가 집에 갈 때까지 기다렸다가 메모리북을 꺼내서 그걸 샅샅이 살펴야 할 거예요.

　그래서 이어서 말한다면, 상륙하기 전에 맥캘리 부인이 2주 동안 여기(가루이자와)에 머무르자고 주장했어요. 그녀가 말하길 조선은 엄청 엄청 더울 것이고, 이곳에 옴으로써 일본을 꽤나 보게 될 거라는 거예요. 음 저의 15센트는 아주 오래 전에 바닥이 났고, 그래서 저는 안 될 거라고 생각했지만 멋질 것 같았어요.

그래요, 여기서 저는 제 머리를 휘젓고 있는 여전히 오래되고 낡은 생각을 가지고 선실로 갔답니다. "난 어쩜 이렇게도 가난한 거야!" 제가 오게 되는 특권을 요구하지는 않았지만 그게 멋질 것 같은 생각이 든다고 주님께 말씀드렸어요. 나중에 맥 부인이 오더니, 제 월급이 조선에 도착하자마자 시작될 것이기 때문에 제가 조선에 있는 것과 똑같이 생각하겠다는 제안을 하는 거예요. 그 소중한 골동품을 안고 싶은 마음이 든 건 그때가 처음이었어요. 그때는 정말 그랬다니까요! 우리는 그렇게 하기로 결정했죠.

자, 이제 아주 자세하게, 그리고 '엉망진창인' 세부사항으로 넘어갑니다!

재미, 경험, 충격, 두려움.

그걸 말하려면 책이 몇 권 있어야 할 거예요. 이윽고 우리가 항구에 닿게 되었을 때, 아니 닿기 바로 직전이었을 때 오전 4시가 되었고, 우리는 만 바깥쪽에 닻을 내려야 했지요. 수로 안내선이 공식 육군 병력과 함께 왔는데, 거기에는 검역 담당 의사와 우리 여권을 확인하기 위한 일본인Jap 두 명도 있었어요. 그리고 그들은 누군가 빠지지는 않았는지 확인하기 위해 숫자를 세었어요. 그들은 호놀룰루와 요코하마 등 우리가 상륙하는 모든 장소에서 그 일을 해야 하죠. 음, 한 명만 빼고 모두 있었어요. 그들은 기다리고 또 기다리고, 찾고 또 찾았는데 그건 바로 야수같은 꼬맹이 앨리스였던 것입니다! 저는 그 아이의 목을 졸라버릴 수도 있었어요. 사람들은 미칠 지경이었어요. 닻을 내리는 건 아주 비싸기 때문에 배를 지체해서는 안 되거든요.

사랑이 키티를 조선에 부르다

어쨌든 우리가 바깥쪽에 배를 대고 아침을 먹는 동안 로이드(핑키의 약혼자)가 걸어 들어왔어요. 그는 작은 배들 중 하나에 오를 수 있는 허가를 받고서 나타난 거예요. 핑키를 봤어야 하는 건데! 그녀는 컵과 접시 째로 집어 삼키고, 칼과 포크는 주머니에 찔러 넣었죠. 승무원의 얼굴에 냅킨을 집어 던지고는, 거의 지진을 일으키다시피 하며 로이드가 머리를 들이밀고 있는 문에 도착했어요. 그리고는 제게 다시 돌아오더니, 그녀가 얼마나 저를 사랑하는지 등등을 로이드에게 말하더라고요. 우리가 항구로 들어가는 동안 (우리는 이미 모자 등을 이미 착용하고 있었어요.) 그는 제게 신부 들러리가 되어 달라고 요청했고, 너무나 잘 생기고 다정다감한 그의 친구 피케씨 Mr. Peake 에게는 신랑 들러리가 되어 달라고 했어요. 그 말을 들은 저는 바다로 떨어질 뻔했는데, 사람들이 잡아끌었고, 우리는 배에서 내렸어요. 저는 그들에게 이 말만을 남기고 떠나야 했지요. "1시 30분에 도쿄에서 우리와 합류해요." 그러니까 말이죠. 그들은 일본 영사에게 가야 했는데, 한 번 왔다 갔다 하는데 어떤 때는 2시간이 걸리기도 하고 어떤 때는 그보다 조금 덜 걸리기도 했어요. 이 짐은 검사도 받아야 하고 또 여러 가지 다른 일들을 겪어야 했죠. 핑키는 배에서 내리기 전에 결혼식 복장을 입었고, 코넬 양과 저는 이곳으로 오기 위해 짐 검사를 받는 등 모든 정리를 해야 했어요.

에구, 흥분되어서 떨리더라고요. 웃고 싶기도 하고 울고 싶기도 하고. 제가 있는 곳을 생각해보니……. 여러분들로부터 천 마일도 더 떨어진 곳에서 딸각거리는 나무 신발 소리, 수백의 목소리들 가운데서…….

여러분은 아마 외국 땅의 배나 기차에서 내리는 광경은 상상도 못할 걸요? 우리는 세관을 통과했는데, 어떤 남자가 제 가방에 살짝 손을 찔러 넣기만 했어요. 아마도 그가 제 무식한 표정을 보고는 뭔가 몰래 들여올 만큼 센스 있지 않다고 생각한 것 같아요. 우리는 인력거꾼을 만나서 자동차를 탈 수 있는 외국사무소 같은 종류의 "쿡 Cook"이라는 곳까지 타고 가서, 거기서 차를 타고 여기저기 요코하마 바깥 시골길을 돌아다녔어요. 관광을 하고 놀라운 일들에 대해 들었죠. 제가 깜박하고 YWCA의 알렌 양 Miss Allen 에 대해 말하지 않았군요. 그녀는 상륙할 때 도움이 필요한 사람을 돕기 위해 상륙장에 있었고 자동차를 어떻게 타면 되는지 말해줬어요. 그리고 인력거꾼에게는 우리를 어디로 태워줘야 하는지 등에 대해서도 말해줬죠.

우리에게는, 많이는 아니지만 영어를 조금 할 수 있는 일본인 기사가 있었어요.

알렌 양은 결혼식에 초대 받았어요. 그녀는 로이드의 친구였고, 우리가 YWCA 건물에서 그녀를 만난다면 함께 도쿄로 갈 수 있을 거라고 말하더군요. 결혼식은 요코하마에서 약 한 시간 거리에 있는 도쿄 호스티스 하우스에서 열릴 예정이었기 때문에, 알렌 양, 코넬 양, 레이시 부인 Mrs. Lacy, YWCA, 배에서 내려 일본을 여행하는 우리 네 명의 여자들(아이린을 포함해서)은 도쿄를 향해 3등석을 탔어요. 하루 중 어떤 때는 3등석을 타는 것, 괜찮아요. 1등석에 비해 돈은 반도 들지 않고, 우리는 그 반이 필요했고, 기꺼이 움직였답니다.

우리는 1시 30분 결혼식 시간에 거기 도착했는데 신부와 신랑이 도착하지 않아서 정원 등을 구경했어요. 음, '네토비 하우스'라 부르는 도쿄의 이 호스티스 하우스는 아름다운 일본 (개인 소유) 집이고, 네토비라는 일본인 부자의 소유인데, 그는 집을 많이 갖고 있고 어딘가로 여행 중이에요. 그리고 이 집을 기한 없이 국제적인 호스티스 하우스로 내놔서 동양을 서양에 소개하는 것이죠. 굉장히 좋은 것 같긴 한데 우리에게는 기묘하면서도 매력적으로 느껴졌답니다. 품위 있는 미국인

사랑이 키티를 조선에 부르다

에디 부인Mrs. Eddie 이 주인인데, 그녀는 훌륭하고 아름답고 멋지고 교양 있으면서, 또한 사업에 있어서도 멋지고 훌륭해요. 아름답고, 옷은 화려하죠. 가정부(일본인)에게는 우리가 옷매무새를 가다듬을 수 있도록 우리를 위층으로 데리고 가라고 했고, 그녀는 우리에게 정원을 보여줬어요.

이윽고 핑키와 로이드와 가장 멋진 피케가 왔어요. 결혼식 파티는 식당으로 이어졌고 리허설이 있었어요. 집에서 멀리 떨어진 외국. 일 년 동안 만나지 못한 남자와의 결혼. 그녀는 자기가 하려는 것에 있어서 매우 침착하더군요. 드디어 반지 예식! 그래서 저는 그의 반지를 받았고, 피크 씨는 그녀의 반지를 받았어요.

피아노: 딴-딴-딴따 딴-딴-딴따. 핑키와 저는 이쪽 문으로, 로이드와 피케는 다른쪽 문을 지나 제단에서 만났어요. 그들이 손을 잡는 동안 저는 아름다운 부케를 손에 들고 있었는데, 이런 이런! 그 반지를 떨어뜨릴까 봐 얼마나 두려웠는지. 하지만 참 이상하죠? 신부들러리를 처음 하는데도 별로 흥분되지 않더라고요. 예식에 앞서 어떤 여자가 "나의 사랑은 당신의 것," 뭐 이런 곡을 불렀는데, 핑키와 저는 출발하기 위해 오른발을 맞추느라 듣는 걸 잊어버렸지요. 식이 끝난 후에는 멋진 차를 제공 받았어요.

식당의 큰 테이블에는 세상에서 가장 화려한 케이크가 있었어요. 길쭉한 사각형의 하얀 케이크인데 골든로드와 아이리스로 만든 일본 풍경, 그리고 천연색상으로 아이싱된 나비가 장식되어 있었죠. 일본의 남자 요리사들은 음식 장식으로 유명한데, 멋진 예술가들이고 그걸 연구해요. 그리고는 주변에는 작은 티테이블 몇 개가 놓여 있어서, 차, 샌드위치, 그리고 아이스크림과 케이크를 제공 받았답니다. 헐 하우스의 제인 아담스Jane Adams 는 결혼식에 참석할 예정이었는데 갑자기 아팠어요. 그녀는 에디 부인의 친구이고 쭉 여행을 하고 있는 중이죠. 그래서 그녀를 초대했고 그녀와 에디 부인은 '핑키'에게 화려한 일본식 오찬 세트를 선물했어요.

자, 이제 최악의 사태에 대비하세요. 아직 아니에요. 피케는 임페리얼 호텔(동양에서 가장 좋은)로 저를 초대했는데, 그건 티 댄스를 위해서 였어요. ─ 엄마, 부탁인데 헬렌은 춤을 추게 하세요. 그렇지 않으면 실수하게 돼요. 물론 그래서 저는 손가락을 물고 말했지요. "저는 춤을 추지 못해요." 그러자 그가 "좋아요, 어쨌든 차도 마시고, 저녁식사도 할 거예요."라고 말하더군요. 저는 도쿄에 있었고, 우리가 거기 머무르기엔 너무 비쌌어요. 호텔 가격이 너무 이상해요! 그래서 우리 여자들은 요코하마 YWCA로 돌아가기로 결정했고, 이게 여기서 우리같은 가난한 족속들이 쓰는 방법인 거죠. 좀 이상하게 보이지만 YWCA에서 지내는 게 훨씬 저렴하고, 20분마다 도쿄 가는 기차를 탈 수 있어요. 약 1시간을 타는데, 3등석은 25센트, 2등석은 50센트, 1등석은 얼마인지 몰라요. 하지만 품위 있는 가난한 사람들은 죄다 하루 중 특정한 시간대에 3등석을 타지요.

핑키와 로이드는 '차려입고' 임페리얼에서 하룻밤을 보내고 있었어요. 피케는 요코하마에 살거든요. 그래서 "도쿄에서 시간을 보낸 후에 당신을 집으로 데려다 줄게요."라고 말하더군요. 저는 코넬 양과 여자들을 먼저 보내고, 거기 머물렀죠. 우리 네 명은 호텔(임페리얼)로 가서 방을 잡았고, 핑키와 저는 얼굴 단장을 하고 차를 마시러 내려왔어요. 그들은 우리를 데리고 호텔 여기저기를 다녔는데, 호텔은 미국 건축가가 설계를 했고 이집트 스타일과 일본 스타일로 된 복합적인 구조로 되어 있어요. 티룸, 전용 만찬장, 응접실, 흡연실, 연회장이 있어요. 극장에서는 연극을 공연하고 있었는데 뭐였는지 기억이 나지 않고, 등나무와

사랑이 키티를 조선에 부르다

정원이 있는 긴 회랑이 있었답니다. 죽어도 여한이 없어요.

간단하게 저녁을 먹을 후 도쿄를 둘러봤어요. 뉴욕의 "브로드웨이"와 "코니 아일랜드"같은 곳을 봤고, "게이샤" 하우스와 여성들도 봤고, 사찰들, 정원들, 상점들. 그리고 이 세련되지 못한 가엾은 인간인 제 영혼에게 가장 충격적인 광경. 맙소사, 너무 끔찍하고 끔찍해요. 그들에게는 품위라고는 없는데 특별히 남자들이 그러네요. 저는 "계속해서" 암모니아와 함께 다녀야 했답니다.* 이런 충격적인 광경이 제 눈에 너무 자주 보이는 바람에 저는 거의 죽을 뻔 했어요. 그래서 어느새 피케의 팔을 쥐어짜게 되었고 급기야 그가 팔을 좀 놔달라고 상기시켜줘야만 했지요. 그러지 않았다면 어쩌면 피케는 새로운 피부를 이식해야 했을 거예요. 결국 로이드가 우리에게 말했어요. "자, 우리 여성분들, 이 광경을 내내 보게 될 거니까 그냥 익숙해지시고, 신경 쓰지 마세요. 우리는 신경 쓰지 않습니다." 그래서 저는 그것에 대해 잊고서 헉 하는 것, 얼굴 붉히는 것, 그리고 주먹 꽉 쥐기를 그만 두려고 노력했어요. 세상에 그런 무지함이 존재하는 걸 생각한다는 건…….

저는 여러분에게 그들이 어떻게 옷을 입는지, 행동하는지에 대해 말해 줄 방법을 생각해내려고 노력하는 중이지만, 코델 양은 이게 여러 종류의 대중을 위한 편지이기 때문에 제가 집에 갈 때까지 기다리는 편이 좋겠다고 생각하더군요. 물론 이 무례한 옷은 대부분 하인 계층, '인력거꾼', 그리고 가난한 사람들 사이에 존재하는 것이지만, 일본인 상류층도 길에 다닐 때와 외국인들 앞에서는 단정하게 보이지만 집에서는 무례하다고들 하더라고요.

---

* 일본의 노상방뇨 풍습은 19세기까지 남녀나 귀천을 가리지 않고 성행했는데, 메이지 유신 이후 금지되었지만 20세기까지도 그 풍습이 여전히 남아 있었다. 키티는 이 광경에 충격을 받은 것 같다.

우리는 10시 경까지 도쿄에 있다가, 피케와 저는 요코하마행 기차를 탔어요. 그리고 인력거를 타고 12시 경에 YWCA에 도착했어요. (좀 멀어요.) 높은 대문은 모두 닫혀 있고 잠겨 있었죠. 하지만 물론 문 안쪽에는 보이를 세워뒀어요. 피케가 그를 부르자, 이 보이는 엉터리 영어로 말했어요. "뉴먼 양?" 제가 늦게 올 거라고, 제 방을 살피고 보여주라고 그들이 말했던 거죠. 피케는 그에게 뭔가를 이야기했고 제가 안쪽에서 안전한 것을 확인하고는 사라졌어요. 다음 날 아침 우리는 가루이자와로 가는 기차를 탈 예정이었어요. 그런데 그가 자동차(포드)로 가자고, 태워다주겠다는 거예요. 그리고 해냈어요. 아! 고마워라! 이런, 이런 사람들에게 무슨 말을 해야 할지 모르겠으니 참.

　　조금 전으로 돌아가서, 펑키는 로이드가 계획을 바꾼 걸 몰랐기 때문에 기차, 그것도 더럽고 작은 기차를 탈 때 입을 옷을 빼놓지 않았어요. 그래서 저는 제 옷을 입으면 된다고 말했죠. 그리고 우리는 이렇게 결정했어요. 코넬 양과 아이린 양을 위해서 요코하마에서 이른 기차를 타고, 그들이 니조리 Nijori 로 가는 도중 도쿄에서 그들을 만나고, 펑키가 기차에서 옷을 입는 거예요. 그런데 YWCA에 도착했을 때, 에디 부인이 코넬 양에게 우리 가방을 거기 남겨뒀다가 가루이자와로 돌아가는 길에 들르라고 조언했던 게 생각나는 거예요. 저는 심지어 우리가 모든 가방을 남겨뒀다는 것을 잊어버렸어요. 그러므로! 제가 5시에 일어나는 건 당연히 아무 소용이 없는 일이었어요. 그래서 우리는 9시 20분 기차를 탔어요. (피케가 우리를 데려다줬어요.) 그가 우리 표를 사겠다고 계속 주장했지만 우리는 3등석을 원했고, 그는 다른 기차를 타야 했기 때문에 저희는 그를 서둘러 가게 했지요.

　　우리는 다시 3등석에 탔어요. 그렇게나 이른 아침에 수백 명의 사람들이 일을 하러 가고 있더군요. 자, 보세요, 이런 거예요. 도쿄와 요코하마는 둘 다 굉장히 커요. 그리고 3.2, 4.8, 또는 6.5킬로미터마다 조그만 정거장들이 있는데 그 시의 어떤 구역을 위해 거기서 기차가 서요. (전차처럼) 도쿄와 요코하마는 둘 다 굉장히 커요. 그리고 2, 3, 또는 4마일마다 조그만 정거장들이 있는데, 이 기차들이 (마치 전차처럼) 시의 특정한 구역을 위해 정차하는 거죠. 게다가 학교 어린이들도 여행을 하고 있어서, 우리가 이 수많은 작은 정거장들을 통과하기도 전에 못생긴 16명의 일본인들이 제 무릎에 앉았고, 10명은 제 팔에, 18명은 제 가엾은 발 위에 놓여 있었어요. 그 냄새, 절대 잊지 못할 거예요. 아, 정말 끔찍했어요. 코넬 양과 저는 탑승자들 중 유일한 외국인들이었고 그들은 제가 소리 지르고 싶은 마음이 들 때까지 우리를 노려봤어요.

이런 기차에는 가장자리에 긴 좌석이 있는데, 이쪽 끝에서 저쪽 끝까지 가는 긴 좌석이고, 서서 가는 사람들을 위해 마치 전차처럼 끈이 있어요. 저는 심지어 머리도 돌릴 수가 없었고 다만 계속해서 코넬 양만을 살피고 있었지요. 오, 정말 험악했어요. 하지만 정거장을 지나면서 그들이 사라지기 시작했고 숨 쉴 구멍을 발견했답니다. 그 사이 어디선가 아니면 또 다른 어디선가 외국인 한 명이 탔어요. 우리는 '우에노' 역에 도착하려면 얼마나 가야 하는지 몰랐고, 하차하는데 딱 1분을 주기 때문에 미친 듯이 달려야 해요. 역은 영어와 일본어로 표시가 되어 있지만 저희가 워낙 빨리 달렸기 때문에 우리가 확인하고자 할 때를 알아차리지 못했을 거예요.

저는 우리에게 우에노 정거장에 관한 정보를 좀 친절하게 알려달라고 외국인에게 요구하기로 마음 먹고 있었죠. 그가 독일인일까 봐 너무 두려웠던 것이, 저는 그들을 미워하고 또 두려워하거든요. 하지만 쌍안경으로 살펴보고 나니 그가 사람으로 생각되더군요. 그런데! 그의 상황을 살필 즈음 그가 일어서더니 내리는 것이었어요. 분명 그는 우리가 혼란스러워하고 있는 걸 봤어요. 그는 차창 쪽으로 왔고, 나이 들고 예의바른 미국인의 목소리가 들렸어요. "숙녀분들, 제가 도와드릴까요?" "여기서 우에노 역이 얼마나 떨어져 있는지 말씀해주세요." "확실히 잘 모르겠어요, 하지만."······. 기차가 덜컹 움직였고, 저는 창문 가까이에 붙어 있는데, 기차가 떠났어요. 세상에, 그의 말은 끝나지 않았는데 저희는 계속 갔어요. 계속, 계속······.

에디 부인이 도쿄 중앙역 다음에 있는 우에노 역으로 가는 길을 우리에게 알려줬다는 걸 깜박하고 말하지 않았네요. 그곳이 그녀의 집에서 더 가까웠거든요. 그리고 요코하마 YWCA에는 영어를 유창하게 하는 일본인 여성 사무원이 있었는데 그녀가 (우리를 태워 줄) '인력거'꾼을 위해서 호스티스 하우스로 데려가고, 가방을 챙기고, 우에노 역으로 돌아오는 등 전체적인 지시사항을 일본어로 적어줬답니다. ─ 그 사이에도 우리는 계속 달렸어요.

결국 얼굴을 꼼꼼하게 살피고 나서 옷을 잘 차려입고 똑똑해 보이는 일본인을 골랐는데, 그는 미국식 옷을 입고 있었고 영어를 좀 할 거라는 생각을 했어요. 저는 그에게 걸어가서 물었어요. "실례지만 우리가 언제 우에노 역에 도착하는지 알 수 있을까요?" 그는 예의바르게 인사를 하고 대답했어요. "기꺼이, 기꺼이 그렇게 하죠." 그리고 그렇게 했어요. 아, 고마워라!

그들이 영어를 하는지 묻지 않는 게 그들을 기쁘게 하겠지만, 그래도 알고 싶은 건 거침없이 물으세요. 그게 그들이 지적으로 보이는 걸 증명해준다고 생각해요. 그리고 만약 영어를 하지 않는다면 만면에 웃음을 웃거나 여러분을 짜증나게 노려보고 한 마디도 하지 않고 걸어가 버릴 거예요.

코넬 양은 자기 나이를 인정하는 것에 대해 매우 꺼려하고 곤란해

하더군요. 그런데 깜짝 놀란 것이, 그녀의 여권을 봤는데 52세인 거예요. 그녀는 38세나 40세 이상으로는 보이지 않거든요. 하지만 그녀는 아직도 코르셋 커버를 입어요. 그래서 우리가 모르는 일들에 대해서는 웬만하면 다 부딪혀봐야만 하는 거죠.

우리는 우에노 역에서 내렸고, 피케의 지시를 따라 왼쪽으로 꺾고, 오른쪽으로 가는 대신 계단을 내려와 밖으로 나가 개찰구를 통과했고 인력거를 불렀어요. 지시사항이 적힌 종이 조각을 그에게 보여줬고 그들은 서둘러서 우리를 인력거로 잡아끌더군요. 제가 "잠깐만요. 얼마죠?"라고 말했는데, 그 바보같은 녀석은 제 말을 이해하지 못했고 저도 그를 이해하지 못했어요. 저는 그에게 제 지갑을 손짓으로 알려줬고, 그는 의미없는 말을 지껄여대고. 그 사람들은 종종 너무 말도 안되게 요금을 받곤 하기 때문에 저는 알 때까지 가지 않을 작정이었죠. 저는 그에게 기다리라고 손짓하고는 코넬 양에게 이야기하고 두 명의 건널목지기에게 달려갔답니다. 어쩌면 그 사람들은 말을 해줄 수도 있으니까요. 그리고 그들이 요금을 얼마나 요구했는지 물었지만, 그들은 제가 무슨 말을 하는지 몰랐고 그저 아무 말도 없이 땅만 쳐다보고 있는 거예요. 저는 다시 뛰어와서 영어라고 생각되는 건 죄다 말했지만 그들은 알아듣지 못했고 저 역시도 알아듣지 못했죠. 그들은 말을 굉장히 빨리했고 늘 흥분했어요. 저는 그들이 미친 듯이 화가 나있고 소란스럽다고 생각했기 때문에 겁이 나 죽을 뻔 했어요. 우리가 이해하지 못했기 때문에 그들의 인내심이 바닥났고, 그들 중 한 명이 팔을 붙잡고는 땅으로 손짓하더니 자기가 말하는 걸 썼는데 제게 있어서 그런 말하는 것과 다를 바가 없었지요.

우리는 우리가 거기 도착해야 하고, 가루이자와로 가는 기차를 탈 정도의 여유만 있다는 것을 알았기 때문에 인력거에 뛰어 올라탔어요.

에디 부인의 집에 도착했고 가방을 잡아챘어요. 그녀는 그 사람이 우리를 인력거에 태워서 우에노로 가는 대신 "모니시바샤"로 데려다주는 것이 더 가까울 거라고 말해주더군요. 우에노에서 모니시바샤행 기차를 타고 가서 가루이자와행 기차를 갈아타는 것이거든요. 그녀의 하녀가 우리를 11시 25분까지 모니시바샤로 태워다주라고 지시를 해준 후 우리는 그녀의 말대로 했고 (에디 부인은 여기 머문 지가 오래 되지 않아서 하녀에게 말하도록 했어요.) 인력거꾼은 달리기를 했어요. 그런데 가는 길에 비가 내렸고 멈춰야만 했죠. 우리를 불러내더니 좌석 아래에 있는 커튼을 꺼내서 달아매라고 했어요. 장거리였답니다. 가엾게도 둘 다 모조리 땀으로 흠뻑 젖었고 대부분 오르막이었어요. 그들은 11시 32분에 우리를 역에 도착시켜 줬어요! 이 기차들은 항상 정확하네요. 세상에! 기차를 놓쳤어요. — 7분 차이. 우리는 매표소로 미친 듯이 달려가 소리쳤어요. "가루이자와." 그가 말했어요. "기차 떠났어요. 다음 기차는 2시 20분입니다."

그 거대한 역 주변에는 정확히 2천만 명의 사람들이 꿈틀거리고 있었어요. 그렇게 거대한 군중들은 아마 상상도 못할 거예요. 어떡하지? 우리는 뭘 할 수 있었을까요? 저는 그녀를, 그녀는 저를 쳐다봤어요. 제 체온이 60도로 요동쳤고, 게다가 우리는 역에서 너무 멀어질까 봐 두려웠죠. 그곳은 외국인이라곤 단 한 명도 없는 구역인데다 역 안에서 나는 냄새와 군중을 견딜 수가 없어서 우리는 빗속으로 걸어 나갔어요. (물품보관 창구에 그냥 짐을 밀어 넣고 꼬리표를 손짓으로 요청하면서 짐을 확인했어요.) 그리고 공원처럼 생긴 곳을 통과해서 과일을 좀 먹기 위해 길에서 멈췄는데, 물론 우리가 먹을 곳은 아무 데도 없었답니다. 과일이 온통 먼지와 파리 등등을 뒤집어 쓴 채 길 위에 놓여 있어서 아마 먹고 싶지도 않을 거예요. 과일 판매대는 아무 칸막이도 울타리도 없이

사랑이 키티를 조선에 부르다

완전히 열린 곳에 있죠.

어쨌든 우리는 물건 값을 지불하려고 시도했어요. 이 사람은 제가 보기에 18살이나 20살 정도의 젊은이였는데, 꽤 재미있었고, 그냥 웃고 또 웃더군요. 우리는 결국 직접 과일을 골라 사게 되었어요. 저는 약간의 돈을 제 손 위에 올리고 자기가 원하는 걸 가져가도록 손을 내밀었죠. 제가 아는 선에서 생각할 때 그가 10달러를 가져가지 않았나 싶어요. 우리는 돈 문제를 이해하지 못하거든요. 달러와 센트를 구별할 줄 모르고 종이돈을 빼고는 아무 표시도 없답니다. 낼 돈이 적을 때 "큰 돈"을 내면 화를 내죠. 분명 그들에게는 잔돈이 없는 것 같아요. 그러니 우리는 항상 "작은 돈"을 지니고 있어야 해요. 굉장하죠!

그건 그렇고, 우리 기차가 언제 출발하는지 우리가 어떻게 알아차려야 했을까요? 우리가 그냥 앉아서 지켜보고 있는데, 한 소년(짐꾼)이 오더니 우리 기차를 가리켰어요. 우리가 어디로 가는지를 어떻게 알았는지 모르겠지만, 아마도 거기 있는 유일한 기차가 아니었을까 싶네요. 어쨌든 우리는 승차했어요. 이번에는 멋진 미국인처럼 보이는 남자와 세 명의 독일인들이 (남자, 아내, 그리고 다른 남자) 있었어요. 논, 산 등을 보며 계속 기차를 타고 가던 중 마침내 "레오 부인"이 우리와 말문을 텄는데, 그녀는 말을 굉장히 빠르게 하더군요. 마치 자기가 우리에 대해 모든 것을 알고 있는 것처럼 질문을 했고, 우리가 숙식을 할 수 있는지 확인하려면 어디로 가야 하는지를 얘기해줬어요.

음, 여기 도착하는데 6시간이 걸렸는데, 거리는 96킬로미터밖에 되지 않아요. 기차는 작은 역마다 죄다 서고, 또 산기슭에서는 우리를 밀어올리기 위해 2대의 기관차를 달고, 그리고는 엄청 천천히 가는 거예요. 저는 레오 부인의 지시(레오 뫼니히)가 맘에 들지 않았기 때문에, 우리한테 몇 마디 던지고 있던 미국 사람에게 슬쩍 가서는 가루이자와에서의 숙식에 대해 돌발 질문을 던졌어요. 알고 보니 그는 선교사로서 가족을 만나려고 여기 오는 길이었던 거예요. 우리는 8시에 내렸어요. 그 선교사는 우리를 인력거에 태우고는, "인력거꾼(구리미아)"에게 우리를 오스텐 부인Mrs. Austen 의 여관으로 태워다달라고 말하더군요.

모든 인력거꾼들은 일본 구석구석을 죄다 알고 있어요. 그게 그들의 일이니까요. 우리는 탔고 그들은 종종걸음을 걸었어요. 오후 내내 비가 내렸기 때문에 우리는 그 작은 인력거를 닫았고, 그래서 아무 것도 볼 수가 없었지만 그들의 발이 질척 질척거리는 소리는 들었어요. 음, 우리는 계속 계속 타고 갔답니다. 우리가 아는 레오 부부가 우리 앞쪽에 가고 있었는데, 그녀가 남편에게 뭔가를 큰소리로 말하고 있었기 때문에 우리는 꽤나 안전하다는 느낌이 들었어요. 그때 갑자기 우리 인력거꾼들이 세상에서 가장 어두운 길로 접어들었고, 독일인들은 계속 직진을 하는 거예요. 세상에! 어쩌면 거기서 죽음을 맞이할지도 모른다는 생각이 들었죠. 저는 코넬 양에게 소리쳤어요. "거기 있어요?" 그러자 그녀도 저에게 소리쳤어요. "거기 있어요?"

그가 저를, 모르는 어딘가에 홱 던져버릴 경우 제가 그걸 확인할 수 있도록 제 앞의 커튼을 재빨리 젖혔어요. 그가 그렇게 할 거라고 확신했거든요. 그가 저를 데려가려고 할 경우 15센트와 저의 가방 전부를 줘버릴 만반의 준비가 되어 있었지만, 너무 놀랍게도, 그들은 거대한 산처럼 보이는 일본 집 바로 앞 복판에 정확히 도착했어요. --- !!!!!!!! --- 그리고 매우 크고, 정확하게 "아는 체 하는" 여성이 나타났고, 제가 말했죠. "우리 두 사람은 여관을 찾고 있는 중입니다." "얼마 동안이요?"라고 묻는 그녀의 질문에 "그건 모르겠어요."라고 말했어요. 그러자 그녀가 이런 말을 내뱉는 거예요. "저는 이곳이 기독교인의 집이라는 걸 여러분이 알았으면 합니다." 저는 저의 품성이나 저의 기독교인

사랑이 키티를 조선에 부르다

됨에 대해 단 한 번도 의심받아본 적이 없었기 때문에, 그녀의 얼굴에 침을 뱉어주고 싶었죠. 하지만 저는 무기력하게 말했을 뿐이에요. "당신은 저에 관해 아무 것도 모릅니다. 저 역시 기독교인입니다." 그래서 우리는 뛰어내렸어요!

그녀는 우리 방을 준비하도록 하고는 그 사이에 여성용 거실과 욕실을 보여주고 식사와 기도 시간 엄수 등을 설명했어요. 우리는 들어가서 한 시간 동안 낄낄거리고는 밤 사이의 휴식을 위해 우리의 피곤한 머리를 뉘었답니다. 다음 날 우리는 아침 일찍 일어났고 현관에서 산을 구경했어요. 그림이에요! 그리고는 8시 10분까지 정원을 거닐었고, 아침을 먹고 기도를 했죠. 지금까지는 여기에 사람이 8명뿐이에요. 비가 쉼없이 내리는군요. 저는 날마다 곰팡이가 슬고 있답니다. 모든 면에서요!

일요일에는 교회에 가서 일단의 선교사들, YMCA와 YWCA의 사람들, 교사들 등을 만났어요. 그들은 제가 남장로교 교인이거나, 소위 "남쪽 선교부"에서 왔다는 것을 바로 알아차리더군요. 그리고 그들에게는, 누가 어느 선교부에서 파송을 받았는지 모든 선교부들에게 알려주는 여분의 수고를 하는 것이 예의랍니다. 그래서 기차에서 만났던 이 친절한 선교사가 우리보다 먼저 교회로 와서 우리가 오는 걸 알렸던 것이죠. (그들은 코넬 양이 오는 것도 알았어요.) 그래서 슈니드 씨 Mr. Schnede 는 사람은 찾아낼 수 있는 모든 "남부 선교사" 장로교인들과 함께 왔고, 정말이지 그들은 대단한 사람들이에요. 언니, 단언컨대 나는 장로교인인 게 자랑스러워. 참, 그리고 멋진 감리교인들도 있어요. (그건 엄마와 목사님을 위해!) 모든 사람들이 제게 친절해요. 풀턴 가족 the Fultons 은 (그녀는 사우스캐롤라이나 스파턴버그에서 왔어요.) 우리에게 만찬을 제공했고 우리를 데리고 도보 관광을 시켜줬어요. 풀턴과 하스켈 가족 the Haskells 은 네토비 샘으로 피크닉을 시켜줬고, 슈니드 가족은 차를 대접해줬죠.

여기 있는 사람들은 모두들 차를 마시고, 방문객들도 많답니다. 이 집에는 여성이 몇 명 있는데 (미혼 여성들) 그들 중 한 명이 말하더군요. "벌써 이렇게 인기가 있다니 당신은 참 운이 좋은 걸요."

우리에게는 머무르기 아주 매력적인 장소가 있어요. 아주 큰 일본식 집인데 예쁜 정원이 있고 전망이 얼마나 아름다운지. 모든 집들은 마치 바람이 훅 하고 불어 그것들을 들어 올리면 그대로 올라가고, 산 위에 그 집들을 세운 것처럼 보여요. 어떤 집들은 봉우리 위에 똑바로 앉아 있는 것 같죠.

가루이자와는 해발 약 7백 미터 정도 되는 것 같아요. 시원하고 쾌적한데, 이곳에서는 태양이 엄청 뜨거워서 소위 "일광"이라고 부르는 일사병이 있어요. 고열이 나기 때문에 조심해야 하죠. 일본 남쪽은 견디기 어렵다고들 말해요. 여름을 보내기 위해서는 여기로 와야 한대요. 숙식이 모두 너무 비싸서, 어떤 사람들은 그 이유로 오래 머물 수가 없지요. 여기서는 가루이자와를 일류 휴양지라고 불러요. 사람들은 많이

사랑이 키티를 조선에 부르다

들 자기 스타일대로 옷을 입는답니다. 구식 옷 등이죠. 최근에 미국에 다녀온 몇 사람들만이 작년이나 재작년 옷을 입어요. 하지만 그들은 식자층이고 교양이 있고 "순수한" 사람들이고, 차를 마시고, 골프와 테니스를 치고 하이킹을 하고 교회에 가요.

두 개의 멋지고 큰 일본 호텔이 있는데 가격이 어마어마하게 비싸죠. 사람들이 많이들 거기 가는지 안가는지는 모르겠어요. 선교사들이나 교사들은 안가지만 부유한 일본인들과 일본에 있는 부유한 외국인 사업가들은 가는 게 확실해요.

8월에는 섭정 왕자가* 올 예정이래요. 주민들은 그를 위해 작은 길들, 골프장, 그리고 기타 모든 것들을 수리하고 있어요. 10일에는 아사마 산을 오를 예정인데, 금년에는 외국인들과 다른 일본인들에게도 같은 날 등산하는 걸 허락해줬어요. 하지만 어느 누구도 그를 지나쳐서 올라가서는 안 되죠. 미리 올라가거나 뒤에 올라가는 건 가능하지만 지나가서는 안 되는 거예요. 훌륭해! 그 남자 주먹을 한 방 날려주고 싶군요.

여기 있는 집들은 모두 고원과 산 위에 지어졌고 멋진 오솔길이나 거기로 이어지는 길이 있어서, 만약 여러분이 원하는 숫자를 찾으려고 한다면 길을 잃게 되죠. 별장 600채, 호텔 2개, 연합교회 한 개, 영국 성공회 교회 한 개, 골프장 한 개, 수많은 테니스장, 외국인 아이들을 위한 유치원과 초등교육 등을 위한 주니어용 건물, 약국 2개, 그리고 아마도 길이 약 4백 미터 정도 되는 마을 거리가 있는데 그 양쪽에는 일본인과

---

* 히로히토, 즉 쇼와 천황을 말한다. 일본의 제123대 천황인 다이쇼는 1912년부터 1926년까지 재위했는데, 1912년부터 1921년까지 친정을 했고 1921년부터 1926년 사망할 때까지는 병으로 정사를 수행할 수 없어서 그의 아들인 히로히토 왕세자가 대리청정하였다.

중국인 상점들이 있어요. 일본에는 인도가 없답니다. 모두들 길로 바로 내려가고, 왼편에 있는 것 같지만 길 사방에 있는 거예요. 더러운 길에서 상점으로 바로 걸어 들어가는 건 되게 웃기는 것 같아요. 어떤 곳은 화산암 자갈로 만들어져 있더군요.

우리는 곧 화산암층을 보러 갈 예정이에요. 늘 비가 내리는데 이곳 토양은 전체가 화산암이거든요. 그래서 호우가 내린 후 15분이 지나면 모두 흡수해버리죠. 토양에 구멍이 많아요. 우리는 수많은 여행을 계획해뒀답니다.

선교사들이 많이 있는데 어떤 선교사는 구식, 어떤 선교사는 신식이라고 부른다는 걸 발견했어요. 구식은 여기 언젠가 온 적이 있거나 아니면 속이 좁고 괴짜같은 사람들이에요. 그리고 매우 훌륭하고, 세련되고, 현대적이고 넓은 마음을 가졌으면서, 좋은 일을 하고 있지만 사교적이고 시대의 흐름을 맞추는 것이 좋다고 생각하고, 생기발랄한 사람들이 많이 있어요. 사람들은 구식을 싫어해요. 엄청 끈적끈적한 사람들도 있고, 마치 패션 면에 등장한 것처럼 보이는 올해의 스타일을 입고 멋지게 보이는 사람들도 있죠. 제가 지금까지 본 중 가장 멋지고 훌륭하게 보이는 사람들이 몇 있는데, — 그들은 기혼이고, 여기서는 모두들 하얀 옷을 입고 있어요. 또 멋진 얼굴의 여성들도 좀 있기는 하지만, 대부분의 사람들은 미국 서부나 북부에서 왔고, 상당수는 동부에서 왔고 남부에서 온 사람은 아무도 없더군요. 꽤 많은 사람들은 영국에서 왔고, 그들은 모두 맵시가 있어요. 저 자신이 부끄럽게 느껴진답니다.

우리가 함께 머무르고 있는 오스틴 가족 the Austins 은 영국에서 왔는데, 그는 28세 나이인 50년 전에 전함 포격을 가르치는 선생으로 여기 왔대요. 그런데 선원들 사이에서 사역하는 게 필요하다는 것을 확인하고는 선원 학교를 조직했고 늦게 안수를 받고 목사가 되었어요. 1년 동안 영국으로 돌아가 있으면서 결혼을 하고 함께 돌아와 멋진 일들을 해 오고 있는 거예요. 그녀가 좀 특이하긴 하지만요.

이곳 선교사들 중 많은 경우 커다란 다이아몬드 장신구들을 걸치고 있고, 그들 중에는 아주 힘들게 사는 것처럼 보이는 경우도 있어요. 어떤 이들은 큰 집에 살면서 상당한 보수를 받고 집을 가구로 채우기도 할 만큼 운이 다르기도 하더군요. 다른 외국인들은 모든 세상과 분리되어 있는 멀리 떨어진 곳에 있고, 아이들이 좀 있고, 마음이 너그럽다는 등등. 그래서 아직까지는 선교사의 삶을 판단하기는 어려운 것 같아요. 저는 소위 촌이라고 부르는 곳 안에 스테이션을 갖고 있는 사람들에 대해 굉장히 슬픈 생각이 들어요. 물론 모두들 돈, 사교, 기쁨, 옷, 아니면 다른 것을 희생하고 있기 때문에 이렇게 한 자리에 함께 모이는 건 멋진 일인 것 같아요. 그들은 모두 제 옷을 빤히 쳐다보고는 쳐다본 것에 대해 사과를 한답니다. 어떤 사람은 말하죠. "여기 온지 얼마나 됐어요? 어느 선교부에서 왔나요?" 그러면 또다른 사람은 말하죠. "그냥 옷을 보면 미국에서 왔다는 걸 모르나요?"

이곳의 많은 사람들, 상당히 많은 사람들은 틀림없이 "허세" 가문에서 왔을 거예요. 핑키가 편지를 보냈는데 "싸이 Cy"와 저더러 며칠 동안 내려오라고 초대를 했네요.

일본 ─ 노지리 호수 앞집

1923년 7월 22일

사랑하는 여러분:

여러분뿐만 아니라 저를 위한 놀라운 소식! 지금 저는 완전히 새로운 곳, 노지리라고 부르는 또다른 여름 휴양지에 와있답니다. 핑키의 편지에 대한 응답으로 지난 목요일에 "싸이"(피케씨)와 함께 왔지요. 로이드가 말한 것처럼 우리는 "대단한" 시간을 보냈어요. 상황이 어떤지 제가 말을 하면 아마도 여러분은 놀랄 걸요. "바보 같은 것들이 거기에 있군." 노지리는 가루이자와에서 80킬로미터 정도 떨어진 곳에 있지만 기차를 타고 오는 데는 3시간 30분이 걸려요.

노지리는 폭이 약 4킬로미터 정도 되는 호수인데 그 가운데 우리집 뜰 정도 크기의 섬이 있고 그 위에는 신사가 있어요. 섬은 언덕이고, 두 개의 "도리이"(신사 입구)를 통과하여 긴 층계를 올라 승려들이 거주하는 신사로 들어가게 되어 있더군요.

섬은 나무들로 빽빽하고 아름다운 아이리스와 야생화들로 둘러싸여 있지요. 집들은 호숫가나 산 위에만 지을 수 있어요. 우리 새 집에서부터 옛날 집 거리보다 많이 멀지 않은 거리에요.

핑키네 현관에서부터 물까지의 거리가 가깝고, 뒷문에서는 나가서 산자락을 만질 수가 있어요. 산들은 아름답고, 나무와 야생화들이 뒤덮고 있고, 가장자리에는 호수 쪽으로 튀어나온 곳과 만들이 있지요. 산은 불규칙해서 어디는 매우 높고 어디는 별로 높지 않아요. 호수는 화산 폭발로 만들어졌는데, 먼저 산 중앙 아래쪽으로 넓고 깊은 구멍이 (수십 미터 깊이의) 생겨난 거예요.

노지리는 외국인들이 살기 시작한 지 불과 3년밖에 되지 않은 새로운 장소에요. 가루이자와는 유명한 휴양지였고 지금도 마찬가지이기는 하지만, 사람들은 매우 빠른 속도로 형성되고 있는 이곳을 일으키고 있어요. 각 가족이 자기들 소유의 요트를 가지고 있고, 호수는 종종 배들로 가득 찬답니다. 멋진 광경이죠. 집들은 죄다 일본풍으로 지어져

사랑이 키티를 조선에 부르다

있고, 가족들은 6월에 오는데 요리사들을 데리고 와서 여름을 나게 돼요. 이쪽 집 가까운 곳에 일본 식료품 가게가 있고, 호수를 건너면 본토인들의 마을이 있어요.

역에서 이곳(6.5킬로미터)으로 인력거jimikaha•나 자동차를 타고 오는 유일한 길은 마을로 와서 거기서 호수를 건너는 거예요. 하지만 걷거나 말을 타고 산을 통과해서 온갖 외국인 집들이 있는 이쪽으로 올 수 있어요. 이곳에 지금까지는 약 50채 정도의 집만 있을 뿐 호텔은 없고, 각자가 집을 소유하고 있거나 빌려 사용하고 있죠.

핑키와 로이드는 이번 여름에 올 수 없는 어떤 가족에게서 집을 빌렸대요.

거실과 식당이 합해져 있고(엄마의 침실 정도 크기), 부엌, 현관, 그리고 그들이 목욕탕이라고 부르는 것 등이 아래층에 있고, 위층에는 우리 집 작은 침실 정도의 더블 침대 침실이 한 개 있고, 음, 우리 부엌 창고보다 큰 싱글 베드 침실이 두 개 있어요. 집에는 모두 창문이 있고요. 온갖 구석구석에는 편리하게 쓸 수 있는 벽장, 서랍, 선반 등을 많이 만들어뒀어요. 더 큰 집을 지을 수는 있지만, 이곳에서 건축은 굉장히 비싸지요.

자, 이제 저의 스릴과 경험들이에요. "싸이"와 저는 가루이자와에서 만났어요. 저는 기차에서 여러 번 말문이 막혔답니다. 한 일본 남자가 꿈틀거리기 시작하더니 기차에서 바로 저의 건너편에 섰어요. 먼저 코트를 벗고, 벨트를 풀고 셔츠를 벗는 거예요. 저는 그가 완전히 벗어버릴 거라고 생각했어요. 그러자 "싸이"가 말하더군요. "자, 키티, 흥분하

• 원문은 jimikaha이다. 문맥을 살펴볼 때, 1900년대에 일본에서 사용된 인력거(jinriksha)의 오독으로 보인다.

지 말고 그냥 조용히 앉아 있어요. 그리고 최선을 다해요." 세상에! 그 인간은 바지와 신발을 벗더니, 남은 여정 내내 속옷만 입은 채 거기 앉아 있지 뭐겠어요? 음. 몇 분 후였어요. 구석에 커튼이 반쯤만 쳐져 있는 화장실이 있었는데, 한 사람이 들어가더니 (?) (?) ……. 화장실에서 발을 씻는 거예요. 저는 그때까지 움직일 수 없을 정도로 힘이 빠져있었거든요. 싸이가 저를 보고는 배꼽이 빠지도록 웃는 거예요. 그들은 죄다 기차에 누워서 잠을 자고, 심지어는 여성들도 온 기차 사람들이 있는 앞에서 기모노를 갈아입더라고요.

우리는 가루이자와 마을 역에 도착했어요. 그들과 우리는 만났고, 유일한 마을 택시를 잡았는데, 그 택시는 돌아가기만 하면 모든 바퀴가 빠져버릴 것처럼 보이는 낡아빠진 포드였어요. 우리는 차곡차곡 탔고.??!!??.!!::!! 노지리를 향해 출발! 멋있는 남자 하인 "테세카"가 배를 가지고 와서 우리를 만났고, 건너편으로 배를 저어 우리를 태워다줬죠.

저녁을 먹은 후 7시경에 우리는 호수로 뱃놀이를 나갔어요. 아름다답니다. 배를 타고 건너서 반대편 가장자리의 '망루'로 가서, 잠시 머물다가 배를 저어 호수를 돌아다니기 시작했어요. 두꺼운 안개가 끼기 시작하더니 결국 엄청나게 빽빽해졌고 우리는 바로 코앞도 볼 수가 없게 되었어요. "싸이"가 노를 갖고 있었는데, 그가 굉장히 불안해하더니 호숫가 가까이로 향했어요. 하지만 거긴 배를 댈 곳도 없고 집도 없는 호수 반대편이었던 거예요. 어디로 접어들고 있는지 모르고 있는 거죠.

로이드는 '물오리'인데다 두려워하는 것도 없어요. 그렇지만 암초에 부딪칠까봐 호숫가로 가까이 가는 걸 두려워하더군요. "싸이"는 돌풍을 무서워했고, 꽤 신경이 날카로워졌고, 호숫가에 집착하면서 부들 더미 쪽으로 달렸어요. 기겁한 로이드는 싸이에게 제발 노를 달라고 간청을 했는데, 로이드가 가능하면 호수 중앙으로 돌진해서 돌풍과 부딪칠 것을 알고 있던 싸이는 그걸 거절했어요. 여기서 그들은 노를 놓고 싸우고 있었고 둘 다 서로 상대방이 뭔가를 하려는 마음을 품은 걸 두려워했던 거죠.

로이드는 안개도, 돌풍도, 아무 것도 두려워하지 않았지만, 싸이가 우리를 암초로 몰고 가거나 아니면 부들 더미에 갇히게 만드는 건 두려워했어요. 싸이는 그만 두려고 하지 않았어요. 그들은 그냥 상대방에게 간곡히 부탁하고 있었답니다. 그때 싸이가 기둥(수표)을 쳤어요. 로이드는 싸이가 그쪽으로 향하는 걸 보고는 저에게 소리를 질렀어요. 제가 배(5인용) 끝에 있었거든요. 그래서 저는 손을 뻗어 기둥을 붙잡고 배가 기둥과 부딪치는 걸 막았고, 엉엉 울기 시작했어요. 제 목숨값으로 3센트를 주지 않았더라면…. 다시는 여러분을 못볼 줄 알았답니다.

결국 로이드는 배를 요동치게 하면서 싸이에게서 강제로 노를 뺏었어요. 싸이는 호숫가 가까이에 있어 달라고 애원했지만, 로이드는 오직 자신의 거리 감각과 방향 감각만으로 집을 향해 호수를 가로지르기 시작했어요. 그는 분당 65킬로미터로 노를 저었어요! 그냥 물을 "찢어놓은 거예요." 아! 절대 절대 그걸 잊지 못하겠죠? 저는 떨고 있었고, 제 발은 마치 섬망증이 있는 것처럼 움직이더군요. 싸이는 제 손을 잡고, 아니 잡으려고 노력했지만 사실 저는 미친 듯이 쥐어짜고 있었어요. 펑키는 저보다 훨씬 자신을 잘 통제했고, 또 그녀에게는 로이드에 대한 강한 믿음이 있었기 때문에 그들 세 사람 모두 저를 위로하려고 애를 썼어요.

집으로 돌아왔지만, 그 일은 언제나 '저의 해라 기억' 속에 있을 거예요. 그 일을 극복하지 못할 거예요. 저는 다시 배를 타지 않을 거라고 맹세했지만, 당연히 또 배를 탔죠. 다음날은 고요한 날씨였고 뱃놀이 역시 멋졌어요. 그래서 또 갔어요. 그 다음날은 바람이 많이 불었는데, 로이드는 요트에 푹 빠져 있거든요. 그게 어떤지도 모른 채 저는 요트를 타러 가기로 동의했어요.

음, 요트를 타게 되면 배가 물 속으로 깊이 들어가고, 파도가 거의 배로 들어오는 수준이고, 끝에 있는 사람에게는 엄청나게 물이 튀게 되죠. 그리고 배는 자주 자세를 바꿔야 하고 그렇게 할 때면 모두 배의 바닥을 만지면서 머리를 완전히 숙여야 해요. 그리고는 로이드가 소리를 치면 우리는 가능하면 빨리 배의 반대편으로 기대야 해요. 정말 미칠 지경이었어요. 정말이지 제 심장이 박동을 멈췄다니까요.

로이드가 저를 보고는 죽어라 웃었어요. 음, 로이드가 소위 "태킹"을 했는데요. 그가 마치 다시 그 호수를 가로질러 가는 것 같은 느낌이 들었고, 그래서 물로 뛰어들어 저의 불행을 끝장내고 싶은 마음이 들 때까지 태킹을 하는 거예요! 한참 애걸복걸한 뒤에야 저는 그를 집으로 돌아오게 할 수 있었어요. 물론 그는 원하지 않았지만요. 호수는 하얀 파도로 가득했고 (하얀 파도란 아주 높은 바람이에요) 배는 마치 순간마다 뒤집힐 것처럼 엄청나게 파도를 타고 넘었어요. 스릴 넘치는 물 이야기는 여기까지.

[1923년] 7월 25일 수요일, 오후

편지를 완성해보려고 노력할게요. 하지만 제가 그걸 다 어떻게 말할 수 있을까요? 우리가 오기 일주일 전에 한 일본인 소설가(남성)와 여성 작가가 목을 매서 자살했어요. 그들은 서로 사랑했는데, 둘 다 이미 결혼을 했고 그런 경우 사람들은 보통 자살을 한대요. 그런 일이 꽤 일어

사랑이 키티를 조선에 부르다

나죠. 또 이 남자와 사랑에 빠졌던 다른 일본인 여성도 그의 죽음을 듣고는 역시 자살을 했어요. 어떤 여성들은 자신의 치아를 까맣게 해서 다른 남자들에게 매력적으로 보이지 않게 하더군요.

외국 옷을 입고 있는 남자들은 외국인들을 흉내내려고 한답니다. 그리고 테니스 코트에서는 하얀색 옷과 자그마한 하얀색 테니스 모자를 착용하려고 해요. 그들은, 여기서 외국인들이 장소를 만들어 둔 후 탈취하려는 일을 시작했어요. 그리고 물론 외국인들은 엄청나게 퇴짜를 맞고 있어요. 그게 바로 그들이 노지리에서 새로운 휴양지를 시작하고 있는 이유에요. 그리고 그들은 어떤 땅도 일본인에게 팔려고 하지 않을 거예요.

제 생각에 저는 행운아예요. 저는 어제 이곳 일본인 학교에서 영어를 가르치고 있는 (재미로) 너무나 멋진 젊은 남자 두 명을 만났거든요. 빌 넌 Bill Nun 은 조지아에서, 거스 매너스 Gus Menace 는 미주리에서 왔어요. 둘 다 정말 멋진 사람들이죠. 빌은 너무 어리지만, 거스는 나이를 먹을 만큼 먹었어요. 둘 다 말도 못하게 귀여워요. 지난 밤에는 그들과 데이트를 했죠. 우리는 외국인들이 준비해서 (교회) 강당에서 연주하는 콘서트에 갔어요. 노래, 낭송 등등. 매주 화요일 밤에 콘서트가 열리거든요. 내일 오후에는 그들과 함께 차를 마시면서 데이트를 할 거예요. (오늘은 어디 갔어요.) 그리고 그들이 하는 말이, 제가 허락만 하면 뭐든 계속 할 수 있게 해준대요. 테니스를 칠 것이고, 저를 일본에서 가장 큰 활화산인 아사마 산으로 데리고 갈 거랍니다. 높이가 약 2천5백미터 정도이죠.

일 년 전에는, 어떤 사람이 그 산에서 날아오는 뜨거운 바위에 맞아 사망했어요. 어떤 때는 가는 걸 허용하지 않는데, 그건 위험하기 때문이에요. 하지만 다른 때는 갈 수 있는 거죠. 수킬로미터마다 휴게소가 있어서 쉴 수도 있고 밤새 잠을 잘 수도 있어요. 만약 마지막 휴게소까지 말을 타고 간다면 거기서 말은 남겨둬야 하고, 분화구까지 당일 코스로 2시간 30분 정도 올라가면 돼요. 하지만 줄곧 걸어서 간다면 이틀 동안 여행을 해야 해요. 흥미롭지 않아요? 반드시 가이드와 동행해야 하고 또 조심해야 한답니다. 산은 여기서부터 13킬로미터 떨어져 있어요. 사람들이 저더러 여름 내내 여기 있으라고 애원을 하네요. 우리가 조선으로 가니까요. 우리를 즐거운 곳으로 데리고 다니겠다나요? 할 수 있다면 그렇게 하고 싶어요.

어제 맥켈리씨가 전보를 보내왔는데, 2주 동안 머무를 수 있는 곳을 찾아주기만 하면 토요일에 이곳으로 오겠대요. 2주 동안 우리한테 머물라는 뜻인지 아닌지 잘 모르겠어요. 우리도 그에게 전보를 했는데 답장은 못받았고요. 어제 오후에는 …에서 차를 마셨어요.

[나머지 글자 유실]

1923년 8월 4일 토요일, 가루이자와 1시 30분

사랑하는 엄마,

제가 날도 달도 알 수가 없었어요. 하지만 4일을 모르고 지나가버릴까 봐, 엄마에게 '오래 오래 사세요'라고 말씀드리지 못할까 봐 두려웠어요. 이 말을 직접 하고 싶지만 아마도 세 번의 엄마 생신에는 종이로만 말씀드려야 할 것 같아요. 이상하지 않아요? 엄마에게는 어제가 엄마 생신이었는데, 저에게는 오늘이 엄마 생신이에요. 제가 제 편지 한 통에 시차가 6시간뿐이라고 썼는데 실수에요. 시차는 14시간이에요.

사랑이 키티를 조선에 부르다

그래서 저는 오늘 '티판'(점심)을 먹은 후 토요일 오후에 편지를 쓰고 있어요. 엄마는 금요일 밤 보드라운 침대에서 곤히 주무시고 계시겠죠. 오늘 아침에 재밌는 생각이 들었어요. (시차를 말하는 도중에) 제가 만약 오늘 죽는다면 엄마는 그 소식을 어제 들을 거예요. 해외 전보가 바다를 건너는 데 고작 3시간 밖에 안걸리거든요. 그러니까 그래요.

하딩*의 사망 소식을 바로 이어서 들었어요. 어제 오후 4시경에 소식이 도착했더군요. 오늘 오후 4시에는 연합교회에서 추모 예배가 있을 거예요. 지난밤에는 하딩 부인을 기억하며 기도했고, 화산암층으로 여행을 계획했던 많은 사람들도 그 여행을 연기했어요. 그들의 애국심 때문이죠.

엄마, 이번에는 많이 쓰지 못할 거예요. 무슨 일이 생길 때마다 저는 계속해서 편지를 써요. 저는 그 편지를 통해서 제가 하고 있고 보고 있는 모든 걸 엄마께 말씀드리려고 노력하죠. 하지만 이번 편지는 그냥, 엄마 생신에, 애쓰신 날들, 그리고 오늘날의 저를 만드시기까지 엄마가 썼던 시간과 심사숙고에 대해 생각하고 있어요. 제가 엄마에게 금이나 은으로 갚아드릴 수도 없고, 엄마의 젊은 시절을 되돌려 드릴 수도 없죠. 하지만 제가 살아가는 동안의 저의 노력이 분명 상 받은 만한 행동을 통해 엄마에게 보상이 될 거예요. 우리에게 생명, 믿음, 감각을 주시고, 그리고 다른 사람들뿐 아니라 우리의 생명도 가치 있게 할 만큼 훌륭한 기회의 세상을 주신 그분의 뜻에 맞춰 인류에게 봉사하는 가운데 말이죠.

엄마는 아이가 태어나면 고통이 끝난다고 생각하실 수도 있지만 그

• Warren G. Harding (1865.11.2.-1923.8.2): 미국의 29대 대통령, 재임기간: 1921-1923, 1920년 대통령 당선, 1923년 휴가 도중 사망.

건 염려의 시작일 뿐이에요. 엄마는 온갖 악전고투의 세월을 보내며 저를 키우셨는데, 저는 엄마에게서 수백 킬로미터 떨어진 이곳 낯선 이교도 땅에 있네요. 어찌 보면 배은망덕하게 보일 수도 있겠지만, 저는 엄마가 제대로 생각하고 계신다는 걸 알고 있어요. 그리고 그러기를 원해요. 제가 여기 있는 것이 엄마를 방치하는 게 아니에요. 이기적으로 보일 수도, 제게 안목이 없는 걸로 보일 수도 있고, 제가 그런 것을 보여줬을 여러 가지 방식들을 생각해보면 심장이 뛰는 순간마다 회한이 느껴져요. 사랑 안에서조차도, 모호한 행동들과 용서받지 못할 말들이 어떤 감정으로부터 생겨날 수도 있었을 거예요. 상처 입은 사람이 누군가의 마음을 읽을 수 있다면야, 그 사람이 이해하고 용서할 거라고 확신할 수도 있겠지만 슬프게도 그 마음은 보이질 않아요. 그건 꼭 말로 보여줘야만 해요.

우리의 애정과 믿음은 우리보다 더 지혜롭잖아요. 우리 안에서 가장 좋은 것은 우리가 이해할 수 있는 것보다 더 훌륭하죠. 그건 경험을 뛰어넘는 곳에 기초를 두고 있고, 눈이 보이지 않지만 이 세대로부터 저 세대까지 안전하게 우리를 인도해요.

엄마에게 더 더 더 많은 생신이 돌아오길 원해요. 그리고 그때마다 더 행복한 생신일 될 거예요.

우리 사이에 있는 온갖 광대함이 엄마를 위한 사랑으로 가득해요. 저는 엄마의 딸이에요.

키티

우리는 8월 13일 월요일에 이곳을 떠나요. 그리고 집으로 돌아갈 것에 대비해 우리의 스케줄을 동봉할게요. 일본을 여행하고 있는 저 케이트 뉴먼을 기억해주세요. 이 여행을 제가 절대 생각할 수 없었을 거

사랑이 키티를 조선에 부르다

예요.

첫째 날:
가루이자와 출발, 오전 4시 54분
다카사키 도착, 오전 6시 40분
다카사키 출발, 오전 6시 48분
오야마 도착, 오전 9시 37분
오야마 출발, 오전 10시 18분
우쓰노미야 도착, 오전 11시 2분
우쓰노미야 출발, 오전 11시 8분
니코 도착, 오후 12시 20분
　　사찰 방문. 니코 호텔 점심
　　추젠지 숙박

둘째 날:
니코 출발, 오전 7시 48분
우에노 도착, 정오
　　동물원 및 박물관 방문, 쇼핑
요코하마로 출발, 숙박

셋째 날:
요코하마 출발, 오전 11시 35분
고텐바 도착, 오후 2시 42분
　　후지산 등반, 숙박

넷째 날:

고텐바 출발, 오전 10시 27분

누마즈 도착, 오전 11시 9분

   급행 출발, 오후 12시 20분

교토 도착, 오후 7시 24분

다섯째 날:

교토 관광, 오전

나라로 출발, 오후

   나라 호텔 숙박

여섯째 날:

고베로 출발 (샌번 호텔)

   관광

일곱째 날:

고베 출발, 오후 9시 26분

미야지마 도착, 오전 7시 5분 (여덟째 날)

여덟째 날:

미야지마 출발, 오후 5시 29분

시모노세키 도착, 오후 10시

오후 11시 출발

아홉째 날:

사랑이 키티를 조선에 부르다

부산* 도착, 오전 8시

부산 출발, 오전 9시

대전** 도착, 오후 3시 20분

대전 출발, 오후 4시 5분

목포 도착, 오후 10시 40분

니코 호텔
일본, 니코
TEL. NOS. 3 & 30

1923년 8월 13일

여러분, 안녕하세요.

저는 이곳 웃기는 작은 땅덩어리의 사람들과 그들의 관습 때문에 팔짝팔짝 뛰고 있네요.

코델 양과 저는 오늘 새벽 4시에 가루이자와를 떠났고, '이미야'에서 우리가 직접 갈아탄 후 12시 30분에 도착했어요. 일본 안에서 거의 하루 종일 우리 단독으로 여행했다는 것에 대해 정말 자랑스러워요. 한두 곳에서 궁지에 빠졌지만 다시 빠져나왔죠. 궁지에 몰렸는데 말을 할 수 없거나 혹은 말을 걸어줄 사람이 없을 때, 참 재미있어요. 오늘 우리가 하루 종일 여행하는 내내 다른 외국인은 단 한 명도 보이지 않더군

- • Firsan으로 표기되어 있다.
- •• Taiden으로 표기되어 있다.

요.

여긴 멋진 곳이에요. 우리는 태고 적부터 있었던 늙은 불교도들과, 금과 옻칠로 장식되고 나무와 청동 조각이 있는 굉장한 사찰들을 보았어요. 정말 말로 할 수 없을 만큼 아름답고, 3백년이나 되었어요. 그것들을 만들고 조각하기 위해 15,000명의 사람들이 동원되었고 12년이 걸렸답니다. 와, 오늘 우리 가이드가 우리를 데리고 다니면서 그 모든 것을 설명할 때 제가 거의 불교도가 될 뻔 했지 뭐예요. 안으로 들어가기 위해 우리는 신발을 벗어야 했어요. 300년 전 옛날 황제 가문 중 누군가가 심은 멋진 삼나무 숲은 사랑스럽고 아름다워요. 경이로운 것들을 보고 배우고 있어요. 시대를 막론하고 엄청난 가치가 있네요. 집에 돌아가면 정규 강사가 될 거예요. 그리고 모든 일본의 특징과 관습을 각색할 거예요.

다음 편지에서는 여러분들께 재밌는 걸 말해줄게요. 하지만 지금은 시간이 없어서…….

잘 있어요. 사랑해요.

키티

잊지 말고 제 편지를 모아주세요. 제 스크랩북을 완성하고 싶거든요. 제 편지를 대신 사용할 거예요.

1923년 8월 17일 금요일, 오전 8시

사랑하는 엄마:

사랑이 키티를 조선에 부르다

오늘은 고템바 Gotemba 에 있어요~. '후지'(후지산) 기슭에 있는 아주 작은 곳인데, 후지산을 오르기 위해 어제 오후에 이곳에 내렸어요. 하지만 구름이 잔뜩 끼어 있었죠. 우리는 두 가지 이유로 산에 올라가지 못했어요. 하나는, 꼭대기에서부터 구름이 꽉 끼게 되면 아무 것도 보이지 않아요. 하지만 아래 쪽에서는 구름의 효과가 아주 멋있다고들 말해요. 그리고 두 번째 이유는 산 위에서의 폭풍우가 매우 불편하고 또 당연히 위험하기도 하기 때문이에요.

그래서 만약 날씨가 좋다면 오늘 오후 1시 30분에 산을 오르기 시작하고, 잠을 자기 위해 시간에 맞춰 8번 기지에 도착하고, (일본인들과 이 사이에서) 그리고 새벽 3시경에 다시 오르기 시작해서 일출을 보기 위해 정상에 도착할 거예요. 진정한 천국의 환상을 볼 수 있다고들 말하더군요. 일출, 구름, 눈. 거기서 약 1시간 동안 머무르다가 내려오기 시작할 거예요. 물론 화산회층은 굉장히 깊고, 어디에 착륙할지 까다롭게 굴지만 않는다면, 그냥 정상에 앉아서 끝까지 미끄러져 내려갈 수 있다고들 말해요. 정말이지 올라가는 건 너무나 흥분되는 일이네요. 맥켈리의 무릎 상태로는 갈 수가 없고 달리 사람을 찾을 수가 없어서 코델 양과 저는 알아서 시도할까 했지요. 모두들 괜찮은 일이라고들 하지만, 우리 가이드에게 일본어로 말을 할 수가 없잖아요. 그러니 일본어를 할 수 있는 누군가 (아니면 남자)와 함께 가는 게 더 좋을 것 같아서 오늘까지 기다렸고, YMCA의 남성과 그의 아내가 등산을 하러 와서 우리도 그들과 함께 가려고 해요. 우리가 여기서 월요일까지 머무르는 문제로 맥켈리가 일을 엉망진창으로 만들지 않는다면 그래요. 그는 월요일에는 등산을 할 수 있을 거라고 생각하고 있어요. 그는 그런 사람이죠. 그에게 뭘 기대할 수 있을지 모르겠어요. 그가 코델 양과 저를 니코(아름다운 곳), 도쿄, 요코하마를 지나 급히 움직이게 했어요. 우리는 그 곳에 더 오래 머무르고 싶었는데, 지금 우리는 숙박 시설이 끔찍한 이 코딱지만 한 곳에 있답니다. 그는 우리가 월요일까지 기다렸다가 후지산에 오르기를 원하고 있는데, 우리는 그에게 너무 화가 나있어서 어쩌면 폭발해버릴지도 몰라요. 우리는 우리가 가지고 있는 경비가 충분하지 않다고 말을 했어요. 하지만 그는, 어떻게 버텨야 할지 모를 때 늘 일을 벌이더군요. 자기 아내에게 돈을 빌리고, 늘 자기 생각대로 하기로 마음 먹어요. 저는 숙박 경비에 대해서 선교사 요율을 적용받기 때문에 훨씬 쌀 거예요. 하지만 일본은 세계 지도상에서 생활비가 가장 비싼 곳이에요. 상상도 못할 거예요. 그냥 그들은 최고의 강도들이에요. 호화롭게 살려고 하는 사업가들의 경우 여분의 비용을 제외하고 순수하게 들어가는 비용만 한 달에 2천 엔 또는 우리 돈으로 1천 달러 정도가 필요하다고 말한답니다. 가난한 선교사들은 그 수준에 도달하기가 어렵죠. (하지만 조선에서는 많이 달라요.) 일본에서 호텔은 가난한 사람들의 재정 형편을 넘기 때문에, 우리는 주로 YWCA나 선교사 기숙사에 머물러요. 다만 니코에서는 아무 것도 없어서 호텔에 머물러야 했죠.

자, 어쨌든 키티는 이 낡은 세계에 대해서 뭔가 특별한 것을 보고 있는 중이고 또 그럴 만한 가치가 있다고 믿어요. 제가 집에 돌아갈 때쯤이면 좀 알게 되겠죠. 특별한 경험을 하고 있거든요.

코넬 양과 저는 몇 번의 신나는 경험을 하면서 니코, 도쿄, 요코하마에 아주 멋지게 도착했어요. 딱 한 번 다른 역에서 내릴 뻔 했지만요. (그랬다면 어떻게 되었을까요?) 도쿄에서는 시내를 가로지르며 길을 찾아야만 했고, 그래서 질문을 하면서 충분한 정보를 얻어냈어요! 어떤 때는 영어를 하는 일본인을 만났고 가끔은 외국인을 만나기도 했죠.

요코하마에서는 온갖 외국인들이 살고 있는 블러프Bluff 에 머물렀는데 우리가 새로 만난 친구들이 정말 잘해줬어요. 가루이자와에서는 일

사랑이 키티를 조선에 부르다

본 전역에서 온 사람들을 만나게 되기 때문에, 가는 곳마다 거기서 만났던 사람들이 있고 그들은 모두 새로 온 사람들에게 친절하게 대해줘요. 우리는 많은 친구들을 사귀었고 그들 모두가 우리에게 친절했어요. "빌"은 여러 곳에 있는 자기 친구들에게 먼저 편지를 써서 우리에게 잘해달라고 했고, 우리에게는 어떻게 해야 할지, 뭘 해야 할지 말해줬답니다.

요코하마에서는 저의 남자 고객 친구들 중 한 명에게 편지를 쓰고 그는 우리에게 3시 15분에 '롤스 로이스'를 보내주고, 그와 그의 조카를 태운 뒤, 그가 우리에게 요코하마를 구경시켜주고 그랜드 호텔에서 성대한 만찬에 참석하기로 했어요. 하지만 제가 편지를 잘못 보내는 바람에 그가 편지를 받지 못했답니다. 너무 실망스러웠어요.

너무 피곤해요. 기쁘게 집으로 돌아가 쉴 거예요. 일본에서의 이 더운 날씨와 자갈이 깔린 화산암길은 옷과 구두에게 너무 가혹하네요. 조선에 가게 되면 품위 있는 물건은 갖지 못할 거예요. 일본의 어떤 곳에서는 온도계가 38도를 훨씬 훨씬 넘는 걸로 기록이 되거든요. 요코하마와 도쿄는 거의 참을 수 없을 정도예요. 사람들이 거기서 어떻게 사는지 알 수가 없어요. 그리고 기차 타는 건 두려울 정도예요. 어제는 여기에 오면서 탔던 기차 안 온도가 거의 38도 가까이를 기록했던 것 같은데, (선풍기가 돌아가고도) 거기에다 8백미터의 터널을 창문을 닫은 채로 통과해야 했어요. 저는 금방이라도 기절할 것 같았죠. 그리고 차 한 대에 489(?)명의 일본인들. 정말 아쉬운 게 천연두와 장티푸스 예방 접종을 하지 않았다는 거예요. 하지만 다시는 기회가 오지 않겠죠. ― 그리고 제가 목포에 도착할 때 ― 이번에는 운이 좋았지만.

내일 요코하마를 떠나는 미국행 배에 이 편지를 부치기 위해 사람들이 기다리고 있어요. 그래서 편지를 미리 보내야겠어요.

많이 많이 사랑해요.

전심으로,

키티

제가 정착하자마자 편지를 쓰겠다고 모두에게 전해주세요. 아직은 할 수가 없어요.

후지산 7고메

1923년 8월 20일 월요일 오후 5시 30분

세상에! 지금 저를 볼 수 있다면! 저는 제가 밤을 보내고 있는 곳의 그림을 동봉하고 있어요. 있는 그대로를 보게 된다면 아마도 너무 두려워 포기하게 될 거예요. 우리는 7시에 고템바를 떠났고, 8시에 후지산 기슭의 시히추스 Shihichus 에 도착해서 곧바로 3고메를 향해 말을 탔어요. 코델 양, 클라크 양, 홀 양, 그리고 뉴먼 양, 4명의 기수들, 그리고 2명의 가이드. 이 말들은 못생긴데다 굼뜬 동물이에요. 죄다 물어뜯을 것 같은 거 있죠. 우리 기수들이 그 말들을 끌었어요. 제가 곧 우리의 우스꽝스러운 모습이 담긴 그림을 보낼게요. 치마를 입은 채 다리를 벌리고 말을 탄 우리. 이런 끔찍한 건 본 적이 없을 걸요. 코델 양은 그 상태로 6고메까지 말을 타고 갔기 때문에 너무 힘들어 했어요. 2고메까지는 아주 괜찮았죠. 나무 그늘에 완만한 경사. 하지만 재투성이. 3고메에 오르자 아주 아주 가팔라졌어요. 우리는 코델 양의 말보다 빨리 갈 수도 없었는데, 그녀의 말은 우리보다 전혀 빠르지 않더군요. 4고메부터는

사랑이 키티를 조선에 부르다

계속해서 가파른 경사예요. 무지 가파르죠. 올라가기 위해서는 거의 두 배를 구부리고 긴 등산지팡이를 사용해야 하고, 몇 분에 한 번씩은 코를 훌쩍거리고 풀기 위해 멈춰야만 해요.

가여운 코넬 양은 한 고메를 가면서 끔찍한 시간을 보냈어요. 제가 행렬의 선두에 섰답니다. 클라크 양과 홀 양보다는 10분, 코넬 양보다는 25분 앞서 도착했죠. 그리고 그녀를 돕기 위해 가이드를 남겨뒀어요.

이 위로는 나무가 없어요. 코스가 넓게 열려 있어서 길을 잃을 염려는 없는데, 거대한 바위 덩어리, 잉걸, 그리고 재만 있어요. 계속 걷기가 정말 힘들죠. 우리는 오늘밤 이 고메에서 잠을 잘 예정이에요.

시간이 지난 후

8월 22일 수요일, 밤

편지를 끝내지 못했어요. 우리는 너무 화가 났답니다. — 피곤해 죽겠어요. 우리의 밤은 모험이었어요. 이 작은 산막에서 5명의 일본인들과 수백 마리의 이와 함께 잠을 잔 거예요. 단 5명의 일본인들과 잠을 잔 건 진심으로 행운이었어요. 보통은 수십 명이래요. 참 이상하죠. 수많은 사람들이 매일 후지산을 올라가는데. 일본인들이에요. 우리가 알기로 월요일에 올라간 사람들 중 유일한 외국인들이 우리였어요. 우리는 운좋게도 우연히 6고메에서 멈췄는데, 7고메, 8고메, 9고메, 그리고 정상은 만원이었죠. 우리 4명은 방 한쪽 끝에서 잠을 잤고 일본인들(남자와 여자들)은 다른 쪽 끝에서 잤어요.

우리는 2시에 일어났고, 찬란한 일출을 보기에 마침 좋은 때에 정상에 도착했어요.(5시 정각) 기막혀! 하지만 스릴 만점의 대단한 등산이었어요. 정말이에요! 코넬 양은 너무 느려서 경기를 너무 지체시켜버렸어요. 가엾어라! 저는, 여행이 그녀를 제압해버릴 거라는 생각을 잠시 했어요. 우리는 후지산 정상에서 (우리가 가지고 간) 아침을 먹었어요. 여러분, 생각해보세요. 4천 미터 공중에서 아침을 먹는다!

자! 내려오는 재미! 우리는 반대편 화산암 쪽으로 내려왔는데, 와, 무서웠지만 재미있었어요. 어떤 곳은 화산재가 거의 무릎 깊이였다고요. 딛고, 미끄러지고, 키티, 미끄러져! 만약 저에게 발뿐만 아니라 제 소파가 있었다면, 아마도 자리를 잡고, 내려온 시간의 10분의 1만에 내려왔을 거예요. 그건 정말 사람을 뱃멀미 나게 만들었지요. 무슨 뜻이냐 하면 내려오는 14킬로미터가 거의 이런 화산암층이었다는 거예요. 너무 웃어서 눈물이 날 지경이었어요. 그런데 코넬 양이 힘이 빠져버려서 다른 두 여자들은 가이드와 함께 계속 갔고, 한심하게도, 저는 제 가이드와 코넬 양과 함께 뒤에 머물러야만 했죠. 그녀와 함께 5분마다 멈췄던 것 같아요. 그리고 마침내 산기슭에서 재미있는 운송 수단을 만났어요.13 일본인 쿨리들은 30분 동안이나 떠든 후에야 우리가 그걸 타고 어디로 가고 싶어하는지 이해하더군요. 저는 집에서 14.5킬로미터 떨어진 지점에서 그녀를 태웠어요. 그리고는 함께 타고 달리다가 그녀를 위해서 인력거를 잡아줬고, 저는 돈이 없었던 관계로 나머지 길은 걸었답니다. 후지산 정상에서부터 산기슭까지 13.5킬로미터. 우리가 지내는 곳까지 14.5킬로미터. 13.5 + 14.5 = 28킬로미터. 저는 이제 뭐든 잘 할 수 있어요. 저는 이 28킬로미터 중에서 9.5킬로미터를 탔네요.
지금 우리는 교토에 가까워지고 있어요. 오늘 아침 10시에 고템바를 떠났고, 지금은 오후 10시 30분이에요.

사랑이 키티를 조선에 부르다

나중에 쓸게요.

사랑해요.

키티

셋째
묶음

부산을 거쳐 목포, 군산, 순천에서

※※

목포로 가는 기차에서

1923년 8월 28일 화요일, 오후 4시

조선 땅에서

음, 제가 마지막으로 겪은 충격에서 헤어날 수만 있다면 어제 썼던 편지에다 편지 한 통을 더 보낼 수 있을 거예요. 하지만 헤어날 수 있을까요? 만약 헤어나더라도 똑같은 걸 절대 볼 수 없겠죠.

방금 조선에서 처음으로 정차했어요. 오늘 아침 8시 부산에 상륙했는데, 부산은 조선에 있지만 일본 도시예요. 그래서 우리는 조선인을 한 두 명 정도밖에 보지 못했죠. 거기서 9시에 기차를 탔고 방금 대전에서 (4시에) 기차를 갈아탔어요. 한 시간을 기다리는 동안 다양한 모습의 조선 사람들을 봤는데, 좋게 말해서 저는 그냥 거기 서서 울었어요. 제 생애 그렇게 가련한 광경을 처음이었어요.

그들은 끔찍하게 추한 사람들 무리이고, 말도 못하게 괴상하게 옷을 입었고, 지금까지 본 중 가장 억압받고, 슬프고 바보 같이 보이는 사람들이에요. 그 모습 중에는 조금이라도 호감 가는 모습은 전혀 없지요. 이제는 일본인이 깨끗하고, 환하고, 매력적으로 옷을 입은 사람들이 되었답니다. 제 말은, 그러니까 그들 중 상류층을 말하는 거예요. '하지만 조선인들 중에 상류층이 있다'고 이야기하지 마세요. 저는 이 세상에 그런 사람들이 있으리라고는 꿈에도 생각하지 않았어요. 진흙으로 된 작고 낮은 오두막은 그 어떤 흑인의 집보다도 못했어요. 하지만 맥켈리는 더 좋은 집들이 있다고 하더군요. 사람들을 어떻게 묘사해야 할까요? 결혼한 남자들은 모두 상투(긴 머리)를 틀었고, 원숭이들이 쓰는 것처럼 괴상하게 보이는 작은 모자를 쓰고 있고, 소년들은 소녀들처럼 머리를 길게 땋았어요. 그리고 그들의 옷차림은, 음, 아마도 그들의 사진을 보내야 할 것 같아요.

정말이지 애처로워요. 이런 볼품없는 이교도의 땅에 갑자기 떨어지잖아요? 그러면 사람이라면 누구든 죄다 향수병에 걸리고도 남을 것 같아요.

자 이제 지난밤의 경험이에요. 굉장한 경험이었죠. 우리는 10시에 배에 탑승했어요. 배는 증기선이었는데 우리네 것하고는 전혀 달랐고, 엄청 작고, 사람들로 가득했어요. 1등실, 2등실, 3등실 승객들이 있는데, 1등실은 매우 비싸고 우리집 부엌 창고 정도의 작고 비좁은 방이에요. 2등실은 긴 복도에 그 양쪽으로 침대가 들어가 있고, 작고 짧은 커튼이 있는데 사람들은 남녀를 막론하고 죄다 통로에 서서 옷을 벗어요. 대부분 커튼을 열어 놓은 채로 잠을 자고 통로에는 여전히 서서 옷을 벗을 공간이 있지요. 침대는 마치 불이라도 난 것처럼 덥고 공기 구멍이라고는 전혀 없는데, 바로 거기서 우리가 잠을 잤답니다. 옷은 벗지 않았고. 물론 신발은 벗고 잤죠.

3등실은 한 개로 된 거대한 장소이고 거기서 남자, 여자, 아이들이 모두 바닥에서 잠을 잤어요. 아마 만 명 정도는 있는 것처럼 보였답니다. 게다가 "냄새"는 긴털족제비보다 더 독했어요. 감히 화장실에 들어갈 엄두는 낼 수도 없었는데, 만약 들어갔다면 바로 죽었을지도 몰라요. 하지만 우리는 여성들이 옷을 벗고 씻는 탈의실에는 들어갔어요.

사랑이 키티를 조선에 부르다

언제 남자가 걸어 들어올지 모르지만요. 지난 밤 탑승을 해서 사태를 파악한 후, 우리는 "공기"를 마시려고 좁은 갑판으로 올라갔어요. 한쪽 구석에 작은 벤치가 있는 걸 발견했고 우리는 서로 우리가 왜 왔을까 궁금해 하면서 앉았죠. 한참을 거기 앉아 있었는데 (코델 양은 일어나서 난간에 기대고 있었어요.) 벤치가 움직이는 거예요! (벤치는 아주 어두운 구석에 있었어요.) 뒤를 돌아봤더니, 두 명의 남자가 벤치 뒤에 웅크리고 있더군요. 아마도 무임탑승을 해서 해협을 건너려고 했던 게 아닐까 싶어요. 그들 중 한 명이 분명히 쥐가 났던 것이고, 그래서 움직여야만 했던 거죠. 이 벤치는 1등실과 2등실 전용으로 배 갑판 한쪽에 있었고, 벤치를 사용할 특권을 가진 사람들 중에서는 코델 양과 저만 빼고는 모두 잠들어 있었어요. 물론 저는 새파랗게 질렸고, 거의 기절하는 수준이었답니다. 코델 양을 틀어잡았지만 아무 말도 할 수가 없었어요. 그녀가 저를 갑판 위로 끌어내렸고 저는 그녀와 이야기를 해서 아무래도 밤새도록 앉아있기는 불가능하다고 판단하고 침상으로 돌아가기로 결정했어요. 정말 끔찍했어요. 다음번에는 파산하는 한이 있더라도 1등실을 잡아야겠어요.

뭐, 그래서 지금 여기에 있어요. 오늘밤 10시 목포에 도착할 예정이고, 맥켈리 씨가 맥 부인에게 전보를 쳤어요. "의사"와 "교수" 둘이 거기 있을 거라고 하는데, 저는 아주 완벽한 꼴이에요! 가방은 수화물로 부쳤고, 어제 오전 8시에 고베를 떠난 후 꼬박 이틀 동안 옷도 벗지 않았고, 양치질도 하지 않았고, 머리도 빗지 않았어요! 굉장한 인생이죠? 제 꼴이 이래서 신사들에게 좋은 인상을 주지 못할까 봐 두렵네요. 지금 저는 밤만 빼고는 보름 동안 한 번도 벗은 적이 없는 갈색 P.G. 여행복을 입고 있거든요. 여러분들이 그걸 봐야 하는 건데. 아마 전혀 알아보지 못할 걸요. 완전히 망가졌어요. 거의 하얗게 바랬고, 때를 뒤집어썼고, 완전히 땀에 절었어요. 인도가 전혀 없고 진흙투성이에 울퉁불퉁한 길이라서 품위있는 신발은 있을 수도 없지요.

코델 양과 제가 가루이자와에 갔을 때, 우리는 거기 딱 열흘 동안 머무르려고 했거든요. 그래서 가방 안 공간을 절약하려고 각자 딱 한 개의 드레스만 챙겼어요. 그리고는 6주 동안 한 벌의 옷만 사용했던 것이죠! 물론 세탁은 자주 했어요. 일본에서는 옷을 빨면 15분 후에 완전히 마른답니다.

거스 Gus 와 빌 Bill 이 크리스마스 전에 오겠다고 약속했는데……. 그렇게 되기를 바라고 있어요. 싸이는 더 이상 만나지 않았어요. 제가 생각하는 그 시간에 가지 않으면 우리가 가루이자와에서 나온 것으로 알도록 하려고 했어요. 그는 당연히 가루이자와를 통과했죠. 제가 아직도 거기 있는 줄 알았다면 내렸을 거예요. 그가 무척 화가 났다고 돈 깁스 Don Gibbs 가 말하더군요. 하지만 거긴 여기서 아주 많이 멀어요. 빌과 거스 중 한 사람도 건너오지 않을까 봐 걱정이네요. 그들은 남부 일본에 사는데 그곳은 조선과 더 가깝거든요. 그래도 많이 먼 길이긴 하죠.

저는 맥켈리 씨에게 사람들이 어떻게 사는지에 대해 질문을 했어요. 그들이 램프를 태워 불을 밝히고 얼음이 없다는군요. 얼음 없이 어떻게 살 수 있을까요? 집집마다 욕조가 있지만 몇 년 전 일본이 물을 끊어버려서 욕조는 쓸모가 없지요. 일본의 경우 어떤 곳에는 사용하기 괜찮은 얼음이 있긴 하지만, 많은 곳에서는 얼음을 먹는 용도로 사용하거나 마시는 물에 넣는 건 위험해요. 얼음이 만들어지는 방법 때문이죠. 마실 수 있는 우유 같은 건 없어요. 그들은 클림 Klim 이라는 가루를 사용하는데 물과 함께 섞어서 씨리얼과 커피에 넣고, 그리고 사용하기 전에 반드시 끓여야 해요. 어떤 곳에는 멀리 떨어진 농장에서 온 우유가 있기는 하지만 역시 사용하기 전에 끓여야 해요. 음, 그리고 버터는, 대용품

112

이 있기는 한데 먹을 수가 없고, 진짜 버터는 수입돼요. 캐나다와 오스트리아에서 온답니다.

내년 여름에 가루이자와로 돌아가서 유치원에서 가르치고 싶어요. 제 생각에 저는 조선보다는 일본을 좋아하는 것 같아요. 가루이자와에는 외국인들도 많이 있거든요. 더 편안하게 느껴져요. 계속해서 기차를 타고 이동하는데, 우리가 유일한 외국인들이고, 어쩌다가 한 명이나 두 명 정도만 있을 뿐이에요.

가루이자와에는 외국인들이 구경하러 가는 멋진 가게가 있는데 도자기, 비단, 칠 제품을 팔아요. 거기서는 사람들을 멋진 탁자에 앉히고 선풍기를 켜주고 시원한 차나 샴페인 사이더를 제공해줘요. 그리고 가게에 있는 모든 걸 구경시켜 주죠. 가게들은 모두들 작아요. 우리는 3백 엔(1.5달러) 짜리 기모노를 입어봤어요. 아! 정말 하나 갖고 싶더라고요! 제가 지금까지 본 것들 중 가장 화려한 물건이었죠. 너무 사랑스러운 오렌지 문양의 아침 정찬 세트가 3달러, 찻잔 세트가 4.5달러, 그리고 저녁 만찬 세트는 주문을 받아 만들고, 핑거볼은 우아한 칠이 들어간 건 반 다스에 8달러, 금이 들어간 건 12달러에요. 싸이는 정부에 소속된 교사이기 때문에 더 싸게 구입할 수 있어요. 그래서 제가 돈을 좀 모으면 저를 위해서 구입해줄 거예요. 가장 화려한 그림은 손으로 넣은 자수나 혹은 손으로 그린 건데, 5달러나 6달러에 자수와 색깔이 들어간 그런 섬세한 작품은 아마 상상도 못할 걸요? 손으로 그린 가리개와 자수가 들어간 가리개는 크기와 모양에 따라 15달러부터 500달러까지 해요. 화려한 칠 쟁반과 자개가 박힌 티테이블은 (세트별로 4등급이 있는데) 17달러부터 있어요. 화려한 비단, 무지천, 채색천, 그리고 양단은 야드 당 1.75달러부터 2.15달러까지 해요. 제가 본 아름다운 것들을 여러분에게 죄다 보여줄 수 있다면 얼마나 좋을까요. 제가 산 물건들도 홀

류하지만 이것들에 비하면 스케일이 좀 작아요. 알다시피 제겐 돈이 없잖아요. 저는 무척 비싸고 완전히 최신 유행하는 멋진 물건들을 구했어요. 그러니 제가 크리스마스 상자를 보내게 되면 그것들이 싸고 무가치한 물건들이라고 생각하지 마세요. 그렇지 않으니까요. 다음 크리스마스에는 자기와 칠기를 보내고 싶군요.

저는 일본에 있을 때부터 차를 마셨는데, 줄곧 차에 빠져서 지냈어요. 그리고 밥! 저는 마치 밥 밭에 있는 것 같아요. 엄청 많이 먹었어요. 어떤 것들은 절대로 익숙해지지 않을 것 같아요. 밥과 커리, 양파, 양파, 양파, 생선, 채소. 하지만 어떤 방법으로 채소에 비료를 주는지 알게 되면 그 채소들을 먹을 수 없을 거예요. 목숨을 부지하기 위해 말이죠. 조선에서도 마찬가지예요. 단 선교사들은 자기네 밭을 일본인들과 조선인들이 하는 것처럼 하도록 내버려두지 않아요. 일본인은 사람은 깨끗한데, 요리할 때는 그렇지 않더군요.

맥켈리 씨는 우리가 기차에서 내렸을 때 말할 "평안허시"를 어떻게 말해야 할지 계속해서 가르치고 있는 중이에요. 우리를 만나게 될 조선 복장의 사람들이 있을 거니까요. 이건 우리말로 "하우 두 유 두"와 같은 뜻으로 "평안하십니까?"라고 인사하는 거예요. 맥켈리 말에 의하면, 우리가 처음 만났을 때 그렇게 말하면 그들이 많이 기뻐할 거래요.

우리는 아름다운 논들이 있는 평야를 통과하고 또 통과하고 있어요. 마치 요정의 정원 같네요.

기차에서 글을 쓰는 건 참 힘들어요. 그래서 오늘은 여기서 인사를 하고 수일 내로 다시 쓸게요. 저의 모든 편지를 받으셨길 바랍니다. 편지를 많이 썼지만 우편 체계가 아주 형편없다고 말하더라구요. 제 친구들에게는 제가 목포에 도착해서 자리를 잡자마자 바로 편지를 쓰겠노라고 전해주세요. 지금까지는 불가능했어요.

사랑이 키티를 조선에 부르다

모든 사랑을 담아,

키티.

이 사람들은 곱슬머리를 매우 이상하게 생각해요. 맥 씨가 그러는
데, 그래서 저는 그들에게 계속 호기심의 대상이라네요. 그들은 저를
뚫어져라 쳐다봐요.

추신: 10시. 아직도 독서 중.

지난 몇 분 동안의 해프닝에 대해서 이야기해야겠어요. 우리들과 한
명의 일본인과 두 명의 조선인들만 빼고 모두가 차에서 내렸어요. 조선
인들은 마지막으로 정차했던 정거장에서 탔는데, 그들은 우리가 본 사
람들 중 꽤 개량된 모습이었죠. 한 명은 외국 스타일로 옷을 입었고 다
른 한 명은 자기네 복장을 하고 있어요. 하지만 꽤 괜찮은 모양에, 소재
도 좋고, 티 하나 없이 깔끔해요. 품위 있는 외국 스타일의 머리 모양 때
문에 우리는 그 사람을 더 인정했어요.

그런데 바로 이 부분이 웃기는 지점이에요. 맥켈리 씨가 조선말로
그에게 말을 걸자 그는 맥 씨가 그에게 말하는 게 기뻐서 다가왔어요.
제 일생에 그렇게 지껄여대는 건 들은 적이 없어요. 그는 줄곧 코넬 양
과 저에 대해서 물었어요. 글쎄 조선에서는 모든 여성들이 12살에서
20살 사이에 결혼을 한대요. 그리고 사람들은 가문을 지키기 위해 여성
이 반드시 아들을 낳아줄 것을 기대하지요. 만약 아들을 낳지 못하면
비난을 받게 되고 남자는 다른 여성과 결혼해요. (그녀를 떠나는 거예
요.) 그것이 결혼하는 모든 여성들의 의무랍니다. 그래서 그 남자는 맥
켈리 씨에게 우리가 왜 결혼을 하지 않았는지 물었고, 우리가 우리의
의무를 다하지 않는다고 말했어요. 그들은 20세가 넘었으나 결혼하지

않은 여성들에 대해서는 끔찍하게 생각하고, 우리가 거대한 몸집이 큰 아기들이라고 생각해요. 그들은 나이가 든 아가씨들과는 말을 하지 않는답니다. 그들에게 있어서 그런 일은 있을 수가 없어요. 그가 우리의 나이를 물었고, 맥켈리 씨는 23세, 26세라고 말해줬어요. 코델 양을 보고는 그렇게 큰 아기를 본 적이 없다고 말했는데, 그건 그렇게 나이가 많은 미혼의 여성을 뜻하는 것이죠. 웃겨서 죽는 줄 알았어요.

신문 조각, 신문 이름도 연도도 없음 (튜플로 리뷰로 예상)

일본, 오사카, 9월 4일.

일본의 매우 넓은 지역이 이 나라 역사상 가장 엄청난 지진으로 완전히 파괴되었다. 그래서 실제적인 인명 피해를 알기까지 오래 걸릴 것 같다. 가장 신뢰할 만한 추정치에 따르면 사망자는 현재까지 3십만에서 5십만 정도이다.

피해 지역 가까운 곳의 케이트 뉴먼 양

선교사 가족을 위한 개인교사인 케서린 뉴먼 양이 지난 토요일(9월 1일)에 처참한 지진이 일어날 당시 피해 지역에 있었을 가능성은 거의 없다. 그녀는 일본에 있는데, 그녀에게서 온 마지막 편지는 후지산을 오를 때였고, 그때 분화구가 맹렬하게 분출하면서 폭발했고 그 아래에 있는 수백 개의 마을들을 파괴하고 있었다. 그녀는 원래 폭발 며칠 전에 지진의 영향을 받지 않는 일본 서쪽을 향해 떠날 예정이었다. 그녀가 안전하게 떠났기를 소망한다.

사랑이 키티를 조선에 부르다

안전함 - 케이트

뉴먼 양은 안전하다. 케이트 뉴먼 양이 일본의 불행한 지역에 있었을지 몰라 두려워했던 케이트 뉴먼 양의 친구들은 그녀가 안전하다는 것을 알면 기뻐할 것이다. 볼드윈 Baldwyn 에 있는 그녀의 가족은 안전하다는 내용의 전보를 일본에 있는 그녀로부터 받았다. 전보에는 딱 한 단어, '안전함'이라는 글만 있었다. 그리고 그녀가 재난 지역에 있었는지 없었는지에 대해서는 언급하지 않았다.

남장로교 선교부
조선 목포

[1923년] 9월 24일 월요일

사랑하는 언니,
조선에서의 내 첫 이력은 오른팔을 부러뜨린 거야. "내가 괜찮고, 잘 있다는 걸 알려주려고 손으로 타이핑을 하고 있어." 이제 "한쪽 팔"의 이야기를 들려줄게. 지난 수요일에 커밍 씨 Mr. Cumming, 길머 박사 Dr. Gilmer, 휴 양 Miss Hugh, 그리고 내가 소녀들에게 놀이를 가르치고 있었어. 나는 바위를 밟았고 미끄러지면서 오른손으로 짚었던 거야. 바로 손목뼈였어. 다행히도 길머 박사님이 바로 그 자리에 있었고 일을 하고 있었어. 그래서 나를 붙잡고는 너무 많이 붓기 전에 치료를 해주셨지. 하지만 몇 주 동안은 팔걸이 붕대를 하고 있어야 해. 그러니 내가 혹시 편지를 자주 하지 않더라도 이유를 알겠지? 이 편지가 벌써 2시간째야. 내 타이핑 실력이 독수리 타법인데, 한 손으로는 독수리 타법도 더 어렵다는 걸 알게 되었어. 대문자 플러그에 손이 닿지 않고 한 손으로만 글자를 치기 때문에 소문자 ' i '가 있더라도 양해해 줘.

길머 박사님이 친절하게도 이 기계를 (그리고 문방구도) 일주일이 넘게 빌려주고 있어. 이 한 통의 편지를 쓸 수 있도록 시간을 주셨지. 커밍 씨와 길머 박사님이 내 음식을 자르고 비스킷에 버터를 바르고, 나를 탁자로 밀어주고, 또 나를 위해서 하는 수많은 일들을 본다면 내가 바보는 아닌지 두 살 먹은 아기는 아닌지 헷갈릴 거야. 어쩔 수 없는 나의 이 상태 때문에 조선인 여성 한 명을 가정부로 데리고 있어. 그녀가 내 옷을 입히는 걸 봐야 하는 건데. 내가 목욕하는 건 자기네 아이들을 목욕시키는 것 같아. 죽일 것처럼 맹렬히 달려들지. 코는 꼭 탄광에 있는 것처럼 처박히고, 귀는 속으로 엄청난 비누거품이 들어가 들리지 않고, 부러진 내 팔은 그녀의 장난감이야. 그리고 내 피부의 표피는 물과 함께 떠내려가서 하수관으로 들어가는 거야. 휴 양은 지난 금요일에 떠났고, 마틴 양 Miss Martin 은 돌아오지 않을 거야. 그녀는 오후 내내 울었고 나에게 미안해 했어. 코델 양은 와서 내 머리를 빗어줘.

루이즈 Louise 에게 편지를 써서, 내가 그녀에 대해 훨씬 자연스럽게 느낄 거라고, 그리고 그 베개에 대해서도 얘기해 줘.

시간이 지난 후……. 그동안 쓰는 걸 멈췄어. 그리고 멈춘 사이에 짜릿한, 아주 짜릿한 일이 있었지. 하지만 다시 독수리 타법이야. 부러진 팔과 또 다른 통증을 안고 침대에 누워 있었기 때문에 나는 일본식 결혼식에 참석하지 않았어. 내 안에서 치밀어 오르는 수많은 실망감 중 단 하나. 그것들이 없이는 살 수가 없다는 것.

나는 내 손에게 '무용지물' 그리고 '무가치'라고 이름을 붙였어. '무가치'는 독수리 타법에 점점 지쳐가고 있기 때문에 나는 근근이 연명해야만 해. 제발 제발 부탁이야. 엄마에게는 내 팔에 대해서 말씀드리지 말아줘. 그리고 걱정하지 마. 이 편지에 대문자 'I'가 나타나면 괜찮아지는 거니까. 우리 가족은 수요일에 헤어져. 마틴 양은 떠나고, 커밍 씨와 박사님은 집안일을 시작하고, 뉴먼 양은 동양식 집안일을 시작하는 거야. 일하는 사람들은 있지만, 그들에게 말을 할 수가 없어. 이게 바로 나의 수지 부인이 있는 이유!

나를 사랑해 줘~

키티

[어린이처럼 휘갈겨서]

얼마간 사람들에게 편지를 쓰지 못할 거라고 모두에게 말해 줘. 7월 29일자 편지를 지난주에 받았어. 하지만 헬렌이 시험을 통과했다고 말한 걸 보니 8월 29일인 것 같아. 마가렛 Margaret 과 다른 사람이 쓴 편지도 모두 받았어.

엘리자벳 Elizabeth 이 아프다니 마음이 아프네요. 빨리 회복되길 바랄게요.

[1923년] 10월 7일 일요일

"평 안 하 시 오" (조선말),

　제가 겪은 일들을 일일이 말씀드릴 수가 없을 정도로 재미있는 일들이 많아요. 그리고 제 부러진 팔의 경우 걱정스러울 일이 없을 것 같아서 곧 풀기만 하면 된답니다. 먼저, 제 부러진 팔이 수요일에 팔걸이로부터 자유롭게 된다는 걸 말씀 드려요. 하지만 며칠 동안은 그 팔로 많은 일을 할 수는 없을 거예요. 이제 3주가 되었네요. 그리고 그 3주 동안 정말 즐거웠어요. 팔이 부러지고 난 다음 주에는 마틴 양과 휴 양이 떠났고 저는 집안일을 시작했어요. 제가 집안일을 하고 싶어서 하는 건 아니고, 저한테 떨어진 거죠. 맥켈리 부인은 코넬 양과 하디 일이 가득 가득이에요. 결혼한 다른 두 여성은 아기가 있거나 또 있을 예정이라서 저를 위해 내줄 여유가 없어요. 그러니까 미혼 여성들의 집은 그냥 그렇게 있고, 앞으로도 그렇겠죠.

　양해를 부탁드려요. 대문자는 모두 꺼둔 상태에서 시작해야 할 것 같아요. 대문자를 쓰는 동안 대문자 플러그를 고정시키는 게 너무 힘들고 시간도 걸리거든요. 갑자기 편지 쓰는 게 중단된다면 그건 쪼고 있던 제 손가락 한 개가 힘이 빠졌다는 것으로 아시면 되겠습니다! 어쨌든 저는 현지 단어 두 개를 알고서 집안일을 시작하게 되었지요. 그건 바로 '냉수nang soo'(물)와 '모로겠소'(나는 모른다). 그래서 며칠 동안은 제가 말을 할 때마다 물이 생겼어요. 아마도 그들은 제가 탱크라고 생각했을 거예요. 그들이(하인들) 제게 먹을 준비가 되었느냐고 물을 때면 '모로겠소,' 설탕이 떨어졌다고 말해도 '모로겠소'라고 말했어요. 지네가 저를 공격하고 있다고 말해도 '모로겠소'라고 말하고서는 이 사나운 해충이 편안한 마음으로 저를 직접 공격하도록 허락해주면서 조용히 앉아 있었죠. 저는 말을 할 수가 없었기 때문에 손동작에 의지했거든요. 지금 이 왼손처럼 열과 성을 다해 주인을 섬기는 왼손은 없답니다. 성경인가 사전 어딘가에, 날짜는 기억 못하겠고, 이렇게 쓰여 있죠. '너의 왼손이 하는 일을 오른손이 모르게 하라.' 하지만 이 왼손은, 자기가 과로하고 있기 때문에 어딘가 잘못되었다는 느낌을 살짝 갖고 있을 거라 확신해요.

경성에는 우리가 입수할 수 있는 미국 식료품과 채소를 취급하는 중국인 상점이 있거든요. 주문에 따라 식료품이 저장고로 들어오게 되면 저는 그것들을 손가락으로 가리켜서, 가까스로 생명을 유지할 정도로 제 몸에 동양적인 음식을 공급하는 형편이랍니다.

낮 동안 저는 집에서 혼자 보내지요. 물론 우리 집 은신처에서 평화로운 주거 공간을 발견한 거대한 쥐들과 제가 이해하지 못하는 그 쥐들의 조선 풍습만 제외하면 그래요. 두 단어 이상을 빨리 습득해야겠다는 필요성을 깨닫게 된 저는 단어수를 늘리기 위해 밤을 밝히기 시작했죠. 그리고 지금은 계단 아래를 향해 '뜨거운 물 좀 갖다 주세요'라는 뜻으로 '톤 물 카고 오 세 오'(하지만 모두가 뜨겁기 때문에 굳이 뜨거운 물을 말할 필요가 없긴 해요) 라고 말할 수 있어서 너무 자랑스러워요. '나가 아침팝 있소 실과 케런 덕 오차'도 말할 수 있어요. (저는 아침식사로 과일, 달걀, 빵, 그리고 커피를 마실 거예요.) 다른 음식은 언급할 수가 없기 때문에 저는 날마다 아침을 세 끼 먹는답니다. 낮 시간에는 조선인들이 수많은 여러 가지 일들로 하루에도 149번씩 수도 없이 방해를 하는데, 아침 식사로는 뭘 원하는지 아니면 뜨거운 물을 가져오라고 하든지 문에 대고 대답을 하거나 말을 해줘야 해요. 뭔가 대답을 해주지 않으면 그들은 아마 지쳐 쓰러질 때까지 서있을 걸요?

코넬 양은 밤마다 저랑 머무는데, 제가 억만장자 상속녀가 되는 엄청난 운명을 가지고 있다고 말하더군요. 그건 가정부가 아침에 저를 목욕시켜주는 것과 제 옷을 입혀주는 장면을 영화 스크린에 올리는 거죠. 지난 번 편지에서 언니에게 그 일에 관해 썼기 때문에 반복하지는 않겠지만 좀 보탤게요. 아마 그 광경을 실제로 보면 웃다가 울게 될 거예요. 어릴 때부터 흡수되어 있었던 모든 때가 지금은 제 피부의 맨 위 일곱 층과 함께 제거되었어요. 제 코와 귀 모양을 아마 알아볼 수 없을 거예요. 제 발가락에 있는 티눈은 더 이상 뿌리가 없고, 제 머리카락에 있는 곱슬은 (곱슬은 그들에게 나쁜 조짐이에요.) 아주 오래 전에 한 올 한 올 잡아당겨져서 곧은 모양으로 바뀌었죠. 제가 슈 버튼을 건네줬더니 그게 머리 장식이라고 생각하고는 눈 깜짝할 사이에 제 머리카락에 묶어 버렸지 않았겠어요? 제 옷에 있는 스냅들 때문에 그녀는 오랜 시간을 일해야 한답니다.

조선인들은 좀처럼 골절상을 입지 않아요. 동물도 없고, 탈 것도 없고, 경기도 없고, 그저 느리고 게으르게 사니까요. 그래서 팔걸이 안에 들어가 있는 제 팔은 그들에게 상당한 호기심의 대상이에요. 제 요리사는 저를 꽤 잘 이해하고, 불쌍히 여기고 친절하게 대해주지요. 저는 그녀를 사랑한답니다. 그녀는 외국인들 사이에서 일을 꽤 많이 했기 때문에 제 마음을 잘 읽어내는 편이죠. 하지만 외국인들에게 영어를 배운 적이 없고, 알고 있는 영어 단어는 딱 한 개 '토스트'인데, 그건 토스트

사랑이 키티를 조선에 부르다

에 맞는 조선말이 없기 때문이에요.

하지만 바깥일을 하는 윤조Yunjo 는 어리석어요. 제가 하루 종일 지적하고 툴툴거려도 알아듣지를 못해요. 그는 제가 이해하지 못한다는 걸 알아요. 그런데도 계속해서 문 경첩을 수리해야 한다느니, 거실 난로를 닦아야 한다느니 등의 이야기를 해대는 거예요. 그리고 시장을 보러 보내면 소요된 돈의 내역과 잔돈을 들고 돌아오는데, 늘 변함없이 '한문'으로 기록된 가격과 잔돈을 제게 준답니다. 저는 '한문'을 모르기 때문에 그때마다 저는 암기한 말을 해야만 해요. '이컨 한 문 나가 알 소 업소.' 뭐, '이런 방식으로는 글을 이해하지 못해요' 정도로 해석할 수 있어요. 뭔가에 대해 말하는 방법이 여러 가지가 있어서 혼란스러워요. '피'는 비rain 고, '피'도 피blood 고, 아주 자세히 들으면 그 사람이 비를 말하는지 피를 말하는지 발음할 때 생기는 작은 차이를 구별할 수 있어요.

대단한 삶이죠! 어제는 제가 요리사에게 물고기를 가져오라고 말하려고 했는데 선생님을 데려오라고 말해버렸어요. '선생sunsang'은 선생님이고 '샌성sansung'은 물고기거든요. 일본과 조선에서 여성의 지위는 매우 특이해요. 귀한 여성들은 절대로 길에 나타나지 않죠. 그들의 지위는 사면의 벽 안으로 엄격히 제한되어 있고 그들의 목적은 절대적으로 아들이나 아들들을 낳는 거예요. 만약 이 일을 해내지 못하면 그녀는 아무 보호도 도움도 받지 못한 채 세상으로 쫓겨나게 되고 새로운 아내가 들어온답니다. 반면에 남편은 그가 원하는 대로 첩을 데리고 있어요. 귀한 여성들은 대화를 할 때나 보거나 걸을 때 남자들의 눈에 띄면 안돼요. 그들은 우리 외국인들이 함께 하는 것에 대해, 그러니까 여성과 남성이 함께 걷고 이야기하고, 여성들이 길에 나가는 것에 대해 아주 이상하게 생각해요. 이제는 그들도 많이 익숙해지긴 했지만, 그래도 외국인들은 미국에서라면 주저없이 할 일들에 대해 조심하고 삼가야 해요. 그들에게 좋은 평판을 유지해야 하고 기독교적인 영향을 끼쳐야 하니까요. 조선 풍습을 강요받는다고 생각하니 넌더리가 나네요. 물건을 사러 가려면 우리 짐을 져 나르기 위해 바깥일 하는 사람이나 소년을 반드시 데리고 가야 해요. 적절하지 않아요!

일하는 사람들 때문에 제가 너무 응석받이가 될까봐 두려워요. 저는 한 가지 일도 잘 못해요. 요리사는 식당과 부엌을 돌보고, 윤조는 온 집안을 깨끗하게 하고, 게다가 잠자리도 정돈하고 식료품과 닭 등도 사와요. 산책을 하거나 아니면 우리가 찾을 수 있는 것을 확인하기 위해 토요일이나 밤이 되면 내려간답니다. 마을 곳곳을 돌아다니는데, 값을 지불하고 물건을 나르기 위해 윤조를 데리고 다녀요. 지난 토요일 오전 10시부터 12시 30분 사이에 커밍 씨와 저는 쇼핑을 갔는데 제 인생에서 가장 재미있는 시간이었어요. 커밍 씨와 길머 박사가 집안일을 시작했고 저도 마찬가지예요. 그래서 우리는 소독약부터 시작해서 온갖 물건들을 구입했어요.

물을 마시고 싶을 때면 늘 윤조를 부를 수 있어요. 그는 절대 집을 떠나지 않고 문 바로 바깥에 살고 있기 때문이에요. 그래서 우리가 멀리 있을 때면 항상 가까이에 있으면서 집을 돌볼 수 있어요. 모두들 바깥일꾼을 위한 집을 지니고 있어요. 따라서 저는 손을 쓰지 않고 주문을 하죠. 하지만 저도 외국인을 가르치고 내국인을 가르치고 언어를 공부하느라 많이 바빠요. 저는 조선인 영어 학생들에게 열중하고 있어요. 너무 재미있어 죽을 지경이에요. 학생들이 영어 단어를 별로 모르고 저 역시도 조선말을 잘 모르기 때문에 그들에게 어떤 단어의 뜻을 어떻게 말해야 할지 모를 때가 있어요. 그러면 어떤 때는 정말이지 모든 걸 뒤죽박죽으로 만들어버리게 되죠. 그들은 영어에 대해서 신중하면서 또

소심하기도 해요. 이 사람들에 대해 말씀드릴 정말 재미있는 일들이 너무 많이 있지만, 제 팔이 회복될 때까지 기다려야 할 것 같아요. 왼쪽 손가락 한 개로 쪼아대는 건 무리거든요.

이 사람들은(선교사들) 제가 이상한 인간이라고 생각해요. 커밍 씨는 제 팔이 부러졌을 때 제가 기절하지 않은 것에 대해 충격을 받았어요. 조선 사람들은 믿지도 않았는데, 그건 제가 그들처럼 비명을 크게 지르지 않았기 때문이죠. 조선에 온 외국 선교사들은 제가 학교를 단 하루만 빠진 것에 대해 경외의 눈빛으로 저를 바라보더군요. 군산(제가 치아를 보러 며칠 동안 가야 할 선교지부예요)에 있는 모든 사람들은 제가 활기찬 것 때문에 놀라고 있어요. 그리고 제가 농양이 생긴 치아를 뽑기로 동의했을 때 모두들 여섯 시간 동안 멍한 채로 있었죠. 선교지부 사람들이 모두들 저를 보러 왔기 때문에 저는 다시 한 번 채비를 해야 했답니다. 선교지부에서는 모두가 무리를 지어 기차에서 사람을 만나는 것이 의무예요. 군산에는 아이들 9명을 포함해 23명의 외국인들이 있지요.

저는 군산에서 아주 스릴 넘치는 시간을 보냈어요. 이를 뽑았고, 팔 엑스레이를 찍었고, 외눈을 가진 여성을 보았고, 조선에서 단 한 마리밖에 없는 진짜 미국 소(패터슨 박사네)에서 나온 생크림을 구했어요. 여기 사람들은 미혼 여성들을 '색시들 saxeys'이라고 부르거든요. 그래서 저는 우리 집보다 더 좋은 색시 집에 머물렀죠. 그린 양Miss green 의 어머니가 부자여서 그녀가 중국을 방문할 때 아름다운 북경 양탄자를 보내주셨어요. 두 번째 남편의 돈을 사용했지요. 듀픽스 양Miss dupeex 에게는 피아노가 있고 그들 모두 정말 멋진 침실을 갖고 있고, 홀 부인 Mrs. hall 은 (멤피스 과부) 우편으로 배달되어 온 가구들을 갖게 될 거예요. 그리고 그들 모두 꽤 젊고 취향이 화려해요. 마틴 양과 휴 양은 물건들에 대해 그렇게 신경을 쓰지는 않는 것 같고, 그냥 샐리 아줌마네 오두막에서 볼 법한 허접한 것들을 많이 가지고 있네요.

어떤 선교사들은 자기 돈이 좀 있어서 다른 사람들보다 더 좋은 물건을 가질 수 있지만, 어떤 사람들은 정말 아무 것도 없어요. 하지만 여기엔 확실히 멋진 사람들이 있답니다. 정말 귀하고 훌륭한 교육을 받았고 그들 대부분은 세련되고, 교양 있는 상류층 사람들이에요. 그들과 비교해보면 저는 매우 초라하고 하찮게 느껴져요. 물론 그들 대부분은 수년 동안 드레스를 입었지만 그들의 얼굴을 보면 그들이 누구인지 알게 되죠. 여유가 있는 사람들은 옷을 우편으로 배달 받지만 대부분 한 철 지난 옷들이에요. 물건에 붙는 관세가 무척 높아서 많이 받을 수가 없답니다. 이곳 남성들은 멋있어 보이려는 습관을 갖고 있지만, 그들은 매우 젊어서부터 백발이 되고, 여성들은 죄다 남자들보다 나이가 많고, 그들의 옷차림은 썩 괜찮아 보이진 않아요.

저는 다음 주에 광주에 갈 예정이에요. 치과의사 레비 박사가 이번 주에 그쪽으로 움직이는데, 거기가 더 가깝거든요. 아직 해야 할 일이 좀 남아 있어요. 거기가 바로 세 명의 총각들 모두가 살고 있는 곳이에요. 이미 제가 간다는 경고를 받았죠! 제게 보여줬던 아주 멋진 시간을 기대하고 있거든요. 최선을 다해 제 모습을 꾸며야 해요. 하지만 완전히 겨울이 되었고 저는 겨울옷이 없어요. 미국에서 옷이 도착해서 입을 수 있기를 기대하고 있어요. 그런 상황에서 제 명성을 유지할 수는 없겠지요.

음, 이 편지를 5일 동안 붙들고 있네요. 어제는 다섯 시까지 앨리스와 하디와 씨름하면서 개네들을 돌봤어요. 벌써 그 아이들이 저를 잡아요. 공부하랴 집안일하랴 조선인들 가르치랴 방해꾼들이 많아요. 그 사이 군산에 갔고, 잠깐 동안 몇 줄밖에 쓰지 못했고, 어디쯤인지 잊어버

사랑이 키티를 조선에 부르다

렸어요.

　며칠 전 우리 집 바로 아래에서 무척 이상한 일을 목격했어요. 조선인 남성 두 명이 술에 취해 우물에 빠졌고, 건져냈는데 영혼이 돌아오지 않았어요. 엄청나게 많은 사람들이 영혼을 끄집어낸다고 갔어요. 그 영혼들을 붙잡으려고 하루 밤낮을 꼬박 보냈는데, 아무 소득 없이 시간을 보내고 난 후 돼지 한 마리를 우물 안으로 내렸고, 영혼을 끄집어내서 그들을 기다리고 있는 의자로 데려왔어요. 물론 무당을 고용했는데, 그녀는 영혼이 나오는 때만을 알더군요. 저는 이 일이 일어나는 걸 봤어요. 장례 절차는 매우 오래 동안 이어지죠. 어떤 때는 시체 앞에 악마가 나타나고 시체를 나르는 사람들은 지나갈 수가 없어요. 그래서 이 악마들을 겁줘서 멀리 쫓아내기 위해 소리를 질러야만 해요. 이상한 노래를 부르고 소리를 지르고, 악마를 속여서 그들이 어느 방향으로 갈 것인지 알지 못하도록 빙빙 돌아요. 그리고 가다가 멈춰서 관을 열고 영혼에게 밥이나 떡 부스러기 같은 걸 먹여요.

　지난주는 조선에서 가장 큰 명절이었어요. 모두들 화사한 옷을 입고, 커다란 음식 바구니를 들고 가서는 언덕에 있는 묘지에서 죽은 사람들을 기리며 잔치를 하고 영혼들을 먹이면서 시간을 보냈어요. 저는 그들을 보러 갔답니다.

　당신이 약해지지 않는다면 그것은 위대한 삶이다. 어떤 때는 제가 성경 속 시간을 살고 있다고 느끼기도 해요. 비교할 것들이 많이 있어요. 그들의 기원을 잃어버린 부족들에게로까지 거슬러 올라갈 수는 없는지, 아들을 동쪽으로 보낸 아브라함이 새로운 민족을 시작한 건 아닌지 궁금해요. 우리는 성경 안에서 많은 장소들과 마주치게 되는데, 성경은 왜 지진이 많은 곳에서 일어났는지 말해주네요. 일본의 많은 부분이 완전히 파괴되었어요. 끝없는 잔해더미에, 3백만 명의 생명을 잃었어요. 가장 끔찍한 일이죠. 언젠가 그 일에 대해 말씀드릴게요. 싸이, 빌, 거스가 편지를 보내왔어요. 그들 모두 거기 있었거든요. 빌은 사건이 일어나기 3시간 전에 도쿄에 도착했고, 싸이와 거스는 구원병으로 나가서 가장 절망적이고 뒤죽박죽인 곳에 도착했어요. 한참 동안 그 일에 대해 글을 쓸 수가 없었죠. 하지만 일본에 살고 있는 로건 박사Dr. Logan 는 이틀 동안 이곳에 머무르면서 우리에게 모든 걸 말해줬어요. 저는 그를 일본에서 꽤 잘 알고 지냈는데 제게 많은 것들을 얘기해주더군요. 일어났던 끔찍한 일들과 생명과 재산의 어마어마한 피해, 아마 상상도 못할 거예요. 우리가 있었던 마지막 장소들 중 하나인 요코하마에는 서 있는 집이 한 채도 없어요. '지진이다' 하자마자 땅이 순간적으로 1.8미터 높이만큼 일어났고, 이쪽에서 저쪽으로 말아 올리고는 갑자기 뚝 떨어진 거예요. 어디는 땅 속으로 엄청 깊게 가라앉고, 어디는 3미터에서 6미터 정도 넓이의 엄청난 틈이 벌어졌고, 반경 200킬로미터가 완전히 폐허가 되었죠. 멀리 떨어진 곳은 사람들이 '뱃멀미'처럼 느낄 정도로 흔들렸고요. 언젠가 엄마에게 그 일에 대해 말씀드릴게요.

주님께서 은혜를 베푸셔서, 겨우 4일차로 우리 목숨을 건져주신 것이 감사할 뿐이에요. 수많은 사람들이 죽은 중에 한 명의 선교사만 목숨을 잃었어요. 이걸 알고 선교사들은 엄청난 위로를 받았어요. 주님의 일을 할 때 주님께서 그들을 돌보신다는 믿음이 더 강해진 거죠. 제가 그걸 믿어야 한다고 설득 당한 게 결코 아니에요. 그리고 그 분명한 예들을 확인하기 위해 여기에 오래 동안 있을 필요도 없어요. 그건 필시 진실이에요. 그렇지 않다면 복음 사역을 하는 이 사람들이 소설이나 이야기해주려고 생존하지 않았을 거예요. 선교사거든 누구에게나 경의를 표해주세요. 특별히 조선에 있는 사람들에게는 꼭 그렇게 해주세요. 휴 양이 순회 여행에서 방금 돌아왔어요. 그녀는 다섯 가지 방법으로

사랑이 키티를 조선에 부르다

돌아다녔거든요. 조선의 조랑말 (1미터 정도의 높이이고 아주 희귀해요), '지기'(사람들이 등에 지고 다니는 나무틀)가 있고, 남자의 등에 그냥 올라 앉은 채로 육지를 떠나 배까지 15미터 가량 되는 물속을 지나는 거예요. 그리고는 서너 종류의 배에 타게 되는데, 어떤 배는 사람들이 가능한 빠른 속도로 물을 퍼내야 했답니다. 어떤 곳에 갔는데 거긴 외국 여성을 한 번도 본 적이 없었대요. 많은 경우 그들의 사역은 섬에서 이뤄지지요.

군산에 있는 병원은 볼만한 구경거리예요. 패터슨 박사 Dr. Patterson 는 세계 9대 불가사의랍니다. 그는 이 병원에 일하는 사람들 100명을 데리고 있는데 그들 모두를 그가 직접 훈련시켜왔어요. 간호사, 실습의, 엑스레이 기사, 약제사, 요리사 등과 부엌, 세탁, 그리고 오물 등 병원과 관련된 모든 일을 말이죠. 그는 상상할 수 있는 모든 질병을 다뤄요. 그는 지금 17년째 현장에서 일해오고 있는데, 슬프게도 그의 어린 딸이 3주 전에 죽었어요. 전주에는 한센병원이 있는데 저는 그곳을 보고 싶진 않아요. 그들은 세상에서 가장 불쌍한 사람들이거든요. 그들은 가끔 우리 대문에 와서 빵 부스러기를 구걸하곤 하는데, 어떤 이들은 분명히 내내 앉아 있는 것 같아요. 그게 저를 짜증나게 만드네요. 그들을 보지 않을 수 있었으면 싶어요. 이 버려진 땅의 한센병자들, 학교들, 그리고 복음 사역을 위해 도움이 절실하다는 것을 우리 고향 사람들이 진짜로 안다면, 그냥 낭비하지 않고 그 목적을 위해 사용하도록 보낼 돈이 많이 있을 거라고 확신해요. 돈을 보내는 것뿐 아니라 분명히 희생까지도 하게 될 거라고 확신해요. 목포에는 일본인들이 많이 있고 조선의 다른 곳에도 마찬가지예요. 그들은 모두 지배력을 갖고 있는데, 조선인은 심지어 총 한 자루도 소지할 수 없더군요. 길머 박사는 6개월 후에 총을 소지할 수 있는 허가를 받았어요. 통과하려면 상당한 절차를 거쳐야 해요. 선교사들은 사냥을 꽤 즐긴답니다. 어떤 사람은 며칠 전에 꿩 13마리와 사슴을 잡았어요. 곰도 죽였죠. 그들은 언젠가 저도 사냥에 데려갈 예정이에요.

(토요일에 편지가 이어짐)

아무래도 이 편지를 마무리할 수 없을 것 같아요. 영원토록 쓰면서 사건들을 계속 이야기할 수도 있겠죠. 하지만 그만 두는 게 좋을 것 같아요. 아, 정말!!! 어머니!!! 우체부가 언니에게서 온 두 통의 편지, 스크랩, 그리고 동봉된 편지를 가져왔어요. 저는 제가 아는 온갖 조선말을 내뱉었고, 가구라는 가구는 모두 엎어버리고, 방을 왔다갔다 하면서 이것 저것을 툭툭 때렸답니다. 하지만 제 안전에 대해 묻는 온갖 편지들과 제가 죽었을지도 모른다는 스크랩들을 보니 마치 제 장례식에 다녀온 것 같아요. 글을 써준 귀한 분들께 감사드려요. 그리고 누군가 제게 관심이 있다는 걸 알고 나니 행복해요. 엄마, 엄마의 편지 날짜가 9월 7일이네요. 엄마 편지를 받아서, 그리고 엄마가 전보를 받았다는 걸 알게 되어서 기뻤어요. 엄마가 저 때문에 무척 불안해하신다는 걸 알고 있기 때문에 걱정했거든요. 하지만 엄마, 이제 걱정하지 마세요. 저는 좋은 목적을 가지고 있는 데다, 분명히 이곳에 있는 의사와 노련한 간호사가 저를 돌봐줄 거니까요. 제 이름은 벌써 기도 달력에 올라가 있고, 일본, 중국, 조선에 있는 다른 모든 선교사들처럼 저를 위해 기도하는 특별한 날이 정해져 있답니다.

조선에는 단지 약 3백 명 정도의 선교사들만 있어요. 아이들을 포함하면 외국인들이 4백 명쯤 되겠죠. 군산에서 한 여성과 얘기를 나눴는데, 미국에서 아이들 셋이 학교에 다니고 있대요. 7년 동안 아들을 만나지 못했다는군요. 아이들의 나이는 15, 17, 19살이고, 아마도 아이들을 알아보지 못할 거라나요. 안식년이 내년인데 기다리기가 힘들겠어요.

제가 크리스마스에 어딘가로 초대 받았다는 얘기를 들었는데 어디가 될지는 모르겠어요. 군산과 전주에 있는 무리들 모두가 저를 원해요. 그래서 결과가 어떻게 나올지 모르겠어요. 아마도 그 장소들 중 한 곳에서 하우스 파티를 열 예정이에요. 매우 재밌는 시간을 보내게 되겠죠? 그렇게 생각하고 믿어요. 근사하고 젊은 과부와 저는 새로운 구성원이고, 모든 '남성'들이 거기 있게 될 거예요.

우편물이 전부 도착하는 것 같지는 않네요. 분명 언니와 헬렌이 편지를 썼을 텐데 오지 않았거든요. 편지가 이틀마다 뿌려지니까, 월요일은 편지를 고대하며 보내겠죠. 저는 우편을 세 번 받았어요. 여러분 모두와 애니 스펜서는 글을 잘 써요! 오빠들과 새언니들은 무슨 일이 있는 건가요?

엄마아~ 언젠가 (제 크리스마스 상자를 보내주실 때) 제가 두고 온 제 냅킨을 보내주세요. 모두들 집안일을 할 때면 자기만의 린넨을 사용하는 것 같은데 저는 한 개도 없거든요. 지금은 마틴 양의 린넨을 사용하고 있어요. 제 팔이 좋아지면 오찬 세트를 장만하려고 해요. 많이 사용하거든요. 그래서 냅킨이 필요하답니다. 필요한 물건이 많다고 맥켈리 부인이 말해줬으면 가져올 수 있었을 텐데. 돈을 좀 모으는 즉시 필요한 물건을 써 보낼게요. 그런데 맥켈리 부인이 제 월급과 관련해서 실수를 좀 했어요. 그냥 선교사 월급만 받은 거 있죠. 83.5 달러에요. 이곳 조선에 있는 사람들 중 어떤 이들은 물건(식료품)을 미국에 주문해요. 관세가 높긴 하지만 경성에서 사오는 것과 비슷하거나 어떤 경우에는 관세까지 붙어도 더 쌀 때도 있대요. 엄마가 구할 수 있는 물건이 별로 없잖아요. 그러니 혹시 웨슬리가 식료품을 구하는 통조림 공장의 주문서를 좀 받게 해주실 수 있으세요? 여기서 제가 관세를 내고 식료품 계산서를 그들에게 보내면 돼요. 관세는 이쪽이 더 싸기 때문에 제가 여기서 내는 편이 나아요. 혹시 해줄 수 있는지, 그리고 12캔이나 상자로 주문하는데 얼마인지 알아봐주세요. 통조림으로 된 제품을 말하는 거예요.

거기 도착하는데 가끔은 시간이 너무 오래 걸리기 때문에 저는 크리스마스 상자를 곧 마무리할 예정이에요. 엄마가 물건들을 보시고 즐거우셨으면 좋겠어요. 다음에는 더 많은 물건들을 보낼게요.

이곳 동양의 냄새에 곧 적응하게 될 것 같지만! 딱 하나 달콤한 향기만 빼고요. 좀 가져왔어야 하는 건데 말이죠. 제가 보고 있고, 하고 있는 이 모든 냄새의 근원과 요상하고도 웃기는 것들에 대해 엄마에게 빨리 말씀드리고 싶어 죽을 지경이에요. 하지만 그건 계속 이어지는 한 가지 신나는 일일 뿐이에요. 스크랩북을 지속하는 걸 그만 뒀어요. 너무 많거든요.

40번째 다시 멈췄네요. 노트를 가져왔어요. 이 노트 작업은 정말 재밌어요. 선교부의 누구든 뭔가를 원할 때, 뭔가를 알리고 싶을 때, 누군가를 자기 집으로 초청하고 싶을 때, 아니면 누군가를 방문해서 데이트를 하고 싶을 때, 이럴 때는 항상 노트를 써서 바깥일꾼을 통해 보낸답니다. 하지만 우리 집들은 무척 가까워요. 우리는 그걸 우리 전화 시스템으로 사용하고 있는데, 그건 동양 어디에나 있는 관습이에요. 저는 많이 쓰고 많이 받죠. 다른 여성들이(마틴 양과 휴 양) 이번 주 내내 여기 있었어요. 제가 그들과 동료들을 위해 한 두 번 식사를 준비하는 모습을 엄마가 보셔야 하는 건데. 선교부에 방문객들이 오면 원하든 원하지 않든 우리는 그들을 즐겁게 해드려야 해요. 우리는 번갈아가면서 그 일을 하지요. 하지만 우유도 없고 다른 것들도 없는 환경에서는 참 힘들다는 걸 알게 되었어요. 어떤 때는 아무 것도 없기도 해요. 하지만 그나마 한 가지 다행인 건 모두가 같은 곤경에 빠져있기 때문에 아무도 격

사랑이 키티를 조선에 부르다

정하지 않는다는 거예요. 샌드위치를 만들 수 있는 부푼 빵이 그리워요. 그것에서 생기는 '스프루' 병 때문에 집에서 빵을 만들 수도 없어요.

등기로 간 제 편지 받으셨어요? 받으셨다면 말씀해주세요. 그리고 제 편지에 있는 날짜도 알려주셔야 엄마가 받은 편지로 더 이야기할 수 있어요. 이 편지는 정말 별로에요. 저는 물론 영원토록 이야기를 할 수 있지만 이제는 가봐야 할 것 같아요. 언니, 조만간에 캘리포니아 주소를 보내줄게.

잘 있어, 걱정하지 마세요. 너무 많이 걱정하지 말라는 뜻이에요.

사랑해요.

키티

제가 두고 온 낡은 시계 있죠? 보내주세요. 그게 필요하고, 또 하얀색 면바지 두 벌도 필요해요. 제 가정부와 산을 함께 오르는데 실크 옷을 입고는 너무 힘들었어요. 게다가 아시다시피 짐도 좀 잃어버렸잖아요. 그리고 나면 다른 거 달라는 말은 3년 동안 쓰지 않을게요.

물건을 보낼 때는 모든 물건을 가방에 넣고 잘 꿰매주세요. 그래야 열리지 않거든요. 꿰매고 나서는 가방에 제 이름을 써주세요. 어떤 때는 관세를 내지 않고 그럭저럭 지나기도 해요. 그런 가방은 열지 않아요. 그리고 만약 물건이 닳았거나 사용한 거라면 '중고'라고 표시해주세요. 그러면 관세가 부과되지 않아요. 소포를 부치는 요금은 그렇게 비싸지 않지만, 물건의 목록을 만들어줘야만 모든 물건이 도착했는지 알 수 있겠죠.

집에서 떨어져 보내는 첫 크리스마스. 그게 어디에 있을까 생각해요. 아마도 크리스마스같지 않겠죠. 전주에 초대 받았으면 좋겠어요. 휴 양과 길머 박사, 그리고 커밍 씨 모두가 가버릴 예정이고, 52세의 가여운 마틴 양은 만신창이가 됐어요. 그러니 여기 있게 된다면 쓸쓸할 거예요.

언니, 모래판용 물건들을 안부쳤어. 하지만 부칠게.

1923년 11월 7일 방명록 104쪽 항목: "어디선가 '보이는 것이 들리는 것보다 강하다'는 것을 읽었다. 나는 순천과 그곳 사람들에 대한 반짝거리는 보고를 들었고, (동양적으로 말해서) 그런 곳이 있을 수 있을까 하고 궁금했다. 하지만 이제 나는 그것을 보았다. 그들이 왜 더 많은 것을 말하지 않았는지 궁금하다."
"키티" 뉴먼, 1923년 11월 7일
조선에서 2달 그리고 9일

[길머 박사는 조선말을 공부하기 위해 11월 23일에 경성으로 갔다. 봉투에는 이렇게 되어 있었다.]

윌리엄 P. 길머 박사님께
조선 경성

사랑이 키티를 조선에 부르다

친애하는 길머 박사님:

제가 일주일 동안 순천을 방문하고 돌아왔다는 걸 알면 깜짝 놀라시겠죠! 저는 어제밤에 도착했는데, "미국"에서 온 ["아메리카"에 대한 속어로서 종종 경멸의 뜻이 있다.] 수많은 편지들과 함께 놓인 당신의 편지를 발견했지 뭐겠어요? 먼저, 제가 다른 편지에서 말하려고 했다 깜박했던 사진과 필름에 대해 감사의 말씀을 전할게요. 당신은 분명 저에게 감사의 뜻을 제게 보내려고 했겠지요? 저도 같은 마음이에요. 하지만 당신이 제 마음을 들여다본다면 당신이 제게 해준 모든 것들, 깊은 공감과 진정이 담긴 친절함에 대해 감사가 제 마음에 얼마나 차곡차곡 쌓여있는지 알게 될 거예요. 당신은 이해심이 많은 사람이에요. (찬사가 아니고 사실이죠.) 그래서 제가 감사의 마음을 보여주지 못한다고 하더라도 당신은 그 마음을 알아차릴 거라고 생각해요.

순천에서는 들뜬 마음, 만찬, 그리고 '구경' 때문에 살짝 살아났었는데 목포로 돌아온 후 다시 침체되었어요. 그렇지만 당신이 '언어'를 완전히 익히려고 노력하고 있기 때문에 저는 12월 1일 전까지는 의식을 잃지 않으려고 노력할 거예요. 이런 환자를 맡아보는 제대로 된 의사에 대해 말하자면요. '지명받은 사람'은 올 필요가 없어요. 왜냐하면 저는 제대로 된 사람이 아니고서는 그 누구에게도 의뢰를 하지 않을 것이고 대리인은 안 받아들일 거니까요. 그러니 당신이 있는 거죠.

코잇 가족 the Coits 이 맥켈리 부인, 코델 양, 그리고 외국 학교 사람들 모두를 집으로 초대했어요. 하디가 가면 맥켈리 부인도 가지 않겠다고 했기 때문에, 하디는 맥켈리 씨를 따라 순회여행을 따라갔답니다. 마지막 순간에 머피 가족이 리랜드 Leland 는 못간다고 결정했기 때문에, 우리 네 사람만이 가서 즐거운 시간을 보냈어요. 하나님께서 "자연 회사"와 계약을 맺어 산길까지 포함해 순천을 만들기로 하셨다면 분명 이렇게 말씀하셨을 거예요. "순천을 걸작으로 만들어라." 진짜예요. 사람들 모두가 친절해서 우리를 즐겁게 해줬어요. "윈 신부님 Father Wynn"이 프레스턴 가족 the Prestons 을 방문 중이었어요. 우리는 아주 좋은 친구가 되었지요. 그는 멋진 노인이에요. "느리지만 확실해요."

집에서 온 편지를 보니, 여기서 제게 할당된 26,280 시간 중에서 2,712 시간이 지났다는 걸 상기시켜줬네요. 그걸 시간으로 계산할 생각을 하다니. 할 일이 참 많았겠어요. 그렇죠? 그렇게 오랜 시간이 지난 줄 몰랐어요. 여름은 너무 빨리 가버렸고, 날마다 바빠요. 그래서 저는, 어떤 못된 늙은 마녀가 '별에 묶여 있는 제 수레'를 최신 비행기로 바꿔버렸고, 그 별은 별똥별이 되었는데, 그 불타오르는 꼬리는 역서든 달력이든 전혀 개의치 않는다고 생각하기 시작했어요.

길머 박사님, 염려하지 않음에 대해 조언을 구하고 싶어요. 저는 제 문제들을 차곡차곡 접어서 제 마음 깊은 곳에 넣어버리고, 그 뚜껑 위에 앉을 거예요. 만약 뚜껑이 '펑 열린다면' 당신이 싸울 의지를 처방해주면 되겠죠?

과부의 사건 이후 머피 씨가 일주일의 "휴가"를 줘서 경성에 가게 되었어요. 저는 그 소식을 듣자마자 당장에 이곳 일을 그만둬버렸지요. 그리고 홀 부인 Mrs. Hall 과 의논하거나 아니면 그녀의 방법에 의존해야겠다고 생각했어요. 하지만 머피 씨가 느끼기에 가능한 모든 방법을 동원해도 저에게는 희망이 없었던 게 아닐까 싶긴 한데, 그는 굉장히 신중한 사람이라 그런 식으로 말할 수가 없어서 그냥 이 휴가를 제안한 거죠. 그 일을 놓고 그와 꽤나 즐거웠어요. 실망할 것이 두렵지만 저는

사랑이 키티를 조선에 부르다

저의 어린 미국인들과 씨름하기로 결정했답니다.

　도시에 특별히 흥미로운 소식은 없어요. 소 울음소리와 귀뚜라미 우는 소리가 들리기는 하지만 너무 고요해서 "시골 칩거"라고 다시 이름을 붙이고 싶어요.

　잘 지내세요. 그리고 잊지 마세요.

　키티

윌리엄 P. 길머 박사님께
조선 경성

[1923년 11월 21일] 수요일, 밤

"외롭지 않다면야"

[편지 첫 번째 쪽에 나무에 올빼미 한 마리를 그렸고, 그 뒤로는 보름달에 위의 글귀가 있다.]

"나는 혼자 앉아 있어요. 그리고 혼자 중얼거려요.
나와 똑같은 모습은 어떤 모습이어야 하는 걸까?
그리고 혼자 생각했어요.
집어치워라.
난 아무래도 상관이 없으니."

[편지 두 번째 장이 위의 시이다. 나무에는 올빼미 두 마리가 나란히 있고, 묘비 위에 세 번째 올빼미가 외롭게 있고, 배경에는 달이 떠오르는 모습을 그렸다.]

제가 예술가라고 주장하지는 않아요. 하지만 아마도 소위 '유행성 감기'에 걸려 이렇게 침대에 누워 있다 보니 제 감정에 대한 표현으로 이 그림에 대한 영감이 오지 않았나 싶어요. 제가 그렇게 많이 아프지는 않아요. 그런데 베인 양Miss Baine 이 다른 여러 가지 처방들과 함께 '엄청난' 키니네를 먹으라고 주는 바람에 '제가 아팠던 것보다 더 아프게' 됐네요. 비용에 대해서 위협을 했지만 그녀는 별로 개의치 않는 것 같아 보여요. 내일은 더 좋아질 거라 생각해요. 굴복하지 않겠다고 말하고 난 후에 굴복해야 했던 탓에 저는 짜증이 나요. 저는 아픈 것에 대해 잘 모르고, 늘 아프기를 거부하죠. 이곳 사람들은 모두들 제가 충분한 옷을 입지 않는다고 말해요. 하지만 더 이상 없는데 어떻게 해요?

우리 편지가 마치 '누구일까요?'처럼 엇갈리는 경향이 있는 것 같아요. 헨리 드러먼드 Henry Drummond 는 "행복은 편지를 주고받는 사람과의 완벽한 조화이다"라고 말했죠. 그리고 저는 오히려 당신의 넓은 마음과도 같이 그것이 '규정대로'가 아니라 조화를 이루는 것이라고 믿어요. 그래서 이렇게 편지를 쓰는 거예요.

시간이 많이 흐른 뒤에 목포로부터 소식을 들었다고 느꼈다니, 저는 그걸 알고는 기뻤어요. '수도'에 있는 동안 당신이 여전히 우리들에 대해 생각했다는 걸 증명하는 것이겠죠. 저는 '순천'에 있으면서 날마다 당신에게 편지를 썼어요. 하지만 그건 모두 '마음판 편지'였죠. 그래서 당신이 그 편지들을 받지 못했을까 봐 두려워요. 거기서는 편지를 쓸 시간이 없었거든요.

사랑이 키티를 조선에 부르다

그 결혼식에는 아무래도 참석하지 못할 것 같아요. 물론 참석하고 싶지만, 학교에 방해물들이 너무 많아요. 더 이상 아무 계획도 세우지 않는 편이 좋을 것 같아요. 어쨌든 저는 무척이나 거기 있고 싶은 마음이에요. 전부 눈여겨보세요. 그래야 우리들에게 말해줄 수 있으니까요.

지난 이틀 동안 저는 '태풍' 중 한 가지를 목격했어요. 즐거웠다고는 말할 수 없겠네요. 잠을 자러 갔는데, 제가 미국에서 깰지 아니면 '유달산' 정상에서 깰지 모르겠더군요. 분당 145킬로미터의 속도로 바람이 불었고 엄청난 비가 쏟아졌어요. 제게는 또 다른 흥미로운 경험이었죠. 서너 번은 이게 [그녀는 한국어 글자/단어를 집어넣는다.] 아마 '억수 ?upsoooo' 였을 것 같아요.*

저는 아주 심오한 공부에 접어들었어요. [그녀는 이곳에 '생활의 처세'라는 제목이 붙은 책에 코를 박고 있는 한 사람을 그린다.] 교사와 주부가 되고 외국어를 공부하기 위해서는 저 자신이 그 어떤 시험도 견뎌내도록 만들어야 하고 제 신경도 차분하게 유지해야 한다고 느껴요.

가정주부의 고통에 대한 이야기를 종종 들었는데 오늘 그 이상을 경험했지요. [그녀는 세 개의 한국어 글자를 기입한다.] 집에 관한 모든 건 "윤조"의 말에 따라서 정리해야 했어요. 그는 이 빗자루를 더 이상 사용할 수가 없어요. 새로운 석탄통이 필요해요. 닭장사의 과일이 시내보다 싸죠. 추수감사절이고, 더 많은 기부를 받아야 해요. 빨래하는 여자가 여기 있네요. 이것저것 언급할 게 너무 많아요. 우리 석탄 6톤이 올 때쯤에는 멀리 가서는 안되고 꼭 여기 있어야 한다고 그에게 말했어요. 양이 제대로인지도 확인해야 하고 제자리에 놓는지도 확인해야 하니까요.

• 억수를 제대로 쓰지 못해 upsoooo가 되지 않았을까 생각한다.

그는 저탄소로 가서 석탄이 도착하는 신호가 없는 걸 확인하고는 예배에 가요. 그런데 그 사이에 '지게'꾼들이 석탄을 지고 길게 줄을 서서 오는 거죠. 우리가 1.5톤을 받았는지 6톤을 받았는지 저는 몰라요. 그리고는 바로 이어서 예상치 못한 손님이 저녁 식사를 하기 위해 도착해요. 이 모든 일이 일어나는 동안 저는 침대에 있지만 이런 느낌으로 일어나야만 해요. [한 개의 화살표가 마치 아픈 것처럼 배를 움켜쥐고 있는 여자의 그림을 가리키고 있다.] 저는 제 메뉴를 완성하기 위해 윤조에게 장을 봐오라고 보내요. 하지만 손님이 도착할 즈음에 가장 중요한 품목을 빠뜨린 채 돌아와요. 거스름돈을 내놓을 때는 셈을 잊어버린 것 같았어요. 그게 아니면 그 부족한 부분이 필요했던 거겠죠. 그때 저는 차라리 제가 그에게 증명해주는 편이 낫겠다는 생각을 했어요. 그는 그런 걸 설명할 수가 없기 때문에 저는 그게 맞든 틀리든 제가 아는 모든 ○○○ [한국말 세 글자]을 사용하면서 계속해서 그에게 셈을 해줬어요.* (그는 최근 우리 모두에 대해 그런 식의 일을 하는 버릇이 있었죠.)

그 사건 중 아침 사건이 벌어지는 동안 저는 침실에서 나와 거실에서 열심히 공부 과업을 수행하고 있었어요. 시험을 대비하는 세 명의 어린 미국인들을 데리고 말이죠. 그들은 30초마다 '존 John'이 명사인지 형용사인지 알기 위해, 그리고 벤자민 프랭클린이 뭘 탐험했는지 등을 알기 위해 소리를 질러댔어요.

윈 씨 Mr. Wynn 가 저의 저녁식사 손님이었기 때문에 그에게 6시에 오라는 전갈을 보냈어요. 그런데 그 귀한 노인께서 잠이 들어서 사람을 보냈고 6시 50분에 도착했어요. 그는 맥켈리 집에 있었는데, 그들이 자리를 비웠고, 홀로 남겨진 그는 자는 것밖에 할 일이 없었던 거죠. 물론

* 세 글자라는 것만 적혀있을 뿐 어떤 글자인지는 알 수 없다.

사랑이 키티를 조선에 부르다

요리사는 짜증이 났고 그때쯤이 되니 저녁식사는 차가워졌어요. 제가 복용했던 6개의 거대한 키니네 때문에 저는 소리를 전혀 들을 수가 없었어요. 그래서 윈 씨가 무슨 말을 하는지 한 마디도 알아듣지 못했답니다. 아마도 분명히 울어야 할 때 웃고 웃어야 할 때 울었을 것이고, 되지도 않는 말과 대답을 했을 거예요. 물론 뭔가를 말해야만 했으니까 그랬죠.

그가 떠났어요. (매우 일찍) 그는 분명히 싫었을 거예요. 그러거나 말거나 제 통증이 그 무엇보다 훨씬 심했어요. 결국 저는 재미있는 꺼리를 발견했어요. 저는 위층으로 올라와서 웃을 수 없을 때까지 웃어댔어요. 그러고 나니 좀 재미있어지더군요. 누군가 말했거든요. "상상은 이 세상에서 유일하게 진정으로 할 만한 것이다. 당신의 상상의 고도를 높여라."

저는, 천국에는 조선말이 없을 거라고 상상하려고 노력하고 있어요. 심지어 다이아몬드가 박힌 황금 하프의 선율에조차도 마찬가지예요. [그녀는 하프를 타고 있는 천사 그림 위에 이 글을 쓴다.]

2주일 동안 레슨이 없어서 제가 알고 있던 그 두 단어를 잊어버렸네요. 그래서 만약 그 두 단어에 대해서 제가 오늘 가지고 있는 것만큼을 말해야만 한다면, 어쩌면 그 사람은 생각할 그것 때문에 체포될 수도 있지 않을까 생각해요.

제가 죽어서 저의 창조주를 대면하게 되면 부끄러워서 얼굴을 들지 못할 한 가지 일이 있어요. (?) [그녀는 여기에 후광과 날개를 가진 여성을 그린다.] 아마도 그 누구도 아닌 제 자신만 다치게 할 저의 가련한 죄들이죠.

순천에서 돌아온 후로 커밍 씨를 딱 두 번 만났어요. 우리가 도착한 밤에 그는 저를 안전하게 인도해줬고, 교회 의자 너머 멀리서 그를 보

왔어요.(English)

제가 토요일에 광주에 가기로 예정되어 있긴 한데, 갈 것 같지는 않아요. 마틴 양이 어디에 있는지도 모르고 그녀가 언제 돌아올지도 모르거든요. 그리고 휴 양은 잠깐 떠나 있는 상태에요.

자꾸 편지 쓰는 걸 양해해주세요. 하지만 당신과 약간의 수다를 떠는 게 제게 좋을 거라고 생각했어요. 그 '20일'이 빨리 갔으면!

변함없이

키티

저를 위해 물건을 사주겠다고 제안해주셔서 감사해요. 조만간에 전화 드릴게요.

[편지의 마지막 쪽은 날짜도 장소도 없음]

언젠가 당신의 편지와 안부 속에 마틴 양과 휴 양을 향한 사랑과 축복과 감사를 전해주세요. 그들은 제게 정말 잘해줘요. 특별히 제 팔이 부러졌을 때 이곳 선교사들 가운데 그들의 친구들과 가족들이 집에 있는 모든 사람들에게 늘 안부를 전해왔어요. 그 친구들은 편지에서 저를 기억하고 안부를 물었어요. 저는 그들이 누구인지 전혀 모르지만 마음이 평안하고 여기 있는 모든 사람들과도 마찬가지에요. 우리는 허물이 없고, 낯설지 않아요. 그리고 보여주는 모든 배려와 친절함에 감사하죠.

코델 양은 더 따뜻한 여자예요. 아마도 그녀는 제가 필요하다면 목

사랑이 키티를 조선에 부르다

이라도 내놓을 거라고 생각해요. 누구보다도 먼저 호의를 베풀어요. 정말 따뜻한 사람이죠?

하디를 생각하면 그녀와 맥켈리 부인이 정말 안됐어요. 그들은 하디의 아빠에게 와달라는 편지를 쓰려고 생각 중이랍니다. 하디는 도둑처럼 훔치고 입만 열면 거짓말을 해요. 하디가 자꾸만 리랜드에게도 훔치고 나쁜 짓을 하게 하니까 머피 부인은 리랜드를 하디에게서 멀리 떨어뜨리고 방에만 있도록 해야 하는 상황이에요. 1년만 더 같이 있으면 저도 죽을 것 같아요.

하지만 약간 나이를 먹은 귀여운 앨리스는 이제 후광이 보이고 날개의 싹이 슬그머니 보이고 있어요. 앨리스는 아침, 점심, 저녁 내내 제 그림자에요. 제가 말하는 건 뭐든 하겠대요. 하지만 다른 사람을 위해서는 아니죠. 그리고 하디가 집에 가게 되는 그 시간을 찬양할 거라는군요. 모두들 이 새로운 아이 앨리스가 누구인지 경이롭게 바라보고 놀라고 있어요. 그래서 저의 시간과 수고가 완전히 헛되지 않았다고 느껴요. 그리고 그 이상의 것도 기대하고 있죠. 앨리스는 정말 수수께끼 같고 흥미로운 아이랍니다. 마치 정말 철학자라도 된 것처럼 심각하게 이야기를 하는 거 있죠. 그런 아이를 본 적이 없어요. 성경에 있는 걸 다 믿지는 않아요. 그 아이가 저와 잠잘 때 혹은 따로 있을 때 저와 나누는 대화를 당신이 들을 수만 있다면 얼마든지 들려드리고 싶어요. 다른 사람에게는 말하려고 하지 않고 저에게만 모든 삶과 생각을 털어놓아요. 저는 마치 당신과 있는 것처럼 앨리스와 모든 걸 얘기해야 해요. 어떤 때는 저를 아주 근사한 곳으로 불러내기도 한답니다.

언젠가 코린트에 있는 제 남학생 "레드 Red"에 관한 얘기를 들려주자 이렇게 말했어요. "지금 당장 세계 여행을 하고 싶어요. 그를 찾아서 제 손을 내밀며 말할래요. '친구야, 악수하자.'" 앨리스는 미국에 있는 어떤 사람이 자신의 생명을 구해준 적이 있다고 생각하지만 너무 어렸기 때문에 그걸 기억하지는 못해요. 앨리스는 그가 누구였는지 알아야만 행복할 거예요. 그녀의 생명을 구해준 누군가에게 감사해야 하는데 그가 누구였는지 모르는 상태에서는 감사할 수가 없잖아요. 좋으신 주님께서 그 귀한 아이의 생명을 여러 번 구해주셨죠. 왜냐하면 보아하니 엄마와 아빠가 무관심했어요. 세 살 때는 배에서 물로 떨어질 뻔 했고, 한 살 때는 질식해서 죽을 뻔했고, 다섯 살 때는 미국에서 철길을 건넜는데 누군가 붙잡았어요.

여덟 살에는 광주에 있는 학교로 공부하러 보냈는데, 어떤 주말에, 아! 크리스마스 때였을 거예요. 앨리스를 집으로 데려오려고 조선인을 보냈어요. 일본인들과 조선인들로 꽉 찬 포드 버스를 타고 20킬로미터를 이동해야 했죠. 그런데 그만 광주를 떠난 뒤 얼마 못가서 차가 고장이 난 거예요. 이 남자는 자기 등에 앨리스를 업고 기차를 탈 수 있는 쇼티니? Shotini 까지* 13킬로미터를 이동했어요. 물론 그들은 기차를 놓쳤고 아이는 수 킬로미터 내에는 외국인이 한 명도 없는 이 낯선 마을, 낯선 조선집(흙)에서 밤을 보냈어요. 그리고 그 남자는 아이를 기차에 태워 데려왔는데, 하루 온종일이 걸렸고 늦었죠. 그런데 엄마도 아빠도 아이가 어디에 있는지 찾기 위해 한발자국도 움직이지 않았고 왜 그들이 전날 도착하지 않았는지도 알려고 하지 않았어요. 정말 기가 막히지 않아요?

앨리스가 제게 직접 말하기를, 자기는 그 어느 누구만큼이나 많은 경험을 했을 거래요. 저도 믿는 바이고, 아마 더할 거예요. 또 말하길,

---

* 1924년 당시 광주에서 목포로 가는 호남선 역은 송정리역이었다. 물론 1922년에 광주역이 개통되기는 했지만 그것은 호남선 본선이 아니었고, 영어로 Shotini라고 표기되어 있는 것으로 보아 이 역은 '송정리역'으로 보인다.

사랑이 키티를 조선에 부르다

이 세상에는 알고 싶은 많은 것들이 있대요. 그중 하나는 '누가 구구단을 만들어냈는가'이고 또 다른 시시한 것들도 있어요. 그 역시 앨리스는 진심이에요.

1924년 2월 27일

사랑하는 엄마,

지금 엄마에게 아주 중요한 편지를 쓰고 있어요. 엄마가 쓰신 1월 29일자 편지를 받았는데 편지를 쓰지 않는 것에 대해 저를 꾸짖으셨어요. 저는 눈이 통통 붓도록 울고 있어요. 정말 말도 안되는 소리로 들렸어요. 저는 매주 엄마에게 쓰는 편지에 정성을 많이 들였고, 모든 편지를 엄마에게로 보냈고 다른 사람들은 내버려뒀거든요. 아마도 어떤 때는 집으로 부친 편지들이 길을 잃는 것 같아요. 이곳 사람들도 모두들 그렇게 얘기하더군요. 그래서! 지금 거의 어두워졌지만 이 편지를 써서 우체국에 전해주기 전에는 오늘밤 잠들 수 없을 것 같아요. 서둘러서 편지를 쓰고 죽도록 달려서 부칠 거예요. 얼른 떠나는 배가 있는지는 모르겠지만 어쨌든 거기 갖다 둬야죠.

제가 보내드리는 편지는 딱 엄마, 언니, 그리고 헬렌만을 위한 거니까 그 누구 앞에서도 개봉하지 마세요. 그러니 아직은 말씀하지 말아주세요. 오늘밤에 써서 내일 부칠 거예요.

사랑해요.

키티

소포가 오길 기다리는 거 너무 힘들어요! 클리포드Clifford 에게 조선 생활상에 대한 카드를 가득 담아 두 개의 봉투를 보내면서 각각에 대해 편지를 썼어요. 그가 그것들을 엄마에게 보내는지 꼭 확인하세요. 클리포드는 자기가 원하면 그걸 그냥 자기가 계속 가지고 있을 수도 있으니까요.

사랑이 키티를 조선에 부르다

넷째 묶음

목포에서 싹튼 사랑

※※

윌리엄 P. 길머 박사
남장로교 선교부
조선 목포

1924년 2월 28일

사랑하는 어머니, 아버지,

자, 암모니아수를 준비하시고, 찬물을 많이 가져오시고, 손에는 부채를 들어주세요. 좋아요. "내 그럴 줄 알았다"라고 말씀하시고 싶은 모든 걸 고백할게요. 저는 지금 뭐든 할 수 있는 준비가 되었어요. 왜냐하면 지난 밤 세상에서 가장 사랑스러운 여성이 저와 결혼하겠다고 약속을 했거든요.

[그는 손으로 대쉬를 세 줄 썼다.]

계속할 만큼 회복되셨나요? 저는 아니에요. 하지만 계속하려고 해요. 이 아가씨는 사랑받는 딸이 될 예정이기 때문에 두 분께서는 '어떤 설명'에 관심을 가지시겠지만, 할 수가 없네요. 불가능한 것을 시도하는 것도 거부하겠어요. 한번은 그래함 Graham 이 말하길, 제가 미혼으로 남아있는 것은 "완벽한 여자"를 찾고 있기 때문이라고 했죠. 그리고 반드시 실망하게 될 것이라고 넌지시 암시했었죠. 그 누구보다도 그 지점에 가까이 왔었다고 확실하게 말할 수 있어요.

충격이세요? 맞아요, 그리고 기뻐요. 전쟁 이후 처음으로 저는 진짜 관심을 가지고 어떤 일을 착수할 수 있게 되었어요. 사실 지금까지 그건 그저 평범한 의무였을 뿐이었어요. 물론 지금 이건 두 분께서 우리 가족의 새로운 구성원과 친해지도록 하는 것과는 너무 거리가 먼 일이에요.

최소한 그녀의 이름은 알려드릴 수 있어요. 키티에요. (미시시피주 볼드윈에서 온 케이트 뉴먼 양이에요.) 분명 그녀는 두 분의 허락을 받게 될 거예요. 우리 모두가 알고 있는 누군가와 그녀를 비교한다면 도움이 되겠지만 그런 방법으로는 키티를 제대로 평가할 수 없어요. 그녀는 몸집, 성격, 전반적인 용모 등에서는 팔머 양Miss Palmer 과 비슷하지만 훨씬 훌륭해요.

그녀는 이곳 목포에서 아이들을 맡고 있는데, 그 아이들이 보여준 훌륭한 발전이 바로 그녀의 능력과 다른 좋은 자질들에 대하 확실한 증거가 된답니다. 그녀는 25세에 어두운 곱슬머리이고, 갈색 눈에 몸무게는 52킬로그램 정도에요.

그녀가 왜 저와 결혼하려고 해야만 하는지 이 끔찍한 나라에서 머물러야 하는지 모르겠어요. 저희는 아직까지 확정된 계획도 없고 저희 약속에 대해 아무에게도 얘기하지 않았어요. 오늘밤 키티는 그녀의 어머니에게 편지를 쓰고 있는 중이고, 저는 그저 제가 쓸 수 있는 유일한 수단을 동원해서 제가 얼마나 행복한지 두 분께 말씀드리고 있어요. 그 누구보다 앞서서 말이죠. 저희 계획에 진전이 생기면 그게 뭔지에 대해 알려드릴게요.

그 어느 때보다 두 분을 더 많이 사랑해요. 그리고 하나님께서 이 세상에서 제게 이런 동반자, 조력자를 주셨다는 것에 대해 기뻐해주시리라 믿어요. 그리고 몇 년이 더 지나, 그날이 속히 오게 되면, 저희들은 미국에 있는 최고의 집에서 15개월의 대부분을 보내고 싶어요. 물론 두 분께서 저희를 원하신다면요.

두 분 모두 키티에게 편지해주세요. 그리고 파크 Parke 에게도 이걸 전하실 거라면 그녀도 마찬가지에요.

사랑하는 아들

윌리엄

[접힌 편지 바깥에 손으로]

조심스럽게 열어주세요.

1924년 2월 28일

존경하는 뉴먼 부인께,

만약 이 1만 3천 킬로미터를 몇 분 동안이라도 없애버릴 수만 있다면, 이 일을 부인께 말씀드리는 것이 훨씬 쉬울 것 같습니다. 지난 밤 온 세상에서 가장 사랑스러운 여성이 저와 결혼을 약속했습니다. 부인은 그 여성의 어머니이시니 제가 누구에 대해 말씀드리는지 아실 것입니다. 그리고 물론 키티도 이 편지와 똑같은 우편물에 들어갈 편지를 부인께 쓰고 있는 중입니다. 저보다는 그녀가 부인을 훨씬 더 잘 이해시

커드릴 것입니다. 하지만 저는 부인의 축복과, 부인께서 저희들의 계획에 동의해주시기를 간절히 원합니다. 따님이 부인께서 한 번도 본 적이 없는 남자와 결혼하고 집에서 멀리 떨어진 곳에서 계속 일한다는 것에 대해 흔쾌히 받아들이시기 힘들 것이라고 생각합니다.

제 생각과 감정을 표현할 수만 있다면 키티에 대해 책이라도 쓸 수 있을 것입니다. 모든 면에서 드러나는 그녀의 매력. 그리고 이곳에서 그녀가 책임지고 있는 아이들에게 끼친 그녀의 선한 영향력 등에 대해서죠. 그렇지만 그녀의 어머니께서 그녀가 얼마나 멋진 여성인지에 대해 들으실 필요는 없겠지요. 그럼에도 저는 부인께서 제가 세상 누구보다도 그녀를 사랑한다는 것을 알아주시기를 원합니다. 분명히 저는 그녀를 행복하게 하기 위해 저의 모든 힘을 다할 것입니다.

아마도 키티가 이곳에서의 삶에 대하여 모든 면에서 부인께 말씀드렸을 것입니다. 선교지에서는 이런 개인 병원에서 의료 사업을 하는 것이 많은 불리합니다. 직업적으로, 본국에서 같은 노력을 한다면 도달할 수 있는 그런 지점까지 나아가는 것이 불가능합니다. 저는 그렇게 하기 위해 키티와 함께, 그리고 키티를 위해서 노력하려고 합니다. 그러나 하나님께서 이 일에 저희를 불러주셨고 행복합니다. 지난밤 약속으로 인해 저는 더 행복합니다.

용서하십시오.

윌리엄 길머 올림

사랑이 키티를 조선에 부르다

사랑하는 가족들에게,

제가 사랑하는 이 멋진 "의사 남성"에 대해 더 빨리 말씀드리지 않는 큰 잘못을 저질렀어요. 용서하세요. 부당했지요? 이제 고백할게요. 저를 용서하실 것이라고 믿어요. 저는 길머 박사를 만난 첫날부터 그를 사랑했어요. 그리고 가능하다면 매 순간 그를 더욱 사랑해요. 그러지 않으려고 했어요. 원하지 않았고, 2주 전까지도 제 마음과 투쟁했어요. 결국 싸움에서 졌고 세상에서 가장 멋진 남성에게 굴복하고 말았어요. 저는 완전히 그의 것이에요. 그 사실을 세상에 알리는 의식은 6월 3일이 될 거예요.

사랑하는 여러분, 여러분이 제 마음을 차지하고 있는 행복을 알 수만 있다면! 제가 하고 있는 일에 대한 확신이 있다는 게 또 멋진 일이에요. 전에는 제가 사랑에 대해 조금 알고 있다고 생각했고, 또 결혼에 대한 바로 그 생각이 저를 두려움에 떨게 만들곤 했답니다. 제가 확신하는 마지막 순간에 그 시도에서 실패하기도 했지요. 그러나! 이제 저는 세상에서 가장 안전하고도 멋진 느낌을 가지고 그 안에 들어왔어요. 두려움도 없어요. 그 어떤 불행이나 해함이 전혀 손댈 수 없는 행복과 안전. 그 느낌으로 저 자신을 그에게 맡겼어요. 저를 향한 그의 사랑은 제가 알고 있는 가장 아름다운 것이랍니다. 저는 그런 것이 세상에 있는 줄 몰랐어요. 그는 "혼자 깨어나는 것이 고통인 황금의 꿈 속"으로 저를 쑥 밀어 넣었어요. 저는, 제가 그를 사랑한다는 것을 깨달았고 그가 없이는 결코 행복할 수 없다는 것을 깨달았어요. 이런 생각이 드네요. 언

젠가 읽은 적이 있어요. "여성을 결코 순례자가 아닌 언제까지나 성지로 만드는 것은 바로 처녀의 본능이다. 그녀는 찾는 자가 아니라 찾아지는 자이다. 그녀는 감히 그 어떤 것도 당연하게 여기지 않는다. 그녀는, 순례자가 선택받는 자가 되고 성지가 그를 받아들일 수 있을 때까지, 그때까지 그 목소리, 그 말, 그 도래를 기다릴 권리가 있다." 이제 그 '순례자'는 선택받은 사람이에요. 그럼 이제 이 멋진 사람에 대해 여러분께 조금 말씀드려 볼까요? 저는 하나님께서 그를 빚으실 때 그의 걸작품을 만들기로 작정하셨다고 생각해요. 그의 온화함, 그의 애정, 그의 태도, 그의 키, 그의 잘 생긴 얼굴, 어떤 아가씨이든 이 모든 걸 원하게 만들죠. 저는 제가 왜 조선에 왔는지 궁금했어요. "어디선가 어떤 목소리가 저를 부르고 불렀어요." 그리고 하나님께서 저를 그 목소리 쪽으로 이끄셨어요. 어둡게만 보이던 "밤"을 바라보던 때를 생각하면 꿈같아요. 그때는 자그마한 한 줄기 빛이 방향을 바꿔 둥둥 떠내려가더니 사라졌죠. 저는 목장 너머 그 빛의 자취를 쫓다가 경주에서 돌아오는

사랑이 키티를 조선에 부르다

아이처럼 엉킨 가시에 찔려 피가 나는 손으로 돌아오는 것 같았어요. 저를 유혹했던 그 빛은 원래 연기와도 같은 환영이었으니까요. 그때 저는 다시 바다 너머의 빛을 보게 되었어요. 육지와 바다 건너에서 어둡고 희미하지만, 환한 그 빛을 좇아왔어요. 제 마음과 제가 세상을 건너 좇아온 건 사랑이었고, 저를 부르고 있던 그 소리와 그 소리 안에 있는 것은 사랑이었어요.

저는 아름다운 다이아몬드를 갖게 될 거예요. 제 마음의 모든 소원이 읽혀졌고 이뤄졌어요. 하지만 제가 가장 자랑스럽게 여기는 선물은 그가 프랑스에서 받은 트로피들이에요. 나중에 이것들에 대해 말씀 드릴게요.

여러분처럼 멋진 가족이 있는 저는 정말 복된 사람이에요. 여러분이 알고 있는 것보다 더 많이 사랑해요. 너무 그립고 제 가까이에 있었으면 좋겠어요. 저의 행복이 여러분의 행복이 될 거라는 것, 그리고 저를 사랑하는 것처럼 그를 사랑하게 되리라는 것도 알아요. 저는 빌리가 제게 주는 사랑만큼이나 여러분들이 제게 해주는 것들을 받을 자격이 없어요. 하지만 제가 받은 복에 합당한 제 자신이 되기 위해 노력할 거예요. 여러분은 제가 찾는 그런 남자는 결코 찾지 못할 거라고, 제 요구사항이 너무 많다고, 제 이상이 너무 높다고 말했죠. 하지만 키티는 그녀가 뭘 하고 있는지 알았고, 그를 찾아냈어요.

저는 귀하고 소중한 편지들과 전보들을 많이 받았어요. 그걸 여러분께 보내기 위해 보관하고 있는 중이에요. 여러분이 저를 위해 보관해주세요.

계획을 세울 때마다 편지를 쓰려고 해요. 그리고 여러분이 알고 싶어 할 모든 것들을, 분명 모든 것을 말씀해드리려고 노력할게요. 그러니 많은 편지를 기대하셔도 돼요.

사랑해요, 사랑해요, 사랑해요.

여러분의 키티

이 편지를 남자들과 올케들과 언니, 동생에게 회람시켜 주세요. 그
들을 위한 것도 되니까요. 시간상 지금 바로 그들 각각에게 편지를 쓸
수도 없고 비용도 그래요. 나중에 쓸게요.

1924년 3월 14일

데이지에게,

시즌 뉴스입니다. 그 얘기를 제가 썼던 첫 번째 편지에서 쓸 생각을
왜 못했는지 모르겠어요. 그 소식을 어학 과정이 끝나기 전날 들었거든
요. 목포에 있는 길머 박사와 뉴먼 양이 6월 3일에 결혼할 예정입니다.
뉴먼 양은 지난 가을에 새로 왔는데, 외국 아이들을 가르치기 위해 멕
켈리 가족과 함께 들어 왔어요. 그녀는 원래 3년 임기로 왔는데, 이제는
길머 박사가 고향으로 돌아갈 특별한 이유가 없다면 평생이 될 것 같아
요.

미리암 디호라스 Miriam Dehoras, 마가렛 마틴 Margaret Martin 그리고 조지
아 휴 Georgia Hughes 가 신부 들러리, 플로렌스 휴 Florence Hughes 가 수석 들
러리이고, 하퍼 Miss Hopper 가 웨딩마치를 연주할 예정이에요. 커밍 Mr.
Cumming 은 신랑 들러리가 될 것이고, 머피 Mr. Murphy 가 예식을 인도해요.
물론 결혼식을 경성에서 해야 해요. 미국 영사 앞에서 모든 의식이 진
행되어야 하잖아요.

사랑이 키티를 조선에 부르다

저는 뉴먼 양을 본 적이 없어요. 하지만 말하는 사람마다 그녀가 괜찮은 사람이라고 하더군요…….

그린 부인 Mrs. W. B. Green

미시시피 볼드윈

1924년 3월 24일

친애하는 길머,

시편 성경공부를 가르치러 교회에 오는 길에 당신의 편지를 받았어요. 정말이지 제가 성공했군요! 당신은 제게 세상에서 가장 위대한 세 명의 여성 중 한 명을 요구했어요. 저는 케이트가 훌륭한 아내가 될 것이라고 굳게 믿어요. 사실인즉 당신은 엄청난 가치를 지닌 상을 받았어요. 저는 케이트가 당신의 어머니와 아버지에게 진짜 딸이 되기를 바라고 믿어요. 물론 충격이 컸어요. 그리고 제가 할 수 있는 모든 건 그 일을 기도로 주님께 맡기는 것이었어요. 우리가 당신과 함께 있을 수 없고 아들처럼 당신을 사랑하는 걸 배울 수 없다는 건 확실히 실망스러운 일이에요. 하지만 당신이 케이트를 사랑한다는 그것 때문에 당신은 우리에게 귀해요. 그 아이를 잘 보살펴주세요. 그리고 언젠가 휴가를 받을 수 있기를 소망해요.

우리 가족은 목사와 의사들로 구성되어 있어요. 케이트를 너무 아꼈던 한 명의 남자(할아버지)는 존귀한 분이었고 내과의사였죠. 우리는 둘이서 해가 거듭될수록 서로 더욱 사랑하기를, 그래서 마지막이 가장 좋기를 소망해요.

소식을 자주 들려줘요.

진심을 담아,

올리 뉴먼 부인 Mrs. Ollie Newman

1924년 4월 2일 화요일

사랑하는 헬렌에게,

맛있는 사탕을 마음껏 먹었어! 다음날 아침에는 침대에 있었지. "마당 어멈 Ma Ting Uminie"이 가져온 커피를 마시고, 빌리가 보낸 책을 받고, 내 옆에 쌓아둔 사탕으로 기력을 보충하고, "더 레이디"를 연기했어. 다과회에서 사탕을 좀 내놨는데 사람들이 많이 좋아하더라. 빌리는 남자가 사탕을 보냈다고 생각해서 무지 질투를 했지. 아니! 그렇지 않아. 왜냐하면 그가 질투할 필요가 없다는 걸 알고 있기 때문이지.

헬렌, 그는 세상에서 가장 사랑스럽고 멋진 남자야. 아마 홀딱 반하게 될 걸. 지금 너한테 얘기해줄 게 있는데, 아무한테도 말하면 안 돼. 그게 도움이 될 거라는 생각이 들지 않기 때문이야. 그가 다이아몬드 반지를 살 수 있다는 걸 사람들이 알게 되면 아마도 이곳 사람들을 위한 도움이 우리에게 필요치 않다고 생각하고 도우려고 하지 않을 거야. 그렇지 않니? 하지만 우리는 사람들을 돕기 위해 돈이 필요하고, 또 우리가 단지 선교사라는 것이 우리가 뭔가를 원하는 인간이 아니라는 표시는 아니잖아. 나는 빌리에게 반지를 주지 말라고 주장했지만 그는 하

사랑이 키티를 조선에 부르다

겠다고 고집했어. 경성에 갔고, 황족에게서 아름다운 다이아몬드 원석을 샀고, 그걸 백금에 박아 넣었고, 어울리는 결혼반지를 마련했어. 물론 세팅은 고향 사람들이 하는 것과는 완전히 달라. 그렇지만 나는 그게 좋아. 동양적이고 매우 독특해. 그는 또한 경성에 있는 미국 회사에서 욕실 세트를 구매했어. 욕실을 갖게 될 것 같아. 정말이지 그는 내게 너무 멋진 사람이야.

자, 헬렌, 잘 들어. 지금 이 순간부터 바로 돈을 모으기 시작해. 내년이나 내후년에 옷도 물건도 사지 마. 그리고 그때쯤 여행용 옷 한 벌을 사서 조선으로 오는 첫 번째 배를 타도록 해. 1년 내내 우리랑 머무는 거야. 언니와 엄마도 모시고 와. 여행 경비를 빼고는 돈이 필요하지 않을 거야. 우리 둘 다 너를 포함해서 모두 오기를 바라고 있어. 아마도 몇 년 지나면 네가 가르칠 수 있는 곳이 이곳 목포에 마련될 거야. 4, 5년 정도면 머피네 아이들 둘, 하퍼네 아이들 둘, 그리고 니스벳 아이 하나, 이런 아이들에게 선생님이 필요하게 되지. 하지만 우리는 네가 그전에 왔으면 좋겠어. 반드시 해내야 해! 그게 너한테 교육이니까. 맥켈리 가족과 머피 가족이 네가 여기 와서 내 자리를 대신하는 것에 동의하기를 바랐는데, 머피 가족은 경제적으로 어려워서 그 돈을 감당하기 어려울 것 같은가 봐. 맥켈리 가족이 그들을 설득하고, 또 내가 특별히 그들 마음 깊은 곳에 자리 잡고 있거든. 그들은 내가 결혼하는 걸 기뻐하고 있고, 그래서 그녀는 리랜드를 가르치는 쪽으로 돌아설 수 있을 것 같아. 네가 오는 것에 대해 너무 열을 올리지 않으려고 노력했는데 어쩔 수가 없었어. 그래서 물론 실망하고 있지.

만약 하퍼 가족이 짬을 낼 수 있다면 그들 편에 파라솔을 보낼게. 웅거 가족 the Ungers 에게 너무 많이 가져가라고 하기 싫거든. 그래서 하퍼 가족더러 자기집에서 우편으로 너에게 파라솔을 보내달라고 할게. 비싼 건 아니지만 더 이상 살 수 없는 물건이지. 언젠가는 내가 꼭!

결혼식이 다가오고 있는데 아무 것도 하지 않고 있다니 좀 웃기는 것 같아. 하지만 할 게 없어. 그저 조용히 앉아서, 내가 엄마와 언니에게 써서 보낸 것들을 기다리고 있는 중이야. 결혼하는데 좀 웃기는 방법 아니니? 네가 뭘 입게 될지 그게 맞을지 안맞을지도 모르지만 걱정하지 말아야겠지. 내가 생각하는 웃기는 일 또 하나는, 맥켈리 부인이, 내가 내 침구를 갖게 될 때까지 자기네 린넨 침대보를 사용하라고 허락을 해줬거든. 그런데 어제, 침대보가 부족해서 그게 필요하다는 거야. 그러니 빌리에게도 침대보가 없다면 우리는 "침대보가 없게" 되는 것이지.

결혼 3일 전에는 경성으로 가서 머물러야 해. 코넬 양과 폴리 양Miss Polly 이 우리와 함께 갈 것이고 하퍼 양은 벌써 언어를 공부하기 위해 그곳에 가있어. 재밌는 일이 많이 일어날 것 같아. 이번 3일 동안 우리는 수많은 서류(쓸데없는)에 서명을 해야 할 거야. 그 외에는 몰라. 기다려야 할 것이고 나중에 그 일들에 대해 얘기해줄게. 예식이 두 번 있을 예정인데, 한 번은 일본인용으로 미국 영사관에서, 그리고는 종교적인 예식이 있어.

빌리의 부자 친구들 중 한 명이 우리에게 "윌리스 나이트Willys Knight"* 세단을 사용하라고 했어. 거기 있는 동안 내내 사용하라는 거야. 그리고 또다른 친구는 결혼식을 위해 자기 집을 내놓겠다고 했어. 처음에는 폴리와 마틴이 흥분해서 들러리 등등을 줄줄이 세우자고 날 설득했어. 나는 아무 생각 없이 동의했지. 내가 개인 집에서 결혼을 할 것이고 사람들도 모른다는 것을 잊어버리고 말야. 물론 그건 비싸기도 하고. 그래서 "정신을 차리고 나니" 할 수 없다는 걸 깨닫게 되더구나. 그래서

---

* 윌리스 나이트는 1914년부터 윌리스-오버랜드 모터스에서 만들어낸 자동차 모델이다.

사랑이 키티를 조선에 부르다

아주 간소하게 될 것 같아. 나는 너무 너무 코델 양만을 내 유일한 들러리로 세우고 싶은데 폴리가 낯 두껍게 자리를 요구해서 어쩔 수가 없었어. 많이 실망했지만, 그냥 한탄할 수밖에 없었지.

내가 하퍼 부인 Mrs. Hopper 의 면사포를 안쓰면 모두 무척 화가 날 것 같긴 하지만 나는 엄마더러 유니스 Eunice 에게 부탁해서 모자를 만들어 달라고 썼거든. 모자를 쓸 것 같긴 한데 내가 편지를 너무 늦게 써서 도착하지 않을 수도 있어. 만약 그렇게 되면 면사포를 쓸 생각이야. 오후 5시쯤 될 거야. 코잇 부인 Mrs. Coit 이 축가를 부를 예정이었는데 지금은 갈 수가 없게 됐어. 그래서 경성에 있는 아펜젤러 양 Miss Appengeller 이 부를 것 같아. 코잇 부인은 내가 순천에서 방문했던 분인데 멋진 목소리를 가졌어. 그녀가 갈 수 있다면 좋을 텐데.

이쪽 선교지부에서 선물파티를 열어줬어. 먼저, 모두들 조선 옷감으로 만든 12개의 컵 타월에 작은 무늬를 수놓았어. 맥켈리 가족을 방문한 손님과 나까지 포함해서 모두 열 두 명의 여성들이 있었지. 그리고 세 살 된 남자 아이가 포장된 바구니를 가져왔는데, 거기에는 목욕 수건 네 장, 손님용 수건 두 장, 서랍장 덮개 세 장, 식탁중앙장식 한 개, 그리고 베갯잇 한 쌍이 들어 있었어. 그리고 그녀는 생크림이 얹어진 얼린 복숭아와, 하트 모양의 멋진 하얀색 케이크, 그리고 소금이 뿌려진 견과류를 대접했어. 그리고 다른 선교지부에서는 여성 두 명이 캐미솔(아직 입지 않았는데 너무 예뻐), 수건 두 장, 그리고 레이스 작품 두 개를 보내왔고, 마지막 방문자는 쟁반보를 주었어. 여기서 이런 특별한 일을 하다니 너무 멋지지 않니?

물론 수건과 베갯잇과 캐미솔은 그들이 크리스마스 선물로 미국에서 사거나 가져온 것들이었어. 서랍장 덮개는 조선 여학생들이 만들었는데, 내게는 너무 사랑스러워. 머피 부인이 작은 요리책을 (베이킹 파우더 하나) 췄어. 아마도 그들 모두는 내가 너희 모두를 그리워하고 원하는 줄 알고 있어서 할 수 있는 한 모든 것으로 나를 돕고 있는 것 같아. 모두가 파티로 나를 즐겁게 해주고 식사를 대접했어. 그들도 빌리와 나만큼이나 많이 행복해. 아니, 그럴 수는 없겠지.

잘 들어, 헬렌. 빌리는 자기 어머니가 내 사진을 갖는 것을 무척이나 원하고 있어. 그러니 네가 갖고 있는 것 중 여유가 있다면 그걸 보내드려야 할 것 같아. 가족들이 갖고 있는 유일한 것이라면 보내지 마. 하지만 내 생각엔 엄마가 집에 한 장은 갖고 계실 것 같아. 내가 벨벳 드레스를 입고 찍었던 마지막 사진은 맘에 들지 않아. 그는 그의 어머니를 통해 너에게 자기 사진을 보내시도록 할 거야. 그에게는 동생이 한 명 있는데 아름답고 매력적이야. 여기 있는 여성 중에 그녀와 함께 학교에 다녔던 사람이 말했어. 이 동생은 버지니아 세일럼 Salem 에 살고 있어. 형이 한 명 있는데 버지니아 린치버그 Lynchburg 에서 멋진 설교자로 일하고 있어. 남동생은, 잊어버렸는데 버지니아 어딘가에 있는 군사 학교에서 가르치고 있지. 그는 어리지만 교수의 딸들 중 한 명과 크리스마스에 결혼했어. 그의 아버지는 버지니아의 드레이퍼 Draper 에 사시면서 국내선교사역을 하고 계셔. 빌리는 ___ [그녀는 이름을 빠뜨렸다.]에서 문학을 전공했고, 리치몬드에서 의과대학을 마쳤고, 펜실베니아 필라델피아와 워싱턴 D.C.의 병원에서 일했고, 프랑스에서 봉사로 트로피를 받았어. 33세가 된, 세상에서 가장 멋지고, 가장 잘 생기고, 가장 다정한 사람이야. 그리고 날 죽도록 사랑하지. 그에 대해서 더 알아야 할 게 있을까?

사랑하는 동생, 나는 간절히 가족들을 위해 빈단다. 말을 걸고 가족에 대해 이야기할 수 있는 네가 없는 것이 너무 낯설게 느껴진다. 그가 떠난 뒤 밤에 위층으로 올라오면 나는 온통 너를 생각하게 돼. 매일 밤,

사랑이 키티를 조선에 부르다

아래층에서 불을 끄고, 계단 꼭대기에 있는 작은 촛불이 내가 올라가는 길을 밝혀주고 커다란 방에서 혼자 잠들 때면 늘 나 자신이 불쌍하게 느껴져. 하지만 나는 그것에 관한 전부를 너에게 말하는 척 하고, 그러고 나면 내가 할 수 있는 건 너를 위해서 기도하고, 내가 보고 너의 사랑을 다시 느낄 수 있을 때까지 너의 생명을 보전해주시기를 하나님께 구하는 것뿐이야. 그건 내 매일의 기도에 분명이 들어가 있지. 왜냐하면 내가 널 사랑하니까. 얼마나 사랑하는지 넌 절대 모를 거야. 그리고 빌리와 함께 하는 내 행복도. 정말 보고 싶어.

너만의 키티 샌 Kitty San

이 편지를 엄마에게도 보내줘. 내가 편지를 쓸 시간이 별로 없거든. 매주 각자에게 편지를 쓸 수 있다면 좋겠다. 언니에게는 선물이 중국에서 올 거라고 말해줘. 하지만 맥켈리 부인이 거기 나가야만 가져올 수가 있어. 아마 6월이나 되어야 할 것 같아. 늦어질 수도 있고.

웅거 가족이 작은 상자를 가져올 거야.

버지니아의 드레이퍼에 계시는 조지 H. 길머 부인 Mrs. George H. Gilmer 께 사진을 보내 드려줘.

[날짜 없음, 그러나 아마도 4월 24일]

언니, 안녕.

사랑하는 언니, 내가 이 물건들을 15센트에 구할 수 있다면 결혼발표를 적어 주고 제대로 되는지도 확인해 줘. 여기서 "동양적인" 카드를 구하려고 무척 노력을 했는데, 이곳에서는 그런 일을 하지 않기 때문에 엄청난 고생과 비용을 들이지 않고서는 구할 수가 없었어. 나는 그 카드가 동양적이기를 많이 원했는데 말이야.

요즘 너무 정신이 없어서 정확한 걸 모르겠네? 편지에 있는 생각 없는 표현들을 양해해 줘. 무지 사랑해.

항상,

키티 샌

6월 3일 처음 날짜로 되돌릴 수 있다는 걸 알았어. 그래서 우리는 그날 결혼하게 될 거야.

윌리엄 P. 길머 부인 Mrs. William P. Gilmer, 하하! "듣기 좋지?"

1924년 4월 11일 금요일

사랑하는 언니에게,

언니, 여기 온 후 처음으로 마음이 상했어. 너무 슬퍼. 어제 분빌 배너 Booneville Banner 한 부를 받았어. 배터스워스 부부 Mr. and Mrs. T.L. Bettersworth 가 증정한 건데, 볼드윈 신문에서 복사한 것이고, 그 안에는 조잡한 편지도 들어 있었어. 언니가 그러지 않았다는 거 알아. 언니는 멋진 일들과 분별력 있는 의견을 쓰잖아. 누가 그랬는지는 모르겠어. 하지만 피어슨 Pearson 은 그걸 인쇄하지 말았어야지. 내가 최대한 정중하게 요청했고, 심지어 그렇게 되면 내가 얼마나 슬플지 말하고 사정까지 했거든. 그럼에도 불구하고 꼭 해야만 했다면 내가 미리 듣고 그 목적을 위해 편지를 썼을 거 아냐? 그 편지는 너무 일관성이 없었고, 너무 형편없이 들렸고, 분명히 여기저기 다른 편지에서 가져온 것 같아. 나는 그렇게 이상하게 들리고 일관성 없는 편지를 쓴 적이 없거든. 나는 말야. 내 편지는 재미있게 쓰려고 하고, 또 내가 비록 교육을 받지 못했다고 하더라도 교육을 받은 것처럼 보일 수 있도록 최대한 노력하거든. 그 편지를 읽고 있을 튜플로와 코린트의 내 친구들, 그리고 다른 이들을 생각하면 가슴이 찢어져. 그 얘기는 출판된 편지에서 하고픈 얘기가 전혀 아니야.

이제 부탁을 하나 하려고 해. 들어 줘. 이후로는 누구에게도 내 편지를 보이지 말아 줘. (그들이 그런 자유를 얻게 된다면) 내가 그런 목적으로 편지를 보내지 않는 이상 그 어떤 것도 출판되는 걸 원치 않아. 추가로 출판된 게 있는지도 알려 줘. 그들이 붙인 제목과 관련해서 사진과 글이 좀 있었어. 그 신문들을 위해 보내려고 생각했었지. 하지만 이걸 받아들였을 때 나는 그저 통곡을 했고 그것들을 찢었어. 그 "사랑하는 고향의 가족, 친지들과 친구들에게"는 내 평생 동안 뇌리에서 사라지지 않을 거야. 밤새도록 그 꿈을 꿨어. 진짜 그랬다니까. (이상하게 들릴 거라는 거 알아.) 얼마 동안은 언니, 절대로 그 일을 극복하지 못할 것 같아서 눈이 퉁퉁 붓도록 울었어. 제발 기억해 줘. 내 편지를 직계 가족들 말고는 누구에게도 읽도록 전해지면 안돼. 가족들은 편지에서 "동떨어지고 일관성 없는 내용"을 떼어내서 출판하지는 않을 테니까.

받았으면 하는 친구들을 위해서 편지 한 통을 썼어. 하지만 짐작컨대 내가 이름을 보내줬던 사람들 모두에게 그걸 타자로 치기엔 언니가 바빴을 것 같아. 소식을 전해온 사람들이 편지를 받지 못했다고 말하네? 그래서 언젠가, 이번 여름에 시간이 되면, 다시 생각해내고 각자에

게 편지를 보내도록 노력하려고 해. 길머 박사의 타자기를 이용해서 할 수 있을 거야. 이제 신문 속의 그 끔찍한 사람에게 보상할 뭔가를 했어야 했는데. 아! 안 되는 거였나? 머나먼 곳에 있다는 건 끔찍한 일이야. 속수무책이잖아.

맥켈리 가족은 모두 대구에 갔고 나는 앨리스를 돌보고 있는 중이야. 그래서 내가 하는 온갖 다른 일들로 꽉 찼어. 커밍 씨는 몇 주 동안 음악에 관한 일을 도와달라고 요청했고.

정말이지 빌리는 말을 너무 멋지게 해. 요즘 우리는 맥켈리 댁에서 식사를 하고 있어. 아, 그러니까 우리라는 말은 미혼 여성들을 뜻하는 거야.

빌리는 내 드레스가 제때에 여기 도착하지 않을까 봐 걱정하고 있어. 이렇게 말해. "키티, '캐스린 양'의 드레스를 입고 결혼해 줘요." 그는 그렇게 부르거든. 그리고 또 말하지. "다른 건 기다리지 말아요."

웅거 가족 편에 작은 상자를 보냈어. 나중에 더 보내고 싶어.

사랑이 키티를 조선에 부르다

웅거 씨는 꼴불견이고 문제가 있는 사람이야. 이곳에 있는 다른 사람들을 그의 말대로 평가해서는 안돼. 그는 또 굉장히 짓궂은 사람이고 온갖 황당무계한 말을 하는 사람이라서 언니에게도 길머 박사에 대해 말을 할 거야. 내가 그에게 말했지. 그 기차가 단 2분 30분초 동안 멈췄었다고. 그리고 고칠 시간이 없는 말은 하지 말라고 했어.

왠지 편지를 쓸 힘이 모두 사라져버렸네? 하지만 다른 편지도 못쓸 거라고 생각하지는 않아.

사랑을 담아,

케이

스와인하트 가족 the Swineharts 이 오늘 미국으로 떠나. 그래서 결혼 선물을 보내왔는데, 아름다운 은쟁반이었어.

1924년 4월 15일 화요일, 학교

제가 너무 사랑하는 엄마,

분빌에서 보내신 3월 16일자 편지를 어제 받았어요. 제 편지들을 역시나 점검해야겠다는 생각을 해요. 엄마에게 제가 울었다는 말씀을 드리려고 했던 건 아니었거든요. 왜냐하면 제가 가족들과 함께 있지 못하다는 사실만 빼고는 정말 더할 나위 없이 행복하기 때문이에요. 단 한 번 불행했던 때는 분빌 배너와 제가 아닌 그 안에 있는 '다른 누군가'의 편지를 받았을 때였어요. 저는 정말 통곡을 했어요. 제가 어떤 것에 대해서도 출판해달라고 요청하지 않았으니까요. 그리고 이후에, 엄마가 제게 보내주신 모든 아름다운 것들을 보고 기쁨의 눈물을 흘렸어요. 물건들도, 저에 대한 엄마의 사랑도 저를 통곡하게 만들었죠. 지금은 그 이후로 제가 보내드린 다른 편지를 받으셨겠죠. 제가 얼마나 행복한지 아시죠? 그러니까 더 이상 그 일에 대해 걱정하지 마세요. 그리고 다시는 엄마 마음이 상했다고 생각하지 않으려고 해요. 엄마가 이번 편지에서 됐다고 하셨고, 당연히 괜찮을 걸로 생각해요.

잘못 생각하셔서 제가 집에 가는 걸로 아셨다니 죄송해요. 너무 안타까워요. 지난 번 편지에서 '그 중요한 일'을 엄마께 쓰지 못한 이유는 제가 제 자신에 대해 확신이 없었기 때문이에요. 다른 편지에서도 쓴 내용인데요. 길머 박사는 그가 병원에서 안정이 될 때까지 기다리려고 했지만 마지막 순간에는 제게 바로 결혼하자는 신호를 수도 없이 보냈어요. 저는 확신이 설 때까지 기다리고 싶었죠. 그래서 그가 (갑자기) 청혼을 했을 때, 저는 일을 하지 않았을 경우 맥과 머피 가족에게서 월급을 받는 상황 등 모든 걸 생각하고는 빌리가 제게 원했던 대로 했어요. 그리고 말했어요. "좋아요, 최대한 빨리 당신과 결혼하겠어요." 결혼식은 6월 3일이나 아니면 그 이후가 될 거였어요. 그래서 다음날 엄마에게 편지를 보냈고, 빌리도 그렇게 했죠. 하지만 이놈의 정부 업무 때문에 날짜를 6월 2일로 바꿔야 했어요. 제 드레스가 여기 도착해야겠죠. 빌리는, 되는대로 제가 그와 결혼해야 한다고 말해요. 하지만 날짜가 이미 확정되었고 공고가 되었을지라도 당연히 저는 드레스를 기다릴 거예요. 그리고 빌리도 제가 그렇게 하기를 원할 거예요.

빌리더러 제가 집에 가는 걸 '허락'하는 편지를 쓰게 한 것 때문에 혹시 제가 기분 나쁘거나 슬픈 건 아니냐고 엄마가 말씀하셨잖아요? 제가 그걸 빌리에게 읽어주자 그는 죽을 듯이 웃어대면서 엄마한테 죄송

사랑이 키티를 조선에 부르다

하대요. "맙소사"라고 말했죠. 그렇지만 덧붙이길, 제가 머무르는 '허락'을 엄마에게 말씀드리는 건 이미 편지로 썼고, 제가 집에 갈 때는 그가 저와 함께 가는 게 그 의사의 의견이래요. 사람들도 결혼한 부부가 5년 후에는 안식휴가를 갈 수 있는 원칙을 지키려고 노력해요. 그러니 만약 그렇게만 된다면 저희가 얼마나 빨리 15달 동안 거기 머무를 수 있을지 상상해보세요! 만약 그렇게 되지 않는다면 저희는 여름을 보내러 집으로 갈 예정이에요. 이곳 사람들은 여름을 보내기 위해 바다를 건너가는 걸 대단한 일이라고 생각하지 않죠. 거의 모두 배의 이등칸을 이용하는데 비용은 반밖에 안되고 또 그리 나쁘지도 않아요. 그래서 다시 말씀드리지만 갈 거예요. 저는 정말이지 잘 생기고 현명한 제 남편을 선보이고 싶어 죽겠어요.

엄마는 정기적으로 편지를 받는다고 하셨는데, 다른 사람은 그렇지 않아요. 음… 그러니까… 사랑하는 엄마, 저도 정말 제 친구들에게 날마다 편지를 쓰고 싶지만 불가능해요. 제가 늘 얼마나 바쁜지 아마 상상도 못하실 거예요. 맥켈리 부인 그 딱한 양반이 제 노동과 급여에 대해 불쌍히 여기고는 지금부터 6월까지 함께 밥을 먹자고 했다니까요. 그녀가 음식에 대해 꽤나 인색한 편이고 가끔은 저녁식사로 옥수수죽만 나오기는 하지만 그래도 안심이에요. 솔직히 말씀드려서 제 친구들 모두에게 한 번씩 편지를 썼고 몇 명에게는 여러 번 썼어요. 만약 편지를 받지 못했다면 유감이에요. 제 편지가 버려진 걸 생각하면 마음이 아파요. 엄마가 편지 다 보셨잖아요. 편지를 부치는 데는 20센 짜리 동전이 하나 들어요. 크리스마스 선물에 대해 모두에게 감사했고, 저의 멋진 친구들에게 제 결혼에 대해 썼어요. 또 제가 할 수 있는 게 뭐가 있을까요? 어떤 때는 이 편지들을 쓰기 위해 밤늦게까지 불을 밝히기도 하는데, 그건 여기서 우리가 조심해야 할 일이기도 해요. 이런 기후에서는 어느 정도의 잠을 자야 하거든요. 저는 계속해서 경고를 받았어요. 그래서 그런 위험을 무릅쓴다면 그때는 제 편지가 거기 도착하지 않을 거예요. 끔찍하죠?

애니 Annie S. 가 오래 동안 제게 편지를 쓰지 않았는데, 제 편지를 받지 못한 걸까요? 필러 가족 the Peelers 에게는 확실히 세 번 썼고, 어쩌면 네 번째 편지를 썼을지도 몰라요. 보시 Bossy 와 엘리자베스 Elizabeth 를 빼고는 오빠들과 가족들에게 따로따로 한 번씩 편지를 보냈어요. 그들은 제가 조선에 온 이후로 단 한 마디도 보내지 않네요. 그럼에도 저는 또 각자에게 편지를 써야겠죠. 물론 제 편지는 모두 "가족"에게 보내는 거예요. 그리고 저를 기억하지 못하는 많은 이들에게도 카드와 함께 크리스마스 선물을 보낼 거예요. 그러니까 제 양심은 완전히 깨끗해요. 물론 그들은 자기들이 편지를 쓰든 안쓰든 저는 편지를 써야 한다고 생각하겠죠. 제 예상이에요. 지금 편지를 거의 받지 못하고 있어요. 하지만 말씀 드린 그대로, 엄마의 편지가 도착할 때면 저는 말로 할 수 없을 만큼 행복해요. 물론 다른 편지들이 와도 당연히 사랑하겠죠.

조만간 엄마에게 정말 재미있는 사진들을 몇 장 보내려고 해요. 벚나무가 꽃을 피우고 있는데, 오, 정말, 엄마가 꼭 보셨으면 해요. 제가 지금까지 본 가장 아름다운 것들이에요. 사진 한 장은 인쇄하게 할 수도 있어요. 아직까지는 잘 모르겠지만요.

저는 거의 미칠 지경이에요. 꼬박 닷새 동안 밤낮으로 앨리스를 데리고 있었거든요. 앨리스는 상태가 별로 좋지도 않을뿐더러 골칫거리에요. 밤에는 잠을 자지 못하고 저 역시도 깨어있게 해요. 왜 저는 늘 그런 일에 말려들어야 하는 걸까요? 다시는 학교 선생님이 되지 않을 거예요. 하지만 전혀 걱정하지 마세요. 제 모든 걱정은 곧 끝날 것이고, 제가 하고 싶지 않은 건 할 필요가 없게 될 거니까요. 행복한 생각이죠?

사랑이 키티를 조선에 부르다

하루인가 이틀 전에 언니에게 편지를 썼는데, 그 편지를 보고 제가 제 가족들, 엄마, 언니에게 화가 나있다고 판단하지 말아주세요. 그럴 순 없죠. 그렇지만 그 편지에 대해서만은 확실히 미워하는 마음이 있었고, 그걸 끼워 넣은 사람과 그걸 인쇄한 피어슨에 대해서는 화가 나요. 제발 더 이상은 하지 말라고 말씀해주세요.

엄마에게 이 명단을 보낼게요. 만약 피어슨을 통해서 저렴한 가격에 결혼발표 카드를 구할 수 있다면 그렇게 해주세요. 만약 비싸다면 제 명단은 그냥 두시고 길머의 명단에 있는 사람들에게만 보내주세요. 안 하는 건 싫어요. 보시에게 말씀해보세요. 제 결혼 선물로 카드를 할인해 줄 수도 있어요. 카드를 보내지 않으면 저는 결혼 선물을 하나도 받지 못하겠죠. 끔찍해요. 그렇지만 비용이 많이 든다면 하지 마세요. 비용이 얼마나 드는지 전혀 아는 바가 없고, 선물이 한 개도 오지 않아도 조금도 걱정하지 않을 거예요. 다만 보시는 그것들을 정말 싸게 구할 수 있을 거라는 생각이 들었어요. 그렇게 하면 화내지 않겠다고 말씀해주세요. 그건 그렇고 보시와 엘리자베스는 왜 제게 편지를 쓰지 않는 거죠?

길머 박사는 세상에서 가장 다정한 사람이에요. 엄마가 그를 알게 되기만 하면 엄마도 저 때문에 행복할 거예요. 저는 그를 사랑할 수밖에 없답니다.

이제 강의를 들어야겠어요.

사랑해요.

엄마의

키티 샌

1924년 4월 27일 일요일

친애하는… 이제 제가 두 분을 어머니와 아버지로 불러도 될는지요? 빌리는 두 분께서 개의치 않으실 거라고 말했습니다만…….

두 분께서는 누구도 그 이상을 요구하지 못할 만큼 성대하게 저를 가족으로 환영해주셨습니다. 감사드려요. 그리고 이미 저의 새로운 어머니와 아버지를 많이 사랑해요.

빌리는 두 분께서 얼마나 멋진 분들인지 제게 모든 걸 얘기해줬답니다. 저희가 "달려가서" 두 분을 뵙기를 얼마나 바라고 있는지 몰라요. 빌리는 세상에서 가장 멋진 남자인 것 같아요. 그렇죠? 빌리같은 남자가 있는지 모르겠어요. 그리고 만약 제가 그를 발견하지 않았다면 계속해서 "~양Miss"의 직함을 갖고 있지 않을까 두려워요. 왜냐하면 "부.인."의 직위를 갖는 것이 가치가 있다는 것을 찾아내지 못했기 때문이랍니다. 하지만 그와 함께하면 누가 그걸 거부하겠어요? 정말 그는 여성이라면 누구나 바라는 남성상 그 모든 것이죠. 저희는 너무 행복해서 천국이 하늘 위에만 있는 건 아니라는 걸 알게 되었어요.

그는 두 분께서 아시는 가장 다정다감한 사람이라고 말씀하셨죠. 맞아요. 정말 그래요. 그리고 두 분이 얼마나 그를 사랑하시는지도 알고 있답니다. 그가 프랑스에서 있었던 자기의 경험을 모두 이야기해줬을 때 저는 많이 울었어요. 하지만 그는 모든 걸 아름답게 받아들이고, 불평도 하지 않고 늘 자신의 분량보다 더 많은 것을 하고 있지요. 저는 그가 했던 모든 것을 자랑스럽게 생각하고, 여기서 제가 할 수 있는 한 최선을 다해 그를 도울 생각입니다. 그리고 그가 외롭지 않도록 도울 거예요. 그러니 더 이상 걱정하시 마세요. 그저 저희를 사랑해주시면 저

172

사랑이 키티를 조선에 부르다

희는 그걸로 족합니다.

"아빠가 되실" 아버지의 사진을 보니 정말 빌리와 많이 비슷하시다는 생각이 들어요. 금상첨화라고 느끼지 않으세요? 아버님께서 예식을 거행해주시는 것 이상 더 좋은 게 있을까요? 저희는 맨 먼저 그걸 얘기했어요. 만약 라디오로 예식을 진행할 수만 있다면 너무 멋있을 것 같지 않으세요?

저희는 마지막 편지를 굉장히 기다렸답니다. 왜냐하면 세상에서 가장 사랑하고 존경하는 어머니들과 아빠로부터 편지를 받는다는 걸 알고 있었기 때문이에요. 저희는 그 편지를 읽고 두 분에 대해서 많은 얘기를 나눴어요. 제 가족은 제가 "지시사항이 들어있는 독한 술"을 동봉했어야 한다고 썼어요. 제가 "그들을 기절시켰을 수도" 있었을 거라 생각해요. 하지만 가족들은 두 분만큼이나 저희들로 인해 행복하고, 또 두 분도 저희를 사랑하고 그리워하신다는 걸 알고 있어요. 여기 온 후 시간이 정말 빨리 흘렀고 늘 바빴어요. 그래서 저는, 어떤 못된 늙은 마녀가 '별에 묶여 있는 제 수레'를 최신 비행기로 바꿔버렸고, 그 별은 별똥별이 되었는데, 그 불타오르는 꼬리는 역서든 달력이든 전혀 개의치 않는다고 생각하기 시작했어요.

빌리가 말씀드린 것으로 알고 있는데, 경성에 있는 그의 친구가 저희더러 자기 집에서 결혼식을 하라고 요청했어요. 저는 그녀를 알지 못하고 경성에 가본 적도 없지요. 그래서 낯선 장소에 가는 것도, 낯선 사람의 집에서 결혼하는 것도 낯설게 느껴지지만, 빌리와 함께라면 상관없어요.

제가 제 사진을 보내달라고 엄마에게 말씀드렸어요. 좋은 건 아니지만 제가 가진 전부입니다. 그러니 그 사진을 보시고 저를 판단하지는 말아주세요. 저는 빌리가 두 분의 사진을 가지고 있어서 너무 기뻐요.

그리고 제가 두 분과 함께 할 거라고 생각하며 그 사진들과 사랑에 빠졌지요.

저희들이 상황에 대해 더 많이 알게 되는대로 결혼식에 대해 모두 편지로 써드릴게요. 자기 결혼에 대해서도 모른다니 너무 웃기는 것 같아요. 그렇죠? 하지만 이게 동양에서의 삶이랍니다. 물론 저희는 어쩔 수 없이 경성으로 가서 두 번의 예식을 치를 예정이에요. 빌리와 저는 매우 간소한 결혼에 합의했고, 그게 저희의 계획이지요.

두 분께서 저희 때문에 행복하셨으면, 그리고 두 분께서 빌리를 사랑하시는 것처럼 저도 사랑해주셨으면 좋겠어요.

사랑을 담아

"키티"

빌리가 케이크에 대해 편지를 썼어요.

윌리엄 P. 길머 박사
남장로교 선교부
조선 목포

1924년 4월 28일

친애하는 뉴먼 부인께,

이런 서두가 훨씬 덜 형식적인 것 같습니다!

편지를 보내주셔서 대단히 감사합니다. 저 역시도 저희의 의사소통 방법이 각자가 위치한 지구 반대편 지점에서 편지를 쓰는 것에만 제한되지 않았으면 하는 바람입니다. 그리고 저희가 집으로 갈 때를 고대하고 있습니다.

부인께서는 현재 동양에 있는 따님을 자랑스러워하셔야 합니다. 그리고 당연히 그럴 권리를 갖고 계십니다. 저는 그녀가 저를 사랑하고자 한다는 것에 대해 더 자랑스럽고, 이 세상 어떤 남자들보다 행복하다고 확신합니다. 그래야 한다고 생각하지 않으십니까?

키티는 금년 지난 기간 동안 매우 어려운 자리에 있었습니다. 그 자리에 있지 않고서는 알 수 없는, 생각 이상의 것들이었습니다. 키티는 그 일을 잘해냈고 모든 문제를 미소로 맞부딪쳤습니다. 제가 키티를 만난 적이 없다고 하더라도, 그리고 키티가 책임지고 있는 아이들을 훈련시키고 관계를 맺은 결과만으로 키티에 대한 제 견해가 만들어졌다고 하더라도, 이런 가상의 경우에서도 저는 그녀가 제가 만난 최고로 사랑스러운 여성이라는 것을 알게 될 것입니다. 아니 그것보다는 만나본 적이 없는 최고로 사랑스러운 여성이죠.

키티는 훌륭한 여성이고 제게 큰 도움입니다. 저는 최선을 다해 그녀를 돌보겠다고 약속드립니다.

진심으로,
윌리엄 길머

1924년 5월 25일 일요일

사랑하는 어머니, 아버지께,
생각해보세요. 두 분께서 이 편지를 받으실 때쯤이면 아마 두 분은 바로 저의 어머니와 아버지가 되어 계실 거예요. 생각만 해도 얼마나 행복한지요.

여드레만 지나면 저는 "윌리엄 P. 길머 부인"이에요. 저는 이 이름과 사랑에 빠졌어요. 하지만 그 이름을 갖고 있는 그 남자와 더 사랑에 빠졌지요. 그는 제게 완벽한 남자에요. 문법의 권위를 따르자면 저는 "거의 완벽에 가까운"이라고 말해야 하겠지만, 제 관점에서 말하자면 그냥 "완벽"이에요. 정말 그렇거든요. 저희의 행복은, 존재할 거라고 꿈꾸지도 않았던 최고의 행복이랍니다. 그리고 늘 그럴 거라고 확신해요.

저희는 다음 금요일에 경성으로 떠납니다. 휴 양, 코델 양, 그리고 커밍 씨가 저희와 동행할 거고요. 일본 정부의 정책에 따라 3일 동안 "광고"가 되고 월요일 밤에 결혼을 하게 됩니다. 그리고는 약 열흘 동안 온세리와 금강산 지역으로 여행을 할 계획이에요.

지난 밤에 코델 양이 빌리를 위해 깜짝 생일 파티를 열어줬어요. 케이크와 촛불과 멋진 생일 파티를 만들어 줄 모든 걸 가져왔어요. 월요일 밤에는 니스벳 부인Mrs. Nisbet 이 빌리를 위해 저녁 만찬을 열어줄 거예요. (빌리는 모르는 일이에요.) 그리고 목요일 밤에는 저희를 위해 "고별" 파티를 열어요. 그러니 빌리가 얼마나 인기 있는 남자예요? 모든 사람들이 그를 많이 사랑하고 존경하지요.

어머니, 빌리와 저를 용서하셔야 할 것 같아요. 물론 요즘 저희가 믿을 만하지 못해요. 빌 리가 그제 밤에, 저의 가족이 누구인지도 어디 사는지도 모르신다는 어머니의 편지 내용을 말해줬어요. 제 사진을 어머니께 보내달라고 엄마에게 부탁하는 편지를 쓰면서도 어머니의 주소를 알려드리지 않았다는 걸 그때서야 깨달았어요. 그러니 어머니께 제 사진이 도착하지 않았겠죠. 제가 엄마에게 보낸 빌리의 결혼발표 카드 명단을 보고 아셨다면 모를까요. 여기서는 제가 좋아하는 카드를 구할 수가 없었기 때문에 엄마가 집에서 카드를 보내실 겁니다.

빌리와 저 둘 다 명단을 써보내는 걸 지체했어요. 제 편지가 제시간에 엄마에게 도착하기를 바랄 뿐이에요. 저는 엄마에게 제 옷을 받는데 걸리는 시간을 딱 2주만 드렸어요. 제가 너무하죠? 하지만 빌리와 저 스스로도 더 빨리 알 수가 없었어요. 엄마를 그렇게 서두르시게 해서 죄송했지만, 어쨌든 엄마는 가까스로 물건을 구해 아름다운 상자에 넣으셨고 저는 지난주에 물건을 받았어요. 저는 그 물건들이 죄다 태평양에 가라앉을까봐 벌벌 떨었답니다.

이 스냅사진들을 보낼게요. 지금 제가 가진 전부이지만 현상할 것들이 더 있으니까, 받는 대로 가끔씩 보내드릴게요. 특별히 결혼 사진들은 더 그렇게 할게요.

어머니, 제가 장로교인도 민주당원도 아니라고 생각하시진 않으시죠?

빌리가 장난으로 말하길, 제가 "세족 침례교인"이고 공화당원이라고 어머니께 편지를 쓸 거래요. 저희는 어머니의 질문에 대해 많이 웃었어요.

일요일에 경성에서 편지를 쓸 예정입니다.

많이 사랑해요.

키티

1924년 4월: 코리아 미션 필드 (장로교 보고서): 목포에 있는 키티 뉴먼 양과 W. P. 길머 박사의 약혼이 발표되었다.

다섯째 묶음

길머 박사와의 결혼과 행복한 신혼생활

경성

1924년 6월 1일

사랑하는 아버지와 어머니,

어쩌면 편지를 쓸 수 있을지 모르겠어요.

(20분 후)

저희는 어제 아침에 도착했어요. 그리고 저희가 머무를 집으로 데려다 줄 세 대의 차와 함께 꽤 많은 경성 대표단을 만났지요. 어느 모로 보나 융숭한 대접과 초대를 받았는데, 어떻게든 받아들일 수 있을 거예요. 그리고 저희가 언제든 쓸 수 있는 자동차를 받았고 또 등등이에요.

저희가 서로 품고 있는 사랑을 두 분께 말씀드리고 싶은데, 그걸 표현할 수 있는 말을 만들어낼 수가 없어요. 하나님은 저희에게 너무 좋으세요. 물론 저희가 이 세상에 사는 한 항상 문제가 있겠지만, 어떤 일이 생기더라도 이 사실은 건드릴 수 없지요. 저희는 그걸 알고 있습니다.

저의 이 멋진 파트너를 두 분께 말씀드림에 있어서 저는 쓸 수 있는 모든 영어 단어를 다 썼고, 조선말도 쓰게 될 것 같아요. 어제 있었던 그 축하의 물결은 예전보다 훨씬 더 저를 자랑스럽게 만들었습니다.

지금 우리 고향 사람들을 볼 수 있다면 좋겠습니다.

진심으로,

빌리

남장로교 선교부
조선 목포

1924년 6월 28일 토요일

친애하는 두 분께:

분명 저희 결혼여행에 대한 모든 얘기를 듣고 싶으실 거예요. 두 분께 약간 말씀드리려고 해요. 코델 양, 휴 양, 커밍 씨(김), 빌리, 그리고 저, 이렇게 다섯 명이 오후 6시에 목포를 떠났어요. 역에서는 많은 조선인들이 수많은 장미꽃잎을 뿌리면서(조선에는 쌀이 귀하기 때문에) 저희를 배웅했어요. 이 특이한 기차에는 침대가 없어요. 그래서 13시간 동안 기차를 타면서 대화가 끊길 경우 여흥을 즐기기 위해 룩 카드*와 잡지 등을 가지고 탔지요.

이 제국 정부의 철도를 이용하는데 익숙해진 사람이라면 자신의 위풍당당한 골격을 앉힐 수 있는 충분한 자리를 갖게 되는 것이 얼마나 행운인지 알게 될 거예요. 그리고 앞서 말한 그 골격을 엎드리게 한다는 생각은 완전히 사라지게 된답니다. 하지만 때로 오랜 시간 지치도록 기차를 탈 경우 무의식의 세계로 빠져들게 되고 '의식이 돌아오면,' 얼마나 긴 거리를 본토인의 어깨에 머리를 기댄 채 왔는지 그 사람이 제 어깨를 때린 건 아닌지 궁금히 여기게 된답니다. 그러는 사이에 옷만 벗지 않았다면 그다지 마음에 둘 필요는 없어요. 조선인 친구들은 저희

---

* 룩은 특화된 카드를 가지고 하는 트릭테이킹 게임이다. 청교도들이나 메노나이트 문화에서는 그림카드가 도박이나 카드점을 연상시키기 때문에 부적절하다고 여겼으므로 보통의 카드 게임을 대체하기 위해 1906년에 파커 형제들이 소개했다. 그래서 "기독교 카드" 또는 "선교사 포커"라고 부르기도 한다.

182

사랑이 키티를 조선에 부르다

의 앞에 가면서 문을 통과하고 창문을 통해 짐을 들여 놓았어요. 그 덕에 저희는 두 개의 좌석을 확보하는데 성공했어요. 49개의 여행가방, 18개의 모자가방, 그리고 '찌그러뜨리면 안되는' 예식용 의복이 들어있는 수많은 다른 상자들도 모두 함께 이 한 공간 안에 쌓였어요.

저희 발가락이 마치 이 나라처럼 낯설게 느껴지더군요. 알 수 있는 거라고는 발가락 위에 있는 무거운 짐이 주는 고통뿐이었어요. 상상하시겠지만 한참을 웃고 떠든 후에, 짐 위에서 룩 게임을 진행하게 되었어요. 패(?)가 마구 뒤섞인다고 해도 그건 누구의 실수도 아니었지요. 꼭두새벽이 스멀스멀 다가올 때쯤 저희는 대전에 도착했는데, 저희는 거기서 두 시간을 기다렸어요. (저희 차가 다른 열차로 바뀌었어요.) 무척 긴장되어 있는 몸을 펴주기 위해 저희는 짐 아래에서 기어 나와서 오밤중 산책을 하러 나갔어요. 제가 미국을 떠날 때는, 한 번도 본 적이 없는 남자와 함께 이국땅 황량한 곳에서 새벽 2시에 산책을 하게 될 거라고는 생각지 못했죠.

차로 돌아와 보니 기모노를 입은 몇 사람이 2인석을 비우고 떠났더군요. 그래서 "신랑"과 "신랑 들러리"는 "신부"와 "신부 들러리"를 위한 침대를 만들어내게 되었지요. 나사를 풀고, 좌석을 펼치고, 여행가방과 선박용 무릎담요 매트리스로 좌석을 받친 결과 매우 편안한 침대가 만들어졌어요. 어떤 이들은 담배를 피웠고, 어떤 이들은 음식을 씹어댔고, 또 다른 이들은 잡담을 했지만, 저희를 방해할 수는 없었어요. 저희들은 전등과 "구경꾼"들로부터 얼굴을 보호하기 위해 신문을 덮고는 몸을 있는 대로 뻗고서 달콤한 쪽잠을 자기 위해 자리를 잡았어요. 그 사이 빌리와 김 Kim 과 코델 양은 서로의 머리를 받쳐주면서 시간을 보냈지요.

폴리와 제가 아직 코도 골기 전에 누군가 저희 팔을 가볍게 흔들었어요. 무슨 일이 일어나고 있는지 몰랐기 때문에 별로 신경을 쓰지 않았어요. 두 번, 세 번 흔들리더니 신문이 들렸어요. 그리고는 승무원이 말했어요. "안됩니다." 저희의 평화로운 잠(?)은 이렇게 끝났어요. 저희는 모든 나사를 조이고 멋진 침대를 포기해야만 했답니다. 또 한바탕 즐거운 시간을 보냈고, 새벽 4시경이 될 때까지 저희는 유리창에 머리를 찧어대며 구석에 박혀 있었어요. 기모노 몇 명이 더 사라졌지요. 해가 돋기 시작하자 여기저기 좌석 뒤쪽에서 머리가 하나 둘씩 보이기 시작했어요. 그리고 졸린 듯한 목소리로 일제히 인사를 했지요. 저는 그들에게, 제가 해본 가장 재미있는 결혼 여행이라고 그들에게 말해줬답니다.

저희는 7시 정각에 경성에 도착했고 거기서 모든 사람들이 저희를 마중했어요. 여기저기를 다니고 약간의 음식과 모닝커피를 마신 후 9시에 미국 영사와의 약속 자리에 나갔어요. 저희는 아버지 쪽 선조들과, 나이, 눈 색깔 등등에 관한 749개의 질문에 대하여 서명을 했고, 증인들인 코델 양과 머피 씨도 서명했어요. 그러자 미국 영사는 서류가 바로 일본 관리에게 넘어갈 것이고 자기 생각으로는 9시부터 12시 사이에 저희가 결혼하게 될 것이라고 말해줬어요. 그래서 저희는 저희가 결혼을 했는지 안했는지도 모르는 채로 오전 내내 여러 가지 일을 하면서 돌아다녔어요. 12시에 김이 공사관으로 갔더니 저희는 일본 풍습을 따라 결혼한 것으로 되어 있었는데, 약간의 문제가 있었어요. 저희가 먼 조상들의 눈 색깔을 모른다는 것, 뭐 그와 비슷한 이유로 엄청 심사숙고했다는 거예요.

미국에는 번지가 없기 때문에 그들은 정말 곤란해 했어요. 볼드윈과 드레이퍼의 시의 직원들에게 거리에 이름과 숫자를 붙이라고 말씀해주세요. 이 모든 일이 일어나는 동안 저희는 (서류상으로) 경성으로 이

사를 해서 시민이 되어야 했어요. (제가 함께 머무르고 있는 케이블 박사 부부가, 제가 그 집에 살고 있다고 서류에 서명을 했어요.) 그리고 다시 (서류상으로) 목포로 돌아가는 거죠. 결혼식 날에 앞서 경성에 머무는 3일 동안 저희는 저녁만찬으로, 차로, 테니스 토너먼트로, 그리고 자동차로 즐거운 시간을 보냈답니다. 얼굴이 아프도록 웃고 즐거운 일들을 얘기했어요. 저는 경성에서 아무도 만나지 않았지만 빌리는 어학당에 다니고 있었기 때문에 사람들을 모두 알았고, 그래서 "길머 박사"가 대체 누구와 결혼하는지 시선이 집중되었어요. 저는 마치 저를 뚫어보는 많은 시선들을 느꼈지만 그 일을 잘 겪어냈어요.

셋째 날 여덟 시에 중대한 때가 되었어요. 저는 폴리의 팔을 잡고 계단 꼭대기에 서있었고, 빌리와 김은 부엌문에 서있었어요. (빌리는 말하길, "케이, 케이, 케이, 케이티, 아름다운 케이, 케이, 케이티, 나는 케이, 케이, 케이, 키친 문에서 기다리고 있을 거라네" 하고 노래를 불렀다고 하더군요.) 모두들 모리스 부인이 부르는 달콤한 노래 "새벽녘에" 가사를 들으며

마음이 설레였어요. 웨딩마치의 선율에 맞춰 떨리지는 않으면서도 불안해하면서 아치와 큰 종 아래에서 머피를 마주했어요. 머피는 "행복의 말"을 해주었죠. 거실과 식당은 그 사이에 벽이 없는데, 핀과 마거릿과 초록색의 꼬인 덩굴로 장식되어 있었어요. 마지막 말이 끝나자, 종 줄을 잡아당겼고 그러자 장미꽃잎이 쏟아져 내렸어요. 하디 박사 부부가 저희들과 줄을 맞춰 걷기 시작하자 소개, 축하 등등이 시작되었답니다. 케이크는 아름다웠고 그걸 자르면서 매우 즐거웠어요. 아이스크림도 마찬가지였지요.

저희는 여행복을 입고서 금강산으로 가기 위해 10시 기차를 탔어요. 결혼식 하객들 대부분은 내려갔고, 저희 차에는 공장을 차려도 될 만큼 쌀이 그득했어요. 그날 밤에는 승객들을 많이 태우지 않았기 때문에 저희는 전용칸을 가졌죠. 두 명의 일본인들이 저희와 같은 공간을 이용하기는 했지만요. 거기에는 네 개의 침대가 있는 아주 작은 공간이 있었답니다. 저희는 다음날 아침 7시에 원산에 도착했고 온세리로 가는 작

사랑이 키티를 조선에 부르다

은 연안선을 탔어요. 일등칸 승객들이 타는 10×10 크기의 방이 있었어요. 저희를 위해 면으로 된 담요와 짚으로 채워진 베개가 놓여 있었고, (물론 의자는 없었어요.) 잘 삶은 달걀과 밥, 그리고 저희가 가져온 지오 워싱턴 커피 등 저희가 골라 구성한 아침 식사가 제공되었어요. 얼마 지나지 않아 그 음식들은 죄다 물고기 밥이 되었는데, 그건 저희가 "먹고 싶지 않았기 때문이에요."

배를 탄지 여덟 시간 후 저희는 바닷가에 닻을 내렸고, 좁고 가파른, 아니 더 정확하게는 부서질 것 같은, '수작업을 통해' 배 옆으로 내려오는 약한 계단을 기어서 "삼판"에 탔어요. 그 배는 상투를 튼 조선인이 노를 저어 바닷가로 갔어요. 좁은 스커트를 입고 부두로 뛰어오르는 건 참 짜증나는 일이었지요. 하지만 빌리와 저희를 마중하러 나온 호텔 포터의 도움을 받아 일어나서 작고 낡은 포드에 올라탔어요. 그리고 작은 마을 온세리에 있는 금강산 호텔을 향해 5킬로미터를 이동했어요. 작고 예스러운 호텔에는 영어를 하는 외국 복장을 한 일본인 지배인과,

모든 문 안팎에 서서 인사를 하는 여덟 명의 일본인 보이들이 있었어요. 그들은 영어를 몇 구절 알고 있었는데, 그것들을 자주 사용했어요. 삼 일 동안은 유일한 숙박객이었기 때문에 (씨즌의 시작) 이 보이들은 저희들의 그림자처럼 행동했어요. 태어나서 그런 서비스를 받아본 건 처음이었답니다. 정말 대단했어요. 저희는 완전히 응석받이가 돼버렸지요.

거기 머무르는 전 시간을 통틀어 (2주) 저희 말고 네 명의 손님이 찾아왔어요. 저희가 말을 걸 수 있었던 스웨덴 부부가 있었고, 그리고 저희뿐만 아니라 그도 놀랐었는데, 미국 영사가 저희를 결혼시켜 주고 난 4일 후에 온세리에 온 거예요. 그는 위엄이 대단하고 냉담하고 오만하다고 들었는데, 그렇지 않다는 걸 알게 되었어요. 저희는 이야기하면서, 당구를 치면서 또는 함께 먹기도 하면서 즐거운 시간을 보냈어요. 빌리와 당구 경기를 할 때면 그가 코치를 해줬어요. 빌리는 정말 훌륭한 선수에요. 너무 즐거웠지요. 그는 저를 위해 공을 움직여줬고, 보이

들을 매수해서 점수를 얼버무리게 하고 계속해서 (공공연하게) 속였어요. 보이들은 공을 불어 빌리의 공에 닿도록 하고 있었고 일본인들은 단체로 지켜보며 "부인"을 "응원했어요."

 금강산은 조선에서 가장 아름다운 풍경인 것 같아요. 정말 아름다워요. 저희들이 찍은 풍경 사진 등을 보내드릴 예정이랍니다. 저희들이 있는 사진들도요. 순회를 하는 건 상당히 긴 여행이 될 거라서 저희는 하지 않았어요. 그냥 호텔에서 머물면서 저희가 선택한 시간에 선택한 곳에 갔지요. 저희는 아주 힘들게 "구룡폭포"에 올라갔어요. 이렇게 전체를 올라가는 사람은 거의 없어요. 왜냐하면 마지막 즈음에는 손과 무릎으로 올라가야 하거든요. 이 마지막 부분을 올라가는데 한 시간 정도가 걸리는데, 빌리와 저는 기록을 깨고 38분 만에 해냈어요. 저희는 일꾼 2명이 운반하는 의자에 저를 태우고 호텔을 출발했어요. 중간 휴식을 위해 한 명의 일꾼이 더 있었고요. 호텔에서 15킬로미터를 타고 갔고, 또 바위투성이 길을, (조선은 전체가 바위에요.) 의자가 갈 수 있는 데

까지 계속해서 올라갔어요. 일꾼들은 한참 동안을 말처럼 빨리 달렸어요. (그들에게 제가 가벼웠지요.) 이런 낯선 탈 것에 탑승하는 방법을 몰랐던 저는 마치 꼭두각시처럼 위아래로 계속 뛰어댔기 때문에 그들이 난폭한 말이 될 것 같은 생각이 들었죠. 하지만 곧 부드럽게 타게 되었고 **대단한** 시간을 보내게 되었어요. 저희는 매우 가파른 곳을 마주쳤고 이 사람들은 속도를 늦춰야만 했어요. 저희는 9번이나 시내를 건너야 했는데, 그때마다 제 의자는 낮아졌고 제 기수는 이렇게 말했어요. "제가 건너는 게 다행일 겁니다." 저는 그가 그렇게 말하는 행동이 저희가 지나야 하는 조약돌 크기부터 방갈로 크기까지 다양한 크기의 바위와 아래에 있는 깊은 물이었기 때문이라고 생각했어요. 자연은 자기 스스로 배치되어 있고 어떤 조직적인 형태를 갖고 있지 않았죠. 일꾼들은 쉬는 지점에 도착했고 우리가 남은 여행을 마치고 돌아올 때까지 기다리기 위해 앉았어요. 그들이 어떻게 저를 데리고 그 장소들을 통과했는지 모르겠어요.

사랑이 키티를 조선에 부르다

저희는 마치 벽처럼 꼿꼿하게 서있는 정상에 도착했어요. 저희는 "구름 위에" 있었어요. (여러 방향에서) 그리고 저희들 발 아래로 백 미터 가량의 절벽에 아홉 개 연못 중 여덟 개의 연못이 있어요. 한 개의 연못에서 다른 연못으로 물이 떨어지고, 그 모든 물이 한 연못으로 떨어지는데, 가장 큰 연못에는 백 미터 되는 폭포가 있어요. 하지만 저희들은 그 마지막 폭포와 연못을 보지 못했어요. (지금 보러 가려고 해요.) 저희는 미끄러지고 떨어지면서 아래로 기어 내려가서는 마지막 폭포와 연못을 보기 위해 우회했어요. 그 앞 얼마 떨어지지 않은 곳에 차를 마시는 곳이 있어서 저희는 거기서 가이드가 가져온 점심을 먹었답니다. 그러는 동안 비가 많이 내려서 저희가 올라야 할 바위가 미끄러워졌어요. 하지만 빌리와 함께라면 그 어느 곳도 위험하지 않죠. 저희는 잘 해낼 수 있었고, 어떤 곳에서는 빌리와 가이드가 저를 잡아줘야만 했어요. 마침내 의자로 돌아와 제 발의 상태가 편안해졌을 때, 저는 일꾼들이 데려다 주었던 힘든 곳을 걷는 편이 더 좋겠다고 결정했어요. 그래서 말했어요. "저는 이렇게 하려고 해요"라고 말했을 때 그들은 놀라는 표정으로 서로 쳐다봤어요. 제가 완전히 지칠 거라고 생각하면서 말이죠. 그들은 아마도 제가 미쳤다고 생각했을 거예요. 물론 제가 다른 사람들과 비교할 때 가벼운 짐이었겠지만, 그래도 이런 힘든 장소에서의 잠시의 휴식을 굉장히 감사하게 생각했을 거예요. 그들은 매우 감사해하면서 첫 번째 건널 시내에 도착했을 때 인도자가 신호를 보내고, 무슨 일이 일어나는지 제가 알기 전에 마치 사슴처럼 재빠르게 이 바위를 깡충 뛰어 시내를 가로질렀어요. 저는 하얗게 질려서 빌리더러 그들을 멈춰달라고 했지만 이미 멈출 수가 없었고 쏜살같이 안전하게 건너버렸죠. 집에 도착했을 때 저희는 물에 빠진 생쥐처럼 보였지만, 언제나 믿음직스러운 그 보이들은 저희를 위해 뜨거운 욕조와 차를 준비해줬고, 그날의 여행을 후회하지는 않아요. 이 특별한 일요일에는 12명이 되지 않는 사람들이 작은 방에 모여 드리는 조선 예배에 다녀왔어요. 신발을 벗고 "딱딱한 나무" 바닥에 자리를 잡고 앉았어요. 목사님은 마치 원고를 가지고 있는 것처럼 소리를 쳤고, 빌리와 저는 찬송가를 인도했어요.

바다에서 일어난 폭풍 때문에 온세리에서 3일을 지체했지만 조금도 개의치 않았지요. 저희가 가기로 결정했을 때 폭풍이 끝나지 않은 상태였어요. 낡고 작은 배가 이렇게 움직였어요.[그녀는 바다의 거대한 파도 위에 있는 작은 배를 그린다.]

바닥에 앉은 채로, ("딱딱한 나무"를 강조합니다.) 파도가 작고 낡은 배를 삼킬 때마다 우리 엄마가 우리를 사랑하실까 궁금해 하면서 저희는 이 자세에서 저 자세로 뒤척거렸어요. 본토인들은 모두 "쓰러졌어요." 그렇게 멀미를 하는 사람들은 처음 봐요. 그렇지만 빌리와 저는 잘 참아냈지요. 저희가 본토인들을 놀리긴 했어요. **그러나** 단언컨대 그 어떤 식량도 가로채지는 않았답니다!

저희는 오후 7시에 원산에 도착해서 일본식 숙소를 찾기 시작했어요. 저희의 비엔나소시지 캔과 마시맬로우, 크래커, 그리고 지오 워싱턴 커피에 추가할 계란, 밥, 그리고 뜨거운 물을 구하기 위해서였어요. 저희는 영어로 "까페"라고 써있는 간판을 보고 들어갔어요. 테이블과 의자가 있었고, 한 테이블에서는 남자들이 술을 마시고 있더군요. 저희는 자리를 잡고 앉아 몇 분 동안 계속해서 일본인 여종업원에게 말을 하려고 애썼죠. "달걀, 밥, 그리고 뜨거운 물이요." 하지만 저희는 그들에게 아무 것도 전달할 수가 없었어요. 한참이 지나고 어떤 사람이 말했어요. "아, 피스키"(위스키). 물론 저희는 빵 하고 웃음이 터졌어요. 두 선교사들에 대한 약간의 명성이었을까요? 그들은 조선말 세 단어를 아

사랑이 키티를 조선에 부르다

는 아가씨를 불렀어요. 그건 달걀, 밥, 그리고 뜨거운 물이었던 것입니다. (추정해서 맞혔죠.) 저희는 비엔나가 뜨거워야 맛이 더 좋다고 생각했지만 그걸 전달할 수가 없었어요. 그래서 성냥불을 붙여서 접시 아래에 대고 붙잡고 있었답니다.

11시에 기차를 탔는데, 철도측이 저희의 침대를 이 좁은 방들 중 하나에 일본인 남성 두 명과 함께 쓰도록 준비했다는 걸 알게 되었어요. 빌리는 헤매다가 빈 방을 찾아냈어요. 그리고는 승무원이 화를 내면서 저희에게 그 방을 줄 때까지 그와 끝까지 논쟁을 벌였어요. 그럼에도 빌리는 늘 그랬던 것처럼 곧 그를 웃게 만들었지요. 그 승무원은 그저 더 많은 침대를 준비하고 싶지 않았고 또 왜 저희가 남성 두 명과 함께 이 방에서 자는 걸 반대할 수밖에 없는지 이유를 전혀 몰랐던 거죠.

당신이 약해지지 않는다면 그것은 위대한 삶이다!

저희는 다음 날 아침 경성에 도착해서, 빌리에게 전주에서 열리고 있는 연례회의에 참석하라는 전보가 왔기에 답신을 주기 위해 잠시 들렀다가 월요일에 떠났어요. 그들은 저희를 군산으로 옮기는 문제로 논쟁을 벌였는데 목포가 이겼어요. 화요일 저녁에 거기서 출발해서 그날 밤 11시에 목포에 도착했어요. 선교지부에는 유일하게 니스벳 부인과 머피 부인만 있었는데, 그들이 저희를 성대하게 맞아줬답니다. 다른 사람들은 모두 연례회의에 참석하고 있었고, 그들은 어린 아기들 때문에 가지 못했던 거죠.

가서 보니 저희를 위해 멋진 방이 준비되어 있었어요. 거실이 있고, 침실과 욕조가 있고, 니스벳 가족과 함께 같은 집에서 식사를 해요. 빌리는 예쁜 중국 양탄자와 진짜 미국식 욕실을 샀어요. 비록 비가 내리지 않을 때는 물을 길러와야 하지만 그래도 아름답죠. 시의 저장소는 전적으로 비에 의존해요. (그냥 열려있는 호수나 연못이에요.) 한 번 나르는데 3전(3센트)인데, 한 사람이 큰 용기 두 개를 등에 짊어지고 400미터를 운반하게 돼요. 놀랍죠?

동양에서 발견할 수 있는 유일하게 저렴한 일이 일꾼들이에요. 순이 Soonie 는 저희 가정부입니다. 밝고 명랑한 젊은 여성 혹은 아가씨인데, 아침 일찍 와서 저녁 늦게까지 머무르지요. 제가 해야 하는 유일한 일은 그녀가 할 일을 생각하는 거예요. 그녀는 세탁, 짜깁기, 다림질, 헝겊 기우기, 청소 등 모든 걸 해요. 저희 욕조를 준비하고 옷을 걸고 내오기도 해요. 빌리가 학교에서 후원하고 있는 학생은 심부름할 것이 있는지, 닦아야 할 구두가 있는지 등을 살피기 위해 매일 아침마다 온답니다.

물론 큰 기쁨으로 저희들만의 집을 기다리고 있긴 하지만, 저희는 최고로 행복합니다. 언젠가는 집을 갖게 되기를 소망해도 되겠죠? 언제가 될지는 모르겠지만요.

저희는 이곳에서 동으로, 린넨으로, 도자기를 살 수 있는 수표 등으로 멋진 결혼 선물을 많이 받았어요.

9월에는 도쿄에 가는데, 그들이 빌리에게 병원을 운영할 수 있는 면허증을 허락해주기를 바라고 있습니다. 일주일을 머무를 수도 있고 세 달을 머물러야 할 수도 있어요. (한 의사가 그랬거든요.) 알 수 없는 일이죠.

병원을 개원했고 잘 운영되고 있어요. 수술도 그렇고 모든 것이 그래요. 하지만 면허증을 "아직 발급받지 못했어요." 음, 그리고 ------, 알 수 없는 일이죠.

사랑을 듬뿍 담아,

케이트

사랑하는 루이즈 Louise, 저의 가족이 우리의 결혼 여행의 모든 것에

사랑이 키티를 조선에 부르다

대해 알고 싶어한다고 생각해요. 그래서, 이건 반도 안되지만 그들에게 이야기해주려고 노력한 거예요. 하지만 또한 저의 가족으로 당신과 이마 Ima 를 생각하면서 이 사본을 당신에게 보낼게요. 그걸 이마에게도 보내주겠어요? 당신도 그걸 알고 싶어한다고 생각했어요.

당신에게서 온 두 통의 편지가 있어요. 곧 답장할게요.

허둥지둥,

키티

남장로교 선교부
조선 목포

1924년 6월 15일 화요일

사랑하는 어머니, 아버지,

지난 며칠은 많은 일이 있었던 것 같아요. 두 분께 편지를 쓸 짬을 낼 수가 없었어요. 선교지부에는 방문객들이 있었고, 코델 양은 미국으로 떠날 예정이고, 병원에 있는 빌리는 미국인 환자들로 매우 바쁜 날을 보내고 있답니다. 그렇게 바쁜 날들이네요. 니스벳 부인은 몸이 좋지 않았고 저는 아기를 돌보며 그녀를 도왔어요.

어머니, 어제 어머니의 따뜻한 편지를 받았어요. 레나와 그래함에게 서도 한 통이 왔어요. 저희가 어머니의 편지가 오기를 얼마나 기다리는지 그리고 얼마나 즐거워하는지 아신다면, 이런! 아마 저희에게 거의 매일 편지를 쓰셔야 할 거예요.

지금쯤 코델 양의 편지를 받으셨는지요? 결혼식과 저희 물건이 곧

거기에 도착할 거라는 내용인데요. 두 분께 자세한 걸 쓰는데 좀 늦었지만 용서해주실 거죠? 저희 시간을 이기적으로 쓰지 않으려고 노력을 하는데 쉬운 일이 아니에요.

토요일에는 빌리가 마치 도축장에서 오는 것 같은 얼굴을 하고 집으로 돌아왔어요. 그냥 피범벅이었어요. 그날 수술이 예약되어 있었다는 걸 알면서도 잠깐 동안 저는 거의 의식을 잃을 뻔 했답니다. 빌리는 그 야말로 어떤 남자의 등을 덮고 있는 종기를 잘라냈어요. 크기가 아주 유별났지만 그 사람은 괜찮아요. 빌리가 이런 사람들을 좀 경험했거든요. 정말이에요.

어제는 이 시에서 세 번째로 부자인 사람의 장례식을 보았어요. 정말 볼만 했죠. 마을에 있는 "일꾼들" 전부가 모여들었어요. 저희들 계산상으로 2백 개 정도 되는 만장이 있는데 그걸 운반하기 위해서 고용된 거예요. 부자일수록 만장이 많아요. 행렬이 매우 길었는데, 가장 중요한 명정이 앞섰어요. 명정이란 건 시신과 함께 묻어주는 것이고, 금색

사랑이 키티를 조선에 부르다

으로 수를 놓은 풍성한 색깔이었어요. 그리고는 조선 조랑말을 탄 두 명의 남자가 귀신들을 놀래켜 쫓아내기 위해 그들 앞에 서서 "악마" 형상을 하고 있는 커다란 탈을 들었어요. 그 다음에는 머리와 전체를 온통 삼베로 덮은 상주들이 따라가요. 이들도 역시 말을 타고 있었고, 모든 말은 일꾼들이 끌었어요. 다른 상제들은 일꾼들이 채로 운반하는 보교에 탔고, 친구들과 친척들은 모두 상복을 입고 인력거에 탔지요. 모두 40대 정도의 인력거가 있었어요. "악마 탈" 뒤로는 망자의 소유인 담뱃대, 신발 등이 담긴 영여가 따라가요.* 그 다음으로는 두 개의 관이 따라가게 되는데 여분의 관은 악령을 속이기 위한 것이어서, 악령들은 시신이 어떤 관에 들어있는지 알지 못하는 것이랍니다.

사람들은 가끔 이 악령들을 통과할 때 큰 어려움을 겪어요. "상여꾼들"은 어디서나 20명에서 30명쯤 되고, 그들 앞에 서는 리더가 있어요. 그들은 악령들 때문에 몇 분에 한 번씩 멈춰서고, (마음으로) 악령들을 통과할 수 없다는 걸 알게 되지요. 몇 분 동안 악령들을 놀라게 하거나 속여서 쫓아내고서야 계속 움직일 수 있게 됩니다. 그들은 줄곧 희한한 노래를 부르고 재미있는 옷을 입고 있는데, 깃털처럼 생긴 물건으로 장식한 자그마한 모자를 쓰거나 복인의 복장을 하고 있어요. 정식으로 이 절차를 마치는데 오전 내내 걸리더군요.

그들은 있는 열린 공간들 중 가장 넓은 곳에 모였어요. 밧줄에 묶인 모든 만장이 원을 만들어서 시신과 상제들을 둘러싸고, 사람들은 관을 향해 절을 하면서 조상들에게 절을 한 뒤 작고 낮은 상 위에 준비해 온 음식을 영혼들에게 먹였어요. (제 생각에는 이렇게 한 다음에 그 음식을 집으로 가져가서 먹은 것 같은데 그들은 버린다고 하네요.) 여성이 장지에

• 악마 탈이란 '방상시'를 말한다.

가는 것은 적절하지 않기 때문에 이 의식을 치른 후 여성들은 집으로 돌아가게 돼요. 부유한 사람의 장례식 비용은 1만 엔 이상이에요. (우리 돈으로 5천 달러 이상이죠.) 장례를 위해 정부가 1만 엔을 보냈고, 그가 행장으로 있었던 은행에서 수천 엔을 주었고, 다른 기업체들도 기부를 했지요.

이 장례식에 온 인원은 1만 5천 명 정도로 추산돼요. 다른 도시에서도 사람들이 많이 왔는데, 은행은 자기네 경비를 대서 오는 사람들을 호텔에 숙박시키도록 지시를 내렸어요. 이 남자는 기독교인은 아니었지만, 그가 죽자 그의 아들이 남학교와 여학교에 각각 2백 엔씩을 주었답니다. 장례식과 매장은 죽은 후 9일 간 진행되었고, 동양에서 알려진 방부 처리 같은 건 없었어요. 이 사람들의 이교도적인 풍습들을 보면서 온갖 종류의 느낌이 들었지요. 그런 무지함을 보는 건 안타깝고, 저는 그게 그렇게 심각할 수도 있다는 생각을 해본 적이 없어요. 이 장례식의 사진을 찍었는데 상태가 좋으면 보내드릴게요.

6주 정도 지속될 것으로 보이는 "장마철"이 시작되었어요. 평소와 비교해서 훨씬 나쁘진 않지만, (사실 나라가 가뭄에 직면해 있었거든요.) 저희 성경, 신발 기타 등등이 모두 곰팡이를 덮어썼답니다. 아무리 조심을 해도 이 시기에는 요 곰팡이를 피할 수가 없어요. 아침이 되면 저희가 곰팡이 속에서 깨어나지 않을까 생각이 들 정도이지요. 문도 서랍도 잘 닫히지 않아요. 저는 저희 겨울 신발과 옷을 종이와 천으로 싸서 다락에 있는 트렁크에 간수해뒀어요. 하지만 그걸 열었을 때 망가진 모습을 보고 던져버리지나 않을까 하는 생각이 들어요. 그렇지만 비록 똑같이 보이지 않더라도, 신념을 가지고 먼지를 털어내야죠.

더 자주 편지해주시겠어요? 두 분의 편지를 사랑하거든요.

빌리는 세상에서 가장 다정하고 귀한 사람이에요. 저는 그가 병원에

사랑이 키티를 조선에 부르다

있을 때면 늘 투덜거린답니다. 어쩔 수가 없어요. 그런 멋진 아들을 가지신 두 분께 감사드려요. 그리고 하늘만큼 땅만큼 사랑해요.

진심으로,

키티

~

1924년 6월 29일 일요일

친애하는 제부,

저는 "악의에 찬 마음"같은 걸 느끼는 "내적 성장"을 도야해 왔어요. 요즘 같은 때에 매우 촌스런 일이죠. 하지만 1년 정도 있으면 저는 저의 긴 머리, 두 편도선, 아데노이드, 그리고 맹장을 가지고 박물관으로 갈 예정이기 때문에 마음도 추가하는 게 좋겠어요.

아가씨들과 부인들 백 명 중 99명이 모두 머리를 짧게 했다는 걸 알기만 해도 그 진가를 알게 되는 거예요. 정말이에요. 이제 마을에서 긴 머리를 하고 있는 사람은 로빈스 부인 Mrs. Robins 과 저밖에 없다고 키티에게 전해주세요.

제부를 족보상에 있는 새로운 지체로 환영하기까지 너무 질질 끈 것에 대해 죄책감을 느껴요. 하지만 제가 자세하게 말해줘야 할 이유가 한 가지 있어요.

정말이지 그 고목은 "괴짜"들의 총집합이에요. 그 나무의 "첫 열매들"을 봤다면 그곳으로 접붙여지는 것에 대해 별로 마음 쓰지 않을지도 모를 일이죠. "8명" 중 맏이로서 이 가지에서 나온 흠모할 만한 잔가지들 각각을 자랑스럽게 강조하는 바이고, 제가 무척 예쁘지는 "않더라도" 아주 상냥하다는 것에 대해 감사해요.

하지만 이유라는 건……. 제가 제부를 보게 되었을 때, 만약 제부에게 날개와 후광이 없다면 무척 실망하게 될 거예요. 제부가 흠모하는 장모님께서는 당신의 아들 "빌리"를 받들어 모시고 있거든요. 뒤따라 다른 딸들에게 청혼하는 후보들은 그 모델 쪽에서 반대 비교를 당하게 되고 부적합 판정을 받고 버려지죠. 이 땅을 통틀어도 또다른 "빌리"가 없기 때문에 "불쌍한" 헬렌과 "언니"는 노처녀가 될 판이에요. 그런 선례를 만드는데 제부가 무슨 일을 했는지 보세요.

제가 결혼하기에 너무 어리지 않느냐고 묻는 아버지 길머의 매우 대담한 메모를 받았을 때 저는 이렇게 썼어요. 진짜 장로교인으로서, "일어날 일은 일어날 것"이라고 알고 있지만, 제 어머니에게서 물려받은 약간의 감리교스러운 흔적에 따르자면 일어날 일은 "어느 정도의 상식을 연습하고 아니, 아니 외치면 무한정 연기될 수 있다"고요.

그건 제가 읽은 편지 중 가장 귀여운 편지였지요. 저는 즉시 그분을 저의 양부로 추가했답니다. 저는 그걸 적극적인 가족이라고 말할게요. 뉴먼 가족이죠. 세상에서 최고로 멋진 제부 빌리를 얻었을 뿐 아니라 그런 사랑스러운 가족을 제부의 가족으로 맞아들인 거예요. 저는 제 목사님, 어떤 버지니아 사람, 그리고 제 친구를 통해 제부에 대해 죄다 알고 있어요. 제 친구는 "버지니아의 오래된 가문"이고, 그 가족은 메이플라워호를 타고 왔는데, 그런 그녀가 제부를 인정한다고 평가했지요!

저는 사랑스런 키티가 올린 소득이 자랑스러워요, 하지만 있잖아요. 뚱뚱하고 대머리에 50살된 저의 "빌리"는 쓰레기통에서 낚아야 할 거예요.

"행동하는 건 제 특징이고 마치 저와 한 쌍인 것 같아요." 요즘 저는 언론, 검증으로부터 수영장을 운영하는 것까지 모든 일을 하고 있어요.

사랑이 키티를 조선에 부르다

(엄마는 제부가 그 사실을 아는 걸 원하지 않으셨죠. 하지만 마을에서 유력가문이 그들의 수영하는 미녀들을 맡기곤 하는 유일한 사람이었다는 사실에 대해 자랑스럽게 생각해요. 그리고 6월 1일에는 컬럼비아 대학에 갈 예정이기 때문에 충분한 돈 필요할 수도 있어요.)

게다가 저는 일과 사람을 아주 좋아해요. 그리고 제 동생을 죽도록 그리워하면 안되니까 많이 바빠야 해요. 전에는 단 한 번도 키티 없이 살아본 적이 없지만, 키티가 여자에게 일어날 가장 위대한 행복인 멋진 남자의 사랑을 찾았기 때문에 행복해요. 키티는 제부와 함께 있어서 세상의 모든 악한 것들로부터 안전하다고 느껴요. 항상 제부가 필요로 하고 원하는 그대로의 키티가 되기를 늘 기도해요.

정말이지 저는 이 긴 세월 동안 키티를 열렬히 사랑했어요. 언젠가는 키티가 없는 것에 적응하겠죠. 사람들이 그랬어요. 오래 동안 매달려 있으면 매달려 있는 것에 적응하게 된다고요.

키티는 제가 매우 뚱뚱하다는 걸 모를 거예요. 누군가, 제가 예뻐지고 있다는 말을 했다고 얘기해주세요. 7년 동안 무슨 일이 일어날지 알 수 없잖아요? 어떤 여자들은 변화를 주기 위해 아령을 사용하고, 어떤 여자들은 아령을 갖기 위해 변화를 주기도 해요. 그렇다면, 저는? 저는 아무 것도 하지 않았어요. 하지만 노령으로서, "귀엽게 포동포동해지고" 있어요. 주름은 그렇게 많이 보이지 않아요.

만약 그쪽에 제부같은 남자가 더 있다면 이방을 향한 굉장한 감정과 선교사 정신을 북돋을 수 있을 거라 생각해요. 심지어 소책자도 나눠줄 수 있고 소형 오르간도 치죠 뭐.

키티에게는 이 편지를 보여주지 마세요. 저는 가족들 중에서 유일하게 똑똑하지 못한 사람이에요. 키티의 마음이 몹시 상할 거예요.

제부를 기꺼이 맞아들였고, 그리고 제부만큼 열렬히 흠모 받으며 가

족으로 편입된 사람은 없을 거예요. — 이번 편지는 그만 써야겠네요.

어쨌든 또 편지할게요. 제부도 편지하세요.

당신의 친구,

언니.

1924년 7월: 코리아 미션 필드 (장로교 보고서): 결혼: 길머 박사와 뉴먼 양이 6월 2일에 결혼했다. 예식은 경성에 있는 하디 부부의 집에서 거행되었으며 머피 목사가 집례했다.

남장로교 선교부
조선 목포

1924년 7월 15일 화요일

친애하는 "베이던 사람들이여",

하우스 파티가 어떻게 끝났는지, "그 미녀"가 설교자의 아내가 되기로 결정했는지, 테드Ted 가 샘에서 "물을 나르는 걸" 도왔는지 궁금하군요. 이제 여러분은 외국에서 진정한 선교사들이에요. 동역자들이라고 부를게요. 제가 그런 것처럼 여러분도 얼음 한 조각, 아이스티 한 잔, 아니면 선풍기를 갈망하지 않기를 소망해요. 만약 갈망한다면 저는 마음 깊이 여러분을 불쌍히 여기게 될 거예요.

토요일에는 빌리가 마치 도살장에서 온 것 같은 얼굴로 집에 왔어요. 머리부터 발끝까지 피를 뒤집어썼죠. 수술이 예약되어 있었다는 걸 알고 있었는데도 그 광경을 보니 그냥 아무 생각이 없었어요. 그는 그야말로 어떤 남자의 등 전체를 덮고 있는 종기를 제거했어요. 아주 특이한 케이스였고 빌리도 그 사람이 살 수 있을지를 몰랐지만 그는 정상 체온이고 상태가 좋아요. 확실히 빌리는 이 병원 일에서 어느 정도의 경험을 갖고 있어요. 저는 어떤 일이 일어날 때마다 기록하고 있답니다. 언젠가 여러분께 보내드릴게요. 끔찍한 일들도 많고, 재미있는 일들도 많아요. 그는 완벽한 불가사의라니까요. 제가 그를 더 좋아하게 되면 제가 무슨 일을 저지를지 모르겠어요.

지금은 우기인 것 같은데 나라는 가뭄에 처해 있어요. 굶주림과 많은 어려움이 있다는 뜻이죠. 기독교인들은 비를 내려주시라고 기도 모임을 갖고 있고, 이교도들은 산꼭대기에서 불을 피우고, 죽은 동물들의 내장을 끌고 온 산을 돌아다니면서 역한 냄새를 피워요. 이렇게 겁을 줘서 악령들을 쫓아내면 비가 온다는 거예요. 논들은 말라가고 있고, 너무 힘든 시간이에요. 그래서 사람들은 기차를 탈 수도 없고, (어떤 기차는 멈춰섰지요.) 자선사업이 아니고서는 병원에 올 수도 없어요. 뭐 어차피 병원 대부분이 자선사업이긴 하죠. 빌리도 병원도 비용을 댈 수가 없고 병원은 이미 적자 상태입니다. 빌리도 그 점에 대해 걱정하고 있어요. 그가 집에 돌아오면 그 문제를 잊게 하려고 노력하기는 하는데, 심각한 문제예요.

우기 첫 번째 주는 6월에 시작하고 6주 동안 계속 돼요. 구름은 매일 상당히 조짐이 있었음에도 불구하고 비는 아주 조금씩 내렸어요. 그 작은 비에도 저희 성경, 신발, 카메라, 옷 등이 죄다 곰팡이가 슬었어요. 매일 아침 깨어날 때마다 신발과 모든 것들이 곰팡이에 휩싸여 있는 걸 본다는 건 세상에서 가장 끔찍한 일이에요. 마치 저희들에게 곰팡이가 핀 것 같아요. 6주 내내 문도 서랍도 잘 닫히지 않고, 가구는 만질 때마다 쩍쩍 들러붙어요. 수건은 사용한 후 바로 말리지 않으면 엉망이 되고, 갓 다림질한 옷을 입고 5분 지나면 행주처럼 늘어지죠. 겨울 옷 전부와 침대보 등은 종이와 천으로 조심스럽게 싸서 가장 건조한 곳에 좀약을 넣어 보관해요. (대부분 부엌 위에 있는 다락 안에)

(이어서)

7월 19일 토요일, 8시 30분

아시다시피 이러저러한 이유로 이 편지를 부치지 못했어요.

사랑이 키티를 조선에 부르다

오늘 아침에는 아주 행복해요. 지난밤에 비가 상당히 내렸고 오늘도 더 내릴 것 같아요. 편지를 쓸 때면 책상에서 팔을 띄우고 한 줄 한 줄을 써야 하고, (너무 들러붙어요.) 꼭 집어넣어야 할 서랍이 있는데도 순이와 저는 그걸 조금도 움직일 수가 없어요.

순이에 대해 말씀 드리자면요. 이곳 사람들은 일단 훈련이 되기만 하면 훌륭한 일꾼이 돼요. 하지만 그들을 훈련시키는 건 "머리카락이 하얗게 세는" 과정이랍니다. 한 예로 어제 아침과 오늘 아침에 일어난 자그마한 사례를 들려드릴게요. 저는 목요일에 할 말이 있어서 베스 아주머니[니스벳 부인]를 불렀어요. 미처 하지 못한 말들이 많이 있었기 때문이에요. 그녀(순이)는 저희가 일어나기 전에 거실을 청소하고, 저희가 아침을 먹을 때나 아니면 8시 20분에 빌리가 출근한 후, 그것도 아니면 아침식사 직후에 있는 일꾼들의 기도 모임 직후에 침실을 청소하기로 되어 있어요. 그런데 그들 집에서의 풍습에 다르면 그들은 사생활이 전혀 없어서, 그녀에게는 남편이 있다고 하더라도 주변에 늘 다른 사람들이 있다는 것이 전혀 문제가 되지 않아요. 그래서 빌리가 들락거리고 있는 시간에도 계속 청소를 하지요. 베스 아주머니는 그녀에게, "의사"가 여기 없을 때 (이때가 목요일이었어요.) 방을 청소"하는 것이 좋겠다"고 말씀하셨어요. 어제 아침에는 저희가 침대에서 나오기도 전에 들어와서 청소를 시작했어요. 오늘 아침에는 아침식사를 시작하면서 빌리가 말하길, 물이 누렇게 변하니까 욕조에 물을 받지 말라고 했지요. (비가 내리지 않을 때는 이렇게 해야 하는데, 하루 중 어느 때에는 몇 분 동안 물줄기가 가늘게 나오기 때문이에요.) 그런데 저희가 아침식사를 하고 왔을 때 폭포 같은 소리를 들었어요. 물을 최대로 틀고 욕조를 채운 거죠.

그들은 즐겁게 해주는 게 세상에서 가장 어렵지 않은 사람들이지만 그들에게 뭘 해라 하지 말아라 말할 때 (아니면 둘 다) 사용해야 하는 특별한 방법이 있어요. 그리고 저희들도 말하면서 그 특별한 방법에 딱 맞추기가 거의 힘들어요. 하지만 그런 모든 것들에도 불구하고 저는 흑인 열 두 명을 데려온다 한들 그들 중 한 명도 주지 않을 거예요. 그녀는 제 머리를 아름답게 감겨주고, 청소를 잘 하고, 밤에는 침대를 정리해주고, 저희들의 꿈자리 옷 [나이트가운?]을 꺼내 의자에 잘 걸쳐놓고, 여름에는 모기향을 준비하고, 겨울에는 뜨거운 물병을 꺼내놓는답니다.

월요일에는 시에서 세 번째로 부유한 사람의 장례식을 보았어요. 그는 은행가였는데 (이교도) 정부 권력과 잘 지낸 관계로 정부에서 그의 장례를 위해 1만 엔을 보냈고, 은행은 수천 엔을 주었고, 또다른 기업체들도 돈을 냈어요. 부유한 사람의 장례식 비용은 어디서든 1만 5천 엔 이상이 들어요. 마을 인근에 있는 모든 "일꾼들"(일용 노동자들)이 만장을 운반하기 위해 소집되었어요. 부자일수록 더 많은 만장이 있어요. 그런 만장의 행렬, 조랑말, 보교, 인력거 등은 아직까지 보신 적이 없을 거예요. 행렬의 맨 앞에는 망자와 함께 묻히게 되는 명정이 자리를 했는데, 풍성한 빨간색 실크에 금으로 수를 놓은 것이었어요. 길이는 최소 230센티미터 정도였고, (약 2백 개 정도 되는) 만장은 모두 긴 장대에 묶여 있었고 일꾼들이 길 한쪽으로 줄을 만들어 운반했어요.

그 다음에는 조선 조랑말을 탄 두 명의 남자가 악마처럼 옷을 입은 커다란 탈(무섭게 보이는 얼굴)을 들었는데, 얼마나 큰지 말에 타고 있는 사람을 완전히 가릴 정도였어요. 이건 악한 귀신들을 놀라게 해서 쫓아버리고 행렬이 통과할 수 있도록 하기 위한 것이래요. 다음으로는 망자의 신발, 모자, 담뱃대, 그리고 음식 등이 담긴 영여가 뒤따르는데 이것들 역시도 망자와 함께 묻히게 되죠. 그리고는 두 개의 커다란 관이 따라가는데, 관은 만장, 종이꽃, 그 위에 세워진 재밌는 형상들로 장식되어 있어요. 또 관 위에 덮개의 형태를 잡아주는 밧줄들이 있는데 거기에는 긴 리본처럼 생긴 온갖 줄들이 형형색색으로 휘날린답니다. 시신은 한 쪽 관에 들어있고 다른 관은 악령을 속여서 그가 어디에 들어있는지 모르게 하기 위함이죠. 이 관들은 긴 대에 얹어 25명에서 30명 정도 되는 남자들이 운반하게 되는데 그들 역시도 재미있는 모습을 하고 있고, 악령을 통과할 때 어려움을 많이 겪어요. 그들에게 있어서 악령은 늘 시신 앞에 있고 그들이 통과해가는 걸 원하지 않기 때문에 몇 발자국 뗄 때마다 악령들이 그들을 괴롭히고 그들은 멈춰야 해요. 그때마다 앞으로 나아가기 위해 줄곧 특이한 노래를 부르고 춤을 추지요.

관 앞에는 리더가 서서 그들은 인도하고 방향을 지시하는데, 어떤 때는 그 앞에서 걷기도 하고 노래를 부르기도 하고, 앞으로 갔다 뒤로 갔다 춤을 추면서 줄곧 뭔가 큰 소리를 낸답니다. 악령들이 놀라서 몇 분 동안 길을 잃으면 그들은 계속 움직일 수가 있게 되죠. 모퉁이를 만날 때마다 한참 동안 멈춰서고, 그렇게 하면 이 악령들은 그들이 어떤 길로 접어들지 모르게 되는 거예요. 관들이 지나면 그 다음에는 상제들이 뒤따라가는데, 어떤 사람들은 머리부터 발끝까지 덮는 상복을 입고 말에 탔어요. (피어슨의 비하이브 모자처럼 고정되어 있죠.) 물론 덮어썼든 그렇지 않든 조랑말을 타는 사람들이라면 누구나 다른 사람이 조랑말을 끌어야 한다는 건 알아요. 조랑말에 탄 사람은 그냥 재밌게 생긴 나무 안장에 앉아서 잡고 있으면 돼요. 다른 상제들은 2명이 채 위에 얹어서 운반하는 조선의 보교에 앉아 있었고, 다른 친구들과 친척들로 구성된 조문객들은 모두 상복을 입고 허리와 머리에 새끼줄을 묶고서 인력거에 탔어요. (40개) 여성들은 대나무 막대를 들고 고개를 숙이고 있었고요.

그들은 마을에서 가장 넓고 막혀 있지 않은 곳에 모였어요. 거기는 역 마당이었는데, 만장들과 글이 써진 모든 만장들이 모여서 완전한 원을 만들고 관과 상제들은 그 원 안에 자리를 잡았어요. 그들은 먼저 망자의 영혼을 위해 잔치를 배설했어요. 작고 낮은 상 위에 가장 좋은 음식을 차렸고, (어떤 사람들은 이 음식을 영혼이 먹은 후에 버렸다고 말하고, 어떤 사람들은 집으로 가져갔다고 해요.) 모두 조상들을 예배하며 절을 했어요. 여성들의 경우 장지까지 가는 것은 부적절하기 때문에 집으로 돌아갔고, 행렬은 계속 진행됩니다. 잊어버리고 말씀드리지 않은 게 있는데, 그 남자의 장례가 9일 동안 진행되었다는 것, 그리고 이 곳에서는 방부 처리가 없다는 거예요. 부유한 장례식을 준비하는 데는 늘 이 시간이 소요된답니다. 그들은 모두에게 큰 연회를 베풀고 만장 등을 만들죠. 시간이 오래 걸리는 일이고, 그들은 게으르고 느린 것으로도 유명해요.

이 남자도 그의 가족도 기독교인은 아니었지만 그가 죽자 그의 큰아들이 저희 남학교와 여학교에 각각 2백 엔을 냈답니다. 저희가 장례식

사랑이 키티를 조선에 부르다

사진을 찍었는데 만약 괜찮으면 좀 보내드릴게요. 장례식을 보는 데는 거의 하루가 걸렸는데, 저는 그게 그렇게 볼만 할 거라고 생각하지 못했어요. 행렬과 장례식을 보기 위해 모인 사람들은 대략 1만 5천 명 정도인 것 같더군요. 온 세상 사람들이 풀려난 것 같았고, 저는 계속 변두리에 있었는데도 49번이나 넘겨졌고, 제가 원하는 사람들보다 훨씬 많은 사람들과 접촉했지요.

이번 편지는 이 정도면 충분할 것 같아요. 다음 주에는 여러분들에게서 소식을 들을 수 있으면 좋겠어요.

하늘만큼 땅만큼 사랑을 담아,

마음을 다해,

키티와 빌리

남장로교 선교부
조선 목포

1924년 8월 9일

사랑하는 엄마,

일요일에 정기적인 편지를 쓰지 않았어요. 빌리가 두 번 병원에 가고, 조선말 예배와 영어 예배에 모두 참석하고 나면 시간적 여유가 별로 없고, 그날은 저희가 그렇게 많은 시간을 함께 시간을 보내는 유일한 날이기 때문에 편지를 쓰지 않은 것에 대해 충분히 변명이 된다고 생각해요. 하지만 제가 여기 온 이후 최소한 일주일에 한 번, 어떤 때는,

아니 사실 많은 경우 두 번씩 꼭꼭 편지를 썼어요. 언젠가 지난 편지에서 엄마가 말씀하셨죠. "다음 번에 빌리가 수술을 집도하게 되면 그때는 앉아서 우리에게 편지를 쓰렴. 편지가 너무 뜸하구나." 음, 저는 이해가 안돼요. 어느 날, 맥켈리 씨가 편지를 너무 많이 쓴다고 저를 심하게 비난하면서, (물론 그건 그가 상관할 일도 아니고 저도 그렇게 말했어요.) 우편 요금을 지불하는 것에 대해 단 한 번도 뭐가 없느냐고 말하더군요. 베스 아주머니는 5분 동안 계속해서 저를 붙잡아본 적이 없대요. 제가 늘 편지를 쓰고 있기 때문이죠. 그리고 저에 관한 마지막 기억은 아마도 "펜과 종이"가 될 거래요. 그래서 저는 포기하게 될까 봐, 한 줄도 더 못쓸까 봐 너무 두려워요.

(항상은 아니지만) 어떤 때는, 제가 재미있는 편지를 쓰고, 편지를 재미있게 하기 위해 생각하고 적느라 시간을 보낸다는 걸 알아요. 그리고 엄마가 그런 편지들 중 한 통도 받지 않았다는 것도요. 받으셨다면 어떤 방법으로든 아니면 어떤 표시로든 엄마가 말씀을 하셨겠지만 저는 이런 편지들에 대해 한 마디도 듣지 못했어요. 트렁크로 들어갈 물건들도 최소한 4가지를 보냈는데, 엄마의 마지막 편지를 봤지만 아직 받지 못하신 것 같아요.

어제는 애니 스펜서 Annie Spencer 의 편지가 왔는데, 그녀가 테디와 자켓을 보낸 후 제게서 소식을 듣지 못했다고 적었더군요. 그래서 저는 그녀에게 매우 감사하다는 편지를 쓰기 위해 특별한 고통을 겪었답니다. 또한 제인 양 Miss Jane 에게 보내는 짧은 편지를 동봉하면서 그걸 애니 스펜서에게 전해달라고 부탁했어요. 저는 조선에 온 이후로, 제게 한 글자라도 아니면 작은 것이라도 해준 모든 영혼들에게 감사했어요. 결혼하기 전에 받은 모든 결혼 선물과 편지들에 대해 그렇게 했고, 결혼한 후에는 가까운 모든 친구들에게 편지를 썼어요. 제가 해야 할 것

사랑이 키티를 조선에 부르다

그 이상을 했어요. 저는 편지를 받아야 할 사람인 것 같은데, 제게 편지를 쓰는 사람은 거의 없어요. 엄마는 너무 신실하시고, 언니와 헬렌은 괜찮은 편이죠. 이마Ima 와 "페니 Penny"는 처음엔 믿을 만 했는데 지금은 완전히 줄어들었어요. 이제 저희 우편물은 딱 2통의 정기적인 편지뿐이에요. (엄마와 어머니의 것) 그리고 드문드문 언니나 헬렌이나 루이즈가 보내는 편지 그게 전부죠. 그래서 사람들에게 편지 쓰는 것을 의식함에 있어서 죄책감이 없어요.

어떤 사람들은 제가 매주 10센트의 요금을 지불해가면서 그들에게 편지를 쓸 수 있다고 생각하는 것 같아요. 유실되고, 답장도 받지 못하고, 그러면서도 안 썼다고 불평을 들어야 하는 그런 편지를 그 값을 치르면서까지 사람들에게 쓰기에는 할 일이 너무 많아요. 저는 지난 3월 이후 존과 애니 루John, Annie Lou 에게 6통 — 여섯! — 의 편지를 부쳤어요. 제가 그 숫자를 헤아려왔기 때문에 잘 기억하고 있어요. 처음 도착했을 때 다른 편지도 부쳤어요. 제가 1년 전 볼드윈을 떠난 뒤로 애니루에게서는 단 한 글자도 받아보지 못했고, 존은 며칠 전에 짧은 편지 한 통 겨우 보내왔더군요. 하지만 그 일에 대해서는 여기까지만 하기로 하죠.

헬렌의 상황에 대해 참 고통스럽네요. 저는 헬렌이 그렇게 바보 같으리라고 생각하지 않아요. 지난번 편지에서 헬렌은 결혼하기 전에 할 일도, 생각할 것도 많다고 말했어요. 아마도 모두들 그렇게 반대하시니까 그냥 고집을 피우면서 "척 하고" 있는 거예요. 기억하시죠? 제가 언젠가, 가족들 전체가 반대하고 걱정하는데도 제 친구를 끊지 않았잖아요. 그와 결혼하지 않을 걸 잘 알고 있었는데도 말이죠. 그러니까 항상 행동만 갖고 판단할 수는 없어요.

헬렌에게 편지를 썼고, 제가 그만두게만 할 수 있다면 이번 편지에도 그렇게 하려고 해요. 너무 늦지 않기를 바랄 뿐이고요. 하지만 빌리와 제가 기도 가운데서 엄마와 함께 하고 있고, 일이 가장 최선의 방향으로 갈 것이라고 믿어요. 여기에 헬렌을 즐겁게 해줄 너무 귀여운 녀석이 있어요. 그는 저와 잘해보려고 시도했었는데, 세상에, 모두들 우리가 동갑인 줄 알았지만 (23세) 저한테는 꼬마였지 뭐예요? 만약 제가 헬렌을 이쪽으로 나오게 할 수만 있다면 분명 테드를 잊을 거라고 생각해요.

제가 헬렌에게 돈은 빌리고 제 피아노를 팔아서 그걸 사용하라고 썼어요. 가족들이 크리스마스에 헬렌을 위해서 수표를 변통할 수는 없잖아요. "김"이 내년 여름에 돌아오기로 결정했거든요. 그러니까 헬렌은 그와 함께 올 수 있을 것 같고, 헬렌에게 다른 보호자는 필요하지 않을 거예요. 그리고 헬렌이 그를 원하면 돈을 줄 수 있어요. 그는 32세인데 젊은 아가씨들을 좋아하고, 아주 좋은 사람이에요. 물론 그가 결혼에 대해 "방관자적 태도를" 보일까 봐 걱정이 되지만요. 그는 명철한 사람이라서 교육받은 여성을 원할 거예요. 친구같은 경우를 제외하고는 명철하지 않은 사람에 대해서는 시간을 별로 내주지 않아요. 그렇지만 헬렌이 올 때는 마치 친오빠인 것처럼 잘 도와줄 거예요. 헬렌이 그와 함께 오도록 하는 것에 대해 두려워하실 필요가 없고, 그렇게 진행할 수 있도록 모든 노력을 다했으면 좋겠네요.

에구. 방금 한 대 얻어맞았어요. 그 트렁크를 받아 제 은식기를 보고 싶은 마음이 굴뚝같은데, 웅거 가족의 귀환이 1월로 연기됐네요. 물론 엄마는 행여 그걸 우편이나 화물로 부치는 위험을 무릅쓰지는 말아 주세요. 분실될 수도 있고 관세를 엄청나게 물어야 할 거예요.

저는 원했지만 아마도 2월 전에는 살림을 하지 못할 것 같아요. 수리코드 씨 Mr. Suricord 가 11월에는 배를 탈 예정이거든요.(아마도) 이번 여

212

사랑이 키티를 조선에 부르다

름에 짧은 기간을 예정하고 갔는데, 어떤 사람들은 그가 돌아오지 않을 거래요. 저는 그가 돌아올 거라고 믿고, 차라리 웅거 가족에게 거는 편이 좋을지도 모르지만, 그가 가져올 수도 있을 것 같아요. 단 하나 문제는, 제가 듣기로 이 선교지부의 모든 사람들이 그에게 물건을 가져오라고 부탁을 했고, 그가 너무 많은 걸 가져올 수도 있다는 거죠. 그의 주소를 모르지만, 나중에 엄마에게 보낼게요. 그리고 김의 주소도 보내면 엄마가 그에게 편지를 쓰실 수 있을 거예요.

오늘 아침에 공부를 시작했어요. 그게 상당한 일이에요. 맙소사, 저는 결코 이 언어 말하기를 배우지 않을 거예요.

이번 여름에 손님이 많았군요. 죄송해요. 엄마도, 모두도 휴식이 필요한데……. 텍사스 친척들 중 누가, 얼마나 많이 왔어요? 그 일에 대해 제게 모두 써주세요. 그리고 걱정하지 마세요. 그냥 기도하시고, 믿음을 가지세요. 모든 게 잘 될 거예요.

빌리는 정말 좋은 사람이에요. 헬렌이 남편을 선택할 때 그보다 한참 못미치게 되면 저는 싫을 거예요. 그는 날마다 더 좋아지고, 더 다정해지고, 더 잘 생겨지고 있고, 저를 더 사랑하고, 저는 그를 날마다 더 사랑해요. 저에 대한 모든 걱정을 던져버리세요. 저는 34세의 진짜 남자, 머리가 교육과 지능과 상식과 책에 대한 감각으로 넘쳐나는 남자가 평생 동안 돌봐주고, 또 잘 돌봐줄 거예요.

지금은 배를 타기 위해 그만 접어야 해요. 서두르는 것, 그리고 편지 쓰기를 지체하는 것을 용서하세요.

많이 사랑해요.

키티와 빌리

죄송해요. 제가 웨딩드레스를 입고 베일을 쓰고 예쁜 하얀 색 모자를 쓰고 있는 저를 찍으려고 시도했는데 모든 사진이 실패로 돌아갔어요. 보내드린 것보다 더 좋은 걸 얻을 수 있기를 소망했는데, 그리고 커머셜[신문?]에 내보내는 것도 동의하려고 했는데. 보내드린 그 한 장이 저희가 건진 유일한 괜찮은 거네요. 비가 그치자마자 다시 시도해보려고 하는데 그것도 6주에요. 그러니 사진이 오는 걸 보실 때까지 그냥 기대하지 마세요. 전혀 오지 않을 수도 있고 혹시 올 수도 있어요.

[날짜 미상]

어머니,

어머니께 손수건을 보내기 전에 다림질을 하려고 들어갔어요. 그런데 제가 거기다 무슨 짓을 했는지 발견했답니다. 그 위에 덮었던 천이 미끄러지면서 심하게 눌어붙었지 뭐겠어요? 이 조선 실크는 다루기가 굉장히 힘들어요. 저희가 가진 종류의 다리미로는 잘 다려지지 않아요. 그들은 방망이를 사용하는데, 이렇게 이 둥근 방망이를 가지고 천을 매끄러운 돌 위에 놓고 열심히 때린답니다. [그녀는 가늘고 길쭉한 볼링 핀처럼 보이는 것을 그린다.] 그래서 좀처럼 다려지질 않아요. 지금 그 손수건을 보내드리는 게 부끄럽지만 그래도 말씀드렸으니까, "자 갑니다!" 아마 어머니는 그 눌어붙은 것을 제거할 수 있는 뭔가를 알고 계실 거예요. 만약 제거하시게 되면 어떻게 하는지 제게도 말씀해주세요. 헴스티치만 보시고 눌어붙은 부분은 보지 마세요. 정말 죄송해요. 하지만 "이미 엎질러진 우유를 두고 울어도 소용이 없어요."라고 빌리가 말하네요. 그래서 울지 않을래요.

사랑이 키티를 조선에 부르다

남장로교 선교부
조선 목포

[1924년] 8월 17일 일요일

사랑하는 어머니, 아버지,

오늘은 제 일생에서 그 어느 날보다 가장 긴 날이었어요. 이 기계를 작동하는데 세상 그 어떤 물건보다도 긴 시간이 들고, 제 손, 발, 입, 눈이 다 필요해서 시간을 보내는데 도움이 되었지요. 두 분께서 실수를 양해해주신다면 이 기계를 사용할게요. 빌리는 지난밤에 그린 양Miss Green 을 만나러 군산으로 갔어요. 그녀가 얼마나 아픈지는 모르겠지만 빌리는 오늘밤 11시 기차로 돌아올 수 있을 거라고 생각해요. 저희가 결혼한 이후 빌라와 저를 떠난 게 처음이에요. 저는 무인도에 떨어진 영혼 같아요. 그리고 이 세월 동안 빌리 없이 어떻게 지내왔는지 궁금해요. 그는 날마다, 순간마다 멋있어지고 있어요. (교회 찬송처럼 들리기는 하지만 "지속적인 생각"을 보여드리는 거니 이해해주시겠죠?) 죄송하지만 제 남편에 대한 찬사에 한 절은 바쳐야 할 것 같아요. 물론 황급하게 그를 저~ 뒤로 내치지 않으면 마무리가 안되겠죠.

혹시 "세계를 일주하는" 비행기를 찾아낼까 싶어 "재팬 애드버타이저"를 정독했어요. 그런데, 두 분 중 누가 교착상태를 푸셨나요? 어머니는 누구에게 찬성하세요? 저는 언제 정치적 소용돌이에 휘말리게 되는지를 말씀드리려고 했기 때문에, 빌리와 제가 비행기를 한 대 사서 며칠 만에 획 하고 날아가려고 생각하고 있어요. 나무 몇 개를 베어 버리시고 저희들이 착륙할 수 있는 공간을 만들어주세요. 한참 동안 "공중에" 있었기 때문에 비행기에 익숙해져 있겠죠.

더위에 대해 다시 한번 말씀드려도 될까요? 지난 번 편지 이후로 상태가 더 악화되었어요. 어떤 사람이 말하길 (누군지는 말씀드리지 않을래요.) 단테가 유명하게 만든 그 곳이 목포 때문에 아이스크림 가게처럼 보일 것 같대요. 저 역시도 그 말에 토를 달지 않으려고 해요. 여리 남아 있는 저희 소수는 기운이 없이 축 늘어져 있어서 어딘가에 받쳐둬야 할 것 같아요. 두려운 건, 머지않아 저희들의 "유언장"으로 남겨지게 될 "지방 덩어리"를 아무도 발견하지 못하게 되는 거죠.

제가 지난 번 편지에서 말씀드렸던, 빌리가 등 전체를 덮고 있던 종기를 제거했던 환자 있잖아요. 그런데 그 노인이 (그는 40대 아니면 50대 정도 되는 늙은 사람이었어요.) 5일째 되는 날 집에 가기로 결정했어요. 그는 살짝 빠져나가서 집으로 가는 배를 타기 위해 1.6킬로미터를 걸어갔는데, 그의 아버지는 그를 다시 데려와 빌리에게 말했어요. "가라는 말을 들을 때까지 그가 거기 머무는지 지켜볼 거"래요. 그러자 빌리는 그 노인(아들)의 등에 피부를 이식하자는 제안을 했죠. 아버지는 완전히 동의를 했지만 아들은 그렇지 않았고, 그 대화를 들으면서 "도망을 쳤어요." 아버지는 그를 바짝 쫓아가면서 돌을 집어들고는 그걸 던져댔어요. 아들은 약했기 때문에 아버지가 곧 그를 붙잡았고, 다시 그를 제자리로 데려다놓고는 그가 가만히 있을 때까지 채찍질을 하겠다고 말하더군요. 아들이 나이 먹은 사람이었는데도 불구하고 폭군같은 아버지의 지배에서 풀려날 수가 없었어요. 그래서 피부 이식을 했고, 버지니아의 잔디처럼 자라나는 것에 그는 신기해하고 기뻐했죠. 빌리를 깜짝 놀라게 한 건 작은 돈을 지불했다는 거예요. 그리고 그 아들은 새 사람이 되어 집으로 갔답니다.

이 놀라운 일들을 전해들은 어떤 여성이 종양을 제거하기 위해 왔어요. 수술실이 준비되었고, 간호사들과 조수들은 새하얀 앞치마를 두르

사랑이 키티를 조선에 부르다

고 나타났고, 손에는 "도구들"이 들려있었고, 수술대 위에 있는 그 여성의 코에는 에테르가 닿을 찰나였어요. 에테르 냄새가 훅 풍기자 그녀는 벌떡 일어나더니 나갔고 그 이후로는 소식을 듣지 못했어요. 그렇죠, 그녀에게 그런 이상한 일이 어디 있겠어요, 암요!

한번은 빌리가 지루한 수술을 하게 되었는데, 그 수술을 하는데 그의 눈, 발, 손, 모두를 써야만 했어요. 한편 어떤 조수가 에테르를 투여하고 있었는데, 다른 조수가 느리면서도 명확하게 소리쳤어요. 환자가 5분 동안 숨을 쉬지 않고 있다고요. 빌리가 쳐다보았고, 그 정신 나간 녀석은 에테르를 태연하게 쏟아 붓고 있었어요. 그 환자가 숨을 쉬지 않은 이유가 있었던 거죠. 빌리는 어떻게 그런 일을 다 겪는지 저는 알 수가 없어요. 빌리는 분명 천국에 보존되어 있는 후광과 날개를 모두 갖게 될 거예요.

고등보통학교를 막 졸업한 남학생 2명이 그의 통역사로 일하고 있는데, 그들은 아주 특별히 멋진 사람들이고 영어도 어느 정도 알아요. 하지만 영어를 항상 적절하게 조합하는 것도 아니고 또 맞는 단어를 정확히 사용하지도 못해요. 1분에 한 번은 비명을 지르는 것이 그들의 통역이죠. 그들 대부분은 좀처럼 글을 쓰려고 하지 않아요. 하지만 그들은 유머 감각이 있는 즐거운 팀이고 빌리에게 큰 도움을 준답니다. 그들의 이름은 이모기 Emogi 와 수비 Subbie 예요. 이모기는 척추를 제거하는 것부터 눈에 새로운 눈동자를 넣는 것까지 모든 수술을 할 수 있다고 생각하고 또 시도하려고 해요. 빌리가 자리를 비웠을 때 맥켈리 씨가 치통으로 고생을 했거든요. 치통을 줄여줄 뭔가를 찾을 수 있을까 해서 병원에 갔는데, 자기가 할 수 있다고 이모기가 말한 거예요. 그러자 그 정신 나간 맥켈리가 자리를 잡고 앉았고, 이모기로 하여금 뼈 하나를 뽑도록 했어요. 그것 때문에 아무 일도 일어나지는 않았지만 선교지부 전체가 상당히 오래 동안 숨을 죽이고 있었어요. 최근에 폭풍(바람)이 불어서 병원 담장 일부가 쓰러졌는데, 빌리가 그냥 농담으로 말했어요. "이모기, 당신이 저 담장을 허물었어요?" 이모기가 바로 대답하기르, "아니요, 하나님께서 하셨습니다." 빌리는 더 이상 할 말이 없었답니다.

아, 너무 깊이 들어간 것 같아요. 이 편지를 쓰느라 타이핑을 너무 많이 했네요. 그러니 이제는 서명하면서 줄이는 게 좋을 것 같아요.

정말 많이 사랑하고 또 뵙고 싶어요.

어머니의 딸,

키티

추신: 이번 편지처럼 타이핑을 많이 해서 어머니를 부담스럽게 하지 않을게요. 약속 드려요.

남장로교 선교부
조선 목포

[1924년] 8월 24일 일요일

사랑하는 어머니, 아버지,

이번 주에는 편지에 쓸 흥미로운 일들이 많지 않아요. 더운 날씨 때문에 저희는 여전히 '수용되어 있고' 나갔던 선교지부의 사람들 중 단한 명만이 돌아왔거든요. 그래서 저희 사회생활은 조용하고 단순해요. "현지 활동"은 저희들에게 구식이 되어서 두 분의 흥미를 끌지 못할 거라고 생각되니까 그런 일들은 쓰지 않으려고 해요. 물론 제게는 수많은

사랑이 키티를 조선에 부르다

분량을 채울 수도 있고 계속해서 논의를 할 수도 있는 한 가지 주제가 늘 있기는 하지만 그거야 대개는 저 자신에게 그런 것이고 다른 사람들은 그렇게 관심 있어 하지 않을 거예요. 다만 두 분께만은 제 생각을 더 자유롭게 쏟아 부을 수 있을 것 같아요. 두 분께서도 그 주제를 좋아하시니까요. 제 헛소리에 신경 쓰지 마세요. 그리고 이 세상에 그 주제보다 말하기 더 좋은 주제는 없다는 걸 인정하시죠? 혹시 있나요? 세상에! 그는 늘 더 멋있어지고 있답니다.

어머니, 베티Bettie 의 신부 파티에서 그 사람들이 저희를 기억해주다니 너무 다정하지요? 그 말은 제가 들은 말 중 가장 사랑스러운 생각이었어요. 게다가 그들이 어머니뿐 아니라 저희에게 했던 행동은 정말 놀라워요. 그저 "멋진 세상"이에요, 그렇죠? 저는 누군가 이렇게 말한 것에 동의해요. "우정은 인생에서 진정 위대한 일들 중 한 가지이다." 빌리의 멋진 친구들 모두에 대해 알고 싶은 마음이 간절하답니다. 앨리슨 부인Mrs. Allison 을 통해서 그들에게 바로 편지를 쓸 거예요. 부인은 저희에게 멋진 편지와 오후를 위한 "수수께끼"를 보내줬어요. 그건 참석자들 모두에게 너무 흥미진진했고 즐거운 놀라움이었답니다. 멀리 있는 사람들을 대표해서 분명히 말씀드릴 수 있어요.

어머니, 그 좋은 햄 때문에 또 한 번 놀랐어요. 그 햄을 좋아하고 그햄이 어떤 건지 알아요. 그런 걸 보내주시다니요! 처음에는 저희가 이렇게 말했어요. "햄을 연례회의가 있을 때까지 보관해야겠어요!"(다음 6월에는 저희가 연례회의를 대접할 예정이고 그때는 살림을 할 수 있기를 바라고 있어요.) 하지만 (보관할 수 있을지) 확신할 수가 없어요. 그런 좋은 햄에 대한 키티의 취향이 그런 오랜 시간을 참아낼 수 있을지 걱정이에요. 아마 6월 이전에 다 먹어치우지 않을까요? 감사드려요. 전에 빌리에게 보내셨던 것처럼 햄이 안전하게 저희에게 도착하기를 바라고 있어요.

지난 우편물로 온 어머니 편지와 아버지의 편지, 둘 다를 읽으면 즐거웠답니다. 저희 결혼이 "완벽하고" "하나님께서 중매하셨다고" 하신 것은 완벽히 정확하다고 말씀드리고 싶어요. 그런 "천생연분"의 결혼에 대해 들어본 적이 종종 있었지만 제가 그런 사람이 될 거라고는 꿈에도 생각하지 못했지요.

저희는 "점잖게 행동하고" 있어요. 그리고 두 분을 많이 사랑해요.

사랑을 담아,

키티와 빌리 — 아직 "빌 Bille 과 스캣 Scat"에게는 연락을 하지 못했다고 횟 Whit 삼촌에게 말씀드려 주세요.

남장로교 선교부
조선 목포

[1924년] 8월 31일

사랑하는 어머니,

금요일에 저희 어머니들께로부터 멋진 편지를 받았어요. 날씨는 약간 서늘해지고 있고, 키티는 훨씬 좋아지고 있어요. 목포 소식 중 가장 좋은 세 가지 소식이에요.

목포 밖에서 여름을 나고 있던 선교지부의 멤버들이 돌아오기 시작했어요. 미국에서 여름을 보내고 있는 하퍼 가족만 빼고는 이번 주말이 되면 모두 돌아올 것 같아요. 하퍼 가족은 다음 주말 정도에 돌아올 것으로 예상하고요.

사랑이 키티를 조선에 부르다

병원을 연 후 이번 달에 처음으로 수지가 맞았어요. 수입이 계속해서 늘어나게 되면 저희가 꽤 괜찮게 일할 수 있게 되겠죠. 키티와 제가 일본으로 여행할 동안에는 병원 문을 닫아야 할 것 같아요. 저를 돕고 있는 조선인 의사는 자기 사무실을 열기로 결정했어요. 이 사람들은 의존적이지 않아요. 그건 저희가 씨름해야 하는 많은 문제들 중 하나이지요. 이곳 목포에는 저희 선교 병원을 반대할 수 있는 온갖 잠재적 모습들이 있어요. 간호 쪽 사역을 해온 베인 양 Miss Bain 양은 다음 달에 고향으로 돌아갈 예정입니다. 대단한 삶이에요.

키티와 저는 조만간에 저희 집으로 들어가기를 소망하고 있어요. 저희는 살림을 시작할 수 있으면 하고 안달이고요. 키티는 완벽하게 그 일을 해낼 겁니다. 그녀는 가장 훌륭한 아내에요.

환자들을 방문하러 가야겠어요.

마음을 담아,

윌리엄

남장로교 선교부
조선 목포

1924년 9월 14일

사랑하는 아버지,

지금은 9월 21일, 이 편지를 시작하고 1주일이 지났어요. 제가 지난 주에 편지를 끝내지 못할 걸 알았더라면 키티가 끝냈을 거라고 말하네요. 목포 날씨는 누그러져서 상당히 쾌청한 가을 날씨가 시작되었습니다.

저희는 의료 면허를 따기 위해서 10월 1일에 도쿄로 떠납니다. 제가 조선에서 계속 일하게 될지 아니면 미국으로 돌아갈지를 결정하게 될 거예요. 면허가 없이 이 일을 계속하는 건 불가능할 겁니다. 현재 외교 상황이 안개 속이에요. 일본에서 한 달 이상을 머무를 것 같지는 않기 때문에 거기서 저희 우편을 보내는 건 소용없는 일이 될 거예요. 아버지께서 이 편지를 받으실 즈음이면 저희는 돌아와 있을 것 같습니다. 도쿄에서 돌아오자마자 살림을 시작할 예정이고요.

특별히 흥미로운 소식은 없습니다.

사랑을 담아,

윌리엄

사랑하는 어머니, 아버지:

저는 기쁨의 환호성을 지르며 제 감정을 터뜨리는 걸 주체할 수가 없어요. 너무 들뜨고 행복하거든요. 두 분께서 들으실 수만 있다면, 분명 그리운 미국에 메아리가 울릴 거예요. 빌리와 저는 정말로 저희들만의 집을 갖게 될 것 같아요. 적어도 얼마 동안은 전부 저희들 거예요. 저희들 전체가 "푸시는 변화를 원해" 놀이를 하고 있었어요. 그 게임에서 하퍼 가족은 미혼 여성들의 집을 가졌는데, 그건 휴 양이 잠시 동안 다른 곳으로 이동했고, 마틴 양은 내년 3월에 휴가를 떠나고, "뉴먼 양"은 영원히 미혼 여성의 집을 떠났기 때문이에요. 그리고 저희는 마틴 양을 위해 방을 비우고 하퍼의 집으로 가는 거죠. 모든 미혼 여성들이 돌아올 때쯤 저희가 새로운 집을 가졌으면 좋겠어요. (하지만 물론 모르는 일이에요.) 그리고 그들이 저희가 들어갈 집을 갖는 거예요. 그 집은 큰 방이 8개에 저장실도 딸려 있는 집인데, 그 비어있는 방들을 채우기에는 저희들의 의자 두 개로 턱없이 부족할 것 같아요. 하지만 자리를 비운 사람들과 침실 가구 세트 덕분에 가구를 사들일 수 있을 때까지 그럭저럭 살 수 있을 거예요.

저희들 모두가 이번 주에 이사를 할 예정이기는 하지만 빌리와 저는 다음 주에 시험을 치러 일본으로 가서 한 달간 머무를 예정이기 때문에 실제로 한 달 동안은 아직 살림을 시작하지는 못하게 되겠죠. 빌리는 그렇게 많은 것들을 어떻게 해야 하는지 알고 있어요. 그래서 저희는 물건을 수리하면서 계획을 세우고 크게 기뻐하며 기대하고 있답니다. 그리고 어머니, 저는 "정복자 윌리엄" 가구를 좀 갖게 될 것 같아요. 저희의 다량의 가구들은 "윌리엄과 캐스린" 시대가 될 것으로 기대하고 있어요.

저희가 집을 갖게 되었으니 두 분께서는 오셔서 저희들과 함께 한 해를 보내실 계획을 세우셨으면 좋겠어요. 제발 그렇게 해주세요. 두 분을 모시는 건 굉장한 일이 될 거예요. 게다가 두 분을 알기 위해 오랜 시간을 기다려야 할 필요도 없어지겠죠? 그 여행과 휴식이 두 분 모두에게 유익이 될 거라고 확신해요. 그 생각을 하니 온몸에 전율이 느껴지네요.

빌리도 편지를 쓰고 있으니 제 편지를 짧게 쓸게요.

사랑을 담아,

키티

彩

남장로교 선교부
조선 목포

[1924년] 9월 15일

사랑하는 "레이디 에이더스",

여러분들이 보내준 멋진 선물이 태평양을 건너, "태양과 꽃의 제국"[일본]을 건너, "해협"을 건너 "고요한 아침의 땅"으로 들어왔어요. 미국을 떠났을 때 그런 것처럼 예뻐요.

아! 여러분이 제 마음을 들여다볼 수 있다면, 여러분의 따뜻한 기억에 대해 켜켜이 쌓인 감사와, 진하게 농축되어 있으면서도 넓게 펼쳐져 있는 감사를 보실 수 있을 거예요.

제가 죽어 제 창조주 앞에 서게 될 때 부끄러워서 얼굴을 들지 못할 한 가지 일이 있는데, [그녀는 여기에 후광이 있는 작은 천사를 그린다.] 그건 예쁜 물건들에 대한 벌 받을 만한 사랑이에요. 저는 매일 기도를 드릴 때마다 이렇게 말해야 한답니다. [그녀는 침대에서 무릎을 꿇고 기도하는 여성을 그린다.] "그것들을 잊을 수 있도록 도와주세요." 특별히 저는 선교사이니까, 우리 "이방 선교사들"은 여기서 그런 물건들을 가질 수가 없어요. 미국에서 생필품을 주문한 뒤 높은 가격과 100%의 관세를 지불하고, 성경을 구입하고 소년소녀 학생들을 돕는데 우리의 빈약한 월급이 다 들어간답니다. 그들은 "예수님 책"을 통해 새로운 빛과 구주의 사랑을 발견했어요. 우리가 돕는 작은 도움으로, 학교에서 짧게 배운 뒤 수백 킬로미터를 걸어 다니면서 듣고자 하는 모든 이들에게 "예수의 이야기"를 가르치죠. 그러니 이 사람들을 돕기 위해 우리는 기꺼이 예쁜 물건들을 희생하려고 해요. 그들은 너무 오래 동안 무지 속에서 살

사랑이 키티를 조선에 부르다

아왔는데 이제 주님의 역사 안으로 들어올 길과 소망을 발견했거든요. 그렇기 때문에 여러분의 아름다운 선물에 대해 얼마나 감사하는지 이해가 되실 거예요.

저는 이 나라의 새로운 기후에 대체로 적응하기 시작했어요. 하지만 그리 되기까지 참 별로예요. 날씨와 음식과 냄새가 여러분의 내부 작용을 결정해서, 아주 무서운 속도로 [그녀는 배 위에 양손을 올리고 있는 여성을 그린다.] 여러분은 머리가 배인지 아니면 배가 머리인지 알 수가 없고, "내가 여기 왜 왔지?"라고 궁금히 여기는 단계까지 가게 되죠. 하지만 몇 달 후에는, 그들에겐 좋은 의사들(?!)이 있기 때문에 괜찮아져요.

저는 지금 언어를 공부하고 있는데, [그녀는 표지에 조선말이 써진 책에 코를 박고 앉아 있는 사람을 그린다.] 이에 대해 할 말이 딱 하나 있어요. 그건 뭐야 하면, 천국에도, 심지어 다이아몬드가 박혀 있는 금으로 된 책에도 조선말이 없기를 바란다는 거예요. [그녀는 하프를 연주하면서 "그래요. 우리에게는 조선말이 없어요."라고 노래하는 여성을 그린다.] 저는 종종 이 사람들이 왜 그렇게 많은 단어, 그리도 쓸데없는 단어들을 갖고 있는지 궁금했어요. 그 외에는 거의 가진 것도 없으면서 그런 것에 만족하는데도 말이죠.

여기서는 어떤 사람이 여행을 할 때면 속이 들여다보이는 코트, 바지와 상의 단 벌을 걸치고, 짚신 한 쌍을 신고 출발해요. 그가 얼마나 멀리 혹은 얼마나 오래 동안 머무르는가는 중요하지 않아요. 언급할 수 있는 단 하나의 짐은, 끈 하나를 가지고 코트에 동여매면 "트렁크가 잠기는 거죠."

편지를 끝마치기 전에! 여러분이 제가 가졌던 것과 똑같은 생각을 가지고 계신다면, 선교사들은 제가 상상했던 대로 정말 인간적인 사람들이고, 무감하지도 않고, 어리석고 좁은 생각을 가지고 있다는 걸 말쑴드리고 싶었어요. 단 한 명에게도 말하지 않겠다고 약속하면 비밀을 말해줄게요. 약속? 좋아요. 그들은 실제로 어떤 때는 화가 나고 시끌시끌해요. (제가 그런 건 거의 쓰지 않았기 때문에 누구도 그걸 못 볼 거예요.) 하지만 그게 바로 그들이 사람이라는 걸 증명해요.

우리는 다른 선교지부를 방문하고, (선교지부 다섯이 각각 차로 4-5시간 거리에 있어요.) 하우스 파티와 오후의 파티를 열고, 수영을 하고, (날마다 파도를 탈 수 있고, 물이 보이지 않는 곳이 없지요.) 곰, 호랑이, 꿩을 사냥해요. 물론 어떤 때는 "경건하지 않은" 무엇인가를 하고 싶어 간절히 갈망하기도 하고, 아니면 어떤 이들은 그렇게 하기도 해요. 슬프게도 제가 그랬던 것처럼 말이죠. 저는 뭔가가 필요하다고 느끼고는 계단을 미끄러져 내려가기로 마음먹었어요. [그녀는 계단 난간을 타고 미끄러져 내려가는 자신의 모습을 그린다.] 그리고 제가 바닥을 쳤을 때, 문이 열렸고, 현장에서 가장 품위 있는 선교사 위원회 사람들이 밖에서 걸어 들어왔답니다! 저는 그 일로 인해 고향으로 가는 티켓을 받을지도 모른다고 생각했지만 저는 아직 여기 있네요. 그들은 잠시 동안 놀란 것 같았는데, 곧 쾌활한 웃음을 터뜨렸지요. "우리는 당신 편이에요, 계속하세요." 그들은 "장난끼"를 뜻했던 거죠. 저는 그들이 멋지고 다정한 사람들이라는 것을 알게 되었어요.

저보다 기껏해야 여섯 달 앞서 현장으로 온 사람이 있는데, 그 사람도 "계단을 미끄러져 내려가고 싶은 마음"을 가졌었고, 저보다도 "장난끼"를 훨씬 더 많이 소유했어요. 그래서 우리는 서로 마음이 통한다는 걸 알게 되었죠. 사실은 너무 잘 통해서 평생 동안 서로를 떠맡아 오고 있고, 너무 행복해요. 천국이 저 하늘 위에만 있지 않다는 것을 알게 되었답니다.

우리는(길머 박사와 저) 조만간 살림을 시작할 예정이고, 다음 6월에

사랑이 키티를 조선에 부르다

는 목포에서 선교사들의 "연례 회의"를 대접할 예정이에요. 우리들 각자가 8일 아니면 10일 동안 적어도 25명의 손님을 대접해야 할 것 같아요. 우리는 모두들 큰 방이 8개 아니면 10개 있는 집을 가지고 있고 손님들은 자신들의 간이침대를 가져올 것이고, 또한 은제품이 충분하지 않은 우리들을 위해 은제품을 가져올 거예요. 어떤 선교사들은 자신들이 "물려받은" 돈이 있고, 어떤 이들은 그들에게 아름다운 은제품을 공급해주는 친구들이 있기 때문에 손님들에게 은제품을 가져오라고 할 필요가 없어요. 하지만 그건 전부 한 집안사이고, 여기서는 "최고의 가족에게서 일어나는" 일이랍니다. 이 여성들은 멋지게 접대하는 방법을 알고 있고, 그들은 굉장히 매력적인 파티와 만찬을 열기 때문에 저는 그들을 따라가지 못할 거라는 두려움과 떨림으로 살림에 임하게 될 거예요. 너무 멋지게 접대하는 목포의 부인들 중 한 명이 미국 방문을 마치고 돌아왔어요. 우리는, 일어난 사건들과 접대에 관한 새로운 관습과 새로운 아이디어들에 대해 듣느라 모두들 흥분했지요.(심지어 선교 현장에서 여성스러움에 대해서도) 그리고는 그녀가 어떤 새로운 것을 할지 보려고 그녀가 파티나 만찬을 열어주기를 간절히 바랐지 뭐겠어요? 그러니 우리 선교사들은 모두 인간이라고 제가 말하는 것 아니겠어요?

여러분의 따뜻한 생각에 대해 거듭거듭 감사드려요.

진심으로, 그리고 사랑하며,

캐더린 뉴먼 길머

새로운 집에서.

1924년 9월 28일 일요일, 9시 30분

사랑하는 어머니:

저는 오늘 아침 이 커다란 집에 홀로예요. 빌리는 병원으로 건너갔어요.

이런! 하지만 온전히 저희들만의 집을 갖게 되어서 너무 행복해요. 저희는 물건을 들여오고 수리를 하면서 이틀 동안 정말 멋진 시간을 보냈어요. 수요일이 되면 한 달 예정으로 일본을 갈 예정이기 때문에 지금은 모든 걸 "질서정연한 순서"로 정리하려고 하지는 않아요. 그래서 저희가 돌아오게 되면 청소도 다시 해야 하겠죠. 저희는 옮길 게 많이 없었고, 이사라고 해봐야 마당을 건너는 것이었기 때문에 이사하는데 시간이 그리 오래 걸리지 않았어요. 하지만 겨울에 사용하기 위해 난로를 꺼내두었고, 돌아왔을 때 편리하게 하기 위해 충분히 일을 해두었어요. 휴 부인에게는 한동안 사용하지 않는 작은 조리용 난로가 있는데, 저희 물건이 올 때까지 그걸 사용할 수 있는 특권을 줬답니다. 저희는 매우 재미있게 살림을 할 예정이에요. 저희를 "두려움에 떨게 하는" 단한 가지 일이 있는데, 그건 제가 다음 6월에 목포에서 열리는 연례 회의에서 각각 20명 아니면 25명 정도 되는 손님들 접대를 감당할 예정이라는 것이에요. 하지만 왜 그런지 빌리와 함께라면 아무 것도 두렵지가 않아요. 그는 모든 병에 대한 만병통치약을 알고 있기 때문에 살림꾼으로서 제 책임이 제한되어도 조금도 걱정이 되지 않아요. 저희 집에는 8개의 방과 창고가 있고, 돌로 지어졌어요. 그런데 어머니께서 아신다면 재미있어하실 게 있어요. 돌을 남자들이 등에 지고 운반하는데요. 한 번 나르는데 6센트가 들어요. 목포 안이나 그 주변 여기저기서 운반된답니다. 이곳에는 돌은 많이 있는데 목재는 별로 없어서, 저희들 집은 모두 돌이나 벽돌, 아니면 대부분 돌로 지어요. 담장은 석고로 덮은 진흙으로 만들어졌고, 끊임없이 부서지죠. 담장에서 떨어지는 많은 양의 먼지와 조각들을 참아내야 해요. 담장에 못도 박고 육중하게 움직이고 계속 걸어 다니니까요. 결점이 많이 있지만 재료와 일꾼을 생각해보면 저희가 짓는 그 집들을 갖게 된다는 건 정말 놀라워요. 그리고 행복해요. 편안함이란 저희들 사역에 있어서 여러 가지를 의미하거든요.

저희는 겨울에 먹을 식량을 위해 옥수수를 준비했는데 어머니께서 그걸 보신다면 얼마나 좋을까요? 저희를 "도와주는 사람들" 전부가 질병과 다른 이유로 인해 자리를 비웠어요. 그래서 빌리와 저는 옥수수를 모아서 껍질을 벗기고 말리기 위해 매달았어요. 이 나라에서는 모든 걸 반복해서, 완전히 말려야만 해요. 저희는 그걸 빨래 바구니에 거둬들였는데, 다해서 약 25되 정도로 바구니를 두 번 꽉 채웠고 작은 핸드밀로 갈았어요. 저희는 이 일이 매우 자랑스럽답니다. 작년 봄에 미혼 여성들의 집 밭에 옥수수를 심었고, 초록 토마토를 가지고 달콤한 피클을 만들었어요. 그게 바로 먹을거리 면에서 저희가 겨울을 준비한 거예요. 웃지 말아주세요~

저희는 수요일에 도쿄로 떠나요. 딱 한 달만 있었으면 해요. 빌리가 자격증을 받기까지 더 길어질 수도 있어서 그 시간은 저희 집을 정리하는데 사용하기를 바라고 있어요. 저는 완전히 풋내기 요리사를 훈련시켜야 하고, 게다가 언어도 몰라요. 상상이 되세요?

어머니, 목재를 보내주신다니 너무 감사해요. 그걸 저희 식당을 위해 받게 된다면 정말 멋지고 즐거울 것 같아요. 정말 멋진 중국인 목수가 한 명 있는데 그는 그림을 보기만 하면 그대로 옮길 수 있어요. 빌리의 지시를 따르면 월넛으로 된 멋진 물건을 갖게 될 것 같아요. 토마스와 그래함의 벌목도 감사드려요. 그 일로 더 즐거워졌어요.

다음 편지는 일본에서 가게 될 거예요. 니스벳 부인에게 부탁해서 저희 우편을 전달하게 하려고 해요. 그래서 어머니의 다음 편지는 일본에서 읽게 될 거예요.

어머니의 헌신적인 아이들이 사랑과 사랑을 담아,

키티와 빌리

어머니, 이 집 전망이 얼마나 멋진지 말씀드리려고 해요. 컴파운드 전체가 언덕 뒤에 세워졌고, 저희는 가장 높은 지점 중 딱 한가운데 있어요. 침실에서 보면 한쪽에는 "유달산"이 보여요. 유달산은 거대한 바위산인데, 파란 하늘을 향해 선명하게 서있는 봉우리가 몇 개 있고 그 한쪽에는 예스러운 작은 마을들과 사찰들이 세워져 있어요. 바위가 보여주는 거대한 구조가 있고, 다른 쪽에는 바다가 보이는데, 셀 수 없이 많은 섬들과 범선과 5미터의 조류가 있지요. 어쩌면 아실 수도 있는데, 세상에서 가장 높은 조류가 이 해안에 있어요.(바로 여기는 아니지만요.) 그 사이에 다양한 종류의 길과 사람들이 있는 시가 위치해 있고요. 다른 쪽에서 보면 큰 배들이 정박하는 항구가 있어요. 저희 집의 모든 창문마다 전망이 예뻐요. 산, 물, 사찰, 꽃, 마을, 평야 등등. 어머니와 아버지께서 저희를 방문하시게 되면 죄다 보실 수 있을 거예요.

사랑이 키티를 조선에 부르다

꒰⸝⸝•ᴗ•⸝⸝꒱

전신약호 "IMPEHO TOKYO"
도쿄 임페리얼 호텔
도쿄

[1924년] 10월 4일 토요일

사랑하는 어머니, 아버지,

수요일 오전 6시에 목포를 떠난 후에, 어제 오전 12시에 여기 도착했어요. 어제와 오늘은 이 호텔 생활을 즐기고 있는 중이죠. 하지만 선교사들에게는 꽤 "비싸기" 때문에, 좀 공을 들여서, 함께 묵을 북장로 여성들(미혼)을 찾는데 성공했어요. 그들은 학교 등을 맡고 있는 사람들이에요. 오늘 오후에 그들과 함께 옮길 예정이에요.

여기는 미국 스타일의 매력적인 호텔이에요. 사실은 미국 건축가가 설계했죠. 매우 크고, 관광객들도 많고, 미국인, 영국인 사업가들도 많아요. 음악, 생음악, 저녁을 즐기기 위한 강당, 그리고 아케이드 등 모든게 저희로 하여금 마치 미국에 있는 것처럼 느끼게 만든답니다. 그것역시 좋은 느낌이죠. 잠시 동안 여기 머무는 것도 개의치 않을 거예요.

도쿄는 빠르게 재건되었지만 여전히 대지진 재앙의 흔적들이 많이남아 있고, 요코하마를 통과해서 올 때는 거대한 잔해더미와 임시로 세워진 집들만 봤어요.

조선의 북쪽 지방 사역자들 중 한 명인 키솔름 박사 Dr. Chisolm 도 시험을 치러 저희와 함께 왔어요. 그래서 그와 빌리는 시험을 치는 도쿄 대학의 위치를 확인하러 갔어요. 5일 동안 계속해서 매일 시험이 있고, 5일은 지나가고, 다시 5일 동안 시험을 치니까, 의학 시험을 치는데 거의한 달이 걸린다는 걸 아실 수 있을 거예요. 하지만 저희는 운이 좋다고 생각하는 것이, 저희가 아는 어떤 의사는 여기서 세 달을 보냈다고 해요.

여기 와서 이틀 동안은 지진을 느끼지 못했지만 지진이 자주 일어나는 관계로 저는 빌리에게 한 번에 오래 동안 저를 떠나지 말아 달라고 말했어요.

어제는 쇼핑 구역에 가서 저희 살림에 사용할 수 있는 물건들을 많이 발견했어요. 미국에서 주문했더라면 내야 하는 관세를 아꼈답니다. 쇼핑 시간은 정말 즐거웠어요.

저희는 두 번째 신혼여행 중이에요. 첫 번째 신혼여행 때보다 더 많이 사랑하고 있어요.

어머니, 아버지, 사랑해요. 그리고 두 분을 간절히 바라고 있어요.

마음을 담아,

키티와 빌리

레나 어머니 일은 정말 안됐어요. 지금 정도에는 더 호전되었기를, 그리고 빠른 시일 내에 다시 좋아지시기를 바랄게요.

레나에게 편지를 썼어야 했는데 제게 편지를 쓸 시간이 좀 없었어요.

(이어서)

월요일 오전 11시 30분

어머니, 오늘 아침 저는 불안에 떨며 만신창이가 되었어요. 빌리와 저는 지난 밤 자정에 깨어났어요. 침대는 위험에 빠진 나무처럼 흔들리고 있었고, 집은 크게 삐걱거리고 흔들렸어요. 일본에는 여전히 지진이 자주 일어나고 있고, 마치 지진이 저를 삼켜버리는 것 같은 느낌이 들

사랑이 키티를 조선에 부르다

더군요. 저희는 옷을 단단히 준비하고, 출입구로 가서 서야 해요. 거기가 가장 안전한 곳이라는 발표가 있었거든요. 어머니, 게다가 빌리는 8시 30분에 나가면 하루 종일이에요. 멀리 있는 비즈니스 지역의 중심가에 있지요. 그는 수일 동안 이 일을 해야 하는데, 또다른 파괴적인 지진이 그에게 닥칠 수도 있어요. 이 편지 후로는 빌리와 함께 가서 시험을 치는 동안 하루 종일 그냥 앉아 있을까도 생각하고 있습니다.

<hr>

일본 도쿄

1924년 10월 26일

사랑하는 처형,

우리는 이 지역에 있는 제일 좋은 칠기, 일본 진주, 상아 조각품 가게를 죄다 꼼꼼하게 조사했고, 이 물건들을 처형에게 실어 보내기 위해 도매가격으로 사려고 정리를 해봤어요. 아래에 있는 건 처형이 어느 정도 될 만큼 많은 양을 주문할 수 있겠다고 판단하고, 집에서 판매를 할 때 사용할 수 있는 가격 목록이거든요. 칠기 주문은 150달러 이상이어야 하고, 진주와 상아 조각품은 합해서 같은 가격이에요. 일단 시작 단계로, 샘플 몇 개를 보내고 그 샘플들을 사용해서 최대한 다른 품목들도 설명하도록 할게요.

칠기 샘플
붉은색 칠기 쟁반, 31.7 × 73.6 센티미터, 5달러
붉은색 칠기 쟁반, 29.2 × 76.2 [두루미와 소나무 디자인], 5.8달러

체리 칠기 (체리 디자인), 15.2 × 20.3 [특상품], 2.5달러

위의 것과 같은 디자인, 30.5 × 45.7, 8달러

검은색과 금색 또는 검은색과 은색 대부분은 디자인도 다양하고 크기와 품질에 따라 가격도 2.5달러부터 16달러까지 다양해요. 처형이 원하는 걸 설명하면, 명시된 가격에 맞춰 우리가 능력껏 채워볼게요. 디자인에 대해서는 너무 확고한 약속을 하지는 마세요. 주문하는 사람이 지불하고자 하는 수량을 확실하게 언급해주시고요.

자개를 박은 디자인에 대해서는 각 쟁반마다 2달러가 추가됩니다. 그렇게 자개가 박힌 어떤 쟁반들은 굉장히 매력적이에요.

알껍질 칠기 (알껍질로 만들어졌는데, 생긴 게 굉장히 특이해요.) (금 디자인에, 매우 매력적이에요. 원하면 샘플을 보내도록 할게요.) 35.5 × 40.6 (금색으로 된 소나무 가지, 황새 또는 두루미), 4.7달러

다른 것들은 크기에 따라 2.5달러에서 4.7달러

펑거볼 (샘플처럼, 아니면 원하는 바에 따라 바깥쪽은 검정), 각 디자인마다 2.5달러: 벚꽃, 매화꽃, 황새, 국화, 대나무, 등나무

안쪽에는 모두 샘플처럼 금칠

한 쌍 접시, 같은 디자인, 각 2.5달러

1인분용 6개의 작은 개인 접시와 스푼이 있는 견과류 그릇, 펑거볼처럼 검정색과 금색 디자인), 세트 6달러

바깥쪽 전체가 금색인 걸 제외하고 똑같은 (특상품) 세트 8.5달러

샘플과 같은 촛대 (중국 디자인, 빨강, 초록, 검정색) 한 쌍 5달러

새 그림의 담배 상자 (샘플과 같음, 품질 나쁜 칠) 각 3달러

차 세트, 쟁반, 차 주전자, 설탕 그릇과 크림 항아리로 구성 (4조)

금색 칠기, 특상급 품질, 35달러

컵과 접시 6개 포함, 75달러

사랑이 키티를 조선에 부르다

티테이블 (네 벌 구성) 체리색 칠, 체리 디자인 (특상품)

테이블 크기는 다음과 같아요: 30.5 × 40.6센티미터, 30.5 × 50.8, 284.5 × 61, 그리고 30.5 × 76.2

데븐포트 협탁과 비슷하고, 서로 차곡차곡 포갤 수 있도록 만들어졌고, 각각 아래로 들어가게 됨, 세트 40달러

검정색 칠을 한 같은 물건으로 진주 자개, 세트 40달러

꽃병, 칠기, 위쪽은 꽃 디자인에 금색 (27.9센티미터) 16.5달러

크기와 품질이 다른 것들은 5달러부터 15달러

진주와 상아 조각품:

여러 가지로 가장 좋은 품질의 가격만 알려주는 거예요.

그래듀에이티드형* 줄 (중간 크기), 70, 76.2, 91.4센티미터, 클래스프 포함, 2.54센티미터당 0.4달러

작은 크기, 45.7, 61, 76.2센티미터, 2.54센티미터당 0.4달러

샘플은 보는 바와 같이 61센티미터예요. 그래서 이건 9.6달러가 되겠죠? 진주의 크기는 가격에 영향을 주지 않고, 길이가 중요해요. 그래서 24 × 0.4 = 9.6달러

유니폼형 (61, 76.2, 91.4, 127센티미터) 2.54센티미터당 0.4달러

그래듀에이티드형의 길이는 알려준 것만 있고, 유니폼형은 원하는 대로 주문할 수 있어요.

상아 조각품 (모두 진짜 상아이고, 수공으로 조각)

펜던트 (디자인: 모란, 장미, 아이리스, 국화) 5.3달러

---

* 유니폼(Uniform)형은 각 진주의 사이즈의 차이가 0.5mm 미만인 것으로 균일한 크기로 배열된 진주이며, 0.5mm 단위로 표기한다. 그래듀에이티드(Graduated)형은 가장 큰 진주를 중앙에 놓고 좌우로 순차적으로 작 은 진주를 배열한 것으로 가장 큰 진주의 최대 직경과 가장 작은 진주의 최대 직경의 수치를 0.1mm 단위로 표기한다.

막대 핀 (같은 디자인) 4.8달러

막대 핀, 데이지 디자인, 샘플보다 조금 더 작음, 4달러

상아 조각 구슬 목걸이, 매우 매력적임, 15달러

제 생각에 칠기에 대한 관세는 아마 35달러일 거예요. 진주와 상아에
대해서는 60%. 어떤 때는 이것보다 적을 것 같고, 또 어떤 때는 약간 더
많을 수도 있어요. 만약 훨씬 많으면 우체국장에게 이의를 제기하세요.

별로 처형 마음에 들지 않으면 이 제안을 가지고 골머리 앓지 마세
요. 키티와 저는 처형이 그걸 시도해보고 싶을 거라고 생각했고 처형과
우리들 모두에게 어느 정도 이익이 될 것 같아요. 만약 주문을 하시게
되면 설명을 붙이시고 할 수 있는 만큼 충분히 하세요. 처형이 배달을
하고 수금을 했다면, 지불했던 관세를 차감하고 판매 가격의 25%를 남
기세요. 그리고 남은 금액에 대해서는 관세 등을 표시하는 입출금 내역
서와 함께 수표를 보내주세요. 처형에게 돌아갈 몫은 이것보다는 조금
더 많을 거예요. 하지만 우리는 정확하게 기장을 하고 간격을 두고 정
산할 예정이에요.

마음을 담아,

윌리엄

[1924년] 10월 27일 월요일

사랑하는 언니,

판매를 하려면 샘플에 관해 편지를 한 통 더 쓰는 게 좋을 것 같았어.

먼저 이걸 말해주고 싶어. 우리는 크리스마스 선물을 약간 변경했어. 상아 펜던트는 헬렌을 위한 크리스마스 선물이야. 그래도 쟁반은 여전히 엄마 선물이었으면 해. 왜냐하면 그거랑 같은 물건을 어머니께 보냈거든. 상아 핀은 다음 8월에 돌아오는 엄마 생신 선물이니 잊지 말아 줘.

금칠이 된 봉봉볼은 헬렌 생일 선물이고 작은 쟁반과 촛대는 언니 생일 선물이야. 우리집을 위해서는 그렇게 예쁜 물건들이 없어. 그러니 잘 간직하고 누구한테 줘버리면 안 돼. 만약 줘버리면 우리 마음이 상할 거야.

언니야, 이 물건들은 정말 환상적이야. 언니 진주는 최상급으로 만들어졌어. (엄마 것은 두 번째로 좋은 거.) 게다가 이건 순수한 상아이고 모든 컷은 손으로 직접 한 거야. 이것보다 더 큰 펜던트도 있고 더 작은 막대 핀도 있어.

이 체리 칠기 쟁반(작은 것)은 재료도 좋고, 잘 만들어졌고, 굉장히 비싸. 다른 쟁반(엄마 것)과 봉봉 접시에 칠해진 금은 진짜 금이야. 겁내지는 마. 얇게 입혀졌으니까. 자, 커다란 차 세트는 종류가 다른 금이야. 코팅도 더 되어 있고 더 어둡고 둔탁하게 보이기는 하지만 매력적이야.

새 그림의 담배 상자는 더 싼 칠이 되어 있지. 하지만 귀엽고 독특하다고 생각해. 팔릴 거야.

언니야, 나는 언니가 이 물건들을 팔 수 있을 거라고 믿어. 언니는 항상 더 많은 돈을 벌 수 있는 준비가 되어 있잖아. 그래서 빌리에게 제안도 한 거지. 언니도 알다시피 이 물건들은 상인들이 비싼 가격에 미국으로 들여오거든. 이 가격에 우리들에게서 물건을 들여간다면 사람들도 분명히 고마워할 거야. 그러니 열심히 해서 언니를 위해서도 우리를 위해서도 몇 백 달러 벌어 봐.

나라면 티케이이 T.K.E. 나 아니면 다른 사람에게 약간의 돈을 지불하고 그들의 진열장에 작은 공간을 마련하겠어. 그리고는 그런 방법으로 사람들에게 광고를 하는 거지. 도심에 있는 모든 사람들이 그걸 보게 될 거야. 나라면 장식을 좀더 붙여보겠어. 그러면 귀여운 진열장으로 단장하게 되는 것이지! 언니는 지금 하숙을 하고 있으니까 이렇게 할 수 있는 시간이 있을 거라고 믿어. 그리고 언니가 헬렌에게 샘플을 보내줄 수도 있고 헬렌에게 이번 여름에 판매하라고 시킬 수도 있어. 언니는 튜플로, 볼드윈, 그리고 분빌 Booneville 에 파는 거야. 어쩌면 코린트와 애버딘 Aberdeen 에도?

가격을 낮추지 마. 그리고 150달러 주문에 대해서는 빌리가 설명했을 거라고 생각해. 언니, 일본 이틀 밤낮, 중국에서는 더 오래 걸리는 여행길이야. 비교적 간단하고 편의적인 주문들에 대해서는 물건을 구하기 위해 편지를 쓰고 또 다시 써야 하고 그걸 우리에게 보내오고, 그게 만약 중국에서 오는 거면, 중국에서 사용되는 '멕시코' 은화를 구하기 위해 소금을 교환하고, 중국에서 조선으로 오는 물건에 대해 관세를 내고, 미국 돈으로 다시 교환하고 언니는 미국에서 다시 관세를 지불해야 하겠지. 그런 종류의 쇼핑을 한다는 건 참 괴로운 일이야. 그리고 우리가 언니에게 보내는 이 물건들을 도매가에 받으려면 주문을 많이 해야 해. 안 그러면 그 사람들이 도매가로 주지 않겠지. 그러니, 잘 봐.

언니가 이걸 아무 문제없이 가져가기 위해 우리가 평탄해야겠지. 그리고 우리가 돈을 내려면 최소한 반은 받을 수 있어야 하고 우리가 계속해서 방문을 하게 하려면 언니도 반은 받아야. 크리스마스 주문을 받아야 하는데 시간에 맞춰 구하지 못해 미안해.

하지만 어쨌든 크리스마스 시즌 전이 주문 받기엔 적절한 시간이겠지? 그때가 지나면 사람들이 모두 파산해 있을 테니. 스트라우스 씨 Mr. Straus 에게 여자들을 위해 진주와 상아를 사도록 해봐. 분명히 그는 크

사랑이 키티를 조선에 부르다

리스마스 선물로 백 달러 정도는 주문을 하고 "늦은" 선물을 주게 될 테니까. 헬렌의 파라솔을 빌려서 장식을 하고 예쁜 진열장을 만들어 봐.

진주가 박혀 있는 이 쟁반들(엄마 것)은 화려해. 자개에 검은색 칠을 한 더 비싼 물건은 한마디로 멋지지. 화병들은 내가 본 물건들 중 가장 예쁜 것들이야. 물론 모든 물건의 샘플을 보내지는 못해. (우리 지금 파산 상태거든.) 게다가 이 화병들은 훨씬 더 비싸. 하지만 절대적으로 비쌀 만한 가치가 있고 사실은 그보다 더 귀하다고 할 수 있어. 언니가 알고 지내는 모든 남자들에게는 자신의 여자를 위해 물건을 사도록 만들어 봐. 이 봉봉 접시가 얼마나 제대로 된 펑거볼인지 사람들에게 꼭 말해 줘. 바로 그걸 위해 안성맞춤으로 만들어졌지. 세트가 있는데 그 각각이 다른 디자인으로 만들어졌고, 멋진 식탁을 만드는 거야. 이번에는 그게 전부라고 생각해 줘.

사랑해, 사랑해, 사랑해

키티 샌

칠기에 대해 말하자면 이래. 그 물건은 우리에게는 펑거볼로 만들어졌는데, 일본인들은 그걸 밥과 국그릇으로 사용해. 덧붙이면 뜨거운 물, 심지어 끓는 물에도 상하지 않고 이 칠은 아무 위험이 없어. 미국 박사들이 독을 발견했다는 건 중국의 '마조니' 칠이야. 그러니 쟁반이든 그릇이든 사용하는 데 주저할 필요가 없지. 우리는 늘 사용해.

언니, 필요하다면 엄마와 헬렌이 진열장 샘플로 자기들 물건을 빌려줘야 한다는 점을 이해해줘. 이번에는 우리가 크리스마스 선물을 보내려고 의도하진 않았지만 팔기 위해 샘플을 보내야 했지. 일석이조라고 생각했어. 그게 바로 여러분이 물건을 받은 이유야. 또 하나는, 팔기 위해서 필요한 만큼 길게 사용한 후에는, 그 작은 쟁반은 아마도 애니 루

뉴먼 Annie Lou Newman 에게 생일선물로 줘도 될 거야. (물론 존이 스토브를 원가에 준다면 말이야.) 그가 그렇게 하려고 하는지도 모르겠고 그리 해 달라고 말하지도 않았지만, 어쨌든 나는 존을 사랑해. 애니 루가 그녀에게 담배 상자를 주면서 놀릴 수도 있겠지. 언니가 생각하기에 가장 좋은 대로 해. 만약 보낼 생각이 아니라면 언니가 가져도 돼. 확실히 하지 않으면 우리가 좋아하지 않을 거야.

남장로교 선교부
조선 목포

[1924년] 11월 10일 목포

사랑하는 여러분,

저는 여러분께 타이핑한 또다른 편지를 던져드리고 있는 중이랍니다. 그것에 대해 너무 많은 나쁜 일을 생각하시지 않았으면 합니다.

우리는 흔들리는 일본을 벗어났고 다시 편안하게 호흡하고 있습니다. 우리 둘 다에게 흥미진진하면서도 힘든 여행이었지요. 우리가 떠나기 전 주까지 일어났던 일들을 모두 적어 보냈던 것 같아요. 그 주간에 우리는 지진 때 38,000명이 불에 타 죽은 구역에 갔어요. 제가 지금까지 봤던 가장 슬픈 광경이었지요. 제 생각에 세계 역사에서 가장 엄청난 죽음의 재앙이었어요. 고향에 있는 우리 블록 중 하나와 비슷한 정도 크기의 그 구역이 아마도 쏟아져 내리는 목재 등등으로부터 안전하게 보였을 거예요. 그래서 이 무리들은 목재와 불을 피해 안전한 그곳으로 피했지요.

안전하다고 느끼자, 많은 사람들은 옷가지나 침구 등등을 가지러 집으로 가기로 결정했어요. 그리고 얼마 가지 않아 이곳은 사람들 말고도 면과 울로 된 의류들로 가득 찼고, 시 전체를 뒤덮고 있던 화재의 불꽃들이 떨어지면서 삽시간에 불이 붙었어요. 작은 광장은 위험으로 둘러싸여 있었기 때문에 피할 방법이 없었고 사람들도 그 사실을 알았어요. 얼마 가지 않아 이 38,000명이라는 사람들의 이야기를 들려줄 거대한 잿더미만 남게 되었지요. 그들의 운명을 보던 한 그리스도인은 그의 온 힘을 다해서 설교하기 시작했고 그의 옷에 불이 붙고 불꽃에 휩싸여 쓰러질 때까지 설교를 계속 했어요. 그러자 그의 형제가 다시 시작해서 그의 몸도 불꽃에 휩싸일 때까지 설교를 했답니다.

이 사람들은 함께 떼 지어 있었기 때문에 위에 두껍게 쌓이고 또 쌓여서, 꼭대기에 있는 사람들은 밑에 있던 사람들을 화염으로부터 보호하게 되었어요. 그들은 반쯤 죽은 채 기어 나왔답니다. 그 재앙이 일어나고 며칠 후 그 재를 긁어모아 거대한 더미를 만들었고 큰 대기선이 생겼죠. 사람들에게는 젓가락 한 모씩이 주어졌는데, 그건 뼈를 찾아 들어 묻기 위함이었어요. 그들은 조상 숭배 의식을 치르거든요. 남아 있는 뼈와 재는 신성한 덮개로 덮여 있는 상태이고, 머지않아 기념물로 만들어질 거예요. 그곳은 마치 적재장 같은 느낌이 들어요. 여유가 있는 사람들은 죄다 얇은 나무로 된 기념비를 세웠고 돈이 더 많은 사람들은 더 큰 걸 세웠기 때문이에요. 관례적인 문구가 기록되어 있는 이런 널빤지들이 수천 개쯤 되는 것 같아요. 저희가 그곳에 있던 몇 분 동안에도 많은 친척들이 그 영혼에게 제사를 지내고 음식을 먹이기 위해 왔답니다. 그건 정말 가장 우울한 장면이었고, 절반쯤은 그걸 보러 간 제 자신이 슬퍼졌어요.

집으로 출발하던 날 우리는 요코하마에 가서 조선에 오는 신참 선교사들인 브랜드 부부를 만났어요. 배가 들어오고 있는 부두에 올라섰을 때였어요. 9월에 지진을 겪어서 현재 임시로 짓고 있는 부두들 중 하나에서 두 번째로 강한 지진이 일어났어요. 그 일로 그리 많은 사람들이 자극을 받은 것 같진 않았지만 저는 시시때때로 느끼는 평온함을 느꼈다고 말하긴 좀 그래요.

모든 배에서 일어나는 즐거운 일들이 계속 있고, 사람들을 만나고, 고상한 스타일을 경험하고, 만찬을 가졌죠. 우리는 그날 미국으로 항해하는 두 척의 배와 마주쳤어요. 흠! 짐 뒤에 숨어서 미국으로 실려갔다면?!

우리가 이틀 밤낮을 달려 목포로 오기 위해 기차를 탔을 때는 또다시 우리 나이와 우리 할아버지의 직업을 말해줬고 선조들의 역사에 대한 대략적인 줄거리를 말해달라는 요청을 받았죠. 해협을 건넌 후 기차를 탔을 때 "만주 철도"의 한 관리가 첫 번째 전망차에 탑승하라는 초대를 해왔어요. 동양에서 처음으로 만들어서 초행길에 나서는 거라더군요. 정말 예뻤어요. 미국 스타일에다가 길머 부부와 관리들만이 유일한 탑승객이었답니다. 경치는 무척 아름다웠지만 꽤 피곤했어요. 딱 한 사람만이 영어를 말할 수 있었고 게다가 그것도 조금만 가능했기 때문에 그에게 말을 하기 위해서는 상당한 노력을 해야만 했기 때문이에요. 하지만 그 차에 타고 있는 동안 꽤나 대접을 받는다는 느낌이었죠. 그래서 대전에서 목포행 기차를 타야 했을 때, 우리가 탄 작고 빽빽한 차에서는 상당한 하락을 느꼈답니다.

우리가 목포에 들어선지 15분도 지나지 않아 번쩍거리는 금색 단추가 달린 파란 정장을 입은 사람이 "누구, 왜, 언제, 어디"를 확인하기 위해 나타났어요. 정말이지, 매 순간마다 족적을 쫓아다니는 이런 경찰이 있다는 건 굉장히 귀찮은 일인 것 같아요. 제가 비록 그것에 익숙해질

사랑이 키티를 조선에 부르다

만큼 성장하긴 했지만요. 미국에 가게 되면 분명히 계속 경찰에게 달려가서 저희가 누군지 어디로 가는지 저희 족보가 어떻게 되는지 말하게 될 거예요.

돌아온 후 첫 번째 오후였어요. 니스벳 부인이 우리 여행에 대한 이야기를 들으려고 여성들을 위한 조촐한 티타임을 가졌어요. 알다시피 가족 같잖아요. 모두들 서로 하는 일에 관심이 있고 일꾼들을 포함해서 모두들 빌리가 시험에 통과하고 우리가 안전하게 돌아오기를 열심히 기도했어요. 이 사람들은 빌리에 대해 너무 너무 열광적이어서 만약 그가 시험을 통과하지 못했다면 너무 처참했을 걸요. 그들이 견뎌낼 수 있었을지 모르겠어요. 그런 상황에서 우리 모두는 "옹어리"와 악감정 때문에 면허를 받지 못할 수도 있다는 약간의 두려움을 갖고 있었어요. 음, 보통은 시험 위원회로부터 소식을 듣기까지 몇 달씩 걸리거든요. 그런데 빌리는 늘 하던 대로 그 '백인대장'과 굉장한 교제를 나눴어요. '백인대장'이란 그 일들을 담당하고 있는 그 사람에 대해 그들이 부르는 말이에요. 그리고 그가 보내준 이 '비공개 정보'를 제가 동봉하고 있는 거랍니다. [유실됨] 우스꽝스럽지 않아요? 공식적인 통보를 언제 보낼지는 몰라요. 약해지지 않는다면 그건 위대한 인생이죠.

우리는 카가와라는 이름의 흥미로운 일본인 사역자를 만나 점심 식사를 했어요. 사람들은 그를 어떤 선교사의 아들이라고 부르는데, 그건 그가 공부와 훈련을 위해 아주 어렸을 때 이 집으로 들여보내졌기 때문이에요. 그는 지금 대단한 사역자들 중 한 명으로 알려져 있죠. 그는 성품이 매우 강하고, 그의 투지와 반항하는 기질 때문에 여러 번 감옥에 들어갔어요. 그는 빈민가에서 사역을 하고 있고, 사람들은 그를 따르는 사람들을 "예수의 친구들"이라고 부르더군요. 그는 프린스턴에서 훈련을 받았고 며칠 후에는 YMCA의 후원을 받아 강의를 하기 위해 다시 미국으로 떠날 예정이에요. 그는 그가 도우려고 노력하는 사람들의 바로 그 삶을 살기 원했어요. 그래서, 비록 그는 훨씬 편안하게 살았고 상류계급 출신이고, 일하는 멋진 여성이며 성격도 좋은 여성과 결혼했지만 그는 그의 사역에 대해 같은 마음을 품을 수 있는 아내를 가져야 한다고 말했답니다. 그들은 빈민가에서 살기 위해 이사를 했고 오래되고 낡은 옷을 입고 있어요. 그를 길러준 사람들이 그에게 멋진 새 옷을 주면 그는 그것들을 바로 가져다가 옷이 없는 불쌍한 인생들에게 줘버리기 때문에 이제 이 사람들은 옷을 그에게 주지 않고 집에 보관하고 있어요. 그가 자기들을 방문할 때면 그에게 입혀 주는 거죠.

하지만 그는 걸치는 것에 거의 관심이 없어요. 그는 영혼을 구하기 위해 존재하고, 그가 그 사람들 옆에 어떻게 머무르는지 정말 놀랍다니까요. 그는 쌀 폭동을 몇 번 주도했고 그 어떤 상황에서도 설교를 해요. 그래서 경찰은 순간마다 그를 쫓아다니는 스파이를 두고 있어요. 그가 기차를 탈 때면 주변에 몇 명이 따라다니고, 그들은 그의 짐을 갖고 다니는 사람(빨간 모자)으로 먹고 살아요. 그런데 그는 이걸 알고 있어서 그들도 모르게 이 사람들과 대화를 하고 사귀고, 어떤 때는 그의 표 등등을 사게도 하지요. 그리고 그들은 어느새 경찰에 고용된 것을 그만두고 그를 따라다니면서 "예수의 친구들"이 된답니다. 그는 대단한 일을 해요. (그의 방법대로) 경찰에게 저항하고 그냥 그걸 경찰들에게 이해시켜 버려요. 그들은 어찌할 바를 몰라요. 그는 의심할 여지없이 세계의 불가사의예요. 물론 이 나라에서는 우리들 중 한 명도 그 일을 할 수 없지요. 그는 저희가 머무르고 있던 여학교에서 강연을 했는데 84명의 여학생들이 기도를 하게 되었답니다. 그는 자신의 글로 자기 사역을 보조하고 있어요. 그에게는 "새벽이 오기 직전"이라는 책이 한 권 있는데 지금은 뉴욕에서 영어로 번역되고 있고, 두 분도 그 책을 가졌으면 좋겠

사랑이 키티를 조선에 부르다

어요. 그 책은 자신의 삶의 이야기예요.

어린 여학생 한 명이 어느날 할시 양Miss Halsey에게 저, 그러니까 "포도 양Miss Grapes"이 집에 갔느냐고 물었대요. 할시는 그녀가 저를 말하고 있다는 건 알았지만 저를 왜 "포도 양Miss Grapes"이라고 부르는지 몰랐어요. 그래서 물어보니까 그 아이가 이렇게 대답했대요. "그녀의 머리 위에 있는 것들이 (제 곱슬을 말하는 거예요.) 포도처럼 보여요." 그녀가 저에 대해 알고 있는 유일한 이름이었던 거죠.

선생님 한 명이 지나가고 있는데 어린 소녀 둘이서 싸우고 있었어요. 그래서 무슨 일인지 확인하려고 멈췄지요. 이건 그녀가 들은 대화예요. 첫 번째 소녀: 우리 아버지는 높은 자리에 계셔. 아버지는 왕실에서 일하고 계신다. 황제를 섬기시는 것이지.

두 번째 소녀: 우리 아버지는 네 아버지보다 훨씬 높으셔. 우리 아버지는 하나님GOD을 섬기셔.

이번에는 니스벳 부인이 마련했던 티타임, 그러니까 우리 일본 여행에 대해서 말하게 되었던 티타임에 대해 한 가지를 더 말씀드리려고 해요. 저희가 모이기 불과 몇 분 전에, 빌리가 시험에 통과했다는 이 통지를 받았어요. 오, 선교부 전체와 특별히 저희 선교지부는 기도하고 또 기도했어요. 그들이 빌리를 통과시켜주지 않을까봐 노심초사했어요. 참을 수 없을 지경이었지요. 빌리는 제가 그 뉴스를 빵 터뜨려주길 원했어요. 그래서 우리는 그냥 파티에 가서, 여행에 관한 이야기를 하고, 아무렇지도 않게 있다가, 마지막 순간에 터뜨리는 게 깜찍한 아이디어가 될 거라고 생각했죠. 휴, 저는 이야기하고, 또 이야기했어요. 너무 흥분이 되어서 도저히 참을 수가 없는 상황이 되어 그 소식을 말하려고 하는 찰나에 하퍼 부인이 말하는 거예요. "우리 박사님이 소식을 들으려면 얼마나 기다려야 할까요?" 그래서! 저는 아직 전하지 않았던 중요한 이야기를 그들에게 들려줬어요. 저는 카드를 읽었어요. 여러분도 그 여성들을 보는 기쁨을 누렸어야 하는데! 그들은 일제히 튀어 올랐어요. 아마도 여러분은 질러대는 스타일의 감리교 캠프에 참석하고 있는 게 아닐까 생각했을 걸요? 연주를 할 수 있는 사람은 죄다 거의 엎어지다시피 하면서 피아노로 달려가 "하나님을 찬양하라"를 연주했어요. 두 번째 단으로 넘어갈 때쯤에는 우느라 아무도 찬양을 할 수가 없었답니다. 우리는 달려들어 서로의 목을 끌어안고 한참 동안 울었어요. 그리고 모든 여성들이 집으로 가서 일꾼들과 아이들에게 그 소식을 전하기 위해 문을 향해 돌진했지요. 파티는 "안부 인사도, 잘 지내라는 인사도, 즐거웠다는 말도" 뭐 비슷한 말도 없이 그렇게 끝나버렸어요.

우리는 병원 문을 다시 열 때까지 너무 많은 초대를 받아서 도저히 다는 소화해낼 수 없을 것 같아요. 빌리와 로저스 박사가 함께 계획을 좀 세우고 싶어서 금요일에는 일주일 예정으로 순천에 가게 될 거예요. 하지만 병원을 열기 전까지 할 일이 너무 많아 다른 곳에는 갈 수 없을 것 같아요. 게다가 저는 공부도 시작해야 하고 주일학교 사역을 시작하려고 하기 때문에 이곳 선교지부에서 우리를 필요로 하고 있어요.

사랑에 사랑을 담아 먼 곳에서 여러분의 아이들

키티와 빌리

남장로교 선교부
조선 목포

언니, 빌리가 언니의 예쁜 편지를 잘 받았어. 곧 답장할거야.

사랑이 키티를 조선에 부르다

사랑하는 여러분,

오늘은 헬렌이 보낸 편지와 엄마가 동봉한 짧은 메모가 들어 있네요. 웅거 가족과 함께 오는 것에 대해서는 한 마디도 없어서 저는 많이 실망했어요. 우체부가 편지를 전달해준 그 순간 저는 헬렌이 오는지를 확인하려고 얼른 헬렌의 편지를 먼저 열었어요. (아침식사 기도 중이었죠.) 오, 주여. 우리 선교사들은 많은 일들을 인내해야 해요. 아마도 우리는 훨씬 만족스러운 소식을 기다리고 있기는 했지만 참아낼 수 있을 것 같아요.

엄마, 옷을 만들어주시고, 언니, 옷을 선택하고, 헬렌, 입어봐 줘서 정말 고마워요. 물건이 아직 도착하지 않았는데, 서둘러 도착하지 않으면 침대로 들어가 누워야 할 것 같아요. 조선에는 안락의자가 없거든요. 그리고 제 몸뚱이는 벌거숭이겠죠. 여러분이 지난 크리스마스에 보내준 애니 스펜서의 푸른색 실크와 제 검정과 회색 실크는 아주 잘 입고 있어요. 약간은 "차가운 느낌"도 있죠. 사실은 올이 다 나오도록 닳아지게 입었어요. 오건디와 깅엄을 빼고는 제가 가진 전부거든요. 어떤 때는 3년이나 4년쯤 된 옷을 다시 입게 된다면 꺅 소리를 지르게 될 것 같기도 해요. 그리고 창밖을 내다보면서 입을 수 있는 3년 된 옷이 있다는 것에 대해 행복해 하고 감사할 수 있을 거예요. 그러면 쥐꼬리만한 우리 월급을 여기저기서 불러대는 때 새 옷을 살 마음을 갖지 않겠죠. 그럼에도 불구하고 제 건강을 지키기 위해 그 옷들이 필요하니까 옷을 사기 위해 돈을 지불하는 걸 후회할 수도 후회해서도 안 됩니다. (그건 그렇고 제가 만약 돈을 부족하게 보냈다면 알려주세요).

헬렌, 예쁜 편지 고마워. 쨩! 너만큼이나 예쁘고 매력적인 사람은 세상도 좀 보고 여자의 때를 즐길 때까지는 절대 결혼해서는 안돼. 너는 네가 원하는 누구와도 결혼할 수 있어. 나가서 너를 보여줘 봐. 그렇지만 볼드윈이나 튜플로나 섬너에서만 붙어 있으면서 그리 해서는 안된다. 그곳 남자들은 야망도 없고 그저 한 달 월급 몇 달러에 만족할 뿐이야. 그들은 자기 아내를 가장 가까운 역으로 철도 여행도 시켜줄 수 없고 죽을 때까지 갚지 못하는 빚에 영원히 허덕이겠지. 그리고 여자와 남자가 기독교인이라면 하게 될 건데 말야. 아이들이 태어나게 되면 가련한 마가렛이 되기 시작하는 거지. 내 생각에 레나와 수도 그럴 것 같아. 150달러를 버는 남편. 그리고는 아무 것도 없어.

돈이 행복은 아니야. 하지만 상당한 부분을 차지하고 그 상당한 부분이 없을 경우 마찰이 일어날 수밖에 없어. 특별히 미국이라는 곳에서는 수준을 유지해야 하고 돈은 별로 쓸 게 없어. 너의 의복과 음식을 기댈 수 있고 빚에 빠져 허덕이지 않을 수 있는 남편을 갖는다면 세상에서 가장 큰 기쁨일 거야. 한때 잘 살 수 있을 거라고 생각했던 지오 스몰 Geo Small 과 또다른 몇 명을 생각해보면 제정신이었나 싶어. 뭐 내가 많이 "나가지도" 않았고, 자부심과 야망을 가지고 사람들을 만난 것도 아니지.

오, 나는 빌리에게 너무 감사해. 그는 아내를 행복하게 하기 위해 어떻게 해야 할지, 뭘 해야 할지 알고 있어. 그는 앞을 내다보고 미래를 준비하지. 그는 독학을 했고 돈도 잘 벌고 있었어. 전쟁이 터지자 물론 그는 손해를 봤고, 월급으로는 거의 살기가 힘든 선교지로 온 거야. 그래도 우리가 돈이 궁할 때 그는 늘 나를 안전하게 보장해주고 내가 걱정할 것이 없게 해줄 투자금과 주식 등을 가지고 있어. 그는 그걸 다 스스로 한단다. 아무 것도 요구하지를 않아.

헬렌, 그는 정말 불가사의야. 그는 나를 행복하게 하는 것만 알아. 가

사랑이 키티를 조선에 부르다

장 좋은 걸 알고 있고, 가지고 있어. 우리가 구입한 모든 물건은 양적으로는 많지 않지만 양질이야. 아마도 빌리는 존과 많이 비슷한 구석이 있는데, 낭비를 하지 않지만, 좋은 물건을 알아보고 산단다. 결국에는 그 값을 한다고 말하거든. 나는 "싼" 물건을 사는데 무척 익숙해졌고, "겉치레"도 잊었고, 그의 재정에 대해 주제넘게 나서는 것도 두렵거든. 어떤 때는 내가 더 좋은 걸 모르는 사람이라고 그가 생각하게 될까봐 걱정이 돼. 그래서 그냥 아무 말도 하지 않고 빌리에게 먼저 제안을 하라고 하고 나는 동의해.

헬렌, 네가 그런 남자를 가질 수 있다면 난 너무 행복할 거야. 너에게 새 옷이나 가구를 사줄 수 있거나, 너를 어디론가 데려가줄 수 있고, 오래 망설일 필요도 없이 돈이 어디서 생겼는지 아니면 언제쯤 빚에서 벗어날 수 있을지 궁금해 하는 남자. 그런 종류의 녀석들은 여자를 매우 불행하게 만들어. 난 그걸 미국에서 봤고 여기서도 봤어. 야망도 없고 의지할 수도 없는 남편, 혹은 어떻게 생활을 꾸려가야 할지 모르는 사람에 대해 걱정할 필요가 없어서 나는 무척 행복하고 감사해.

내 남편에 대해 쓴 이 편지를 너에게 주려고 한 건 아니었지만 필요하다면 기꺼이 줄게. 모든 여자들에게 주는 내 충고는 결혼할 남자에 대해 신중하라는 거야. 어떤 여성이 남은 생 동안 일을 해야 한다면 그녀는 여성을 편안하게 부양할 수 없는 그런 아류가 아닌 진정한 남자와 결혼할 수 있을 때까지 결혼해서는 안돼.

우리는 순천으로 행복하면서도 바쁜 여행을 했어. 지금은 집에서 진짜 일과 화요일에 시작되는 요리를 준비하고 있어. 요리책과 스토브가 오기를 바라고 있지. 너의 편지에는 둘 다 오는 중이라고 써있긴 했지만 아직 하나도 도착하지 않았어.

헬렌, 부탁인데 일 년 동안 순천의 학교를 맡아 줘. 그 일에 대해 내가 썼었지. 빌리와 나는 네가 그렇게 해주기를 간절히 원해. 듣자 하니 웅거 가족이 조선으로 오지 않을 수도 있고, 다른 선교지로 갈 가능성도 있다는구나. 당장에 그에게 편지를 써서, 만약 그가 오지 않을 거라면 "버지니아 리치몬드, 장로교회, 어셈블리 훈련원, 메타 비거 양 Miss Meta Bigger 에게 트렁크를 보내라"고 말해 줘. 그녀는 순천에 살고 있고 1월에 돌아올 거야. 물론 웅거 가족은 그녀를 알아. 만약 그녀가 리치몬드에서 집으로 돌아갔거나 다른 곳으로 갔다면, 그녀를 어디서 찾을 수 있을지 웅거 씨가 알거야. 그녀에게 트렁크를 갖다 달라고 부탁하는 것에 대해 나는 조금도 개의치 않아. 난 트렁크가 정말 필요하거든. 게다가 다음 가을 전에 스와인하츠 가족 the Swinehearts 말고 누가 오는지 모르고, 들은 바로는 그들도 유럽을 거쳐서 올 거래. 수리코드 씨를 보거나 그에게서 소식을 들은 적 있니? 11월에 오기로 되어 있고 그의 편에 물건을 보내달라고 언니에게 편지를 썼는데 그에 관한 소식을 들을 수가 없어. 그가 돌아오는 걸 연기했는지 안했는지 모르겠다.

일정상 내 다음 일은 편도선을 잘라내는 거야. 빌리의 말에 따르면 몇 년 전에 했어야 했대. 완전히 망가졌어. 하지만 2월까지는 할 수가 없단다. 빌리가 나를 경성으로 데리고 가서 잘라내게 될 거야. 확실히 편도선은 여러 가지 문제를 일으킬 수 있는데, 나는 그걸 몇 년 전에 제거하지 않았기 때문에 다루기 어렵게 되었어. 모든 것은 한꺼번에 오지. (내 말은 비용을 뜻해.) 비용이 꽤 들 거야. 금년에는 어떤 "친구"에게도 크리스마스 선물을 보내지 못하겠지. 애니 스펜서가 마음 상하지 않았으면 좋겠어. 그녀에게 카드를 부쳤고 다른 친구들에게도 마찬가지야.

우리는 우리 스토브와 목재와 가구를 목빠지게 날마다 기다리고 있어. (코넬 양이 선적했지) 또 파크와 딕이 보내주는 옷, 요리책, 그리고 사

사랑이 키티를 조선에 부르다

탕도 기다리고 있어. 기다리는 게 아주 많아. 옷에는 중고라고 표시했겠지? 너에게 크리스마스 선물에 대해 말을 했는지 안했는지 기억이 나질 않아. 만약 "크리스마스 선물"이라고 표시를 했으면 관세를 부과하지 않을 것이고, 안했다면 그리 많지는 않을 거야. 어쨌든 그게 효과가 있을 거라고 사람들이 말하니까 하도록 해.

언니, 코델 양이 언니에게 보낸 상자 말야. 그 중 내가 언니를 위해 보냈던 킹피셔 펜던트가 달린 산호 목걸이만 빼고 언니가 다 언급했거든? 받은 거야, 아니면 상자에서 사라진 거야?

이제 가야겠어요. 모두에게 안부를 전해주세요.

빌리의 사랑도 왕창 담아

늘,

키티 샌

🐿️

남장로교 선교부
조선 목포

1924년 12월 2일

사랑하는 아버지, 어머니,

어제 체리 목재가 아주 좋은 모양으로 도착했습니다. 거의 향수병에 걸릴 뻔 했답니다. 그것을 받게 되었을 때 저희가 얼마나 기뻤는지 두 분은 상상도 못하실 거예요. "세계 일주" 여행을 하시다가 잠깐 들르시면 그걸로 만든 몇 점의 가구를 보여드릴게요. 풀라스키 국립은행 Pulaski National Bank 에 넣을 450 달러짜리 어음을 어제 보내드렸어요. 받으시면 바로 알려주세요.

키티와 저는 집을 수리하면서 즐겁게 지내고 있습니다. 키티는 제가 생각했던 것보다 천 배나 훌륭합니다. 의심할 바 없이 그녀는 세상에서 가장 사랑스러운 성격을 갖고 있어요. 그녀를 알고 있는 모든 사람들이 인정하는 바죠. ------------------------------

마음을 다하여,
윌리엄

사랑하는 아버지, 어머니,

저희는 목재 때문에 너무 흥분되고 행복해요. 잘 들어보시면 목재로 인해 저희가 얼마나 들떠 있고 행복한지 그곳 미국까지 울려 퍼지는 즐거운 소리가 메아리치는 걸 들으실 수 있을 거예요. 저희를 만나러 오시게 되면 세상에서 가장 멋진 가구를 사용하실 권리를 드릴 거예요.

목재를 보내주시다니 정말 멋지세요. 그리고 아주 많이 감사 드려요. 돈을 꽤 절약하게 될 것 같고, 또 더 멋진 가구를 갖게 될 것 같아요.

저희가 바라는 건 두 분께서 방문을 서두르시는 거예요. 저희는 요즘 살림과 공부 등을 시작하느라 마치 "외팔이 도배장이"처럼 바쁘답니다. 빌리는 타버린 토스트나, 제가 하는 어떤 실수에 대해서도 꾸짖거나 단 한 번도 불평을 하지 않아요. 멋지죠? 오, 주님! 저는 매순간 그를 더 사랑하고, 그를 향해 사람이 할 수 있는 최대한의 사랑을 이미 하고 있지요.

사랑해요. 사랑해요.
키티 샌

사랑이 키티를 조선에 부르다

경성

1924년 12월 28일

사랑하는 어머니,

저희가 "프레지던트 테프트"에서 떨군 쪽지 편지 때문에 큰 소동을 일으켜 너무 죄송합니다. 하지만 지금쯤은 모든 게 바로잡혔죠. [아마도 그들이 도쿄를 여행 기간 중 요코하마 항구에 있을 때 프레지던트 테프트호를 통해서 쪽지 편지를 썼던 것 같다. 그리고 고향으로 돌아가는 어떤 사람들은 그들이 실제로 승선하여 여행을 하는 것으로 생각했을 것이다.]

저희는 경성에서 며칠을 지내고 있어요. 크리스마스를 축하하기 위해서인데 키티의 편도선도 제거했죠. 키티는 잘 지내고 있고 점점 좋아질 것 같아요. 꼭 제거해야만 하는 것이었어요.

저희에게 보내주신 크리스마스 선물은 정말 후한 선물이었어요. 먼 곳에 있는 아이들에게 어쩌면 그렇게 후하신지! 그 돈으로 전등을 설치했어요. 아마도 날마다, 아니 조선에 머무는 동안은 밤마다 그 선물을 마음껏 누릴 것 같아요. 분명히 어머니께서 저희에게 주신 그 어떤 것보다도 등을 사랑할 거예요. 게다가 어머니께서 주신 수표로 설치 비용도 감당했답니다. 별로 비싸지 않았기 때문에 18개의 등을 설치했어요. 집이 훨씬 더 쾌적해졌습니다.

키티가 한 줄 더 추가할 거예요.

마음을 다해,
윌리엄

사랑하는 어머니,

　제 목이 얼마나 아픈지 분명히 아실 거예요, 그렇죠? 하지만 성공적으로 "제거"했고 아픈 것만 빼고는 좋아요. 빌리가 제 손을 잡았고 저는 그냥 눈을 감았죠. 그래서 저는 그 무시무시한 도구들을 볼 수가 없었고 몇 분 후에 다 끝났어요. 저희는 여기서 26일 금요일 밤, 27일 토요일 아침을 보내고 11시에 병원으로 내려갔고, 12시 전에 모리스 부인 Mrs. Morris 댁의 침대로 안전하게 돌아왔어요. 그리고 침대에서 남은 하루를 보냈답니다. 하지만 오늘 아침에는 일어나 "아침식사를 하러" 내려갔어요. "아침식사를 하러"를 들으셨죠? 얼마나 많이 먹었는지 말씀드리는 건 아니고, 크리스마스를 축하하는 멋진 방법이에요. 그렇죠?

　어머니, 수표가 너무 멋졌어요. 어머니는 저희에게 너무 잘해주세요. 그런 걸 보내주시다니 너무 다정하세요. 어머니를 사랑해요. 전등으로 인해 저희가 얼마나 기쁠지 한 번 생각해보세요. 감사를 드리고 또 드려도 모자라지요. 그리고 또 커피주전자(퍼콜레이터)도 감사해요. 저희가 목포를 떠날 때까지는 도착하지 않았는데 돌아갈 때쯤에는 도착해 있을 거라고 생각해요. 그리고 요리책! 요리책을 받게 되어 얼마나 기쁜지 어머니는 아마 모르실 거예요. 지금까지는 아무 물건도 받지 못했어요. 엄마가 하나를 보내주실 예정이었는데 유실되었거나 지체되고 있지요. 어머니께서 보내시는 책을 좋을 거예요. 레시피를 벌써 시도해봤거든요. 요리책에 대해 언급하시는 어머니의 편지가 도착했을 때 저는 벌써 어머니의 레시피를 원한다고 빌리에게 말했답니다.

　크리스마스 상자가 그런 흉한 꼴로 도착하게 되어 너무 죄송해요. 다른 걸 찾게 되면 필통은 바꿀게요. 그리고 쟁반은 어머니께서 괜찮은 상태로 고치셨으면 해요. 냅킨링은 아버지를 위한 것이고, 촛대는 레나 거예요. (딱 한 개밖에 없었네요.) 런천세트는 베티거예요.

또 죄송한 건, "프레지던트 태프트"에서 썼던 오해의 쪽지 편지에요. 아무래도 저희가 너무 흥분해서 잠깐 멈추고 생각하는 걸 못했던 것 같아요. 하지만 이후로는 더 신중할게요.

어머니의 배려 가득한 생각과 저희를 기억해주신 것에 대해 많이 감사드려요. 넘치는 키스와 포옹을!

마음을 다해,

키티

南장로교 선교부
조선 목포

[1925년 1월 초순]

어머니, 아버지, 안녕하세요?

경성에 4일 동안 머무르다가 지난 수요일에 내려와 집으로 돌아왔어요. 저희가 돌아온 후 (치료) 조선인들로 넘쳐났어요.(외국인들도) 그래서 도착한 이후 숨쉴 틈도 없었답니다. 그렇게 짧은 편지로……. 하지만 똑같이 두 분을 사랑하고 이번 주에도 두 분의 편지를 그리워했어요.

저는 편도선 수술 이후 잘 지내고 있어요. 사람들은 모두들 제 상태가 좀더 복잡하고, 그래서 회복을 위해 경성에서 더 오래 머무를 거라고 예상했어요. 하지만 저는 "죽을 수는" 없다고 말했어요. 그들은 저에 대해 걱정할 필요가 없었어요.

편지 보내주세요.

사랑을 담아,
키티

어머니, 경성에서 저희가 발송해드린 편지 받으셨어요? 사랑스러운
크리스마스 선물에 대해 감사드리는 내용인데요. 저는 저희 편지가 어
디선가 방황할까 봐 늘 걱정된답니다.

———————————————

✵◈✵

[1925년] 1월 20일 화요일

제일 사랑하는 어머니, 아버지,

두 분께 일요일 편지를 받아보시게 하는데 또 실패했어요. 그렇지만
전 주간에 편지를 추가로 보냈어요. 아마 일요일 편지를 그리워하시지
는 않을 겁니다. 제 서신이 슬프게 방치될까 두려워할 정도로 제 시간
을 소모하고 있는 것 같아요.

요즘 저는 꽤 좋은 상태에요. 편도선이 사라진 이후 감기 등등으로
부터 자유로워졌어요. 제 여름 질병에서 완전히 회복되었고, 저의 빌리
나 저나 "죽을 수도" 있다고 생각하진 않으니까 저희 건강에 대해 전혀
걱정하지 마세요.

어머니, 어제는 어머니의 10월 19일자 편지를 받았어요. 소인이 추
가로 찍히지 않은 걸 보니 잘못 발송되거나 전 세계를 방황한 것 같지
는 않지만, 발견될 때까지 우체국이나 기차나 아니면 배의 저 구석에
박혀서 휴식을 취하고 있었던 게 아닐까 생각돼요. 마침 그때 당시에
저희가 꼭 알아야 했던 특별한 소식은 없었네요. 얼마나 많은 저희 편

사랑이 키티를 조선에 부르다

지가 완전히 사라졌는지 그저 궁금할 뿐이에요. 두 분은 저희 소식을 정기적으로 들으셔야 하는 건데……. 왜냐하면 저희가 두 분께와 엄마에게 한 주도 빠뜨리지 않고 편지를 쓰고 있거든요. 일요일에는 항상 그렇진 않아요. 저희는 그 날을 규칙적인 "어머니의 날"로 만들려고 노력한답니다. 그러나 만약 일요일에 못쓰는 경우에는 매주 어느 날엔가 쓰고 있어요. 저희 편지가 매우 규칙적으로 가고 있는지요?

어머니, 파크, 레나와 함께 즐거운 시간을 보내셨다니 매우 기뻐요. 그리고 저는, 두 분께서 두 분의 아이들에게 그렇게 편파적이실 거라고 생각하지 않아요. 빌리와 저도 두 분이 방문해주실 만하다고 생각해요. 그러니 두 분 다 트렁크를 싸서 함께 오세요. 멀지 않아요. 저희가 얼마나 두 분과 함께 하고 싶은지요!

새 스토브가 도착했어요. 오는 동안 조금 찌그러지긴 했지만 요리 품질은 저하되지 않았고 저희는 지금 화려하게 음식을 조리하고 있답니다.

어머니, 빌리는 살이 찌고 있어요. 저는 그게 행복해요. 그가 이곳에 온 이후로 적당량의 음식을 섭취하지 못했고 조금 마른 듯해서 걱정이었어요. 저는 그가 좋아하고 또 필요한 음식을 만들어주면서 그를 위해 최선을 다하고 있거든요. 빌리의 몸무게가 많이 늘어나서 단추를 푼 채로 조끼를 입어야 한답니다. 이제 저희가 먹고 싶은 것을 먹고 싶을 때 먹을 수 있게 되어 너무 좋아요. 저희 둘 다 그것 때문에 훨씬 좋아요.

저희 밭의 씨앗이 어제 도착했어요. 만약 이 빛나는 멋진 날씨가 지속된다면 머지않아 이른 채소를 기를 수 있을 것 같아요. 지금은 집안에서 약간의 상추를 기르고 있어요. 먹을 수 있을 만큼 커지길 바라고 있지요. 제가 스위트피를 심었는데 싹이 트지 않을까봐 숨죽이고 있는 중이에요. 그게 제가 가진 씨앗 전부인데다 제가 스위트피를 사랑하거든요. 다음에는 꽃씨를 심어야겠어요. 화분에 심은 식물들은 잘 크고 있어요. 저는 그것들이 연례회의 때까지는 크게 자라도록 하려고 애쓰고 있는데 그냥 자기들이 자라고 싶은 만큼만 일하고 있는 것 같아요.

지금은 날마다 언어 공부를 하고 있어요. 그런데 알면 알수록 더 모르겠어요. 솔직히, 읽고 듣고 배우기를 시도했던 것들 중 가장 헷갈리고 혼란스럽네요. 748개의 동사 어미가 있어요. 그런데 빌리 말에 의하면 그중 747개는 그가 모르는 것들이래요. 날마다 너무 맥이 빠지지만 그래도 느릿느릿 해가고 할 수 있는 최선을 다 해야겠지요.

어제 제 선생님께서 주신 메모를 동봉해드려요. [유실됨] 혹시 두 분이 읽으시는데 문제가 있을 경우에 대비해서 설명해 드릴게요. 그녀가 아파서 올 수 없다는 거예요. 내용은 그런 취지예요. 메모가 접혀 있는 것을 주의해주세요. 그리고 저희 조선인 친구가 저를 위해서 만들어 준 손수건도 동봉해요. 그녀는 저의 혼수로 그 손수건을 선물했는데 한 번도 사용하지 않았어요. 어머니께서 그 섬세한 헴스티치를 보시면서 즐거워하실 거라고 생각했어요. 그들은 수를 정말 잘 놓아요. 하지만 수놓을 디자인을 고르는 건 그다지 탁월하지 않아요. 이 여성은 "김보우니"인데 멋진 그리스도인이고 저희 여학교에서 중요한 선생님이에요. 보내드릴 수 있는 그녀의 사진도 갖고 있는 것 같아요.

이제 가야겠어요.

두 분의 아이들이 사랑을 가득 담아

키티와 빌리

가장 사랑하는 어머니:

어머니의 다정한 편지를 12월 21일 목요일에 쓰셨네요. 저희가 그곳에 있어서 크리스마스에 누릴 즐거움을 위해 준비하시는 어머니를 도울 수 있었다면 얼마나 좋았을까요. 파크와 딕이 그곳에 있을 수 있었다면 좋겠어요. 어머니, "우울한 날들"이 어머니의 삶 속에 있게 마련이라는 것, 때때로 우리 삶을 파고들 길을 찾은 것처럼 보이는 그 아픔을 어머니가 느끼셔야 한다는 게 너무 가슴 아파요. 저희는 어머니의 행복을 간절히 바라고 있고, 또 어머니의 실망감이 가능하면 최소한이길 기도하고 있어요. 하지만 이런 말도 역시나 진실이네요. "각자의 인생에는 반드시 비가 내리고, 어떤 날은 어둡고 따분하기 마련이다." 그래도 우리가 이 세상에서 겪은 모든 실망과 놓쳐버리는 것들이 다음 세상에서는 더 많이 보상될 것을 안다는 건 행복한 생각 아닐까요?

엄마의 모든 편지는 요즘 너무 우울하고 불행하게 보여요. 엄마의 가장 어린 자식이 내딛으려고 하는 걸음에 대해 너무 고통스럽고 슬프기 때문이죠. 이런 때 엄마 가까이에 있기를, 그래서 엄마를 도울 수 있기를 정말 간절히 원하곤 해요. 하지만 편지 한 통이 오고 가는 데도 두 달씩 거리는 머나먼 이곳에서는 아무 소용이 없는 것 같네요. 어쩌면 헬렌이 넓어져서 일들을 다른 시각에서 보지 않을까 싶어서, 그리고 "부재로 인해 마음이 애정을 점점 덜 느끼게" 되지 않을까 하는 생각에 헬렌이 저희를 방문하도록 하려고 노력했어요. 하지만 아무래도 헬렌이 오도록 하는데 성공하지 못한 것 같고 가여운 엄마는 걱정 때문에 병이 나셨네요.

저는 늘 헬렌이 하는 남자들에 대한 판단을 많이 신뢰했고 잘못된 사람을 선택할 거라고 두려워하지도 않았어요. 그런데 들어보니 헬렌의 지혜가 부족했던 것 같아요. 저는 그를 전혀 몰라요. 엄마가 남자에 대해 가지고 계시는 극히 높은 수준의 생각과 요구를 알기 때문에, 그런 상황이 아니길 기대하고, 그것보다는 엄마가 지금 생각하시는 만큼 그렇게 나쁘지 않다는 것 아셨으면 해요. 만약 그런 상황이 된다면 저는 분명 헬렌에게 실망하게 될 거예요. 왜냐하면 어머니, 헬렌은 멋진 여성이잖아요. 헬렌은 정말 능력이 있고 행복한 가정과 가치 있는 남자를 가질 만 해요. 하지만 헬렌은 아직 어리고 자신에 대해 확신이 생길 때까지는 기다려야 하죠.

어머니, 저는, 제가 빌리를 찾을 때까지 기다렸던 제 삶에 대해 매순간 더욱 감사해요. 그가 어딘가에 있었고, 빌리 말고는 그 누구도 원하지 않음을 알았죠. 그를 발견하기 위해 너무 먼 길을 여행해야 했지만 저는 이미 행복으로 훨씬 더 많이 보상 받았고, 그를 제 생애의 동반자로 얻게 된 것이 얼마나 대단한 복인가 하고 생각할 뿐이에요. 어머니, 이 세상에 그런 사람이 있을지 모르겠어요. 그는 제가 "꿈꾸던 사람"이었어요. 저는 그저 영원히 꿈을 꾸면서 갈 거라고 생각했고 그를 발견하지 못할 거라고 생각했어요. 하지만 "만물은 기다리는 자에게 오는 법이죠." 저는 기다렸고 하나님께서는 그를 저에게 주셨어요. 저는 그에게 올바른 아내이길 바라고, 그의 사랑과 보살핌을 받을 만한 진정한 배우자이길 바란답니다.

어머니, 그는 훌륭해요. 그의 영향력과 그가 날마다 보여주는 모범은 조선에서 선포되는 그 모든 설교 이상이에요. 그는 매우 성실하고, 신뢰가 있고, 순수하고 또 행복해요. 그와 함께 있으면 삶에 대한 완전

260

히 다른 시각을 갖게 되고, 모든 사람들이 그와 함께 있고 싶어 하고, 그를 온전히 내 것이라고 생각하고 싶어 해요. 어머니의 것이기도 하죠! 저희 둘 다 어머니 것이고, 어머니를 많이 사랑하고, 어머니를 만날 수 있는 때가 오길 간절히 기다리고 있어요.

아무 것도 걱정하지 마세요. 단 한 순간도 어머니가 불행하시다는 생각을 하고 싶지 않거든요. 모든 것이 적절한 때에 잘 될 거라고 확신해요.

사랑을 꾹꾹 눌러 담아,

어머니의 성실한 딸,

키티

1925년 2월 1일 일요일

가장 사랑하는 어머니, 아버지,

지난주에는 두 분의 편지가 도착했어요. 늘 그렇듯이 저희는 편지를 받아 행복했답니다. 두 분은 저희들에게 정말 다정다감하세요. 저희들에게 베풀어주시는 모든 호의에 대해 저희가 얼마나 감사하는지 모르실 거예요. 어머니, 햄은 엄청난 선물이 될 거예요. 무지 감사하죠. 들어가는 비용은 둘째로 치더라도, 여기서는 저희 음식에 변화를 주는 게 굉장히 어려워요. 그러니 저희가 얼마나 감사해 할지 상상도 못하실 거예요. 그런데 두 번째 것을 보내신다니, 첫 번째로 보내주신 걸 먹지 않고 참기에는 너무 유혹이 강렬하지 않을까 생각돼요. 저희는 그걸 연례 회의를 위해 그걸 아끼고 있었거든요. 하지만 그때는 이곳에 수많은 손넘이 올 것이기 때문에 빌리와 저는 맛도 보지 못할까봐 두려워요. 그래서 처음 건 저희가 즐겁게 먹고 이번에 보내주시는 걸 연례회의용으로 보관하면 어떨까……요? 저희는 너무 들떠 있고 모두들 저희를 부러워한답니다. 저희가 여기서 구하는 고기는 너무 형편없어서 어떤 스타일로 음식을 준비하려고 하든지 즐겁지가 않아요.

빌리와 저는 며칠 전에 "수준 낮은" 돼지고기를 사서 소시지 2.3킬로그램을 만들었어요. 저희 자신이 굉장히 자랑스럽게 느껴졌죠. 저희가 구하는 질긴 구이용 고기보다 훨씬 더 즐기고 있어요. 그 외에는 여기서 다른 종류의 고기를 구할 수가 없답니다. 미국인 사냥꾼들이 어쩌다 가끔 사슴을 잡을 때가 있어서 함께 먹기 위해 선교지부 사람들을 모두 초대하기도 하고 아니면 작은 부분을 주변으로 보내기도 해요. 가끔은 "광"(꿩)을 몇 마리 잡기도 한답니다. 빌리와 저도 얼마 전에 사냥을 나갔었는데 사냥감을 집으로 데려오는데 완전히 실패했지요. 이번 기회는 전혀 좋지가 않았어요. 저희 선교사들 가운데 탁월한 사냥꾼이 한 명 있는데, 광주에 있는 월슨 박사 Dr. Wilson 예요.* 그는 많은 사슴, 곰 두세 마리, (그 곰들 중 한 마리가 사람 6명을 죽였는데 조선인이었어요.) 그리고 수많은 꿩을 죽였어요. 그는 나가기만 하면 많은 사냥감을 가지고 돌아온답니다. 월슨과 지금 그를 방문 중인 그의 남동생은 지난 겨울에 함께 사냥을 다녀왔어요. [그녀는 문장을 마치지 않는다. 아마도 방해받지 않았을까?]

아버지, 빌리는 또한 신발에 대해서도 감사할 거예요. 정말 필요하기 때문에 매우 유용할 거예요. 뭐 이 나라는 다른 것들에 대해서도 그렇겠지만 신발에게는 정말 가혹한 곳이에요! 병원 일이 다시 시작되었

•   우월손 Robert Manton Wilson

사랑이 키티를 조선에 부르다

고 빌리는 계속해서 움직이면서 이 말도 안되는 사람들을 바로 잡아주려고 하고 있어요. 제 생각에는 그가 최선의 힘을 발휘하고 있지만, 이 사람들이 제대로 된 방법으로 일을 하도록 시키는 데 있어서는, 최선조차도 별 효과가 없어요. 이 특별한 때가 (이번 주 내내 그리고 지난 주) 조선과 중국의 설 명절이에요. 그래서 그들은 다양한 행사를 위해 집에 있어야만 하고, 따라서 사람들이 아프거나 수술을 받아야 하는 상황이어도 모든 행사가 멈출 때까지 미뤄야 하는 거죠. 그러니까 병원은 북적거리지 않아요. 어제는 꽃을 갖다 주려고 갔는데 제 작품을 나눠줄 사람이 입원환자 딱 한 명밖에 없었어요. 병원은 겨우 지난 월요일에 시작했는데, 아마도 곧 일에 "푹 빠지게" 될 것 같아요.

이번 주에 여기서 노회가 모여요. 그래서 저희는 광주에 있는 페이즐리 씨 Mr. Paisley 를 저희 손님으로 맞을 거예요. 그건 그렇고, 어머니, 요리책이 이 마지막 우편과 함께 도착했는데요. 정말 유용하게 사용하고 있어요. 요리책이 도착하고 나서는 매일 레시피를 하나씩 사용하고 있는데 모두 너무 훌륭해요. 이번 주에는 저희 손님을 위해서 어머니의 케이크 레시피를 시도하려고 해요. 어머니만의 레시피로 만든 케이크를 즐길 계획이에요. 양심적으로 빌리가 이렇게 말하지는 않겠죠. 확실해요. "꼭 어머니가 만드시던 것 같아." 저희는 앨범 속에서 친척들과 친구들을 찾아보면서 즐거운 시간을 보냈답니다.

저희는 지금 진정한 겨울을 보내고 있어요. 그래서 아무래도 제 모든 스위트피 씨앗이 꽁꽁 얼어버려서 제가 기대했던 아름다운 꽃이 되지 못할 것 같아요.

늘 사랑하고, 또 사랑해요.

마음을 담아,

키티와 빌리

1925년 2월 22일 일요일

가장 사랑하는 어머니:

오늘은 "우리나라의 아버지"를 기념하기 위해 국기를 높이 다셨나요? 저는 학교 다닐 때 그 행사에 익숙해 있었거든요. 그래서 어제는 우연히 제 손에 들어온 플래그 핀을 아이들에게 갖다 줘야겠다고 느꼈어요. 그런데 그 가여운 "재외민들"은 그것의 의미를 깨닫지 못하는 것 같더군요. 만약 제가 일본 황제에게 경의를 표하기 위해 플래그 핀을 착용해야 한다고 말했어도 그 아이들에게는 똑같았을 거예요. 저는 그 엄마들에게, 우리가 스스로 좀더 애국적인 단체를 조직하고 "경찰POLICE" 외의 그 무언가를 가르치는 게 좋을 것이라 생각한다고 말했어요. 그 아이들은 경찰이 우주를 지배한다는 것 말고는 생각하지 못하는데, 그 이유는 그게 바로 그들이 여기서 보고 듣고 복종하는 전부이기 때문이죠.

지금 이틀 사흘 정도 엄청난 바람이 불고 있어요. 아주 많이 불쾌하고, 그 바람을 거의 버텨낼 수가 없어요. 그래서 오늘 오후 주일학교에 어떻게 가야 할지 모르겠어요. 학교는 3.2킬로미터 이상 떨어져 있고, 가파른 오르막 길 꼭대기에 있거든요. 바로 목포에서 가장 높은 산의 좀 낮은 봉우리 중 하나죠. 말 그대로 바람에 날아가서 바다로 처박힐까 봐 두려워요. 바다가 산 주변을 온통 두르고 있기 때문이에요.

어머니는 이 바람을 상상도 못하실 거예요. 거의 하루도 빠지지 않고 늘 바람이 부는데 어떤 때는 다소 조용하게 바람이 불기도 하지만, 이번 3일 동안 부는 바람은 완전히 두렵고 정신이 아득해지네요. 사실 두 가족이 목포를 떠나야 했는데, 그 이유는 계속 불어대는 강한 바람 때문에 두 여성의 상태가 불안해졌기 때문이었어요. 물론 저는 휩쓸려 가지는 않을 거예요. 하지만 그들을 떠나보낼 필요가 없었다면 하고 바라죠. 저희들과 시베리아 사이에는 아무 장벽이 없고, 때때로 이곳 목포에는 끔찍한 모래 폭풍이 분답니다. 모래는 시베리아 사막에서 곧바로 불어와요. 그런 폭풍에서 사람들은 바로 앞의 짧은 거리밖에는 볼 수가 없어요. 저는 아직 그렇게 심한 건 경험하지 않았지만 제가 경험한 것만도 충분히 나빴죠.

빌리는 어제 어떤 남자의 다리를 전달하고 편도선을 제거했어요. 그는 요즘 수술 집도가 꽤 많아요. 저는 며칠 전에 "언청이" 수술을 보러 갔어요. 수술 같은 건 처음 "봤는데", 썩 좋아한다고 말하기는 어려울 것 같아요. 어쨌든 어제 저는 다리 절단하는 걸 보러 다시 가지는 않았어요. 계속 되기만 한다면 일은 지금 괜찮은 상태예요.(그런데 좀 어려운 것처럼 들리지 않으세요?)

어머니! 그 햄! 아, 그 햄! ㅇㅇㅇㅇㅇ음. 어떻게 감사드려야 하죠? 어떻게 할지 안다면 저는 그렇게 할 거예요. 하지만 제 자신을 진정으로 표현하기에는 말이라는 건 너무 제한적이네요. 백만 번 감사드려요. 저희가 햄을 먹을 수 있도록 어머니께서 여기 계신다면 얼마나 좋을까요! 하나는 저희가 먹고 다른 하나는 연례회의 때 오시는 손님을 위해 보관해두기로 했어요.

저는 최근에 원예에 대해 공부하고 있어요. 저희에게 밭이 하나도 없다 하더라도, 빌리가 밭에 대해서는 걱정하지 않게 하겠다고 결심했답니다. 빌리는 병원을 걱정하는 것만으로도 충분하고 늘 거기 묶여 있잖아요. 그래서 꼬맹이 "키티"는 책을 펼쳐서 똑같이 하기로 해요! 원예와 조선말 중에 어떻게 제일 어렵게 보이는지 잘 모르겠지만 저는 고귀한 노력을 하고 있는 중이고 저희가 굶지 않기를 바라고 있어요. 저는 포도나무와 무화과나무를 모두 가지치기하고 다듬었어요. 집에 있는 상자에는 샐러리와 토마토를 심었고, 밭에는 스위트피를 심었고, 지금은 밭을 파서 비료를 주고 있는 중이에요.

비료를 구하느라 좀 고생했어요. 땅을 기름지게 하기 위해 조선인들이 좋아하는 방법은 인분 거름이거든요. 그리고 저희가 왜 그 가장 좋은 걸 원하지 않는지 그들이 이해하지 못하기 때문에 아주 조심스럽게 지켜봐야 해요. 하지만 저희가 일단 그들을 훈련시키고 나면 알죠. 어쨌든 다른 종류의 비료를 구하는 걸 어려워요. 구하기가 늘 쉬운 건 아니지만, 저희는 나무와 왕겨가 타서 나오는 재를 사용해요. 바깥 일꾼과 그걸 놓고 의논하면서 "외양간 두엄"을 찾을 수 없는지 물었어요. 사실은 제가 필요한 단어를 알지 못했기 때문에 요구를 하려고 노력했지만 단어를 바꿔야만 했어요. 저는 "두엄"에 대한 적절한 말은 모르고, "찌꺼기"에 대한 건 하나 알고 있었어요. 그래서 그에게 혹시 밭에서 사용할 "소 찌꺼기"를 좀 구할 수 없겠느냐고 물었죠. 음, 그는 가버렸어요. 저는 그의 앞에 너무 어려운 일이 벌어졌기 때문에 그가 영원히 가버렸다고 생각했어요. 그는 오래 동안 머물렀어요. 그리고 마침내 "소 찌꺼기", 왕겨, 재, 그밖에 아무도 알 수 없는 것을 섞은 걸 들고 나타났어요. 어쨌든 뭔가 될 것처럼 보여요. 저는 그것에 7엔을 지불했는데, 많은 구역을 충당할 것 같진 않아요. 빌리가 굶어 죽지 않도록 기도해 주세요.

세상에서 가장 멋진 남자가 들어왔기 때문에 이제 가야겠어요. 그리고 그에게 말하려고 해요. 왜냐하면 제가 "틀림없이" 그를 사랑하니까요.

266

멀리에서 어머니의 아이들이 사랑을 가득 담아,
키티와 빌리

**남장로교 선교부
조선 목포**

1925년 3월 9일 일요일

가장 사랑하는 어머니, 아버지:

지난 일요일에는 "감기" 때문에 상태가 나빴는데, 제게는 약을 처방해 줄 수 있는, 세계에서 가장 멋지고 훌륭한 의사가 있잖아요. 그래서 저는 금방 회복되었고 오늘은 가족들에게 보내는 편지를 다시 시작할 수 있게 되었지요. 정말, 지금은 너무 괜찮아요. 하지만 또다시 같은 질병을 갈망하고 있다고 말씀드릴 수는 없겠죠. 여기 있는 사람들은 모두 "그러고 있고," 저 역시도 그래야만 했어요. 두 분은 안 걸리시길 바라요.

이 편지를 쓰면서 이미 수많은 실수를 했어요. 제가 무심결에 시력을 잃었다고 생각하실까 봐 걱정이에요. 빌리와 저는 의료진 회의에 참석하고, 또 치과 진료를 받기 위해서 수요일에 광주에 갔어요. 그날 아침 6시 기차에서 감기에 걸렸어요. 그리고 2시간 반을 달리는 내내 추운 상태로 있었어요. 저는 이미 꽁꽁 얼었고, 인력거를 타고서 깊이 쌓인 눈 속을 달려 컴파운드로 갔어요. 거기 도착하자마자 치과 의자에 앉았죠. 2시간 정도 빼고는 오후 5시가 될 때까지 하루 종일 거기 머물렀어요. 그 방도 하루 종일 추웠고, 그날 밤 11시에 집에 도착했어요. 그 정도면 제가 아프게 된 것에 대한 훌륭한 변명이 되겠죠?

저희는 2월에 진정한 겨울을 보냈어요. 지독하게 추웠어요. 저희가 그전에 누렸던 봄 날씨가 대거 움을 틔웠기 때문에 열매가 망가지게 될까 봐 걱정이에요. 또 그 긴 기간 동안 비가 전혀 내리지 않아서 말라서 날아가 버릴까 걱정이에요. 지금 저희는 물을 계속 운반해 오고 있는데, 모래 폭풍이 시작되었고, 씨앗은 자랄 수가 없어요. 저희 창문은 바람에 날아오는 두꺼운 먼지가 쌓여 있어서, 대개는 밖을 거의 볼 수가 없어요. 씻어도 효과가 없답니다.

내일이면 커다란 우편이 오겠네요. 저희가 그걸 받으면서 누리는 기쁨은 말할 필요도 없겠지요.

지금 빌리는 병원에 환자들이 많이 있고 진료 시간은 완전히 꽉 차서 초과하고 있어요. 저희 선교사들 중 마틴 양이 병원에 있는데 스프루 치료를 받고 있어요. 그녀는 이곳에 약 12년 정도 있었는데 선교사들 중에서 꽤 자주 이 끔찍한 질병에 시달렸어요. 그녀는 치료를 받으면서 잠시 미국에 머물러야만 했는데, 지금 또 문제가 생겼네요. 그녀의 휴가가 봄에 예정되어 있어서 그때는 집으로 돌아갈 것이고 그녀에게 도움이 될 거라고 생각해요. 그녀는 정말 열정 있는 사역자이고 포기하는 걸 싫어한답니다.

니스벳 부인은 다시 같은 문제가 생길 조짐을 보이고 있어요. 만약 빌리가 그녀를 병원으로 데려가야 한다면, 저는 그녀를 위해 아기를 돌봐야겠지요. 저는 죽도록 무서울 거예요. 왜냐하면 그녀는 이곳에서 굉장히 이상하게 아기를 한 명 잃었거든요. 그 사건 때문에 그녀는 이 아기에 대해 굉장히 신경을 쓰고, 모두들 그걸 건드릴까 봐 두려워해요. 그녀는 굉장히 까다롭고 그녀의 시간 전부를 아기에게 쏟아 붓는답니다. 그래서 제가 아기를 돌보는 동안 아기에게 무슨 일이 생기면 저는 비난을 받게 되겠죠. 아기는 저를 사랑하고 다른 여성들과는 아무 것도

사랑이 키티를 조선에 부르다

하려고 하지 않아요. 제가 그녀와 많이 같이 있었기 때문에 아마도 저를 그녀의 엄마 다음으로 생각하는 것 같아요. 그녀는 "생기"로 가득 차 있고 정상 몸무게보다 훨씬 많이 나가기 때문에 그 어린 숙녀를 즐겁게 해주기 위해서, 그녀의 상태를 좋게 유지하기 위해 분투하다 보면 숨을 헐떡거리면서 내쉬고 있는 저를 발견하게 된답니다.

다음 주에는 여성들을 위한 수업이 시작돼요. 다른 선교지부에 있는 여성들이 그들을 가르치기 위해 오기 때문에 저희들은 손님을 맞아야 겠죠. 저는 또 일주일 동안 일본 사역자를 맞게 될 예정이에요. 가빈 양 Miss Garvin 인데, 그녀는 예전에 일본에서 일했고 지금은 경성에 있어요. 어떤 일로 3월 17일에 이곳으로 올 예정이고 저희는 그녀를 저희 손님으로 "끌어 들였죠." 그녀가 오는 게 기쁜 것이, 목포에는 일본인들에게도 중국인들에게도 사역이 없고, 그래서 제 마음이 슬프기 때문이에요. 이곳에는 일본인들뿐 아니라 중국인들도 많이 있답니다. 어떤 때는 해야 할 일은 많은데 할 사람이 없는 걸 보면 저희는 거의 "폭발하게" 됩니다. 저희의 미약한 노력이 이 이방인들의 땅 위에 자그마한 흔적을 만들게 되겠죠. 하지만 "완전하게 서약한 전천년주의자"가 된다는 건······.

[그녀는 문장을 완성하지 않는다.]

수도 없이 생겨나는 방해물 없이 편지를 더 쓰고 싶어요. 너무 여러 번 중단을 해서 이 편지의 "언제, 왜, 어디인지"를 모르겠어요. 그래서 그걸 "번잡"이라고 부르고 이번 편지를 그만 둡니다.

두 분께 사랑을 가득 가득 담아,

늘 마음을 다하여,

키티와 빌리

추신: 짐 아저씨 Uncle Jim 가 보낸 상자로 인해 저희는 너무 기뻤어요. 너무나 큰 도움이 됩니다. 빌리에게 신발이 정말 필요했고, 물건도 아주 좋아요. 저는 어제 넥타이 41개를 다려서 맬 수 있도록 걸어뒀어요. 그리고 돌아다닐 때 날마다 새로운 타이를 매야 할 거라고 빌리에게 말했어요. 코트도 멋지고 매우 유용할 거예요. 우편물 보내주셔서 감사합니다.

남장로교 선교부
조선 목포

1925년 3월 13일 금요일

사랑하는 어머니,

어머니는 완벽하게 멋진 분이세요. 그 햄은 사랑스러울 수밖에 없구요. 햄에 대해서 말씀해주시는 어머니의 편지가 오늘 왔어요. 저희는 너무 행복하고 어머니께서 아시는 것보다 훨씬 더 감사드려요. 그리고 어머니, 어머니께서 빌리의 "크루 드 게르"[원문 그대로임]● 중 하나를 제게 보내신다는 걸 읽고 거의 미칠 뻔 했어요. 저는 그 메달이 너무 자랑스러워요. 그리고 세상에 있는 그 어느 것보다도, 그 어느 보석 조각보다도 그걸 갖고 싶어요. 그런 생각을 해주셔서 너무 감사해요. 메달 때문에 너무 행복하고, 뭘 해야 할지 모르겠어요. 어머니, 어머니와 제

● 크로와 드 게르(Croix de Guerre)는 프랑스의 군인용 장식이다. 1, 2차세계대전과 다른 전쟁에서 수여되었으며, 또한 프랑스와 동맹한 외국 군대에게도 수여되었다.

사랑이 키티를 조선에 부르다

가 빌리를 갖게 되었을 때, 세상에서 가장 멋진 걸 갖게 된 거예요. 그렇
죠? 세상에는 더 이상 그와 같은 사람이 없으니까 그가 만들어졌을 때
그 패턴은 사라진 것이고요. 이건 그저 어머니께 감사를 전하는 메모에
불과해요. 너무 행복해서 편지 쓰는 걸 단 1분도 기다릴 수가 없었어요.
나중에 더 쓸게요.

　　어머니의 행복한 아이들이 사랑을 가득 담아

　　　　키티와 빌리

南장로교 선교부
조선 목포

1925년 3월 15일 일요일

　　사랑하는 가족 여러분,

　　이 편지를 끝내기 전에 "주일 학교" 낱말 카드가 부족하다는 걸 알게
될 것 같은 예감이 들어요. 빌리는 병원에서 아침 회진 중이고 저는 방
금 일주일치 빨래를 해치웠어요. 제가 일요일에 일하는 것에 대해 나무
라지 마세요. 늘 월요일에 빨래를 했고 이번이 절대 처음이거든요.

　　게다가 꽃들이 물을 달라고 아우성 치고 있었어요. 참 이상하게도,
저희에게는 드나드는 사람들[일꾼들]이 많이 있거든요? 저희에게 할 일
이 있을 때면 저희가 후원해주는 것을 갚기 위해 주변을 맴도는 사람들
이죠. [답례로 일을 하는 것] 그런데 이 사람들은 우리 방식에 대해 너무
모르고, 게다가 그들은 이미 알고 있는 것 이상을 배우려는 마음이 전
혀 없어요. 그래서 저희는 주변을 맴돌며 그들을 참아줘야만 하고 여전

히 저희들이 스스로 일을 하고 있지요. 상당수의 꽃들이 너무 많이 먹이는 "친절" 때문에 죽고 나서는 제가 직접 책임을 맡았고 힘든 시기를 견디고 살아남은 잔존 생명들을 구출했어요.

이 편지에 "사랑하는 가족 여러분"이라고 쓰자마자 요리사가 뭔가에 대해 화가 난 이야기를 해주려고 왔는데 저는 절대 한 마디도 알아들을 수가 없었죠. 진찰을 위해서 빌리를 불러야 할지 아니면 경찰을 불러야 할지 모르겠더라구요. 그녀는 넌더리를 내며 가버렸어요. 다른 사람이 또 들어오기 전까지 몇 단어나 쓸 수 있을지 모르겠네요.

빌리는 아침 식사 전에 아픈 아기의 호출을 받았어요. 이 서신을 짧게 써야할 것 같아요. 10시 30분에는 아마 두 시간 정도 앉아있기 위해 교회(조선인 교회)에 가야 하고, 1시 30분에는 산 넘어 3.2킬로미터 떨어진 곳에 있는 주일 학교에 갔다가 4시 30분에는 저희 영어 예배를 위해 돌아와야 하거든요. 그리고는 집으로 와서 저희의 일요일 저녁 식사를 소박하게 준비하고, (요리사는 가라고 하고) 가족 기도를 드리고, 아마도 이 편지를 마감하고, 하루가 끝나겠지요.

내일은 손님이 한 명 오는데 일주일 동안 목포에 있는 일본인들 사이에서 뭔가 일을 할 예정이에요. 그래서 저희들의 일주일 동안의 프로그램에 해야 할 일이 더해진답니다. 여기는 일본인들을 위해서 일하는 정규 사역자가 없어요. 그래서 가끔 짧은 기간 동안 한 사람이 파송되는데 저희가 그녀를 데려온 거죠. 여기 있으면서 저희 반에서 가르치는 것을 동시에 할 사람을 선택할 권한이 저희에게 있었는데, 빌리가 이 여성을 선택했어요. 함께 장난칠 잘 생긴 "신여성"을 원했기 때문이에요. 그녀는 60세정도 되는데 일본에 20년 동안 있었고, 이제 저는 망을 보면서 바로 턱 밑에서 그를 지켜야겠어요. 안 그러면 늘 그녀와 시시덕거릴 것이고 가족 간에 단절이 올 거예요.

사랑이 키티를 조선에 부르다

어머니, 어머니가 그 불쌍하게 버림받은 "생과부"를 끌어당겼다는 건 아주 재밌는 농담이었어요. 저희는 그걸 읽고 웃었답니다. 저는 다름 아닌 제가 그런 일을 했다는 걸 몰랐다고 빌리에게 말했지요. 저는 항상 그런 계책을 쓰고 있어요.

제가 이렇게 타이핑을 치면서 하는 수많은 실수에 대해 너무 많이 말씀하지는 마세요.

(시간이 흘러서)

다음으로 저를 방해한 건 세상에서 가장 다정한 사람의 등장이었어요. 저는 그 방해물에 대해 **전혀 언짢지 않았답니다.**

어제는 빌리가 세 건의 큰 수술을 집도했어요. 지난밤 죽도록 피곤했지요. 물론 조제실 일은 덤으로 있는 것이고 아마도 다양하고 잡스러운 일들에 대한 요청도 자그마치 백 건이에요. 빌리는 26명에 대해서는 가정치료까지도 책임을 지고 있어요. 그 사람들은 날마다 집에서 꼭 치료를 받아야 하거든요. 그리고 한 집에 여러 명의 사람이 있을 경우에는, 격렬한 논쟁이 벌어져서 해결을 해야 한답니다. 온통 그 이상하고 바보같이 들리는 언어로 말하니까 그 사람들이 하는 말의 반 이상을 추측을 해야만 해요. 그 사람들이 제 남편을 '것'이라고 부르면 정말 미칠 것 같아요. 날아가서 때려주고 싶다니까요. 그가 왔느냐고 제가 물으면, 대답이 이래요. "의사 가는 것 봄 네 다," 그걸 영어로 번역하면 아마도 "그 오는 것 봅니다."일 거예요.

그들은 말하는 건 모두 "것"이라고 불러요. 지난밤 저희는 기차에서 내려서 옷가방 등을 들기 위해 "지게꾼"을 고용했어요. 그걸 어디로 가지고 갈지 물으면서 그가 말했어요. 영어로 번역한다면 "어디로 가는 것들이오?" 다른 말로 바꾸면 "어디로 가져가면 되오?" 제가 어떤 물건을 좀 봐달라고 일꾼 한 명에게 요청했는데 그들이 그걸 찾지 못해요. 그리고 제게 말하는 거죠. "원하는 것 없소." 이 세상에서 그런 말 쓰는 걸 배운 적이 없어요. 그들에게는 대명사가 없고 사용하지도 않아서 말을 할 때 꽤 걱정이 되고, 또 모든 동사가 문장의 맨 끝에 따라 나오기 때문에 저는 이해할 수가 없어요. 다른 사람에 대해 사용하는 말을 나 자신에 대해서 똑같이 사용할 수 없어요. 그렇게 할 경우 자신을 높이는 것이 되고 그런 일을 하는 건 끔찍한 일이에요. 무가치한 자기 자신은 반드시 땅의 먼지로 보여야 하고, 너무 비루해서 주목을 끌 만한 가치도 없어요. "번거로우시지요. 죽어도 부탁을 드리고 싶지 않지만 제게 물 한 잔 주시겠습니까" 등등. 결국 혀가 완전히 꼬이고 꺾이고, 그걸 묻어버릴 구멍을 파기 위해 코르크따개가 필요할 거예요. 제가 날마다 수업을 마칠 때면, 그 몸뚱이를 다시는 흔들어대지 못할 것 같은 느낌이 들어요. 그렇게 되면 빌리는 얼마 후 그 아내의 종알거림에서 휴식을 취하게 되겠지요.

세 번째 방해 - - 교회 종

사람들이 장로를 뽑는 중인데 오늘은 비교적 가볍게 지나갔어요. 절차에 돌입한 지 3주째인데 아직도 시간이 많이 필요하네요. 이 선거와 관련해서 얼마나 많은 일요일이 아직도 남아 있을까요! 그들이 이 긴긴 세월의 무지함과 어둠 이후 믿음을 가질 수 있게 된 건 놀라움과 경이로움과 기쁨이 뒤섞여 있는 파토스요, 비극이요, 희극이에요. 저희는 교회에 가다가, 남자, 여자, 소년들 무리를 봤는데, 그들은 작은 숯불 위에서 팥이 들어간 쌀떡을 부치고 있었어요.* 그건 동전 한 개에 두 개씩 팔렸고, 어떤 건 동전 한 개에 한 개였어요. 그 떡은 길에 있는 온갖 흙과 먼지를 죄다 뒤집어쓰고 있었고, (이 작은 무리들은 길 여기저기에 쪼

• 호떡

사랑이 키티를 조선에 부르다

그리고 앉아서) 어떤 때는 반죽을 푸는 숟가락이 반죽 냄비가 아닌 땅으로 떨어지기도 해요. 하지만 아무래도 좋아요. 사는 사람들은, 차례대로, 가장 좋고 두툼한 것을 더러운 손으로 집어 들어요. 그 다음은, 마치 그 날이 그 날인 듯 [일요일에] 집이나 가게 등을 짓는 일을 목수들. 이교도들에게는 그렇겠지요? 진흙과 짚으로 지어진 염색시설을 지나가는데, 거기도 역시나 똑같아요. 좀 귀여우면서도 야한 색깔의 품질 나쁜 천 조각들이 새로 염색되어 바람에 날리거나 땅에 펼쳐져 있지요. 그 다음은, 행상인들이 바구니나 나무 들통에 과일, 야채, 혹은 물고기, 해초 같은 걸 담아서 등을 가로지르는 긴 장대에 매달고 소리를 쳐요. "와서 사세요!" 교회 문 바로 밖에서는 여자들 두 명이 싸우고 있는데, 그건 오로지 조선인들이 싸우는 방법이에요. 큰 소리로 욕설과 함께 서로 이리저리 밀어대고, 좀처럼 때리지는 않아요. 쌀이 마르고 있고, 일꾼들의 짐은 어제도, 그 전날도 그랬던 것처럼 늘 똑같이 지나가네요.

네 번째 방해 - - 저녁식사 그리고 그후 주일학교

주일학교는 평소처럼 4.3 × 4.9미터 크기의 방에 약 1백 명 정도가 모였어요. 그 안에 들어가게 되면 누구 발이 누구 발인지 거의 구별할 수가 없어요. 그런 상황에서 수업을 한다는 건 끔찍하죠. 다른 반이 하고 있는 것을 아이들이 보지 않도록 하는데 시간이 많이 걸려요. 게다가 아이들 전체가 동시에 떠들게 되면 그야말로 야단법석이에요. 혹시 그쪽 주일학교에 카드 남은 게 있으면 그것 좀 받을 수 있다면 정말 좋겠어요. 아이들은 미국 그림 카드 갖는 것을 너무 좋아해요. 그림은 수업에 있어서 그들에게 굉장히 큰 의미랍니다. 영어 예배의 경우는 니스벳 박사가 집례하는데, 저는 항상 그의 예배가 두려워요. 그는 변함없이 "즐거운 나의 집"과 "때 저물어서 날이 어두우니"를** 부르거든요. 첫 단을 부르고 나면 저는 더 이상 부를 수가 없어요. 대신 목에서 꾸역 꾸역 올라오는 뭔가를 삼키고, 마지막 단이 끝나면 고향으로 날아간답니다. 도대체 그는 왜 현 상태에 만족할 수가 없는지, 이런 노래들을 빼버릴 수 없는지 모르겠어요. 절대 빼지 않거든요.

저희에게 불고 있는 이 모래 폭풍은 사하라 사막에서 곧바로 날아오는 거예요. 제일 이상하게 보이는 일이고 또 매우 불쾌해요. 12월 이후로 비가 전혀 내리지 않고 있으니, 씨앗이 단 한 개도 자라날 것 같지 않아요. 저희는 옥수수, 콩, 아이리쉬 감자, 상추, 토마토를 (상자에) 심었지만 비가 내리지 않는다면 전혀 수확을 못하게 되겠죠. 그러면 저희는 연례 회의 때 망하게 되는 거예요. 집 안에는 물이 한 방울도 없고, 씻는 물을 포함해서 물이란 물은 죄다 운반해 와야 해요. 저희 정원과 집이 있는 자리는 옛날에 전부 단단한 돌이었대요. 정원 자리를 만들기 위해 돌을 파내고 돌 대신 흙을 옮겨 왔어요. 저희 마당은 땅 속으로 1센티미터도 파들어 갈 수가 없어요. 지표에 만들어 둔 화단이 약간 있어서 꽃들이 좀 있지요. 태어나서 그렇게 많은 돌을 본 적이 없어요. 온 나라가 온통 돌뿐인데 특히 목포가 그래요. 거대한 돌산이에요. 사람들은 계속해서 돌을 파내는 중이고 최근에는 그 돌을 가지고 이곳 주변 바다의 절반을 메웠어요. 저희 언덕 기슭 주변은 물밖에 없었는데 지금은 그곳에 건물을 짓고 쌀을 건조시키기 위해 돌을 채웠지요. 목포가 성장하고 있기 때문에 더 많은 땅이 필요하고, 온통 물밖에 없으니 땅을 만들어 내야만 하는 거예요.

어머니는 지금쯤 틀림없이 이 편지 때문에 지치셨을 거예요. 하루도 끝났으니 이제 그만 해야겠어요. 이번 주에는 가족 편지라는 그레함 아주버님의 계획을 사용하기로 했어요. 아시다시피 편지 두 통을 쓸 시간

•• 새찬송가 481장

이 없어요.

가족들 각자에게 사랑, 사랑, 사랑을 담아

키티와 빌리

남장로교 선교부
조선 목포

1925년 3월 22일 일요일

다시 사랑하는 가족 여러분:

저는 이번 일요일에도 지난번과 똑같은 불편함으로 인해 고통 받고 있어요. 저희 "신여성" 때문에 더 나빠졌어요. 그 방문객이 지금도 이곳에 있고, 저는 그녀를 어느 선까지는 즐겁게 해드려야만 해요. 저희는 사람들이 편안하게 느끼도록 만드는데 꽤 익숙해 있고 그들도 편히 지내는데 익숙해 있어요. 모두들 늘 그랬던 것처럼 계속 해야 하는 자기 일이 있기 때문이죠. 가빈 양은 정말 귀한 분이고, 저희는 그녀를 매우 좋아해요. 그녀가 일본에서 보냈던 43년이 이곳 사람들에게는 매우 의미가 있다고 생각해요. 저는 일본인을 즐겁게 해주느라, 그리고 의식에 참석하느라 거의 새우등이 되다시피 했네요. 가빈 양에게는 목포를 구경시키고, 학교, 병원 등도 보여줘야 했고, 제가 할 일 말고도 성경학교에서 음악 수업을 맡고 있어요. 정확히는 하퍼 양과 제가 함께 하고 있죠. 그러면서 날마다 조선말을 배우고 있고, 어제 밤에는 선교지부에 있는 모든 손님들(모두 네 명)에게 저녁 식사를 제공했어요. 그래서 저는 좀 바쁜 여자였답니다. 이 차 업무가 은근히 제 신경을 거스르게 하네요.

일본인이 들를 때마다 그 남자나 그 여자에게 차를 대접해야 하고, 그건 꽤 귀찮은 일인 것 같아요. 아마 그렇게 많은 차가 없다면 그들 형편이 더 좋아지지 않을까 생각이 들어요. 이유야 여러 가지가 있지요.

성경공부 반에는 벌써 거의 200명 가까운 여성들이 있고 더 많아질 것 같습니다. 만약 제가 풍금을 쳐야 한다면, 다음 번 성경공부 반이 시작되기 전에 저희에게 돈이 들어와서 새 풍금을 살 수 있으면 해요. 지금 사용해야 하는 건 나이가 많아서 너무 약하니까 책상을 받쳐야만 해요. 악보대는 완전히 어디론가 사라져버렸어요. 그래서 제 책을 풍금보다 60센티미터 정도 더 높은 책상 위에 눕혀 놓고, 책을 보기 위해 거의 서있는 자세를 취하고, 그러면서도 펌프질을 하기 위해서는 **앉아야** 하죠. 제 목은 원래 길이보다 1미터나 늘어났어요. 통나무 너머로 쳐다보는 칠면조보다 더 심하답니다. 그리고 가끔 그 낡은 풍금의 숨이 가빠져서 소리 내는 걸 거부하게 되면 저는 앉아서 기다려야 하지요. 그러다가 그 기다림이 너무 길게 되면, 다시 풍금이 소리 내는 걸 시작하도록 하기 위해 무릎을 꿇고 제 숨을 불어넣어야 해요. 만약 그걸 아주 조금이라도 움직이려고 한다면 아마 와르르 무너져내릴 걸요. 목포 성경공부 반에서 "풍금 연주자"로 활동하는 제 사진은 아마 동양을 빼고 미국이나 다른 어디서 발행되는 신문 만화란에서 1등을 차지하게 될 거예요. 그들에게 있어서 그런 일은 그냥 일상이에요.

저희 수업을 마친 첫 날, 하퍼 양과 저는 반 학생들에게서 인사를 받으려고 서있었어요. 그들 중 어떤 이들은 소수의 외국인만을 봤나 봐요. 어쩌면 그들의 마을을 방문한 순회자 빼고는 한 명도 보지 못했을 수도 있어요. 그래서 분명히 저희 외모와 행동이 관찰 대상이었겠죠. 음, 조선 사람들은 첫 번째 접근법이 "아이가 몇 명인가요?"랍니다. "없는데요."라는 대답보다 그들에게 더 놀라운 대답이 있을까요? 음, 저희가 그 대답을 했을 때. 어머니는 아마도 그들이 저희 장례식에 참석하고 있다고 생각하셨을지도 몰라요. 그들은 마음 아파하는 표정을 지었고, 그들이 표한 연민은 그 어떤 연민보다 강한 것이었어요. 아이를 갖지 못하는 것은 조선인 혈통에게 일어날 수 있는 가장 나쁜 일이에요. 그건 거의 수치예요. 그래서 저는 하퍼 양에게 속삭였어요. "어떻게 피해야 할지 모르겠네요. 하지만 당신의 체면을 세우기 위해서 당신은 결혼하지 않았다고 그들에게 말하세요." 음, 그녀는 그렇게 했어요. 아, 그들의 얼굴을 보셨어야 하는 건데. 그건 훨씬 더 나빴어요. 하퍼 양 나이가 되도록 남편이 없이 사는 조선 여성은 아무도 없거든요. 그들은 정말 할 말이 없어졌어요. 부모들은 대부분 소녀들이 12살에서 18살 사이일 때 약혼을 시켜요. 그런데 지금 교육을 통해 좀 배운 근대적인 기독교인 소녀들 중에는 한 번도 본 적 없는 남자나 봤다고 하더라도 그녀의 이상형에 맞지 않을 경우 그 남자와 결혼하는 걸 머뭇거리는 경우도 있답니다. 하지만 특별히, 시골에서 온 이 여성들은 여자가 결혼하지 않는 건 수치라고 생각해요.

교회 가야 할 시간이에요. 모자를 쓰고 달려가야겠네요. 오, 어떡하죠? 덧신은 완전히 닳아져서 쓸 수가 없게 되었고 스타킹에는 구멍이 숭숭! 교회에 가거나 아니면 조선인들의 집에 갈 때면 구두에 뒤집어씌우기 위해 덧신을 가져가거나, 아니면 구두를 벗어야 해요. 엄마, 웅거 씨가 제 스타킹 등이 들어있는 짐을 아직도 보내지 않았어요. 그게 저한테 얼마나 필요한지 알았다면 자기가 직접 드는 짐에 제 걸 넣었겠죠. 지금 그에게는 이곳 목포에 배편으로 온 물건들이 좀 있고, 그가 빌리에게 물건을 꺼낼 선하증권을 보냈기 때문에 아마도 전송되기 전에 그걸 열어보게 될 것 같아요.

여러분 각자에게 안부와 사랑을. 멀리 떨어진 곳에서 선교사 자녀들의 깊은 마음을 담아, 포옹과 키스를 전합니다. 사랑도 전합니다.

키티와 빌리

다정한 저희 두 어머니들께서 보내신 편지가 어제 왔어요. 저희는 너무 행복했어요. 용기를 주는 편지! 두 분 멋지세요.

[1925년] 4월 19일 일요일, 11시 정각

사랑하는 어머니:

제가 마지막 편지를 (지난 월요일에) 부친 다음 날 어머니의 편지가 도착했어요. 다시 한번 모두들 지금까지 건강하시길 바라고, 어머니는 휴식을 취하고 계시길 바라요. 충분히 그러실 만하고 또 그래야만 하지요.

아직까지 힘이 다 돌아오지는 않았지만 그래도 오늘은 몸 상태가 좋아요. 어제는 처음으로 마당에 나갔어요.

진짜 봄이에요. 하지만 비가 내리지 않아서 씨앗은 자라지 않고, 저희가 마시고 요리하고 씻는 물은 1킬로미터를 운반해 와야 해요. 저희 바깥 일꾼은 낮이면 계속해서 물을 져나르기 때문에 그에게 다른 건 시킬 수가 없어요. 이곳에는 늘 물을 구하는 사람들이 줄을 서있기 때문에 우리 일꾼도 어떤 때는 30~40분 정도 기다려야만 물 두 통을 채울 수 있답니다. 그리고 나면 그는 나무틀에 달린 고리에 그걸 매달아요. 그 나무틀은 자기 등에 맞춰져 있는데 밧줄로 된 팔 구멍이 있고 그곳으로 팔을 집어넣어요. 저는 그가 등에 이렇게나 무거운 짐을 지고 올 때면 그를 보지 않으려고 애써요. 하지만 세상에나! 그들은 거의 걸을 수 있게 되면 이 일을 시작한답니다. 저는 6살이 넘어 보이지 않는 남

사랑이 키티를 조선에 부르다

아, 여아들이 7~11리터씩 들어가는 통을 두 통씩 나르는 걸 봤지요. 다른 종류의 짐들도 있어요. 어린 것들이 그렇게 무거운 짐을 지는 걸 보면 가슴이 찢어져요. 어떻게 그런 통들을 갖고 다니는지 저는 알 수가 없어요.

저희 밭에 완두콩 몇 개와 상추는 조금 있는데 토마토는 한 개도 없어요. 비가 내리지 않는다면 다른 건 하나도 열리지 않겠지요. 비가 내리지 않는다면 저희는 연례 회의 때 사람들에게 뭘 먹이죠? 아! 햄이 있네요. 그거야말로 가장 좋은 것이니 걱정하지 않겠어요.

컴파운드에 있는 아이들은 홍역을 앓고 있고 모든 순회자들은 시골에서 설교를 하고 있는 중이에요. 맥켈리 부인은 마을 밖에 있고요. 그래서 저희 예배가 취소되었고, 빌리와 저는 오후 내내 즐거운 시간을 보내려고 해요. (주일학교에도 가지 않을 거예요.) 4시에는 병원에 가서 회진을 돌 예정이지만, 신혼여행 이후로 오후 내내 함께 있기는 처음이에요. 너무 행복한 거 있죠.

빌리가 조선인 교회에서 돌아오고 있어서 가봐야겠어요.

사랑하고 또 사랑해요.

어머니의 키티와 빌리

월요일 아침

오늘 아침에는 미국 우편물이 또! 지난 번 편지 이후 겨우 7일밖에 지나지 않았는데 어떻게 왔는지 모르겠네요. 3월 29일에 쓰신 편지에요. 빨리 왔죠? 세일럼에 가실 예정이었군요. 지금쯤은 모든 상황이 좋아졌기를 바라요.

남장로교 선교부
조선 목포

[1925년] 부활절 일요일

사랑하는 어머니:

이제 일어난 지 이틀 되었어요. 빌리에게 기댄 채로, 식사를 하러 간신히 아래층에 내려갔어요. 정말, 독감이 "장난이 아니에요." 어제는 완전히 흥분했어요. 저희가 몽고메리 워드에 주문한 게 왔어요. 빌리가 햄을 꺼내자, 저는…… 갑자기 괴성을 질렀어요. 그쪽에 들리세요? 어머니! 햄은 "저희 삶의 기쁨"이에요. 훌륭해요, 훌륭해. 저희가 햄을 얼마나 즐기게 될런지요! 어머니께 어떻게 감사드릴 수 있을까요? 저희가 얼마나 감사드리는지 어머니는 모르실 거예요. 그걸 저희에게 보내주시다니 너무 친절하세요. 정말이지 멀리 떨어져 있는 어머니의 아이들에게 귀하고 귀한 선물이에요.

저희를 대신해서 토마스에게 따뜻한 환영의 말을 전해주세요. 베티 Betty 가 잘 지낸다니 기쁘고 파크에게 문제가 없으면 좋겠어요. 저희는 거의 매순간 그녀를 생각하고 있고 아기가 태어났는지, 파크는 어떤지 등등이 궁금해요. 저희 가족들의 소식을 오래 동안 기다리는 건 정말 힘들답니다. 딕은 지금쯤 좀 나아졌나요? 분명 파크에게는 굉장히 힘든 일이었겠죠. 제 생각에 파크는 굉장히 용감하고 멋있는 사람이기 때문에 늘 그렇듯이 그 모든 일을 잘 겪어낼 거예요. 옷을 보내서 그녀를 괴롭게 하는 등 이미 그녀에게 많은 부담을 더해준 걸 생각하니 부끄럽네요. 물론 제가 그 상황을 모르긴 했지만요. 빌리도 몰랐죠. 저희는 그것이 그 옷들을 돌려받는 가장 빠르고 확실한 방법이라고 생각했답니다. 고마워요. 하지만 어려운 상황에 놓여 있는 그녀를 그런 일로 힘들게 해서 미안해요. 어머니, 어머니가 순회를 하고 계시니까요. 윌리엄 주니어 William P. Jr. 가 태어나는 게 결정되면 조선에 오셔서 그를 가족으로 받아들이는 걸 도와주시겠어요? 저희는 그를 맞을 준비가 되어 있고 하나님께서 하나님의 시간에 그를 저희에게 보내주시길 바란답니다. 하지만 어머니, 이 칙칙한 기후와 세균들이 저희를 힘들게 옭아매고 있어서 뭘 기대해야 할지 모르겠어요. 이런 상황은 저희를 늘 우울하게 만들기 때문에 저희 활력 곡선이 늘 바닥이고 그래서 힘들어요. 하지만 어머니, 저희는 굉장히 행복하고, 그래서 더 견딜 수 있어요. 제가 독감에 걸려있는 동안 빌리는 제게 너무 다정했고 저를 도와줬어요. 제가 열이 높이 오르자 그는 흥분했어요. 저는 늘 상황을 깔끔하게 할 줄 모르는데, 그는 병원을 내팽개치고는 계속해서 제 옆에 머물러 있었답니다. 제가 아프기 전까지는 자기가 저를 얼마나 사랑하는지 몰랐다고 하네요. 세상에! 그는 세상에서 가장 다정한 사람이에요. 그리고 그런 그를 가진 저는 행운의 여자이지요.

제가 날마다 힘을 회복하고 있긴 하지만 더 쓰기에는 힘이 부쳐요. 사랑스런 햄, 다시 한 번 감사드려요. 아버지의 편지가 며칠 전에 도착했어요. "고모님"의 상황이 좋아졌기를 바랍니다. 그들은 그런 심각한 패자들이 되진 않을 거예요.

어머니와 아버지를 많이 사랑해요.

키티와 빌리

글자가 흔들려서 죄송해요. 제 손이 떨고 있거든요.

이제 괜찮으니 제 걱정은 하지 마세요. 빌리에게는 제가 아픈 것에 대해 죄다 말씀드리지 말라고 했어요. 그렇게 먼 곳에서 뭘 하실 수도 없잖아요. 어머니에게 걱정을 더 얹어드릴 필요가 없죠.

남장로교 선교부
조선 목포

[1925년] 5월 2일 일요일

사랑하는 어머니, 아버지:

저희는 이렇게나 멋진 5월을 행복하게 보내고 있으니 두 분도 잘 지내셨으면 해요.

다시 한 번, 저는 괜찮다고 말씀드릴 수 있어서 기뻐요. 그렇지만 제가 돌아다닐 때 사람들이 이렇게 말하면 굉장히 이상해요. "어머! 당신 때문에 너무 놀랐어요", "당신이 살아 있어서 감사해요", "당신에게서 오는 보고를 숨죽이며 기다렸지 뭐예요?" 여기저기서 사람들이 이런 말을 하며 인사를 했고, 저를 위해서 기도회를 가졌다고 말하더군요. 저희는 금요일에 광주를 다녀왔는데 오면서는 시골을 통과해서 운전을 했어요. 빌리가 치과에서 볼 일이 있었는데, 하퍼 씨가 광주까지 온 자신의 새 포드를 운전해서 내려다 달라고 부탁했지요. 광주는 저희의 가장 큰 선교지부인데다 치과 진료를 받으려는 사람들, 방문객 등 많은 손님이 있었어요. 그래서 마치 제가 굉장히 낯선 생물인 것처럼 모두들 저를 보려고 몰려들었어요. 제게 관심을 갖고 따뜻하게 대해줘서 좋았지만, 말씀 드린 것처럼 저는 좀 이상하게 느껴졌어요.

단비가 내려서 지금은 정원에 대해 "손톱만큼" 희망을 품고 있지요. 그리고 고개를 살짝 내미는 꽃들도 조금은 볼 수가 있어요.

목포에서는 천연두가 유행했기 때문에 저희들 모두 백신을 접종해야 했답니다. 병원에 있는 간호사 한 명이 천연두에 걸렸기 때문에 빌리와 베인 양Miss Baine, 간호사 이 서로에게 두 번의 접종을 실시했어요. 물

284

론 그들은 둘 다 바로 위험에 노출되었죠. 컴파운드에 있는 아이들, 정확히는 그중 몇 명이 홍역에 걸렸거든요. 그래서 저희 집을 제외하고는 어린 아기들 때문에 저희 "백인"들을 방문할 수도 예배드리러 올 수도 없어요. 사람들이 모두들 이곳에 계속해서 오잖아요. 그러니 다른 사람들이 왔다가 자기네들이 홍역을 앓는 가족 사이에 있다는 걸 알게 되면 모두들 흩어지겠지요. 저는 전에 홍역을 앓은 적이 있기는 하지만 마음이 편하지는 않더군요. 그게 다른 종류였는지는 몰랐고, 현재로서 저는 다른 어떤 것도 원하지 않아요. 이제 병에서 회복되고 있는 중이니까요.

어머니, 샬럿 Charlotte 에 있는 "맨즈 클럽"이 저희에게 집을 지어주기로 결정했어요. 저희가 완전히 새로운 집에 살게 될 걸 생각하니……. 이 집에 대해서 불평거리가 전혀 없지만, 너무 크고 더럽고 불편해요. 첫 번째로 지어진 것이고 개선도 가능할 거예요. 경비를 모으는데 시간이 걸릴 거라고 말했으니까 아마도 그 집을 갖게 되기까지 2년은 걸릴 것 같아요. 그리고는 이곳에서 건물을 짓기까지 수개월이 걸릴 테니 만약 "집에 대한 계획"이 있으면 저희에게 보내주세요.

파크와 딕에게 편지를 쓰고 싶어서 이제 그만 써야겠어요. 지난 주 우편 이후로 저희는 어머니의 편지를 많이 그리워하고 있어요. 하지만 아버지의 편지에 대해 감사 드려요. 가능하실 때는 편지 쓰는 걸 빼먹지 말아주세요.

많이 사랑해요. 진한 키스를.

키티와 빌리

사랑하는 여러분:

이 편지가 도착할 때쯤이면 튜플로 감리교회 강단에서의 "설교"가 잘 끝났겠지요? 세 명의 여성 여러분은 그리운 튜플로에서 멋진 시간을 보내고 있겠죠? 오빠가 얼마나 자랑스러운지요. 그리고 오빠의 은사와 능력도요! 저희도 달려가서 함께 여름을 보내고 싶은 마음이 **간절해요.** 한마디로 여러분에게 아주 즐거운 시간이겠죠. 모두들 튜플로를 좋아하잖아요. 그리고 모두들 행복할 것 같고, 엄마가 행복하게 되기를 바라서인지 엄마의 편지가 도착하고 나니 제가 딴 사람처럼 느껴졌어요.

저는 여러분들 중 단 한 사람이라도 불행하다는 걸 알 필요가 없었으면 좋겠어요. 너무 걱정되거든요. 그래서 이번 겨울에는 **엄청나게** 걱정을 했지요. 그리 걱정한 것에 대해 늘 용서를 구하는 기도를 하고 있네요. 우리는 그 누구보다도 감사할 게 많고, 걱정을 하는 건 큰 죄를 짓는 거라 굳게 믿어요. 저에 대해서라면 딱 한 가지가 있어요. 제가 걱정하는 **단 한 가지** 일은 집에서 오는 우울한 편지들이에요.

언니는 "마작majhong" 가방을 받았을까요?

저는 돈, 옷, 질병, 또 그밖에 다른 것들에 대해서는 걱정하지 않아요. 그건 빌리의 종교에 반하는 일이에요. 빌리가 저를 개종시켰답니다. 그는 걱정은 절대로 불필요하다는 것, 죄라는 것을 분명하게 보여주죠. 빌리가 엄마를 만날 수 있게 한다면 좋겠어요, 엄마. 엄마의 이 마지막 편지…… 엄마는 절대로, **절대로** 저희의 성공과 행복에 대해 의심하시면 안돼요. 그리고 그렇게 비관적이어서도 안돼요. 엄마가 좋지 않게 생각하는 사람들을 잊기로 결단하세요. 엄마는 빌리가 집에 가는 걸 엄청 두려워하게 하셨기 때문에 엄마의 편지에 대해 수정을 좀 가해야 하겠어요. 빌리는 자기가 소위 "인척(법적으로 맺어진)"의 범위 안에 포함될까 봐 두려워해요. 어찌할 바를 모르고 있어요. 엄마의 거친 말씀이 액면처럼 나쁘진 않다고 빌리에게 말했어요. 어차피 엄마도 그를 사랑하지 않을 수 없을 거예요. **그럴 수 없지요.**

여러분은 모두 제 말에 크게 웃을 수도 있고, 제가 제 남편에 대해 바보 같다고 할 수도 있어요. 하지만 여러분들은 그에 대해서 알아야 해요. 아마 웃지 않게 될 걸요, 설교자 여러분? 있잖아요, 푸츠 Puts, 주일학교 순회를 좀 하는 건 어때요? 그래서 몇 달 동안 톰슨 박사처럼 와서 통역을 통해 설교를 하는 건 어때요? 정말 굉장할 거예요. 하지만 톰슨 박사처럼 향수병에 걸리지는 않았으면 해요. 당신이 어디서 살고 있는지, 누구의 집에 사는지 등등을 저에게 알려주세요. 단발머리를 한 언니의 모습이 너무 궁금하군요. 그 모습을 볼 수 있다면, 빌리만 빼고 제가 갖고 있는 모든 걸 드리겠어요. 심지어 아름다운 차이니스 러그도! 하지만 제 생각에 미국에서는 사람들이 사진 찍는 걸 그만 뒀거나 아니면 카메라가 없어진 것 같아요. 제가 만 번 정도는 사진을 보내달라고 쓴 것 같은데 아무도 이유를 말해주지도 않고 아무 얘기가 없으니 말예요. 분명 언니가 부끄러워하고 있는 것이겠죠. 그게 제가 추리할 수 있는 유일한 방법이네요. 애니 스펜서도 마찬가지예요.

언니는 "마작 majong" 가방을 받았을까요?

천연두 유행이 잠잠해졌고 저희도 훨씬 괜찮아진 것 같아요. 저희는 집에서 온 가족들과 일꾼들이 함께 백신 파티를 열었답니다. 볼만 했어요. 빌리와 베인 양은 두 개를 가지고 갔어요. 병원에 있는 간호사 한 명이 걸렸거든요. 물론 그 약을 그녀에게 투약해야 했지요. 그리고 이 내용은 당장 경찰에 보고가 들어가야 했고, 그들은 당연히 당장에 마스크를 쓰고 나타났어요. 그리고 멀찌감치 떨어진 채로 서서 일꾼들(쿨리)에게 그녀를 "페스트의 집"으로 데려가라고 명령했어요. (자기네들이 가져온 들것에 실어서요.) 이번 주간은 정화 주간이었는데 1년에 한 번씩 해요. 제 말은 정화라는 건 일본인들이 한다는 뜻이죠.

조선인들은 아니에요. 그들은 아마 세상이 시작될 때부터 가브리엘 천사가 나팔을 뚜 불 때까지 목욕을 하지 않을 거예요. 하물며 청소는 말할 것도 없지요. 모든 시궁창, 그러니까 길을 따라서 파놓고 화장실로 사용하는 작은 도랑을 말하는 거예요. 그 시궁창을 청소하는 중인데 그 냄새는 아마 철인의 코도 뚫고 들어갈 걸요? 사람들은 일년 내내 이 작은 도랑 위에 아기를 들고 쭈그리고 앉아 있었어요. 아시다시피 가게가 그들의 집이니까요. 따라서 상업 지구에서 큰길을 따라 걷다가, 몇 센티미터마다 생리적 욕구에 부응하는 광경을 보는 건 아주 친숙한 일이랍니다. 그 도랑들은 빠져나가는 구멍이 없으니까 일 년에 단 한 번 청소를 한다는 게 얼마나 끔찍한 일인지 상상이 되시죠?

언니는 "마작majohng" 가방을 받았을까요?

저희는 정화 주간에는 **절대** 시내로 내려가지 않아요. 저희가 **저희** 도랑을 청소했는지 확인하기 위해 경찰들이 네 줄로 왔더군요. 청소했다고 말하자 문에 붙이라며 이 작은 쪽지를 건네줬어요. 1~2년 전에 어떤 경찰이 니스벳 부인에게 아주 험악하게 굴었대요. 자기가 생각하는 것처럼 청소를 하지 않았다고 생각했던 거죠. 그리고는 청소를 하지 않은 이유가 뱃속에 아기를 가졌기 때문이냐고 물었대요. 상류층 사람들마저도 표현하는 방식이 그래요. 경찰관 네 명이 올 때 저는 혼자 있었는데, 그들이 오는 걸 보면 늘 오싹하는 느낌이 들어요.

올 봄에만 벌써 **거실**에서 지네 **다섯 마리**를 죽였어요. 지네가 물지

사랑이 키티를 조선에 부르다

않아도, 그런 식으로 계속 나타난다면 저는 신경쇠약에 걸릴 거예요. 이 집이 지네로 유명해요. 조선 사람들은 지네를 호랑이보다 더 두려워한답니다. 너무 두려워하기 때문에 절반 정도는 쫓아내지요. 저도 그들을 비난하지 않아요. 저는 한 마리를 죽였는데 또다른 놈이 나타나면 대부분 **겨우 소리를 질러요.**

언니는 "마작mahjong" 가방을 받았을까요?

빌리가 데리고 있던 두 번째 의사는 알고 보니 완전히 이상한 놈이에요. 병원을 소송 걸겠다고 위협하고 있어요. 그 사람은 처음부터 예의라고는 없는 사람이었죠. 갑자기 다른 병원으로 가겠다고 결정을 했는데 부자가 될 거라나요. 계약 관계가 있는데도 빌리에게 통지를 하지 않고 이사를 나가려는 것이었어요. 빌리는 그를 비난하지도 않았고, 그냥 그렇게 하는 게 조선의 정당한 관습이냐고만 물었어요. 그러자 그는 고개를 떨구고 아무 말도 하지 않았지요. 빌리는 그가 그 달에 며칠 일했던 부분에 대해 월급을 청산했어요. 그리고 거기다 좀 보태줬는데, 그 사람이 신세를 좀 진 게 있는데 당연히 갚지 못했기 때문이었어요. 그가 이제는 직업을 잃었는지, 아니면 부자가 되지 못한다는 걸 깨달았는지, 아니면 자기가 떠나고 난 바로 다음 날 빌리가 다른 의사를 고용해서 질투를 하는지 알 수가 없어요. 그 달 말에 그가 자기 월급의 나머지를 정중하게 요구하는 거예요. 하지만 빌리가 그걸 거절하자 소송을 계획하고 있어요. 일본 법원을 통해 미국 사람에게 소송을 거는 조선 사람이라니, 신문 만화란에 실릴 소재로 이보다 더 좋은 게 없을 걸요. 세 사람은 상대방의 언어를 모르죠. 음, 무슨 일이 벌어질지 모르겠지만 어쨌든 웃기는 얘기가 될 거예요.

그 의사가 고소를 하게 되면 그건 조선에 있는 모든 기독교인들과 본토인들과 외국인들의 면전에서 스스로 자신을 망치게 하는 일이 되겠죠. 제 생각으로는 조선인 기독교도들 중에서 그걸 그에게 말해주고 그를 구하려고 노력할 사람들이 있을 것 같아요.

언니는 지난 11월에 보낸 "마작mahjong" 가방을 받았을까요?

그만 가봐야겠어요. 엄마를 많이 사랑하니까, 만약 제게 빌리가 없다면 그곳으로 날아가서 엄마와 함께 여름을 보낼 수 있겠죠? 엄마, 뭘 가지고 저를 "엉망진창"이라고 부르셨어요? 아마 제가 썼던 말도 안되는 뭔가에 대해서였겠죠? 저기요, 제가 그 호스 바지를 아직 못 받았어요. 제가 그걸 겨울을 대비해 제때 받지 못해 웃었다고 말씀하셨잖아요. 아마 다음 겨울에도 시간 안에 받지 못할 것 같아요. 빌리가 푸츠를 위해 간절히 기도했어요. 제가 들은 가장 간절한 기도였지요. 매일 그를 위해, 그의 성공을 위해 기도해주세요.

많이 많이 사랑해요.

자동차 만세! 하하! 제가 바퀴를 움직이기 시작했어요.(?) 클라렌스 밀턴 Clarence Milton 은 아직도 학교 교장인가요?

🐜🐾

남장로교 선교부
조선 목포

[1925년] 5월 19일 화요일

사랑하는 엄마와 어머니:

이렇게 늦게 작은 쪽지를 쓰게 되어 부끄럽네요. 일요일에는 아시다시피 하루 종일 저희의 정규 사역이 있는데, 그때 집에 손님이 있었어

사랑이 키티를 조선에 부르다

요. 어제는 집을 꾸미기 위해 집을 해체했어요. 저희는 흙벽에 칠을 하고 있는 중이거든요. 일하는 사람들 옆을 계속해서 지켜서있어야 한다고 말씀드리면 믿지 않으시겠죠? 예를 들어, 어제는 방문객이 한 명 있어서 그와 얘기를 하려고 몇 분 동안 아래층에 내려갔어요. 그리고 돌아갔더니 글쎄 그 정신 나간 놈이 작은 방의 **바닥을**, 바닥을 칠해버린 거예요. 그래서 저희가 현장에 있어야 해요. 그 사람들은 가구도, 러그도, 휘장도 고려하지를 않아요. 그들이 작업하고 있는 방에서 다음 방으로 옮겨갈 때 잘 지켜야겠다고 생각했죠. 그러다가 잠깐 조선말을 공부하는 사이에 그들이 손님방으로 가서는 반 정도를 칠했는데 블라인드도, 커튼도, 러그도, 침대보도, 서랍장 덮개도 치우지 않았더군요. 그들은 40퍼센트의 칠 반죽을 냅다 던져요. 저는 바로 그 순간, 거기서, 그 둘 다의 목을 졸라버리고 싶었어요. 하지만 저희를 위해 별로 득이 될게 없죠. 그들은 그 5분 뒤에 뭔가를 미친 듯이 하기 때문이에요.

엄마, 호스 바지 네 벌이 왔어요. 정말 자랑스러워요. 그게 너무 간절하게 필요했거든요. 엄청 감사드려요. 그런 걸 보내주시다니 정말 멋지세요. 이번 주에는 엄마의 편지가 없었는데, 어머니께서 긴 편지를 보내주셨어요. 어머니, 이번 주에는 어머니께서 보내주신 그 사랑스러운 두 번째 햄을 즐기고 있답니다. 저희가 손님을 많이 치렀는데 그들은 햄에 대해서 극찬을 했고, **모두들** 저희 집에서 식사하기를 원해요.

저희에게는 세상에서 가장 좋은 두 분의 어머니가 계세요. 저희가 그분들 것이라는 게 너무 자랑스럽고 그분들이 아시는 것보다 훨씬 많이 그분들을 사랑해요. 연례 회의 행사를 준비하기 위해 모임이 있어서 이제 그만 가봐야겠어요. 이제 4주 동안은 저희 집이 손님을 가득할 거예요. 그리고 온갖 종류의 토론을 펼칠 것이고 선교지부를 바꾸고 새로운 계획을 세우는 일 등을 하게 될 거예요.

많이 사랑해요.

키티

남장로교 선교부
조선 목포

[1925년] 5월 31일

사랑하는 어머니, 아버지:

1년 전 오늘 저희는 밤새도록 보통 열차를 타고 달려 경성에 도착했어요. 제국 정부에 저희를 선보이러 간 건데, 그건 좋든 나쁘든 상대방을 책임지겠다는 허락을 받기 위함이었어요. 그런데 더 좋았고, 늘 "훨씬 좋아지고" 있어요. 오늘 아침에 저희는 그 준비 과정과 신혼여행 등을 돌아보면서 웃었답니다. 꼬박 1년이 되었고, 저희는 그 어느 때보다 더 사랑하고 있어요. 그건 늘 그렇고, 저희가 바라는 딱 한 가지가 있다면 저희 가족들을 만나는 거예요. 저희 둘 다 축하연 같은 것에 그다지 관심이 없지만 화요일 밤 저녁식사 때는 빌리만을 위해 웨딩드레스를 입으려고 해요. 이곳에 있는 사람들은 저희들보다 생일과 결혼을 축하하는 일을 훨씬 더 좋게 생각하고 있어요. 니스벳 부인은 기념일에 특별한 것을 하지 않는 건 범죄라고 생각하죠. 하지만 저는 그들의 기념일에 대항해서 평범한 날의 저희 사랑을 걸고 판돈을 키우겠어요.

지금 빌리는 좀 어려운 수술을 하고 있어요. 평균 하루에 한 건의 수술을 하는데, 어떤 때는 2~3건도 해요. 빌리가 좋아하는 병원 잡부가 한 명 있는데, 그는 자신에게 부인이 필요하다는 결정을 내렸어요. 전

292

에 그에게 부인이 있었는데, 한꺼번에 "참외" 열여섯 개를 먹고 바로 세상을 떠난 거예요. 그가 얼마 전 병원에 있는 환자 한 명이 딸을 자기에게 시집보내고 싶어 한다는 걸 알게 되었죠. 그래서 그녀를 위해 40엔을 책정했고, 이 병원 일꾼 "병선"은 그녀를 보지도 않고 계약을 맺고 빌리에게서 "50엔"을 빌려갔어요. 그런데 병선이 외국인에게서 도움을 받는다는 걸 알게 된 그 아버지가 자기 딸의 값을 바로 200엔으로 올려버렸답니다. 병선은 분통을 터뜨리고는 "그 주문을 철회했고", 돈을 빌리에게 돌려줬어요. 경성에 가서 **40엔**을 주면 한 명을 사올 수 있다고 하더군요. 마침내 그는 친구를 통해 목포 가까운 어디에서 한 명을 데려왔는데, 그녀가 "재취"라서 돈을 들이지 않고 그녀를 데려왔죠. 그건 정말 "초현대적인" 사건이에요. 그는 빌리에게 자기를 검진해달라고 했고, "완벽하다"는 걸 알고는 그의 아내도 검진을 받게 하기로 결정했어요. 그는 그녀를 본 적이 없었지만 그녀를 데려와 빌리에게 보내서 그가 인정하는지를 확인하고 또한 검진도 받게 했지요. 빌리의 시험은 병선의 시험에 비하면 아무 것도 아닐 것 같아요. 왜냐하면 빌리가 했던 건 "수많은 시험들 중 하나"에 불과하기 때문인데다, 그들 대부분은 "검진" 같은 게 있다는 것도 모르니까요. 검진을 잘 써먹고 있는 걸 보면 병선은 병원 주변에서 많이 배우고 있는 거죠.

그는 한 달에 20엔의 월급을 받는데, 집을 빌리고 이미 있는 두 아이들과 그의 아내를 부양하겠죠. 물론 그는 아내가 곧 직업을 갖길 기대할 테고요.

저희는 너무나도 예쁜 딸기를 기르고 있는데, 게다가 "많아요." 미국에서 오는 내내 딸기 나무를 흔들어대며 저희가 딸기를 시작할 수 있도록 해준 그 선교사에게 다시 한번 감사해요. 딸기는 저희가 여기서 기를 수 있는 "유일한" 식물이거든요. 너무 즐거워요. 나중에 연례회의 때

더 많아지지 않을까 싶어 확인 차 꽃들을 떼어냈어요. 아버지, 효과가 있을까요? 저희에게 큰 밭이 둘 있어서 위험을 감수할 여유가 되네요. 그게 잘 될지 모르겠어요.

내일이면 미국 우편이 올 것 같아서 두 분의 편지를 확인하고 편지를 부칠 예정이에요.

아주 많이 사랑해요. 키스!

키티와 빌리

사랑하는 어머니, 아버지,

편지 쓰는 걸 죄다 키티에게만 하게 하다가 이렇게 작은 쪽지만 첨부합니다. 저는 세상에서 가장 사랑스럽고, 멋지고, 예쁘고, 슬기로운 아내를 가졌어요. 작년 이맘때 말씀드린 것보다 훨씬 더 그래요. 키티는 너무 훌륭한 감각과 판단력을 가졌어요. (남편을 고르는 것만 빼고 전부) 키티가 손을 본 저희 집을 두 분께서 보실 수 있다면 좋겠어요. 모두들 와서 극찬을 하고 또 보고 또 극찬을 한답니다.

어머니, 멋진 생일 선물 감사해요. 이렇게 구석진 곳에 있는 어머니의 아이들에게 이렇게 잘해주시다니요.

조만간 하룻밤 쉴 예정이니까 그때 진짜 편지를 쓰도록 할게요.

마음을 담아,

윌리엄

월요일 아침

정말 어머니의 편지가 왔어요. 편지를 받고 얼마나 기뻤게요? 파크, 딕, 그리고 아이들과 분명 즐거운 시간을 보내셨겠죠?

오늘 아침에 나가서 한련초 두 송이와 스위트피 몇 송이를 발견했어요. 저는 그 꽃들이 너무 자랑스럽고 저희 정원이 결과적으로는 그리 나쁘지 않았던 거예요. 저희는 상추, 래디시, 완두콩, 머스터드도 기르고 있구요. 콩과 감자도 빠른 속도로 크고 있어요. 다만 한 가지 어려움은, 심는 사람이 씨앗을 한꺼번에 심어서 한꺼번에 너무 많이 생긴다는 거예요.

그 시를 발견하실 수 있다면 좋겠어요. 제 생각에는 그게 좋을 것 같아요. 저희는 "사이더 프레스"걸 즐겨 읽었는데 저희에게 큰 웃음을 줬지요. 아버지의 사진이 굉장해요. 제 생각에는 용모로 보자면 아버지가 아들 빌리를 닮으신 것 같다고 말씀드려 주세요. 정말 비슷하게 생기셨어요. 지금쯤은 회복되셨기를, 그리고 다시는 요통이 없으시기를 원해요.

사랑해요.

키티

1925년 6월 7일 일요일, 아침

언니에게 생일축하 인사

사랑하는 여러분:

저는 또 여러분께 보내는 편지를 겹쳐 쓰려고 해요. 시간이 너무 없어서 그러는 것이니 먹지에 복사하는 것에 제발 반대하지 말아주세요. 같은 걸 여러 번 반복해서 말씀드리다 보니 편지에 먹지를 대고 쓰면 시간을 절약할 수 있답니다. 그러나! 제게도 그랬지만 여러분에게도 깜짝 놀랄 일이 있기 때문에 서두를 길게 쓸 시간이 없네요.

지난 화요일에 아주 낯선 남자 한 명이 나타나더니 세계를 다니며 여행하던 중 오로지 저희를 만나기 위해 중국에서 목포로 왔다면서 자기를 소개하는 거예요. 그는 아주 찬찬히 말을 했는데, 자기가 제 동생을 잘 알고 있다더군요. 사실 그는 동생의 처삼촌이었어요. 저는 그가 동생의 숙부라는 것 말고는 아는 게 하나도 없는데도 그를 붙잡을 태세였죠. 그런데 그가 사돈인 헨리 월튼Uncle Henry Walton 이라는 건 금방 알게 되었어요. 세상에, 너무 놀라웠어요. 그는 하룻밤을 체류할 예정으로 벌써 쿠마베 부인의 호텔에 예약을 해뒀더군요. 하지만 저희는 저희 집에서 함께 이틀을 보내자고 계속해서 그를 설득했어요. 저희는 함께 즐거운 시간을 보냈고 더 오래 머물렀으면 하고 바랐지요. 다른 모든 외국인들도 올 수 있는 사람이라면 그를 위해 함께 식사를 했는데, 몇몇을 빼고는 모두가 연례회의를 준비하느라 집을 온통 헤집어놔서 제대로 되진 않았네요. 그는 일본과 호놀룰루에서 진짜 여행을 마무리하고 있는 중이에요. 그는 정말 재미있는 분이고, 3년 동안 여행하면서 장소마다 몇 주씩 몇 달씩 머무르는 걸 보면 그는 재정적으로 무척 넉넉한 것 같아요. 10월에 미국에 도착할 예정이래요. 그는 필러 부인 Mrs. Peeler 과 비슷해 보였어요. 어머니, 아버지, 제가 두 분께 그가 누구인지를 설명드리는 게 좋겠어요. 그러니까 그는 애리스Arris 의 아내의 삼촌이고, 애리스는 제 동생이에요. 그리고 필러 부인은 그녀의 어머니세요. 자, 이제 그게 그리 놀라운 일도 아니네요!

저희는 또 약품 사업차 최근에 미국에서 와서 중국에서 살고 있는 사람을 데리고 있고, 테일러 Mr. Taylor 라는 사람은 경성에서 약품 사업을 하는데 저희 손님이고, 경성에서 내려온 YMCA 부부는 이틀 동안 선교 지부에서 있게 될 것이고, 저희 각자는 그들을 맡은 부분은 감당하면서 그들을 먹여야 해요. 그래서 연례회의를 대비해 좋은 실습을 하게 되겠죠?

　저희가 딸기를 먹는 장면을 여러분이 보신다면 좋겠어요. 저희는 이틀에 한 번씩 **대접**으로 한 가득씩 먹고, 하루에도 저희가 원하는 만큼 여러 번 딸 수가 있어요. 머피 부인과 저는 통조림을 만들려고 해요. 저장할 수도 있을 것 같지만 빌리와 저는 저장 식품을 멀리해야 하기 때문에 공용으로 저장하는 것 말고는 하지 않을 생각이랍니다. 저희는 저희 밭을 열심히 지켜야 해요. 안그러면 도난을 당하니까요. 조선 사람들은 저희가 교회에 가는 시간과 달밤을 이용해서 밭을 싹쓸이해요. 저희는 계속 잃어버린답니다. 저희 딸기는 미국에서 본 어떤 것보다 더 크게 자라고 있어요. 이곳은 딸기를 키우기에 정말 좋은 땅인 것 같고 일본인들은 이제 딸기 키우는 걸 시작했죠. 물론 조선인들은 장소가 없어서 키울 수도 없고 한다고 해도 지속할 수가 없어요. 월턴 숙부와 저의 다른 손님은 요리사가 그걸 가져오자 그 크기와 양 때문에 거의 기절할 뻔 했어요.

　음, 저희는 연례회의를 아주 잘 준비하고 있어요. 조금만 더 작업을 하면 모든 게 좋을 거예요.

　저희가 경성과 미국에서 사람들이 온다는 기별을 갑자기 받았기 때문에 그들을 수용할 만한 자리가 없어요. 자는 동안 그들의 몸을 맡길 수 있는 큰 공간을 찾기 위해 머리를 쥐어짜고, 다락과 저장실을 정리하고 있어요. 미국에서 온 남자는 맥 박사Dr. Mack 에요. 여러분 중 그를 아시는 분 계세요? 저장실은 모두 냉장고와 화장실로 바뀌었기 때문에 그들은 세탁장이나 석탄 저장소에 자리를 잡게 될 거예요. 그렇게 사람들이 짬뽕되어 있기 때문에 그 무리를 수용하기 위해서는 최후의 것들을 써야죠 뭐. 사방 2.7미터밖에 안되는 저희 저장실에는 냉장고로 사용하는 샘이 있거든요. 그걸 세 줄, 네 줄, 다섯 줄, 여섯 줄 깊이로 다져서 방으로 만들었고, 이제 방은 다 떨어졌어요!

음, 저희는 멋진 기념일을 보냈답니다. 빌리는 저에게 너무 예쁜 놋쇠 장작 받침 한 쌍을 줬어요. 일꾼에게 장작 받침이 뭔지를 이해시키려고 여러 번 시도를 했지요. 그가 작업을 끝냈는데, 첫 번째 마무리한 걸 여러분이 보셨어야 하는 건데! 정말 볼만 했지요. 그는 장작 받침이 뭔지 그 의도를 전혀 짐작하지 못했던 거예요. 하지만 두 번, 세 번을 시도하고 나니 너무나 아름다워졌고 저는 그게 자랑스럽답니다. 선교부에서 이 집은 벽난로를 갖고 있는 몇 안 되는 집들 중 하나예요. 거기에 장작 받침을 갖게 되었으니 너무 자랑스러운 거죠. 물론 모닥불이 충분하지 않고 양모가 아주 아주 귀하기 때문에 한겨울에는 스토브를 사용해야 해요.

이 편지를 완전히 엉망으로 만들었네요? 용서해 주세요. 다음에는 더 잘 쓰도록 노력할게요. 하지만 다음 2-3주 동안은 저희가 너무 바쁘게 손님들을 접대할 예정이기 때문에, 저희에게서 짧은 쪽지만 받으시게 될 거예요. 최소한 쪽지는 쓰도록 할게요.

언니, 생일 축하해. 그리고 여러분 한 명 한 명을 많이 사랑해요.

마음을 담아,

[싸인 없음]

사랑이 키티를 조선에 부르다

南장로교 선교부
조선 목포

[1925년] 6월 12일 금요일

사랑하는 엄마:

오늘 아침에는 그러그러한 불평이에요. 연례회의 전에는 며칠 간 모든 일을 중단해야 하기 때문에 자리를 잡고 앉아 엄마에게 편지를 쓸 거예요. 그렇지 않으면 짧은 쪽지만 받으시게 될 걸요. 더 이상 고통스러울 필요가 없다고 매달 생각하는데도 다른 건 할 수가 없나 봐요. 엄마, 저 너무 실망했어요. 저는 아이들을 간절히 원하는데, 문제가 발견되지도 않았는데, 저에게 뭔가 문제가 있다고 믿게 되는 거 있죠. 어쩌면 하나님께서 이 세상이 끝나기 바로 직전까지 아이들이 태어나지 않게 하시려는 계획을 수행하고 계시는지도 모르겠어요. 이 구석에 있는 저희 전천년주의자들은 여러 가지 면에서 그 예언이 성취되는 걸 보고 있어요. 저희는 서로만으로도 늘 행복할 수 있다고 믿기 때문에 저는 걱정하지 않으려고 노력하고 있지만 실망스러운 건 분명해요. 엄마에게도 마찬가지겠지요.

이 일을 겪으니, 헬렌의 통증에 대해 엄마가 질문하셨는데 제가 그것에 대해 대답하지 않은 게 생각나요. 빌리가 말하길, 그 통증의 원인이 여러 가지일 수 있기 때문에 이렇게 멀리서는 헬렌을 위한 치료법을 말해줄 수가 없대요. 할 수 있는 건 거의 없고 계속 통증으로 고생하지 않을까 싶어요. 저도 예전에 고통스러웠던 것만큼은 아니지만, 지금도 여전히 고통스러워요. 어쩌면 도움이 되었을지도 모르는 한 가지 치료를 빌리가 해줬는데, 그 치료가 너무 고통스러워서 차라리 다른 것으로 고통스러운 게 낫겠다고 말했죠. 거의 총처럼 커다란 바늘을 가지고 등에 집어넣는 거였어요. 그런데 치료를 하는 동안 너무 따갑고 아파서 못하겠다고 했어요. 그랬더니 빌리가 다른 걸 주문했고 오늘 아침에 시작하고 있어요. 맛을 봤는데, 빌리가 먹으라고 하는 만큼 자주는 아니지만 분명 전에 먹었던 것 같아요. 그건 자궁진정제 엘릭서제 212번이고 2시간마다 먹어야 해요.

하지만 저를 가장 안심하게 하는 것, 저를 다치지 않게 할 거라고 빌리가 말한 건 진통제 2티스푼에 아스피린 2알이에요. 이렇게 먹기만 하면 편안해지고, 필요할 때면 두 번째 복용분을 줘요. 통증이 다시 시작되자마자 두 번째 복용을 하면 통증이 완전히 사라져요. 빌리는 제가 첫 번째 증상을 느끼자마자 이 새 약을 복용하면 처음부터 끝까지 완전히 제때 통증을 완화시켜줄 거라고 생각했을 거예요. 왜냐하면 저는 아스피린과 진통제를 먹기 전 통증이 시작될 때까지 기다리려고 하니까요. 하지만 헬렌에게는 **진통제 2티스푼에 아스피린 2알, 그리고 동시에 약간의 물**을 마시도록 하세요. 틀림없이 편안해질 거예요. 물론 빌리는 헬렌이 수술을 받을 수도 있다고 말해요. 하지만 헬렌이 원하지 않을 거라고 생각하더군요. 저는 헬렌이 이곳에 와서 빌리에게 치료를 받고, 가능하다면 살이 쪘으면 좋겠어요.

저는 저를 아프게 만드는 건 일과 공부라는 결론에 도달했어요. 방문객들 중에서는 아픈 사람이 전혀 없는 것 같거든요. 코넬 양에게는 손님이 없었고, 매튜 양 Miss Matthews 에게는 거의 1년 가까이 나와 있는 손님이 있는데 그 사람은 살이 쪘어요. 왜냐하면 엄마도 아시다시피 그들은 걱정이 전혀 없고 그들이 명령만 하면 달려가는 일꾼이 있고, 그건 정말 아마도 이곳을 방문하면 누릴 수 있는 완전한 휴식이죠.

그러니 헬렌에게 돈을 모으라고 하세요. 오기 위해 **모으고, 또 모으**

사랑이 키티를 조선에 부르다

라고 하세요. 지금은 헬렌이 아프게 되는 것에 대해 전혀 두렵지 않아요. 저희 집은 니스벳 가족의 집과 많이 다르고, **음식도** 달라요. 빌리와 저는 둘 다 저희를 아프게 한 게 음식이었다고 생각해요. 마틴 양이 거기서 저희 방을 받은 뒤 그들과 함께 먹자 바로 아프게 됐거든요. 당장 그녀가 말하길 거기서 절대로 살지 않을 거라고 하더군요. 니스벳 가족은 그들의 음식에 대해 아무런 예방 조치를 취하지 않아요. 가장 지저분한 일꾼을 데리고 있는데다, 니스벳 부인은 절대 부엌에 가지 않는데 마치 돼지우리 같아요. 1년 365일 내내 그들은 돼지 먹이 같은 조선식 순무 샐러드를 먹는데, 양배추, 설익은 떠먹는 빵, 그리고 구운 소고기를 넣어 먹죠. 그 소고기는 그날 도살해서 바로 그날 먹는 거예요. 이곳 사람들은 도살을 해서 같은 날 먹는 것밖에 모르기 때문이죠. 그러니 저희 위가 갈기갈기 찢어졌을 거라는 생각이 드시죠?

니스벳 호텔을 끊고 살림을 시작한 이후로는 단 걸 너무 많이 먹을 때만 빼고는 전혀 문제가 없더군요. 게다가 더 이상 단 걸 그렇게 먹지도 않죠. 이제는 저희가 하고 싶은 대로 할 수 있어서 행복해요. 게다가 빌리가 상자를 가져와서 저희에게 진짜 멋진 아이스박스를 만들어줬어요. 이제 목포에서 얼음을 구할 수 있어요. 비록 먹는 물이나 차에 넣어 사용하지는 못하지만 그래도 이 박스 안에 있는 음식을 차갑게 유지할 수가 있어요. 무척 행복하답니다. 오늘 아침에 처음으로 정말 차가운 물을 마셨어요. 그걸 어떻게 마셔야 할지 모를 정도였어요!

그래서 독감과 폐렴 때문에 조금 약한 것 빼고는 아주 괜찮아요. 하지만 그게 신경질 나게 만들어요. 그렇겠죠? 하지만 아주 빠른 속도로 회복되고 있어요.

엄마, 엄마 편지 한 통이 지난주에 왔고, 한 통은 오늘 아침에 왔어요. 제가 감사해하지 않는다고 여러분 모두가 생각하신다니 슬퍼요. 저희 편지가 분실된다는 걸 이제는 확실히 알게 되었으니까, 각자 상대방이 편지 쓰는 일에 게으른 것 같다고 염려하는 건 그만 해야겠어요. 저희가 각각 상대방이 편지를 쓴다는 걸 아는데, 편지를 받지 못한들 어쩌겠어요, 그렇죠? 여러분이 편지를 썼다는 걸 제가 알고, 또 제가 편지를 썼다는 것을 여러분도 알 수 있으니까, 제가 모든 것에 대해서 듣지 못한다고 하더라도 더 이상 따지지 않을게요. 더 이상 걱정하지 말고 우리 모두가 편지를 썼다는 것을 당연하게 생각하자구요. 그리고 우리가 가족으로서 얼마나 많이 감사하는지도 알잖아요.

그 수건과 냅킨을 받지 못해 마음이 아플 뿐이에요. **특별히** 냅킨요. 하지만 어쩔 수 없는 일이고 걱정한다고 해서 그걸 가져올 수도 없으니 걱정하지 않을래요. 그래도 스탬프가 찍힌 오찬 세트와 테이블스푼 네개를 추가로 받았어요. 엄마는 세 개라고 말씀하셨는데 네 개가 있었어요. 제가 분명히 그걸 언급했었거든요. 죄송해요. 이 물건들이 트렁크 밖에 나와 있었어요. 저희에게는 그런 문제가 꽤 많이 있답니다. 저희 짐은 죄다 열려 있고, 그래서 종종 물건이 없어지기도 하죠. 양초도 그랬고, 뭐 다른 건 더 말할 필요도 없어요. 이제는 엄마가 보내신 물건에 대해 우표값을 지불하기 위한 돈을 보내야겠어요. 엄마 말씀대로 그게 그리 많은지 몰랐어요. 더 빨리 보내드리지 못해 죄송해요.

돈에 대해서 말씀 드리자면요. 저는 며칠 전에 소매치기를 당했어요. 20엔 가량을 잃어버렸답니다. 그 남자가 죽자 조선에서 가장 대규모의 장례식이 왕실 바깥에서 8~10일 동안 열렸어요. 그런 엄청난 군중은 보신 적이 없을 거예요. 저희는 그 속에 갇혔고, 제 돈도 거기 갇혔죠. 저는 정말 울고 싶었어요. 딱 그때 빌리가 생활비로 쓰라고 준 돈이었는데, 강도들이 그때를 이용할까 봐 집안에 돈을 두는 게 무서웠거든요. 그래서 그걸 들고 나갔는데, 결국 잃어버린 거예요. 하지만 빌리는

사랑이 키티를 조선에 부르다

결코 저를 혼내지 않고 그저 제 경험에 대해 웃기만 했어요.

오늘 편지를 보니 옷 다섯 벌을 부칠 거라고 쓰셨네요. 얼마나 감사한지 몰라요. 하지만 엄마가 희생하고 계신다는 걸 알고 있기 때문에 마음이 슬퍼요. 제발 그러지 마세요. 이제는 제가 잘 꾸려나갈 수 있어요. 나중에는 부쳐주는 물건에 대해 계속 수표를 보낼 거예요. 제가 수표를 보낼 때까지 더 이상 물건을 보내지 마세요.

구두에 관해서는요. 제가 구두에 열광한 걸 보면 독특한 건 아니었어요. 그런데 "송아지 가죽"이기 때문에 신을 수 없는 거예요. 빌리가 그런 구두를 엄청 좋아했고, 니스벳 부인이 그런 걸 신고 있는 것을 볼 때마다 그게 너무 좋아보여서 제가 거의 울 지경이었기 때문에, 제가 그걸 신지 못하게 되자 빌리가 많이 실망했어요. 만약 염소 가죽으로 된 걸 정확히 한 쌍 구할 수 있다면, 이번 가을과 겨울용으로 꼭 신고 싶어요. 엄마에게 그걸 쓰려고 마음먹었는데 미처 생각을 못했네요.

그건 그렇고 구두는 얼마였어요? 그래야 베스 아주머니 Aunt Bess 에게 얼마를 내라고 할지 알 수 있거든요. 그리고 저에게 비슷한 걸 사주실 경우에는 한 치수 더 큰 걸로 해주세요. 너무 꽉 껴요. 보통은 4C를 신는데, 그게 만약 4C였다면 저는 최소한 D를 신어야 할 것 같아요. 다시 한 번! 저는 같은 스타일의 다른 걸, 그러니까 염소 가죽으로 된 걸 원하는 거예요. 물론 가능한 경우에! 제가 다음 겨울에 구두를 살 조짐은 없으니까 이번 늦여름에 판매되는 걸 사셔도 될 것 같아요. **그 스타일이 좋아요**. 제 발에도 잘 어울리는 것 같고, 내구성이 있을 거라는 생각이 들고, 또 그게 제게 필요한 것이기도 해요.

겨울옷은 잘 맞아요. 분명히 제가 편지를 썼는데, 분실된 편지였던 것 같네요. 엄마가 보내주신 것 모두 잘 맞긴 한데 제가 날마다 뚱뚱해지고 있답니다. 제가 편지했던 걸로 기억하는데, 지난 여름에 보내주신 옷들은 약간 컸지만 겨울 옷들은 잘 맞았어요. 저희 가족답게 제 살이 죄다 엉덩이 쪽으로 가고 있어서 그걸 감안하셔야 할 거예요. 라벤더 색 옷은 엉덩이 쪽이 약간 끼는 느낌이었는데 많이 그러지 않았어요. 연례회의가 끝나면 치수를 보내드릴 수 있을 거예요. 그전에는 시간이 없을 것 같네요.

낡은 옷 몇 벌이 있긴 한데 이제는 들어가지 않을 것 같아요. 아마도 리자 이모Aunt Liza 처럼 거대해지겠죠. 기억하세요? 제가 아마 이모같을 거라고 말씀하시곤 했잖아요. 제가 코르셋 입는 걸 빌리가 허락하지 않을 것 같으니 저는 점점 엉망이 될 거예요. 코르셋이 사람에게 좋지 않대요. 아마 지금 47 정도 되지 않을까 싶어요. 행복과 좋은 음식은 분명 여러분을 뚱뚱하게 만든답니다.

엄마와 포레스트 고모와 필러 부인에게는 부채를 좀더 보내드리려고 해요. 작년에 못 받으셨잖아요. 몇 센트밖에 안해요. 엄마가 보내주신 건 모두 예쁘고 사람들이 모두들 좋아하니까 분명 그 모자도 옷도 예쁘겠죠? 제가 지난 일요일에 라벤더 정장을 입고 모자를 썼더니 사람들이 저더러 거대한 스위트피 같대요. 제가 정원에 있는 스위트피를 입었던 거죠. 제가 스위트피를 키웠다는 게 너무나 자랑스러워요. 스위트피는 힘을 다해 꽃을 피우고 있답니다.

아마 제 거실은 엄마가 보신 거실 중 가장 예쁜 곳일 거예요. 스토브만 빼면 거의 모든 것에 대해 엄청 자랑스러워요. 방은 완전히 아름다움 그 자체예요. 미국에 있는 그 누구도 더 예쁜 방을 갖고 있진 않을 걸요. 파란색의 베이징 러그는 환상이에요. 분명 제가 본 가장 예쁜 물건이에요. 그것과 저희가 주문했던 영국 직물로 짠 휘장이 완벽하게 어울리고, 식당 사이에는 같은 직물로 짠 칸막이 커튼과 너무 예쁜 레이스 커튼이 있어요. 코델 양이 골라 준 가구는 정말 멋지고 그 덮개는 러그

사랑이 키티를 조선에 부르다

와 딱 맞아요. 길고, 가늘고, 우아한 월넛 테이블을 갖고 있는데, 양쪽 끝에는 제 촛대가 올려져 있고 중앙에는 빌리가 크리스마스에 준 커다란 진홍색 칠기 화병이 놓여 있어요.

벽난로 선반에는 사쓰마 꽃병 두 쌍이 있고 중앙에는 같은 사쓰마 종류의 작은 장식이 있고 벽난로 안에는 **놋쇠**로 만든 **근사한** 장작 받침 한 쌍이 놓여 있어요. 방의 한 구석과 식당으로 가는 길은 세 개의 아름다운 관엽이 있는 정원이고, 두 창문 사이에 있는 좁은 공간에는 작은 테이블이 있고 그 위에 거울이 걸려 있답니다. 그리고 벽난로 선반 위에는 금테두리가 있는 작은 일본식 병풍 두 개가 놓여 있어요. 꽃병도 모두 금으로 테두리가 둘러져 있고 작고 예쁜 사진 세 개도 금테두리 안에 들어가 있어서 서로 아주 잘 어울리죠. 그리고 다른 두 개의 그림은 월넛 틀에 들어가 있어요

저는 그게 아주 자랑스러워요. 빌리 역시도 관심이 있어 하고 저만큼이나 자랑스러워 한답니다. 사실은 저희가 처음 결혼했을 때, 그때는 집이 없었는데도 그걸 갖자고 빌리가 주장했었지요. 예쁜 방에 대해서라면 저희가 고향에 있었을 때보다 훨씬 더 멋을 냈어요. 저희가 그걸 즐길 수 있도록 엄마가 거들어주실 수 있다면 좋겠어요.

사람들은 아마도 선교사들이 그렇게 멋진 물건을 갖는 것에 대해 찬성하지 않으려 할 거예요. 사촌 나네 Nannae 에게는 절대 말씀하지 마세요. 하지만 저희가 여기서 예쁜 물건들을 갖고 있다는 건 고향에서보다 훨씬 큰 의미가 있어요. 저희는 그냥 고향을 느끼고 싶고, 지친 몸을 쉬게 하고 싶고, 저희가 그리워하는 모든 걸 보상받기 위해서 뭔가를 갖고 있어야만 해요. 저희 거실에 앉아 있다는 건 세상에서 가장 편안한 일이에요. 그리고 다른 사람들이 와서 이렇게 말해요. "그냥 여기 앉아서 쉬고 바라봅시다. 그러면 기분이 좋아질 것 같아요."

많이 사랑해요.

키티 샌

남장로교 선교부

조선 목포

[1925년] 6월 14일 일요일

사랑하는 어머니, 아빠:

어제 두 분의 따뜻한 편지가 왔어요. 어머니, 부채가 맘에 드신다니, 그리고 딱 맞는 시간에 도착했다니 너무 기뻐요. 분명 굉장한 생일 만찬이었을 거예요. 게다가 얼마나 매력적으로 차려졌을까요. 저희도 거기 있었으면 좋았을 텐데. 저희가 집에 도착하게 되면 저희에게도 똑같은 걸로 차려주셨으면 좋겠어요~

어제 순천의 로저스 가족이, 그것도 가족 전체가 화요일 오후에 도착할 거라는 소식을 듣고 얼마나 깜짝 놀랐는지 몰라요. 연례회의가 목요일 밤까지는 시작하지 않거든요. 그렇게 일찍 오다니, 오는 길에 그들에게 총을 쏴서 79개의 펑크를 내버리고 싶어요. 저는 엄청 서둘러야 했고 시간이 충분하다고 생각했던 일들을 해야만 했죠. 그래서 지난밤에 무척 피곤해졌고 마치 "이제 그만"라고 말하면서 두 손을 모은 채 죽고 싶은 마음이었어요. 로저스 가족은 세상에서 가장 어수선한 사람들이기 때문에 다른 손님들이 도착할 때쯤이면 저희 침구류는 죄다 더러워지고 집은 온통 엉망이겠죠. 그들은 완전히 엉망이고, 다른 방법으로 살 줄을 몰라요. 그 집 아이들이 먹고 나면 테이블은 마치 놀이터처럼

사랑이 키티를 조선에 부르다

보이게 되죠. (차라리 돼지우리가 더 잘 어울릴 걸요.)

하지만 웃고 참으려고 노력해야죠. 로저스 부인은 두 분도 보신 적 있는 그래퍼폰 축음기와 입씨름을 해서 이길 정도이고, 제가 가는 곳마다 제 발뒤꿈치를 졸졸 따라다녀요. 그녀는 병약해서 아마도 아침식사는 침대에서 할 거예요. 로저스 박사는 그가 어디 있든지 간에 늘 직접 부엌으로 가서 지낸답니다. 요리 시간을 지체시키고, 부엌에서 온갖 사람들을 불러대고, 나중에는 그게 부엌이라고 말을 할 수도 없게 되지요. 자기가 의사인데도 그들은 매일 아침마다 밀이나 오트밀 한 가득에 효모가 들어간 말랑말랑하고 차가운 빵과 온갖 다른 많은 것들을 먹는답니다. 저런 제 손님들을 놓고 잡담을 했네요. 그러려고 한 건 아니었는데. 하지만 흥미로우셨을 거라 생각해요~ 저희 집의 다른 손님들은 모두 사랑스럽고, 세련되고, 교양 있는 사람들이에요. 비교가 좀 되죠.

내일과 화요일에는 효모 빵, 케이크, 통밀 빵 등을 굽기로 했고, 어제는 아이들을 위해서 생강 쿠키를 구웠어요. 물론 어른들을 위해서기도 해요. 빌리는 생강 쿠키에 푹 빠졌답니다. 제가 구한 멋진 레시피인데, 제가 재료들을 섞고 나면 저희 요리사가 멋지게 구워내는 거예요. 빌리에게 뭐 특별히 먹고 싶은 거 없냐고 물으면 늘 "생강 쿠키"라고 말하고, 한꺼번에 6개, 8개도 먹는 걸 봤어요. 빌리는 정말 살이 쪘어요. 그 어느 때보다 몸무게가 많이 나가는데, 저는 정말 기뻐요. 그의 일이 정말 힘들거든요. 그가 쓰러질까 봐 걱정이 되어서 잘 먹이려고 노력하지요.

그 모든 손님들을 생각하니 무릎의 힘이 약간 풀리기 시작하네요. 두 분께서 저희 집을 보시면 좋을 텐데. 쓸 만한 모든 공간에는 침대가 놓여 있어요. 거실과 식당은 침대가 없이 됐는데 서재와 목욕탕에 침대를 들여놔야 했어요. 정확하게는 저희가 목욕탕으로 사용하고 있는 방이죠. 썩 괜찮은 크기의 침실이에요. 욕조를 위해 구석을 잘라내는 조치를 막 취하려고 하던 참에 새 집에 대한 소식이 도착했고, 그래서 하다가 멈췄죠.

빌리는 목재 창고에 남성용 샤워실을 준비했고, 윗층 뒷베란다에는 여성용 목욕탕을 만들었어요. 저희의 임시변통을 보시면 엄청 웃으실 거예요. 남성용 목욕탕은 짚으로 벽을 둘렀는데, 그 벽인 머리 높이밖에 안돼요. 바닥은 온갖 목재 조각과 오래된 접문으로 만들었어요. 하지만 쓸모가 있어요. 빌리는 아무 것도 없는 데서 뭔가를 만들어내는 일에 능숙해요. 저희에게 진짜 아이스박스를 만들어줬거든요. 더 정확하게는 몽고메리 워드 박스와 겨울에 목욕탕 스토브 위에 놓고 사용하는 구리 냄비를 가지고 만든 냉장고라고 하는데 좋겠어요. 다른 사람들도 아이스박스를 만들었지만 저희 것은 그 속에 고기와 온갖 것을 보관할 수 있으니 거의 진짜 냉장고 수준이고 훨씬 좋아요.

교회에 갈 시간이라서 가봐야겠어요. 점잖게 앉아서 편지를 쓸 수 있는 충분한 시간이 있다면 좋겠어요. 하지만 언제쯤 가능할지.

두 분과 파크, 그리고 모든 가족들에게 사랑을 듬뿍 담아드려요. 파크의 편지를 받아 많이 기뻤어요.

　　　　마음을 담아,

　　　　키티

1925년 6월 30일 화요일

사랑하는 여러분:

오늘 아침에는 제가 여러분에게 편지를 쓸 정신이 있는지 없는지도

사랑이 키티를 조선에 부르다

모르겠어요. 어려운 일이 끝났어요. 다시 평상시로 돌아가는 데는 몇 달이 걸릴 것 같아요. 저희 집은 열흘 동안 완전히 대소동 상태였어요. 정해진 손님 16명과 저녁식사 손님, 그리고 어떤 때는 더 많았지요. 저희는 아이들이 있는 세 가정을 모시고 있었어요. 작은 윌슨 댁 아이들은 행동하고 먹는 것에 있어서 완벽했어요. 하지만 나머지 두 가족에 대해서는 제 말을 그대로 믿으시고 절대로 그들의 방문을 주장하지 말아주세요. 아이들은 각각 다른 식단을 준비해야 했고 테이블 위에 없는 모든 걸 요구했고, 계속 울어댔어요. 저의 예쁜 집은 지금 어디 있는 거죠?

저는 제가 직접 꾸민 파란 방을 로저스 가족에게 제공했어요. 저희 가구가 다 들어가 있는 유일한 방이었으니까요. 제가 그들을 잘 알고 있기 때문에 다른 사람의 가구를 그들에게 줄 수가 없었어요. 그런데 세상에나! 제가 어느 날 방에 들어갔는데요. 그 엄마는 조용히 느긋하게 앉아 있고, 세 살짜리 아이는 물 한 냄비를 가지고, 빌리가 며칠 동안 칠을 했던 제 예쁜 침대의 페인트를 씻어내고 있었어요. 다른 날 들어갔더니 파란색 새 러그에 (매트 러그) 똑같은 일이 벌어지고 있더군요. 그리고 담요는 세탁이 되지만 제 예쁜 새 침대커버는 세탁이 안된다는 걸 알았기 때문에 핑크색 새 담요 한 쌍을 그들에게 줬어요. 그랬더니 **일곱 살짜리** 아이는 침대 한가운데서 끈적이는 사탕을 먹고 있다가 담요가 자기 손을 닦는데 좋다는 걸 알게 되었고, 그 엄마는 자기의 사랑스러운 아이들을 바라보며 감탄하고 있었어요. 동시에 세 살짜리는 제 아이보리색 분갑을 너덜너덜하게 찢고 있었고 온 방에 제 사진들을 질질 끌고 다니고 있었지요. 저희가 칠했던 꽃병의 파란색 페인트는 린넨으로 된 서랍장 덮개로 씻겨 내려왔어요. 그 엄마는 사과 한 마디 없이 이렇게 말하더군요. "저희는 집에서 아이들에게 뭐든 갖도록 하거든요.

그러니까 물건이 망가지는 걸 원하지 않으면 아무래도 그것들을 가지고 나가는 게 좋겠어요."

음, 저는 그녀에게, 제가 침대를 치우면 아마 바닥에서 자는 건 힘들 거라고, 하지만 내갈 수 있는 건 다 들어내겠다고 말했어요. 저는 모든 장식품들을 들어냈어요. 그리고 아이에게도 제 러그가 아주 새 것이기 때문에 세탁을 하지 않는 게 더 좋고, 벌써 세탁을 해야 한다고 생각하지는 않는다고 말했어요. 그 엄마는 제가 생각하기에 약간 환자 아니면 신경과민이에요. 그녀는 늘 무슨 박테리아로 만든 버터밀크 세 단지를 방에 가지고 있었는데, 있잖아요, 다른 벌레들이 거기 들어가서 그 안을 철벅거리며 돌아다니고, 아이들은 밤이고 낮이고 그걸 마시겠다고 하는 거예요. 온갖 것에 우유가 엎질러지면 저는 대여섯 개의 더러운 컵을 가져나오곤 했어요. 그 아빠는 저녁식사로 뭘 요리하는지, 아이들은 뭘 먹을지 확인하기 위해 부엌에 머무르거나, 또는 특별하게 해야 할 자기 아내의 식사를 주문하는 등 계속해서 요리사들을 죽도록 힘들게 했어요. 그 아빠와 엄마 둘 다 하루 종일 쉬지 않고 떠들어댈 수 있답니다. 그리고 그 엄마는 회의 전체, 아니 **어떤** 회의에도 참석할 수 없었기 때문에 **하루 종일** 제 뒤를 졸졸 따라다니면서 자기가 미국에서 사귀었던 친구들의 역사와 자기가 경험했던 온갖 고통 등등에 대해 말했어요. 30분 동안 자기 말을 듣도록 하길 수차례, 제가 만들고 있던 뭔가가 신경을 제대로 쓰지 못해 망가지고 있는 거예요. 그녀가 말하는 걸 좀처럼 길게 멈추질 않으니 저는 변명할 기회를 얻지도 못하고 말하고 있는 중간에 자리를 떴어요. 어쨌든 그 일을 하는 동안에는 그녀의 이야기를 듣지 않았지요.

그들이 데려온 간호사는 정말 무식했어요. 이스터 선데이(부활절 주일)가 빌리 선데이의 누나라고 생각하더군요. 그 엄마가 처음에 도착했

사랑이 키티를 조선에 부르다

을 때 저에게 말하길 제가 만약 그녀(그 간호사)를 지켜보지 않으면 그녀가 아마 용변을 부엌 싱크대에 비울 거라고 하더군요. 마치 그 간호사를 지켜보는 게 제 일인 것 같아서, 글쎄 저는 그녀를 **지켜봤답니다.** 그래야만 했기 때문이지요. 세 살짜리는 아직 기저귀를 차고 있었는데 하루에 8개에서 10개의 기저귀를 아무데서나 갈았어요. 아마 거실이나 식당에서도 빨래통에서 만큼이나 기저귀를 많이 발견했던 것 같아요. 집에서 나는 냄새가 그 어느 곳보다 고약했었지요. 저는 날마다 제 세탁부를 불러서 테이블보와 냅킨을 세탁하라고 했어요. 어느 날은 저녁 식사를 위해 테이블보를 가지러 세탁장으로 달려갔는데 준비된 테이블보가 없는 거예요. 제 질문에 세탁부가 하는 말이, "위에서 말한 숙녀께서" 당장에 세탁을 해달라고 요구했다더군요. 저는 거의 미칠 뻔 했죠. 그러니까 그 여자가 매일 제 세탁부에게 세탁을 시키고 있었던 거죠. 거기에 자기 남편의 바지와 셔츠까지. 그래놓고 단 한 푼도 지불을 하지 않았어요.

  그들은 체류를 연장하기로 결정했어요. 연례회의는 금요일에 끝났지만 비가 엄청나게 내렸지요. 차에 있던 그들은 돌아가는 걸 월요일까지 기다리기로 결정했어요. 저는 더 이상 참을 수 없을 것 같았지만 달리 뾰족한 방법이 없었고, 상황은 정리가 되었어요. 그런데 아침 식사를 위해 앉아 있을 때, 그리고 기차 시간 15분 전에, 바람과도 같은 변화무쌍한 성격의 그가 그녀를 기차에 태우고, 그는 아이들을 챙기겠다고 결정했어요. 그녀는 겨우 자기 모자를 쓸 시간 밖에 없었고 바로 차에 태워져 기차로 이동해야 했지요. 그리고 그가 말하는 거예요, "길머 부인, 저희 짐을 좀 싸주시겠어요?" 음, 저는 거기서 세 번은 기절했을 걸요. 그녀가 엄청나게 많은 짐을 가져왔거든요. 저는 그들을 위해 다락, 헛간, 정원 등에 공간을 만들어야 했어요. 트렁크 두 개, 상자 네 개, 핸

드백 세 개, 바구니 한 개, 아이들의 침상으로 사용하려고 가져온 너덜너덜 지저분한 퀼트 아홉 개, 그리고 버터밀크! 그들이 하루 종일 길 위에 있을 것이기 때문에 저는 요리사들에게 점심을 준비하라고 했어요. 그리고 저는 눈을 감고, 제 영혼을 위해 기도한 뒤, 일을 시작했어요. 옷과 버터밀크와 때 묻은 기저귀를 싸고 아이들 옷을 입혔지요.

그날 남은 시간은 주변을 좀 살만하게 되돌리고 일꾼들에게 돈을 주는 등의 일을 하면서 보냈고, 그 다음 날(일요일) 빌리와 저는 자면서 시간을 보냈어요. 저희는 매일 밤 자정 넘어서까지 깨있었어요. 많은 손님들이 (아파서) 늦게 왔고, 그래서 저희는 자정에 도착하는 기차를 마중 나가야 했고 빌리는 한밤에도 호출을 받았지요.

정말 태풍 후의 고요였어요. 더 이상은 움직이고 싶지 않다고 느꼈지만 그래도 움직였어요. 계속해서 바로 잡을 일들이 저를 붙들었거든요. 여러분이 제가 세탁하는 걸 보셨어야 하는 건데. 그 여자는 어제, 오늘 온종일 빨래를 했고, 아직도 끝나지 않았어요. 우기가 시작되었는데 빨래가 되기도 전에 흰곰팡이 때문에 다 망칠까 봐 무섭네요. 비가 갠 사이에 말리려고 널어놓은 것들을 걷으러 다니느라 온종일 밖을 뛰어다녔지요. 음식은 요리한 뒤 몇 시간 안에 상해요. 하루 전에 남긴 건 전혀 쓸 수가 없구요. 서랍은 열리지 않고 문을 힘을 엄청 쓰지 않으면 닫히지 않아요. 모든 곳에 얼룩이 있고, 흰곰팡이가 있고, 모든 게 끈적거려요. 두 주 이상 계속되지 않기를 바라는데, 뭐 알 수 없는 일이죠. 아직 할 일이 있어서 그만 가봐야겠어요. 어머니, 그 햄을 졸졸 쫓아다니는 사람들을 어머니께서 보셨다면 좋겠어요. 저희가 상당한 명성을 얻어서 꽤나 당황스러웠어요. 사람들이 이래요. "저희는 언제쯤 먹으러 갈까요?", "그 멋진 햄에 대해 들었어요" 등등. 다른 안주인들 면전에서도 그러니까 제가 미안한 느낌인 거죠. 햄은 저희에게 도움이 되었고,

312

사랑이 키티를 조선에 부르다

저희는 또 햄을 한껏 즐기기도 했어요. 저희 집의 날이었답니다. 모두들 목포에서 또다른 연례회의가 있다면 기꺼이 저희 손님이 되어주겠노라고 말하더군요. 하지만 목포에서 또다른 연례회의가 없기를 바라네요~

엄마, 이 멋진 옷들이 금요일에 도착했어요. 너무 놀라웠고, 하나하나가 아름다워요. 제가 얼마나 감사해 하는지 모르실 거예요. 그리고, 언니, 헬렌, 엘리자베스, 고마워. 상자를 열고서는 다섯 벌의 옷과 모자를 보고 거의 돌아가실 뻔 했지 뭐예요? 제정신으로 돌아오는데 꽤 오랜 시간이 걸렸답니다. 새 여름옷 세 벌과 겨울옷 두 벌로 모든 게 준비된 것 같아요. 중고 옷 두 벌은 새 것처럼 보이고, 제게는 새 옷이니까 그냥 모두 새 옷이라고 말할래요. 엘리자베스에게 그녀가 보내준 옷에 대해 감사하다고 전해주세요. 그걸 보내주다니 엘리자베스는 정말 다정다감한 사람이에요. 가능한 빨리 편지를 쓰도록 할게요. 옷은 모두 잘 맞고 잘 어울려요. 그리고 빌리도 감사하대요. 저희가 일요일에도 선교지부에 손님이 있었거든요. 그래서 노란색 테두리가 있는 옷에 작은 펠트 모자를 썼지요. 너무 잘 차려입은 것 같았어요. 정말 귀엽고, 그 노란색 깅엄은 아름다움 그 자체예요. 단정하고 사랑스러운 하얀색 옷은 엄청 뜨거운 날씨에 안성맞춤이죠. 어서 빨리 겨울이 와서 헬렌이 보낸 털장식 옷과 엘리자베스가 보내준 황갈색과 파란색으로 된 옷을 입고 싶어요.

목포의 모든 여성들과 손님들도 저에게 제 옷을 보여주겠다는 약속을 하라고 하더군요. 그래서 그들이 운집하게 되면 그들을 위해 퍼레이드를 할 예정이에요. 세상에나, 저희 중 한 사람이 고향에서 보따리를 받으면 다른 사람들 모두가 관심을 갖고, 구경하기 위해 달려오지요. 정말 재미있어요. 저희는 마치 전에 한 번도 본 적이 없는 물건을 보는 것처럼 계속해서 소리를 질러대요. 여러분 모두가 저희들에게 너무 친절하시네요. 제가 그럴 만한 가치가 있는 사람이 아니기 때문에 마음이 불편하기도 합니다. 저희에게는 세상에서 가장 멋진 가족이 있고, 저희는 그들을 자랑스럽게 생각하고, 그들이 아는 것보다 훨씬 더 많이 사랑하고, 날마다 그리워합니다!

      —   늘 여러분의 것,
              키티와 빌리

1925년 7월 4일

영광스러운 넷째 날 만세!

가장 사랑하는 어머니:

6월 7일자 어머니의 편지가 어제 도착했어요. 그리 오래지 않은 여행인 걸 감안해도, 어머니께서 제 편지에 말씀하신 날짜가 아닌데요?

그 4일을 어떻게 축하하셨는지 궁금해요. 여기 있는 저희는 이날과 저날을 구분하지 못해요. 그런데 어떤 사람이 "불꽃놀이" 얘기를 하는 바람에 저희는 저녁 도시락을 먹으러 나가기로 결정했어요. 아름다운 장소로 갈 예정이지만 아이들 때문에 여덟 시까지는 돌아와야 해요. 멋진 달밤이네요. 빌리와 저는 잠시 밖에서 머무르고 싶지만 하퍼의 자동차를 운전해야 하고, 그게 저희가 차를 탈 수 있는 유일한 기회라서……. 아무래도 달은 저희 창문에서 봐야 할 것 같아요. 모기들이 얼마나 독한지 베란다에도 서있을 수가 없다니까요.

저희는 어머니의 "교회" 경험을 읽고 부들부들 떨었어요. 그런데 어

사랑이 키티를 조선에 부르다

머니, 솔직히 지네보다는 차라리 빈대가 있는 게 낫겠어요. 자그마한 빈대와 부딪치는 건 두렵지 않은데 이놈의 끔찍한 지네들은 무서워요. "천 개의 다리들"이 저희에게 몰려들어요. 그놈들이 물지는 않지만 그 것들은 "정말" 다리가 얼마나 잽싼지 어쩌다가 다른 방향으로 달릴까 봐 너무 두려워요. 연례회의가 끝난 후 벼룩 한 마리를 발견하고 죽였 어요. 집에 조선인들이 많이 있었고, 저희들이 추가로 쓰는 일꾼들에, 여성들이 죄다 자기네 간호사를 데리고 왔거든요. 어떤 여성이 자기 간 호사에게 성가신 해충이 있다고 말하면서 어쩌면 그녀가 떠난 뒤 집에 서 그 녀석들을 발견할 수도 있다고 말했어요. 그리고 발견한 거죠. 그 녀는 바로 제가 지난주에 편지에 썼던 그 여자랍니다. 으! 저희가 어떻 게 그녀를 사랑하겠어요?

저희 집 앞에 경마장이 있는데 지금 경주가 열리고 있지요. 트랙은 300미터 정도 되고 말은 딱 한 번 돌아요. 트랙이 워낙 짧기 때문에 가 파른 커브가 있고 그 불쌍한 경주마들은 버티기가 힘들다는 걸 발견하 고는 무릎을 꿇곤 한답니다. 실수하기도 쉽고, 모자걸이 가격에 말 한 마리 사기도 쉬울 거예요, 저런! 지금 일요일도 빼지 않고 일주일 동안 경주를 하고 있는 중인데, 거기에 돈이 많이 들어간다고 들었어요. 그 뒤에 모두 일본인들만 있는지, 아니면 일본인들과 조선인들이 있는지 는 모르겠어요.

저희에게 아주 끔찍한 일이 일어났답니다. 저희 여학교 학생들이 동 맹휴업에 들어갔어요.* 여기서는 학생들이 교사에 대해 불만스러울 경 우 파업을 하고 학업을 거부하는 게 관습이에요. 그리고 그들을 쫓아내 고 학교를 폐쇄하는 대신 부드럽게 다루고 학업으로 돌아오도록 설득

---

* 정명여학교 분규 사건

해야 해요. 저도 교사 중 한 명으로서 저는 거기에 전혀 동의가 되지 않아요. 하지만 관습이 그러니 어쩔 수 없는 거죠. 저희는 그들과 대화하고 기도하고 달래면서 **닷새** 동안 몸부림을 쳤지만 소용이 없었어요. 점점 더 나빠지기만 했죠. 이 교사*를 바로 그때 멀리 보내지 않으면, 교실이나 예배당으로 들어가는 것도 거부하고, 기숙사나 운동장을 떠나는 것도 거부한다는 거예요. 그때가 학기 마지막 주간이었고 시험을 칠 예정이었고, 강당은 연례회의를 위해 준비되어 있는 상태였어요.

그래서 저희 손님이 도착하기 이틀 전 하퍼 양이 그들에게 모든 걸 내주면서 다음 날 오후 세 시까지 기숙사를 나가달라고 했지요. 그녀는 이미 닷새 동안이나 이야기를 했지만 그들은 거부했어요. 그날 오후 세 시에도 그들은 여전히 거부했고 말을 매우 거칠게 했어요. 그러는 사이에 저희는 저희가 후원하고 있던 여학생들을 함께 잡아서, 머리를 어느 쪽으로 둘 것인지, 아니면 당장에 후원을 중단할 거라고 말했어요. 그랬더니 이해가 되었는지 용서를 구하고는 시험을 치더군요. 약 5백 명 중 50명 정도였어요.

아시다시피 여기서 여성은 존중 받지 못해요. 하지만 누구도 그들에게 손을 대서는 안돼요. 만약 그렇게 하면 문제가 생기기 때문에 선교사들은 모두들 간신히 그들의 머리만 잡는답니다. (하지만 저희가 모두 정신이 나갔었죠.) 예외가 있었는데 맥켈리 씨에요. 세 시가 넘자 그는 거칠게 말하고 있는 한 여학생의 팔다리를 잡았어요. 그리고는 문 밖으로 끌고 갔고, 다른 사람들은 전부 싸움이 벌어지지 않는지 확인하려고 뒤따라가고 있었어요. 그들이 밖으로 달려나간 순간 그는 안으로 달려들어와서 문을 닫은 거예요. 높은 담장이 건물을 두르고 있기 때문에

---

* 교사 이용준

사랑이 키티를 조선에 부르다

그게 저희가 그들을 밖으로 보낼 수 있는 유일한 방법이었던 거죠. 그 학생은 맥퀠리 씨가 자기 머리카락을 잡아당겼다는 등의 말을 했어요. 온갖 종류의 이야기를 들은 그들은 당장 이교도 무리들을 모아 또 온갖 것들을 이야기했어요. 그러자 그들이 몰려왔고 맥퀠리 씨의 생명을 위협했던 것입니다!

아……. 정말 힘든 시간이었어요. 맥퀠리 씨는 며칠 동안 숨어 지내야 했고, 모든 게 엉망이었어요. 그게 전부 비기독교인 가정 출신의 여학생들을 데려오기 때문에 생긴 일이에요. 지금까지는 선교지부가 그것에 대해 동의하지 않았기 때문에 이번 일이 그들에게 교훈이 되고 그들이 자기들 사역이 어리석었다는 걸 확인하길 바라고 있어요. 조선인들이 저희들에 대해서 온갖 나쁜 이야기를 하고 다녔고 신문에는 커다란 곤봉을 가지고 조선인 소녀를 때리고 있는 맥퀠리 씨를 만화로 싣는 바람에 저희 나머지 사람들도 똑같이 고통을 당해야 했어요.** 물론 이교도들은 진실을 모르고, 동맹휴업을 하는 게 그들의 관습이기 때문에 심지어 기독교인들 가운데서도 이교도들과 합세한 사람들이 있었어요. 정말 혐오스러워요. 저희는 월요일에 얼굴을 내밀어야 했답니다.

•• 1925년 6월 19일자 동아일보 1면에 실린 '목사도 사람을 때리는가?'

보시는 것처럼, 저는 이 편지를 마무리하지 못했고 12일에 떠나는 배편에 맞춰 편지를 부칠 예정이에요. 자그마한 소풍으로 즐거운 시간을 보냈어요. 많이 많이 사랑해요.

마음을 담아,

키티와 빌리

카메오 핀이 마음에 드신다니 기뻐요, 어머니. 예쁘죠? 저희가 그 기쁨과 관련이 있다는 게 기쁜 걸요. 저희가 너무 멀리 떨어져 있어서 마치 모든 것으로부터 소외되어 있는 느낌이 들고 가족들과 함께 있는 게 너무 그립답니다.

1925년 7월 13일 월요일

1번

사랑하는 여러분:

저는 좀 비참한 기분이에요. 아마도 제가 의도하는 대로 들리지 않게 편지를 쓰지 않았나 싶어요. 분명 여러분은 제가 "벌거벗은" 줄 아시는 것 같아요. 다른 옷 상자가 도착했어요. 검정색과 하얀색, 갈색과 거친 파란색이네요. 이제 수많은 옷으로 저는 뭘 하면 될까요? 이 옷들은 아름답고 너무 자랑스러워요. 헬렌에게는 제가 말을 잘 들을 테니 "더 이상 옷에 대해서는 언급하지 말라고" 말씀해주세요.

옷태에 대해서 자세히 말씀드려야겠어요. 노란색 깅엄*, 꽃무늬 베일, 하얀색, 그리고 갈색은 딱 맞아요. 검정색과 하얀색도 잘 맞는데, 다만 단을 조금만 올리면 되겠어요. 바스크는 아무리 힘을 써도 집어넣을 수가 없어요.** 헬렌은 분명 꺽다리인 것 같아요. 털 달린 검정색은 코트 부분이 몸에 딱 붙는 슬립을 가려주기 때문에 입을 수 있어요. 엘리자베스의 옷은 마치 코끼리에게 긴 통으로 된 슬립을 입혀 꾸민 것 같아요. 스커트 부분에 제 엉덩이를 넣을 수가 없을 것 같네요. 그래서 아무래도 잘 어울리는 파란색 천 조각을 보내주실 수 있다면 앞쪽에 조각을 댈 수 있겠어요. 아시다시피 제가 편도선을 제거한 이후로 몸무게가 4.5킬로그램이 늘었기 때문에 이제는 더 이상 헬렌의 꺽다리 몸매와 비교할 수가 없어요. 물론 엘리자베스 몸매도 마찬가지고요. 내년 여름에 다른 바스크를 만들 것 같으니까 그 치맛자락을 이용해야겠어요. 모자는 아주 잘 맞고 귀여워요. 웅거 씨가 그러네요. "그래요. 그들이 지난 1월에 여름 모자를 썼으니까 이제는 겨울 모자를 쓸 때에요."

모든 사람들이 제 옷과 모자를 엄청 좋아해요. 저희가 휴가차 집으로 갈 때까지 저를 유지시킬 수 있을 정도로 충분해요. 그러니까 더 많은 옷 때문에 힘들어하지 마세요. 낭군 씨(조선말)가 선교부의 지원을 받아 미국 프린스턴 신학교에서 3년 동안 교육을 받고 돌아왔어요. 그리고 저희 영어 예배에서 어제 설교를 했죠. 그는 광주에서 사는데 이

곳 신학교에서 교편을 잡을 예정이에요. 저희는 상당히 나쁜 쪽으로 흐르고 있는 학교 상황과 교회의 문제들을 의논하기 위해 그를 내려오라고 불렀어요.

선교사들이 편하게 지내고 있다고 생각하는 사람이 있으면 여기 와서 한 번 해보라고 하세요. 배외 감정이 점점 조선인들 사이로 스며들고 있어요. 자신들 스스로 일을 해내는 게 더 낫다고 느끼기 시작한 거죠. 그러면서도 미국에게는 자기네들이 지금 일을 하고 있으니까 거기 해당하는 금액이나 아니면 그 이상의 돈을 자신들에게 넘겨달라고 해요. 어떤 때는 두 번째 휴가가 아니라 첫 번째 휴가 때 집에 머물러야 할 것 같은 생각이 들어요. 그렇지만 그들이 바로 잡힐 수도 있을지 아무도 모르는 일이에요. 제 생각에는 동양 전체가 전반적으로 모든 것에 대해 불안하고 불만족해 하는 것 같아요. 그들은 모든 일에 있어서 개인이 지도자가 되는 것만을 원할 뿐, 자신들에게 필요한 게 뭔지를 모르는 것 같아요. 태어나서 저렇게 질투심이 많은 사람들은 처음이에요.

하셀 씨 Mr. Hassell 만큼 즐겁게 지냈던 손님이 있었을까 싶어요. 그는 훌륭하고 생기 있고 재미있는 사람이에요. 제가 어디 출신인지 말하자 이렇게 대답하는 거예요. "이런! 루이즈 존스가 거기 살아요." 그리고는 그녀가 자기 아내의 사촌이라고 말하더군요. 그는 존스 가족을 좋아하지만 그들의 야망이 하나님을 위해 사는 것과는 다른 쪽으로 움직인다고 생각한다더군요.

빌리는 지금 비장 수술로 바빠요. 저는 그를 잊기 위해 뭔가를 해야만 한답니다. 그에게 무척 미안해요. 그는 그렇게도 힘든 자리를 감당해야만 한답니다. 물론 이건 매우 위험한 수술이고 그도 비장 수술은 처음이에요. 그의 말대로 그들은 그 방면에서 전문의에 속하고 제정신인 사람이라면 전문의가 아니고서는 그런 수술을 시도하지는 않겠죠.

사랑이 키티를 조선에 부르다

그런데 이 사람들은 상당히 달라요. 물론 이교도들은 그를 아주 진기한 뭔가로 생각해요. 그래서 그는 이런 수술도 성공시켜야 하고, 그들이 마지막 숨을 쉬고 있더라도 그들을 살려야 하는 거예요. 만약 그가 해내지 못하면 왜 그들은 하나님을 믿어야 하는 거죠? 그가 그들을 치료하지 않으면 비난을 해요. (환자를 봤을 때 그들이 수분 내에 죽을 거라는 걸 빌리가 안다고 하더라도)

어떤 환자가 마취 상태에 있었는데, 가족들은 그가 죽었다고 생각했어요. 하지만 그들은 빌리가 그녀를 살려낼 거라고 생각하면서 걱정하지 않았지요. 그리고 그녀가 깨어나자 그들은 빌리가 그녀를 살려냈다고 생각하더군요. 며칠 후 그녀가 죽었고, 그들은 말했어요. "당신이 한 번 그녀를 살려냈는데 왜 다시 할 수 없는 거죠?" 이교도 의사들은 사람들이 아프면 길고 커다란 바늘을 찔러 넣거나, 아니면 목에서 거북이와 개구리를 뽑아내요. 이렇게 하면 그들을 낫게 하는 걸로 여기고, 그들이 죽더라도 절대 의사를 비난하지 않아요. 예를 들면, 실제로는 그 의사의 환자에게 있는 거북이와 개구리는 숨겨져 있기 때문에, 소매를 걷고 정말 자기 주먹을 환자의 목구멍에 집어넣거나 아니면 길다란 막대를 드리워서 거북이를 잡아당기는 거예요. 그들이 생각할 때 "위 속에 있는 거북이가" 그들에게 일어나는 대부분의 통증과 질병의 원인이지요.

그리고 만약 미국인 의사가 "주장하는 바대로라면" 그는 모든 것을 고칠 수 있고 그렇지 않으면 가짜라고 생각하는 거예요. 그들이 빌리를 떼지어 공격하든 안 하든, 그들이 어떻게 죽을지 아니면 치료가 실패할지 빌리가 알 수는 없는 노릇이지요. 수술을 할 때는 온 가족이 현장에 있도록 허락하고, 친구들도 마찬가지예요. 그들은 늘 온 가족과 열 명 스무 명의 친구들을 대동해요. 이런 건 (친구들) 꽤나 필요한 것 같아요.

친구들로 하여금 수술에 대해 증언을 하게 하지 않을 경우, 만약 수술이 잘못되면 그들이 아무 거나 말할 수도 있잖아요. 아, 당신이 약해지지 않는다면 그것은 위대한 삶입니다.

그들의 질병은 정말 비참하게 심각하고 지저분해요. 이런 끔찍한 바늘로 찔러대는 게 아주 오래 동안 계속되었고, 더 이상 불가능할 때까지 막대기를 찔러 넣었어요. 그렇지만 믿음과 기도와 본보기로 어떤 사람들은 치료되고 회복되어서 병원에서 바로 나가기도 하고, 실제로 아픈 사람이나 성한 사람에게 도움이 되는 전대미문의 일도 하는 것 같아요.

제 선생님이 임신을 했고, 문을 향해 자주 돌진하기 때문에 수업에 엄청 차질이 있어요. 아마도 집 전체를 "씻어내야" 할 것 같아요. 그녀는 저를 매우 이상하다고 생각하겠지만, 제가 더 이상은 참을 수가 없어서 그녀를 해고해야 할 것 같아요.

옷에 대해, 여러분에 대해 엄청 감사드려요. 저희가 여러분을 무척이나 사랑해요.

키티와 빌리

오늘은 제가 제 편지에 번호를 매기기 시작했어요. 만약 빠진 게 있다면 알려주세요. 혹시 여러분도 똑같이 해주실 수 있나요? 저희 남학생이 세심하지 못할까 봐 걱정이에요. 제가 편지를 부친다고 해도 꼭 분실되는 것들이 있기는 하지만요.

어제는 상자 하나를 부쳤어요. 스카프는 엄마 생신 선물, 부채는 언니, 헬렌, 애니 스펜서, 포레스트 고모, 스미스 할머니 거예요. 조선인들은 스미스 할머니에 대해 감탄을 해요. 그러면서 제가 거짓말하고 있거나 아니면 저희가 좀 희한한 민족이라고 생각하는 것도 같아요.

사랑이 키티를 조선에 부르다

남장로교 선교부
조선 목포

1925년 7월 21일 화요일

사랑하는 여러분:

여러분이 모두 거기 모여 계시니까 저는 이 편지를 가족 편지로 쓰도록 할게요. 저희도 그곳에 있어서 여러분과 즐거운 시간을 보낸다면 얼마나 좋을까요? 저희는 이번 주에 어머니, 파크, 레나와 그래함에게서 온 편지들로 행복했어요. 저는 그 편지를 읽고 또 읽었답니다. 세상에나! 편지들을 읽으면서 너무 신났고, 그래함 아주버님의 설교가 방송되고 여러분이 그걸 들었다는 얘기를 들으니 더 신났어요. 아주 훌륭하죠? 여러분이 말씀하신 것처럼 분명 좀 "이상하다"고 느끼셨을 것 같아요. 조선에도 라디오가 건너와서 저희도 들을 수 있다면 얼마나 좋을까요? 일본이 지금 개발하고 있으니까 수년 안에 이뤄지면 좋겠어요. 하지만 이 사람들이 일을 완벽하게 하는 데는 오랜 시간이 걸릴 것이기 때문에, 완벽하게 되기 전에 우리 시대는 끝날 수도 있어요.

저희는 또 이번 주에 사라 앨리슨 Sarah Allison 의 멋진 편지를 받았어요. 선교사회(會)를 대표해서 쓴 편지였는데, 정말 감사하고 그들에게 곧 편지를 쓰려고 해요. 저는 그런 종류의 편지들을 쓰는데 좀 약한 것 같아요. 선교사들이라는 맹추들은 어떤 때는 청자들이나 독자들에게 꽤나 지겹고 따분한 사람들이랍니다. 저는 또 샬럿 후원회와 "멘즈 클럽"과 고향 교회에도 편지를 써야 해요. 그래서 아무래도 편지를 먹지 복사를 해서 한 번 쓰면 충분하도록 해야 할 것 같네요.

저희는 "우기"를 지나가고 있는 중이에요. 아니 그것보다는 그러기를 바라고 있지요. 거의 4주 가까이 이어졌는데, 그건 비가 내리는 게 아니고, 그냥 날마다 **퍼붓는** 거예요. 조선의 어떤 곳은 완전히 쓸려나 갔고 수많은 생명을 잃었고 손해도 많이 났어요. 기차도 다니지 않는 걸요. 저희는 쓸려나가지 않아 기쁘지만 저희 영혼에 흰곰팡이가 폈답 니다. 그걸 구두 밑창으로 해석해도 괜찮을 거예요. 실제로 저희 구두 에 흰곰팡이가 폈거든요. 아침마다 구두를 신기 전에 적어도 곰팡이를 몇 센티미터씩 솔질하지요. 옷이요? 세상에! 그 위에 단 하나의 얼룩이 라도 있으면, 평상시에는 눈에 보이지 않더라도 우기에는 몇 센티미터 씩 되는 곰팡이가 생긴답니다. 하룻밤이 지나면 물건에서 그냥 곰팡이 가 피기 때문에 저는 제 린넨 식탁보 사용을 중지해야 했고 대신 하루 에 세 번씩 오찬세트에 들어있는 방수매트에 의지하고 있어요. 그게 없 었다면 저희에게는 린넨이 한 조각도 남아있지 않았을 거예요!

물이 있었다고 해도 비 때문에 씻을 수가 없었고, 비가 내리지 않았 다고 해도 씻을 수가 없었던 게, 이놈의 지역에는 물에 대한 제한이 있 어서 물 한 컵을 받을 때면 표를 제시해야 하고 하루에 세 컵 정도가 저 희 한계이기 때문이에요. 사람들이 물을 구하러 올 때면 쏟아지는 빗속 에서 물표를 받으면서 각 수전에 서있는 사람들을 보게 되는데 그 광경 은 정말 우스꽝스러워요. 저희 표는 벌써 다 떨어졌고, 아직 이번 달은 9일 남아 있고, 새로운 달이 될 때까지 더 이상 확보하지 못할 거예요. 저희 집에는 홈통이 없고 아주 열악한 방식으로 빗물을 받죠. 그래도 그나마 빗물을 받지 않았다면 오늘 씻지도 못했을 걸요. 어제와 오늘은 해가 나와서 모두 빨래를 널 듯 말리러 밖으로 나갔답니다. 아마도 왜 저희에게 샘이 없는지 궁금하실 거예요. 음, 그러니까 여러 가지 이유 가 있는데요. 첫 번째 이유는 바위 때문에 땅을 60센티미터도 팔 수가 없다는 거죠. 조선인들은 목욕을 절대 안하고, 더 가난한 계층의 사람

사랑이 키티를 조선에 부르다

들은 자기들 옷도 거의 세탁을 하지 않아요. 일본인들은 목욕을 **많이 하지만** 오늘이고 내일이고 늘 같은 물통에서 목욕을 해요. 물 한 통이 오래 동안, 아마도 수주일 동안 지속되기 때문에 그들은 저희가 왜 그리 많은 물을 사용하는지 궁금해 하고 그 필요성을 이해하지 못해요.

지난주에 빌리가 수술을 해줬던 가난한 여성 있잖아요. 그녀가 "죽었어요." 수술은 월요일 오후에 있었고, 사람들이 그녀를 수술대에서 준비된 방으로 옮긴 후 빌리는 그녀를 돌보기 위해 갔어요. (그녀는 약 30분 후에 마취에서 깼죠.) 그리고 그녀를 책임지고 있던 그녀의 오빠가 정중하게 그녀를 **일어나 앉게 했고**, 물론 출혈이 시작됐고, 다른 일들도 일어났고, 당연히 그녀는 죽었지요. 그게 화요일 밤이었어요. 의사들이 방을 떠날 때마다 그들은 그런 미친 짓을 했던 거죠.

정말 웃기는 사람들이에요. 많은 여성들이 아기를 낳은 다음 날 일어나서 설거지를 하고 빨래를 하는 걸 봤어요. 즉 요리를 한다는 뜻이죠. 그녀의 오빠가 집으로 가기로 결정을 했는데, 그의 집은 멀리 떨어진 섬에 있고 그는 그 얘기를 아무에게도 하지 않았어요. 그녀는 죽기 바로 직전이었고요. 그래서 빌리는 사람을 보내 그의 뒤를 쫓아가게 했는데, 그가 보낸 사람이 엉뚱한 곳으로 가는 바람에 오빠가 도착할 때까지 그녀를 묻을 수가 없었어요. 그래서 월요일 오전까지 (그제) 병원 "영안실"에 누워 있었지요. 그들이 방부 처리를 모르기는 하지만 어떤 조선인에게는 사람을 묻기 위해 일주일은 기다리는 게 당연히 아무 의미가 없는 거예요. 부자일수록 그를 매장하기 위해 기다리는 시간이 길어지는데, 그건 매장을 하기 전에 더 많은 잔치를 해야 하기 때문이에요. 그리고 부자일수록 사람들은 더욱 술에 취하게 되죠. "죽도록 취한다는 건" 관을 드는 사람들에게는 무척이나 필수적인 일이랍니다.

우기가 3일짜리 태풍과 함께 마무리되었어요. 태어나서 그런 바람은 처음이었어요. 이 태풍이 오고 있다는 것을 보고 느끼자 배들이 피할 곳을 찾아 내리달렸는데 그 모습은 볼만 했지요. 마치 부두를 해체해버릴 것 같은 기세로 달려오더군요. 음, 제 포도들은 꽤 많이 다시 봉지를 입혀야 할 것 같아요. 여기서는 모든 과일에 봉지를 씌워야 해요. 그렇게 하지 않으면 곤충들과 벌레, 그리고 조선인 소년들 때문에 아무 것도 거두지 못할 거예요. 그래서 연례회의 전에 포도를 씌우기 위해 2백 개가 넘는 봉지를 만들었는데, 비와 바람 때문에 다 찢어졌어요. 창문이 꽉 붙어 있지 않기 때문에 창틀 사방에 종이를 붙여야 하구요. 겨울에는 추위를 막기 위해 해야 하고, 여름에는 모기들을 막기 위해 해야 하고, 또 여름에는 비 때문에 여러 번 해야 한답니다.

하퍼 가족과 맥켈리 가족은 여름 휴양지에 갔어요. 한 가족은 바다로, 다른 가족은 산으로 갔지요. 저희가 이곳 주둔지에 있어야 하는 것처럼 머피 가족은 "파산을 해서" 갈 수가 없었고, 니스벳 부인은 불편함을 겪는 걸 좋아하지 않아요. 특별히 니스벳 부인은 무슨 까닭인지 다른 사람들과 어울리는 것에 관심이 없답니다. 그녀의 성격 때문에 모든 사람에게 미안함을 느낀답니다. 그녀는 저희 모두를 힘들게 해요. 제가 즐거운 표정을 하고 다른 여성을 바라보잖아요? 그러면 그녀는 몹시도 화를 내요. 제가 그들을 만나러 가는 것도, 그들과 교제하는 것도 원하지 않아요. 저는 다른 여성들도 많이 좋아하기 때문에 (그녀를 좋아하는 것보다 훨씬 더 그래요. 쉿! 말씀하시면 안돼요.) 늘 그녀의 감정을 상하게 하고 있지요. 저는 그들과 친하게 지낼 거예요. 니스벳 부인은 한 번에 한 명의 친구만 사귈 수 있어요. 그 일이 저에게 일어난 것이고, 그녀는 저의 전적인 집중을 원한답니다. 제 이웃들에 대해 말씀 드리려고 한 건 아니었는데, 죄송해요. 하지만 저는 제가 질투가 많은 성격이 아닌 게 너무 기뻐요. 빌리와 저도 "집에만 있는 사람들" 중에 낄까 봐 걱정

사랑이 키티를 조선에 부르다

이에요. 만약 그가 병원을 떠나게 되면 조선인들은 너무 태만해져요. 사실 병원을 경제적으로 유지하는 건 빌리에게도 큰 부담인데 조선인들이 아마 병원을 부채 상태로 만들어 버릴 것 같고, 빌리는 떠나지 못할까 봐 걱정하고 있어요. 지금까지는 운이 좋게도 날씨가 굉장히 상쾌했는데, 오늘 이후로는 굉장히 더울 가능성이 있어요. 작년에 세 달 동안 날씨가 극심하게 더웠거든요. 그런데 지금 7월이 가고 있으니까 제 생각에 더위가 한 달 반 이상은 가지 않을 것 같네요. 만약 그렇지 않으면 모든 게······.

이 말을 어떻게 마무리하려고 했는지 모르겠어서 안할래요.

화요일 오후:

방해를 받지 않고 쭉 편지를 쓰게 될지 모르겠어요. 지금 이 순간 다시 비가 내리고 있는 거 아세요? 오늘은 해가 충분히 오래 동안 나와서 밀가루와 옥수수 가루를 밖에 내놓을 수 있을 거라고 믿었거든요. 너무 퀴퀴해져서 필요한 것 이상으로는 감히 수중에 갖고 있을 수가 없어요. 그렇지만 이런 눅눅한 날씨에는 그렇게 하기도 어려운 것이, 며칠씩 걸리는 경성에 주문을 해야 하고 많은 양을 주문하는 데는 문제가 많기 때문이에요. 게다가 항상 시기를 잴 수도 없잖아요. 하지만 지금은 운 좋게도 조금만 가지고 있어요.

지난주는 등불 축제 주간이었는데 정말 볼만 했어요. 그 주간이 되면 3일 동안 죽은 자의 영혼이 돌아온다고 여기고, 이 3일 동안에는 아름답게 장식된 등이 밤새도록 집과 사찰을 밝히고 영혼들을 위한 음식이 차려진답니다. 3일째 되는 밤에는 영혼들이 영혼의 집으로 돌아가게 되는데, 사람들은 물 의식을 거행하고 타오르는 이 멋진 등과 횃불이 있는 작은 배에 음식을 놓고 바다로 밀어요. 영혼들이 등과 음식을 가지고 돌아간다고 믿는 거죠. 그 의미를 잊을 수 있다면 정말 아름다운 광경이에요. 저도 그 등을 몇 개 샀는데 아마도 여러분에게 몇 개 보낼 수도 있을 거예요. 아주 예쁘지만 너무 약해서 분명 여러분에게 안전하게 도착하지는 못할 것 같으니까 기다렸다가 저희가 갈 때 들고 가는 게 더 좋을 거라고 생각해요.

이제 그만 가봐야겠어요. 함께 여름을 즐기시는 동안 저희를 생각해 주시고 자주 편지해 주세요. 저희를 대신해서 그 귀여운 아가들에게 키스해주세요.

한 분 한 분께 사랑과, 마음을 가득 담아,
키티와 빌리

아버지, 제 타이핑 실력이 좀 향상되었다고 생각하지 않으세요? 저는 결코 "속기사"가 될 수는 없다는 결론에 도달했어요. 하지만 비록 독수리 타법을 사용하기는 해도 이 타자기에서는 훨씬 빨리 편지를 쓸 수 있을 것 같아요.

아버지, 교정을 위해 이 편지를 읽을 때까지 추신을 쓰는 게 아니었네요. 너무 많은 실수를 발견했거든요. 향상된 걸 발견하려면 현미경이 필요할 것 같은데요?

꾳

남장로교 선교부
조선 목포

빌리의 편지를 3번 편지로 계산하지 않았어요. 그러니까 이 편지가 3번 편지예요.

사랑이 키티를 조선에 부르다

여섯째 묶음

○

키티의 임신 소식

1925년 7월 31일 목요일

사랑하는 엄마, 언니, 그리고 헬렌:

언니의 세 번째 편지는 엄청난 충격이었어. 그 이후로 나는 맥을 못 추고 있지. 편지의 내용 때문이 아니라 편지 그 자체가 그랬어. 편지로 "빵 터뜨릴" 거라고 경고하지 그랬어? 그럼 내가 준비하고 있었을 거 아냐.

어쨌든 편지와 기사들도 고마워. 너무 즐거웠고 언니의 편지에 대한 재능도 자랑스러워. 모두 화려한 글들인데, 특별히 벅셀 부인의 것이 그렇군. 아름다워. 멀리 떨어진 이곳에서는 죽음과 결혼을 실제로 느끼기가 무척 어려워. 여기서는 그저 살짝 듣기만 하고 아무 것도 보지 못하잖아. 집에 가게 되면 온갖 실수를 하게 되겠지? 나를 가장 놀라게 한 건 윌 해든Will Hadden 이야. 정말 잘 어울린다고 생각해.

여기 계셨던 월튼 씨 Mr. Walton 에 대해 말씀드리는 제 편지를 받은 적이 없는지 궁금해요. 그가 떠난 직후에 제가 썼는데요. 여러분이 이번 최근 편지를 통해 필러 부인이 그에게서 카드를 받았다는 이야기를 할 때까지 아무도 그걸 언급하지 않았거든요. 저는 굉장히 들떴고 아마 여러분도 그랬을 거라고 생각했는데 그 일에 대해 한 마디도 없네요. 아니면 그쪽에서는 썼는데 제가 그걸 받지 못했거나, 아니면 여러분이 제 편지를 받지 못한 거겠죠.

지금 여러분이 겪는 더운 날씨를 저희가 겪고 있어요. 오늘 정말 굉장해요. 엄마, 엄마가 진짜 덤벙대고, 엉성하고, 사람에 대해 신경 쓰지 않는 분이었다면, 그리고 저희를 그렇게 독특하게 되도록 훈련시키시지 않았다면 좋았을 거라는 생각이 가끔 들어요. 저는 이런 더러운 나라에서 살아야 하는데 그렇게 양육된 여자에게는 그저 끔찍할 뿐이에요. 저는 정신줄을 놓을 지경이에요. 저의 모든 시간을 들여 상황이 제대로 되도록 돌보는데 그걸 유지할 수가 없어요. 도대체 이 사람들은 왜 우리가 일에 대해 그렇게 애를 써야만 하는지 이해하지를 못해요. 그리고 만약 막대기를 들고 그들을 감독하지 않으면 일을 자기들 맘대로 할 거예요.

요리사는 정말 잘 훈련이 되어서 이들 중 한 명이 그녀에게 훈련을 받아도 될 정도예요. 저는 그녀를 아주 좋아하고, 대부분의 시간을 그녀에게 맡기는 위험을 감수할 정도랍니다. 하지만! 밖에서 일하는 일꾼은요. 맙소사, 제가 어쩌면 미칠 것 같아요. 이 동양의 관습은 정말 말할 수 없이 화가 나요. 늘 "관습"을 고려해야 하죠. 남자들은 이렇게 저렇게 하는 게 관습이고, 여자들은 이렇게 저렇게 하는 게 관습이에요. 그러니까, 남자는 집을 청소하고, 물을 길어오고, 작은 "변소"를 비우고, 동시에 닭을 다듬어요. 그에게 있어서 "변소"를 비우는 것과 닭을 다듬는 걸 동시에 하는 건 아무런 문제가 되지 않기 때문에 한 손에는 닭, 다른 한 손에는 똥통이 있죠. 그리고 그는, 날마다 똥통의 내용물을 토마토와 상추에 부어주는 것보다 더 좋은 게 없을 거라고 생각해요.

우기 이후로는 모든 물건을 집밖으로 꺼내서 곰팡이를 털어내고, 말리고, 퀴퀴한 냄새를 없애기 위해 날마다 일광욕을 시켜야만 했어요. 음, 그가 보기에는 땅이 훨씬 좋아져서, 밑에 아무 것도 깔지 않고 제

사랑이 키티를 조선에 부르다

예쁜 퀼트와 침대를 널어놓죠. 또 저의 예쁜 파란색 차이나 러그도 이런 뜨겁고 약한 햇볕에 하루 종일 두는 게 안하는 것보다 좋아요. 그리고는 저만큼이나 큰 방망이를 가지고 두들겨서 먼지를 터는 거예요. 햇빛은 불과 몇 시간 안에 물건의 색을 바래게 하거든요. 그늘의 복을 누리는 장소가 아니기 때문에 조금 지나면 물건을 옮겨야 해요. 그런데 물건을 옮길 때가 되면 그는 먹는데 최소한 1시간이 걸리는 식사를 하러 가고 없는 거죠.

요리사가 며칠 동안 자리를 비워서 하퍼 가족의 요리사를 데리고 있어요. (하퍼 가족은 산으로 갔는데 거기서는 간호사가 바깥 일꾼의 도움을 받아 그들을 위해 요리를 해요. 그들은, 아니, 여자들과 아이들은 이 산을 오를 때 남자의 등에 업혀 올라가야 한답니다.) 이 요리사는 훈련이 잘 되어 있지도 않고 머리도 그다지 자랑할 게 없어요. 저는 하퍼 가족이 늘 아픈 게 놀랍지 않아요. 하루는 제가 주방에 있었는데 — 그녀가 주방에 있을 때면 제가 항상 있어야 해요. 안 그러면 아마 장티푸스 같은 것에 걸리게 될 거예요. — 그녀가 물을 끓이려고 스토브 위에 마실 물을 올렸는데 5분 정도 지나자 물을 내리고는 식히려고 통에 넣는 거예요. 아직 다 뜨겁지도 않은 상태였죠! 집에서 유일하게 아이스박스를 둘 수 있는 곳이 지하 저장실 안이기 때문에 음식이 얼음에서 미끄러지지는 않았는지, 아니면 물병이 뒤집히지는 않았는지 확인하러 몇 분에 한 번씩 내리달려야 한답니다. 저희 아이스박스는 너무 조잡하게 만들어졌기 때문에 물이 빠지지 않고, 물이 엎질러질 경우에는 그 안에 있는 더러운 얼음물과 섞여서 버려야 하거든요. 그런데 이 새로운 요리사 왈! "왜 마시면 안되는 거죠?"

그리고 "아주 약간의 미생물이나 많은 미생물이 마실 물을 못쓰게 하나요?" 마치 음식 위에 앉은 파리를 잡는 것을 놓고 그래함 양Miss Graham 이 요리사를 나무랐을 때 그 요리사가 말했던 것과 같아요. 그녀는 이렇게 말했어요. "어머, 부인, 그 작은 것이 가져가는 적은 음식도 놓칠까 봐 그렇게 걱정하시는 거예요?" 그 요리사는 그래함 양이 파리가 앉은 후에 음식을 먹는 것 때문이 아니라 파리가 그녀의 완벽한 음식을 먹는 것에 대해 못마땅해 한다고 생각했던 것이죠. 그 작은 것이 그렇게 적은 걸 먹는다니 원. 여기 있는 커다란 남자들 중 한 명이 — 아, 그러니까 제 말은 선교사를 말씀 드리는 거예요 — 얘기한 것 같네요. "그것은 그저 살기 위해서 혼신의 힘을 발휘합니다."

보스 Boss 가 편도선 때문에 그렇게 힘든 시간을 보냈다니 안됐어요. 아무래도 다음에는 이곳에 와서, 제 편도선을 제거해 준 이 한국 의사에게 집도를 받는 게 좋겠다고 그에게 전해주세요. 포레스트 고모, 페니 Penny 와 함께 시간을 보내셨다니 기뻐요. 페니의 이 새로운 구혼자는 누구고, 어디서 왔죠? 페니가 그에 대해서 말을 해주지 않았어요. 너무 궁금해요.

제가 조선인들에게 할머니에 대해 여러 번 얘기 해줬거든요. 그들은 우리 미국인들이 백년 씩 사는 아주 희한한 존재들이라고 생각해요. 할머니께 부채를 보내서 좋은데, 다만 엄마가 보내실 거라니, 제가 다른 걸 보냈으면 좋았을 뻔 했어요. 아니면 대신 제가 보낸 스카프를 할머니께 드리시면 어떨까 싶어요.

저희는 푸츠 Puts 가 정말 자랑스러워요. 그리고 가끔은 그가 연설하는 걸 들을 수 있으면 좋겠어요. 그가 실크를 좋아했다니 기쁘고요. 시작하기만 하면 그가 성공할 수 있을 거라고 믿었지만, 푸츠와 제가 뭘 할지를 결정하고 "필요한 장비"를 소유하는데 꽤 오랜 시간이 걸렸네요. 여러분 모두는 여전히 손님이 많군요, 그렇죠? 또 그런 식으로 그 사람들이 계속 오게 하고 그걸 즐기지요. 헬렌이 즐거운 시간을 보내고 있다니 기쁘고 이제는 헬렌이 이곳에 올 수 있으면 해요.

빌리가 화요일에 25달러 수표를 보냈으니까 그걸로 제가 몇 주 전에 설명해드린 신발을 보내주세요. 만약 그 편지를 받지 못하셨으면 다시 설명할게요. 전에 보내주신 것과 똑같은 스타일이면 좋아요. **단, 송아지 가죽은 아니에요.** 송아지 가죽이나 **스웨이드**를 날마다 신을 수가 없어요. 겨울 신발이 단 한 켤레도 없고 심지어 밑창도 없거든요. 아무래도 두 켤레를 보내주시고, 만약 갈색보다 검정색이 더 싸다면 그중 한 켤레는 검정색으로 보내주시면 좋겠어요. 저는 그랬던 걸로 기억하고 있거든요. 하지만 그렇게 되면 두 종류의 바지가 필요하겠어요, 그렇죠? 음, 그냥 웅거 가족을 통해 보내신 바지 아무 것에나 어울리는 같은 색깔로 보내주세요. 그 바지가 아직 오지 않았고, 오지 않을 수도 있지만, 그래도 오는 걸 확인할 때까지 사지 않으려고 해요. 웅거 가족의 물건도 아직 다 오지 않았다고 말한 것 같거든요. 신발 크기는 C의 마지막으로 해주세요. 4C 마지막 크기예요. 제 발이 자라고 있는 것 같으니까 꼭 C여야 해요. 4C에 옥스퍼드화, 굉장히 낮은 굽에 **염소 가죽**. 아니면 송아지 가죽과 스웨이드 빼고 뭐든지. 그리고 만약 하얀색 캔버스화가 여름 세일 중이면 몇 개 준비해주세요. 제발~.

빌리가 수표를 보낼 때는 그걸 생각하지 못했는데, 제가 더 보낼게요. 저는 그 수표로 겨울 신발과 우편 요금, 그리고 엄마가 저를 위해 보내주시는 물건들의 우편 요금에 대한 약간의 추가 요금 정도를 감당하려고 했거든요. 그러니까 조만간에 더 보낼게요. 이번 여름에 세일을 해서 구할 수 있다면 꼭 하얀색 신발을 가져야겠어요. 정말 평범하고 저렴한 물건이면 여름에 적합할 거예요. 저희는 여름에 아무 데도 안 가고 사람도 많이 만나지 않으니까 별로 중요하지 않아요.

제가 도매상에서 주문했던 신발을 간신히 팔았어요. 그 집, 제가 말씀 드렸죠? 그들은 모든 걸 대체하는 바람에 여름 신발은 완전히 누락 됐어요. 제 발은 닳아 빠진 힐 때문에 델라Della 발보다 더 안 좋아 보여요. 제가 이따금 제 결혼 신발에 정장을 입곤 하는데 너무 꽉 껴요. 그걸 날마다 신어서 망가뜨리고 싶지는 않아요. 그게 편하다고 해도, 깨끗하게 닦을 방법이 없기 때문이죠.

어머니가 저희에게 삼나무 장롱을 보내실 예정이거든요. 너무 기뻐요. 특별히 지금!

다음 줄부터는 은밀하고 비밀스럽게 읽어주세요.

뉴스가 있어요. 아마도 아기 윌리엄 P. 주니어가 생긴 것 같아요. 확실하게 될 때까지 쓰지 말아야겠다고 생각했는데 신호가 그렇게 알려주네요. 하지만 혹시 실수일 경우를 대비해서 제가 다시 편지 쓸 때까지 말씀하지 말아주세요. 전혀 거북하지는 않고, 아시는 것처럼 제게 늘 있는 약간의 현기증이 있어요. 중요한 신호가 확실해서 전에는 한 번도 그런 일이 없었기 때문에 그렇게 그렇게 된 것이라고 생각해요. 어떻게 해야 하죠? 솔직히 밟아야 할 첫 번째 단계도 모르겠어요. 그리고 만약 이게 그렇다면 여기서 저는 일을 하지 못하겠죠.

그래서 엄마, 그것을 하기 위한 모든 것을 제가 아닌 엄마에게 의지해야 할 것 같아요. 이 일을 하는데 있어서 이렇게도 무기력할까 싶어요. 하지만 저는, 저희는 너무 기쁘고 또 기뻐요. 저희는 서로 너무 이기적인데도 불구하고 작은 "빌리"를 원한답니다. 그 아이를 정말 훌륭하게 만들면 저희 시간을 다 빼앗지 않겠죠.

12일 이후에 더 결정적인 편지를 쓰고 제게 필요한 걸 사기 위해 체크를 보낼게요. 누가 알겠어요?

336

여기 있는 이 여성들에게는 말하지 않을 거예요. 베스 아줌마(니스벳 부인)는 이쪽 극단에 있고, 다른 여성들은 저쪽 극단에 있으니까요. 베스 아줌마는 제가 항상 본인이 말하는 대로 정확하게 해야 한다고 생각해요. 그리고 제 남편이 의사인데도, 바보 같은 일에 엄청난 돈을 쓰게 하고 날마다 그런 일들을 하라고 할 거예요. 다른 여성들은 자기 아이들의 옷에 대해서도 완전히 무신경이라서 그들을 의지할 수가 없어요. 정말 그들은 생활필수품들도 손에 넣지 못할 걸요. 자, 그래서 여기는 서로의 일 말고는 말할 거리가 없어요. 남의 일을 자기 일로 삼죠. 그리고 벌써 어떤 여성은 제가 몇 개월 되었다는 걸 잊어버렸어요. 그때는 제가 아무 것도 아니었지만 (그게 얼마 전이었어요) 왜 그녀가 그런 생각을 했는지 모르겠어요.

어쨌든 그녀는 바보가 됐어요. 그녀가 이곳을 방문했는데, 자기는 모든 걸 알고 있고 저를 한 번도 본 적이 없다고 생각하는 게 정말 웃기는 부분이었답니다. 어머니께는 12일이 될 때까지 편지 쓰는 걸 보류해야겠다고 생각해요. 그래야 확실해지죠. 벌써 2명의 손주들이 태어났으니 당신 가족이 "번창"하고 있다고 생각하시겠죠?

아버지와 언니는 편지를 꽤 주고받는 것 같아요, 그렇죠? 아버지의 편지가 매력적이었기 때문에 언니가 동봉한 거죠. 틀림없이 언니가 아버지에게 즐거운 내용의 편지를 썼을 것이고. 아버지는 언니의 위트에 잘 맞는 분인 것 같아요. 아버지께서 언니의 편지 때문에 즐거우실 거라고 빌리가 말하더군요.

이제 가봐야겠어요. 그렇게 더운 날씨에 일을 너무 많이 하지 마세요.

모두에게 사랑을 담아
키티 샌

만약을 대비해서 제가 다시 편지를 쓸 때까지 아무 것도 사지 마세요.

8월 1일 토요일 아침: 오늘 아침에 웅거 부인에게서 이 짧은 편지와
[유실됨] 소포가 왔어요. 물건들은 괜찮아요. 너무 너무 감사해요. 남아
있는 게 없어서 바지가 더 필요할 것 같아요. 엄마가 보내주신 이게 제
가 딱 좋아하는 두께에요.

★★★

남장로교 선교부
조선 목포

[1925년] 8월 3일 월요일

3번

사랑하는 어머니:

이렇게 더운 날 오후에는 정신을 가다듬고 편지를 쓸 수준이 되질
않아요. 게다가 오후가 저의 유일한 시간이기 때문에, 일요일이면 편지
쓰는 일을 월요일 아침까지 미루고 있는 저를 발견하게 된답니다.

여기는 무시무시하게 더워요. 하지만 작년보다는 훨씬 잘 견디고 있
어요. 저희집은 훨씬 시원하고, 저희가 입고 싶은 대로 입고 먹고 싶은
대로 먹을 자유가 있거든요. 그 결과 빌리도 저도 이번 여름에는 아무
문제가 없답니다. 그래서 너무 감사해요.

사람들이 지금 하는 것보다 좀더 자신들의 요리에 신경을 쓴다면 좋
겠어요. 그들이 그렇게 많이 아픈 것의 절반도 아프지 않을 거예요. 그

게 상당히 까다롭다는 건 인정할게요. 그들이 제가 원하는 대로 일하도록 하기 위해 이 일꾼들의 뒤를 부지런히 뒤쫓아 다니는 것도 거의 미칠 노릇이에요. 하지만 결국에는 그게 남는 거죠. 그들 중 누구들처럼 늘 아픈 것보다는 차라리 그쪽을 택하겠어요. 저희도 저희 집을 가질 때까지는 계속 아플 것 같았거든요. 이 조선 사람들은 저희가 왜 그렇게 물건을 깨끗하게 유지하려고 까다롭게 구는지, 음식을 준비하는 방법에 대해 왜 그렇게 유난스러운지를 이해하지 못해요. 만약 의식 있고 양심 있는 일꾼을 데리고 있지 않다면 그들은 저희가 등만 돌려도 자기네들의 방법대로 할 걸요. 그리고 의식 있고 양심 있는 일꾼들도 거의 없답니다.

저희 요리사는 이곳에 있는 그 어느 일꾼보다 탁월한 훈련을 받았어요. 그래서 머피 부인이 왔을 때 그녀를 다시 데려갈까 봐 걱정이에요. 도대체 어떻게 해야 할지 모르겠어요. 그녀는 말을 했을 때 그대로 할 수 있는 몇 안 되는 사람들 중 한 명이거든요. 그녀는 제가 자신을 유심히 지켜본다는 걸 알고 있어요. 그게 또한 많은 도움이 되죠. 여기서는 아주 작은 것에 대해서도 도움을 받을 수가 있기 때문에 일을 할 때 게으름을 피우지 않는 게 어려워요. 피할 수가 없는 거죠. 그래서 이곳 여자 선교사들은 제가 유난스러운 것도, 제 스스로 일하는 것도 굉장히 우습다고 생각해요. 그들에게 이렇게 말할 수밖에 없네요. 그들이 만약 저같이 일을 하게 된다면 아마 빌리를 그렇게 많이 찾을 필요도 없고 늘 그렇게 상태가 안좋을 일도 없을 거라고요.

저희 과일이 여기 현지인에게서 오고 채소는 분명 깨끗하지 않은 물로 씻기 때문에 과일과 채소를 담가 두기 위해 날마다 요오드 액을 준비해야 해요. 이 "요오드에 담그기"는 저어어엉말 필요해요. 빌리는 다른 여성들도 그렇게 해야 한다고 주장하는데, 그거 아세요? 그들은 그렇게 하는 게 너무 번거롭대요. 게다가 일을 일꾼들에게 맡겨두면 그들은 그 일을 제대로 하지 않겠죠. 그래서 그들은 그냥 그들이에요. 그들은 날마다 해마다 설사를 하고 위에 문제가 있겠죠. 그걸 막는 일이 번거로우니까요. 제가 좋은 예라고 말씀드릴 수 있어요. 제가 살림을 하면서 이 일을 하기 전까지 저처럼 고통을 받은 사람은 없을 걸요. 그런데도 사람들은 너무 번거롭다고 하니 그냥 고통을 받아야 하겠죠. 빌리와 제가 지금 이렇게 건강하니 저는 너무 기쁘고 그건 정말 중요하답니다. 빌리가 건강하지 않았다면 어떻게 일을 감당할 수 있을지 모르겠어요.

어머니, 어머니는 정말 멋지세요. 삼나무 장롱은 제가 상상할 수 있는 가장 멋진 물건이에요. 여기 있는 저희들에게 그건 정말 큰 의미예요. 어머니의 편지를 읽을 때 저는 기뻐서 소리를 질렀어요. 어떻게 감사 드려야 할지, 그리고 토마스와 딕에게도 고마워요. 저희를 위해 그런 일을 해주시다니 너무 다정하세요. 어머니가 짐작하시는 것보다 훨씬 많이 감사 드려요. 어머니는 멋진 어머니세요. 어머니의 목을 감고 그렇게 말씀 드리고 싶어요. 이제 얼마 안 있어서 특별히 멋진 일이 있을 거예요. 어머니께 말씀드릴 비밀이 있답니다. "단정할" 수는 없지만 신호가 그렇게 보이고, 시간이 좀 지난 후 확실하게 쓸게요. 기뻐하셨으면 좋겠어요.

내일 밤에 조선인들의 콘서트를 위해 독창을 해야 해요. 그 수익금은 조선의 북부에서 홍수로 고통 받는 사람들에게 갈 거예요. 그래서! 곡을 고르고 노래를 연습해야 해요. 그들은 늘 한 곡을 의뢰하지만 두세 곡을 기대하기 때문에 준비를 해야 한답니다. 이 사람들은 우리 음악을 좋아해서 그걸 공부하기 위해 가진 돈을 죄다 쓸 정도이지요. 한 푼이라도 빌릴 수 있는 사람이라면 죄다 발성을 공부하거나 아니면 싸

사랑이 키티를 조선에 부르다

구려 바이올린, 오르간, (피아노는 그들에게 너무 비싸죠.) 아니면 호른을 구입하고 있어요. 그들은 특별히 호른을 좋아하더군요. 미국에다가 코넷을 주문했던 어떤 남자가 그걸 금요일에 받았어요. 금요일 밤에는 악보를 몰랐는데 일요일 밤에는 교회에서 코넷 독주를 하더군요. 물론 그가 뭘 연주하고 있는지 아무도 몰랐지만 괜찮았어요. 자기 생각에 그는 대단한 일을 한 것이고 자신을 굉장히 자랑스럽게 느꼈어요. 코넷에 대한 그들의 시도는 약간 미친 사람을 완전히 미친 사람으로 만들 거예요.

제가 목포에 도착했던 첫째 날 밤이었어요. 침대, 서랍장으로 쓰는 낡은 테이블, 그 위에 높이 매달려 있어서 저를 비춰보기 힘들었던 작은 거울, 의자 한 개, 더럽고 그을린 벽, 그림도 한 장 없고, 커튼도 없고, 정말 아무 것도 없는 제 방을 본 직후…… 이 침대와 테이블과 의자 한 개와 고향에서 제 앞으로 온 편지 뭉치들. 낯선 땅에서 완벽하게 낯선 사람들 사이에서 벌써 제가 왜 엄마와 집을 떠났는지 궁금해 하고…… 홍수처럼 눈물을 터뜨릴 즈음 제 창 밖에서 가락이 맞지 않는 이 코넷 소리가 들려왔어요. "즐거운 나의 집." 연주라기보다는 연주하려고 애쓰는 소리였죠. 너무 웃기는 소리에 저는 울지 않고 웃을 수밖에 없었어요. 그 소리가 저를 궁지에서 벗어나게 해줬어요. 만약 바로 그 순간에 제가 제대로 된 노래를 들었다면 아마 "가여운 키티"를 망쳤을 걸요.

제가 실수를 하더라도 그들은 모를 테니까 저는 두려움이 거의 없는 상태에서 그들을 위해 노래해요. 그들은 저희 교회 노래를 부를 때면 꼭 어디선가는 "음정을 틀리죠." 꼭 빠뜨리는데, 시간이 부족하니까 그대로 굳어진 거죠. 너무 오래 동안 거기 빠져있어서 이제는 그들을 바꿀 수가 없답니다. 그래서 저희도 그냥 부르고, 이제는 저도 그들처럼 부르는 경우가 많아서 분명 제가 집에 가게 되면 같은 실수를 하게 될 거예요. 아마 틀린 음정으로 팍 튀어나오는 목소리 때문에 "모임을 깰지도 몰라요."

지난 주 빌리의 편지에 숫자를 매기지 않았기 때문에 이 편지가 3번
이에요.

여러분 모두를 무척이나 사랑합니다. 날씨와 정원이 부족함에도 불
구하고 즐거운 여름을 보내시길 이곳에서 바랄게요.

키티 샘

남장로교 선교부
조선 목포

[1925년] 8월 8일 화요일

사랑하는 리즈Liz 와 애리스Arris,

내가 보내는 편지 한 줄 때문에 기절하지는 말아 줘. 내가 편지를 쓰
지 않는다고 해도 날마다 둘을 생각하거든. 혹시 내가 편지를 쓰고 싶
은 마음이 들 때마다 여러분이 편지를 받게 된다면 그 편지 숫자가 정
말 많겠지. 그렇지만, 내가 전에도 말했잖아. 학교에 가고, 학교에서 수
업을 하고, 조선말 예배와 영어 예배 모두에 참석하고, 몇 킬로미터를
걸어서 조선 사람들의 마을에 있는 주일학교에 참석하고, 조선인들을
영접하고, 나에게 하라고 부탁 받은 걸 그들에게 제공하고, 필요할 경
우 우리의 미국인 밴드를 도와. 오늘은 어떤 가족 전체를 위해 저녁을
준비해서 보냈어. 그들이 일도 무지 많고 몸도 아프고, 게다가 요리사
도 아프거든. 다가오는 계절을 대비해서 내 낡은 모자를 손질하려고 애
쓰고, 우리 옷에 있는 오래된 얼룩을 제거하려고 애쓰고, 매우 힘들고

어려운 상황에서 집을 우리 방식대로 유지하고, 여러분이 뭘 주문해야 할지 몇 달씩 앞서 생각하지. 물건을 구하려면 몇 달, 몇 주씩 걸린다는 걸 알고 있으니까. 만약 여러분이 그걸 잊으면 여러분은 굶주리게 되는 거잖아? 그리고 할 일을 생각하고, 힘든 하루 일을 마치고 지쳐서 집으로 돌아온 남편의 마음을 읽어내지. 어떤 때는 있는 방법 없는 방법을 다 써서 백 명이나 되는 더럽고 냄새 나는 조선인들을 자기가 절개하고 만지고 천공을 하고 진찰하거든. 그러면 나는 그가 그 모든 힘들 것들을 잊도록 도와줘야 해.

음, 이렇게 날마다 규칙적으로 일어나는 일에다가 종종 덤으로 던져지는 일까지 마무리될 즈음이면 편지를 쓸 수 있는 시간은 별로 남아 있질 않아. 단 하루라도 여러분이 (이곳에) 들를 수 있다면 완전히 이해가 될 것이고, 내가 어떻게 매주 한 통씩 가족들에게 편지를 쓰는지 궁금하게 될 거야. 처음에는 내게 너무 상처가 컸어. 내 친구들, 그리고 **가족 중에서도** 내가 왜 편지를 쓰지 않는지 이해하지 못했거든. 편지와 그 편지의 길이에 대해 검사하고는 나한테 편지 쓰는 걸 완전히 그만뒀어. 하지만 우리에게는 이미 충분히 걱정거리가 많이 있기 때문에 그 일에 대해 근심할 만한 여유가 없다고 결정 내렸어. 그래서 나는 최선을 다했는데도 내 마지막 친구마저 잃게 된다면 그건 불안해하지 않기로 마음먹기로 했지. 하지만 가끔은 낙망하곤 해. 생각해 봐. "백인들"로부터 1만 5천 킬로미터나 떨어진 채로 낯선 사람들, 낯선 언어와 씨름하고, 1년 365일 동안 똑같은 사람들, 똑같은 상황들이 전혀 변하지 않고, 미국에서 즐기는 모든 좋은 것들을 그리워하고, 이 웃기는 곳에서 우리의 연약한 노력이 조금이나마 도움이 되도록 노력하고, 그리고는 비판을 받고, 사랑하는 사람들에게서 결국은 잊혀지고, 음……. 그런 것들은 여러분들로 하여금 궁금하게 만들 거야 - - - - - - -

우리는 목포에서 엄청 덥고 힘든 여름을 보냈어. 그런 상황에서 이곳에 머물러야 했고 더 좋아진 건 전혀 없었지. 하지만 작년 여름과 비교해 볼 때 꽤 즐거운 여름을 보냈어. 우리만의 음식과 집과 휴식이 있었고, 잘 지냈어. 내 안에 있는 힘이란 힘은 죄다 빼가는 엄청난 더위만 빼고는 꽤 괜찮았어. 사랑하지 않는 사람들은 불평하는 얼굴에, 실제로 불평을 하게 돼. 사랑 안에 있다는 건 굉장한 도움이 되지. 고로 빌리와 나는 한 순간도 웃지 않은 적이 없었어. "천륜 Chillun." 이렇게 말할게. 이 세상에 빌리같은 사람은 없어. 그가 만들어졌을 때 그 패턴은 사라져버렸지. 내가 왜 수십 년 전에 그를 찾지 못했을까? 평생 동안 그를 찾았는데, 그는 내가 찾고 있던 **휠씬 그 이상**이야. 그러니까 **아주 많이** 그렇다는 거지.

하지만 여러분이 "그렇게도 기다리던" 내 편지에 넌더리가 나기 전에 입을 다무는 게 좋겠지? 어떤 때는 월요일에 편지를 쓰기 시작해서 마무리는 토요일까지 끌고 가기도 하고, 어떤 때는 그냥 포기하고 아예 마무리하려고 노력하지도 않아.

그저께 밤에는 어마어마한 폭풍이 불었어. 벽도, 정원도, 나무도, 집도 부분적으로 뽑혔어. 우리는 6월 연례회의 바로 전에 집을 새로 칠했는데, 그 위로 비가 내렸는데도 벽 일부는 견고해. 여러분은 믿지 않을지도 모르지만, 비가 우리 집을 지은 재료인 돌을 뚫고 들어오거든. 진짜야. 물론 이곳 건물들에는 엄청난 결함들이 있지. 우리들에게는 그게 참 힘들어. 비가 내리고 바람이 불고 나면 (이건 거의 매주 그렇다는 뜻) 늘 교체하고 수리해야 할 게 생겨. 그런데 선교부에서는 유지보수 비용으로 **연간** 15달러를 주거든. 그걸 가지고는 일반적으로 물건이 낡아서 들어가는 비용을 제하고 비와 바람 때문에 들어가는 비용의 365분의 1도 감당이 안 돼. 우리 현관은 1년, 2년마다 무너져 내리고 그걸 고치는데 80엔이 들어. 그렇다고 내가 경비 회계를 위해 편지 쓰기를 시작한 건 아니야. 우리 마음에 걱정스러운 일들이 너무 많이 있어서 즐거운 일들을 잊어버리게 한다는, 뭐 그런 얘기야.

방해를 받은 후.

편지를 시작했을 때 반드시 끊길 거라고 생각했어. 절대 못하지. 그런데 너무 많아.

엄마가 보내신 편지를 보니 헬렌이 머리를 단발로 잘랐다더군. 정말 보고 싶어. 헬렌은 키가 무척 크고 말랐잖아. 단발이 잘 어울릴지 궁금해. 헬렌의 머리칼이 무척 예뻤는데. 하지만 그게 스타일이라든지, 편안하다든지, 뭐 등등의 이유가 있다면 비난할 생각은 없어. 무엇보다도 시간이 부족하다면 나 또한 빗질하는 시간을 절약하기 위해 단발을 하고 싶겠지. 그런데 여기서는 헤어컷에 대해서 눈곱만큼도 모르는 선교사들 아니면 단발을 해줄 사람이 없으니, 난 엉망진창이 되고 싶지는 않아. 잘해야 나빠 보이는 정도일 거라고 생각해. 일본에 다시 가게 된다면 들어와 있는 미국 배로 가서 선박 미용사에게 맡길까 생각 중이야.

헨리 삼촌의 짧은 방문이 우리는 정말 즐거웠어. 나는 몇 시간 동안 멍했는데, 빌리가 집에 오더니 삼촌이 금방 자리를 뜰 거라고 하더군. 세상에! 우리는 그가 더 머물기를 얼마나 바랐는지 몰라. 하지만 그는 그러려고 하지 않는 거야. 그는 필러 부인과 굉장히 비슷했고 무척 재미있는 분이었어.

필러 부인이 내가 보낸 부채를 잘 받으셨으면 좋겠어. 그게 정말 매력적이거든. 내년 여름에는 리즈 너에게도 보낼 예정이야. 그리고 유니스 Eunice 에게는 내가 좋아하는 다른 걸 보내야지. 여름은 그냥 거의 참을 수 없는 지경이야. 걷는 것 말고는 방법이 없기 때문에 시내에는 갈수가 없어. 그저 시내로 가기 위해 길에서 기진맥진해서 쓰러지는 위험까지 감수하는 건 아무 소용이 없을 거야. 그래서 이번에는 여러분에게 뭘 보내야겠다는 생각을 너무 늦게 한 거지. 하지만 다음 여름에는 꼭 일찍 할게.

자 생각할 수 있는 건 다 편지로 말해 줘. 특별히 여러분 자신에 관한 건! 알다시피 내가 여러분을 무척 **무척** 사랑하잖아. 사실 나는 둘에게 푹 빠져있고 무척이나 소식을 듣고 싶어. 내가 편지를 자주 쓰지 않는다고 해서 여러분이 내게 화가 나 있는 사람들의 명단에 있지는 않았으면 해. 알다시피 이제 두 가족이 있으니까 편지도 더 많이 써야 해. 나는 엄마한테 쓰는 것처럼 똑같이 어머니께도 매주 편지를 써. 빌리는 편지를 쓸 시간이 없으니 내가 빌리를 대신해서 써야 하고 또 내가 그렇게 하기를 원하기도 하고. 어머니는 정말 멋진 분이셔. 그리고 매주 무척이나 다정한 편지를 쓰시지.

엄마 편지에는 우리 크리스마스 상자에 대해 관세를 지불해야 하는지 아닌지가 없어. 만약 알면 좀 알려 줘. 만약 지불해야 한다면 그냥 각각에게 나눠서 보낼게.

너무 엉망 아니니? 이런 일에 대해 쓰는 걸 배우지는 않겠지만, 더 빨리는 할 수 있으니까 노력은 하지.

멀리 있는 누나와 형이 사랑하는 천륜에게 사랑을 가득 담아,

키티와 빌리

이건 조선인 여성이 만든 손수건이야. 그들 작품으로서는 진짜 전형은 아니야. 그들은 손가락으로 하는 일을 정말 좋아하거든. 이 사람은 좀 노인이고 썩 훌륭하진 않아. 그녀가 그걸 내게 주더군.

남장로교 선교부
조선 목포

[1925년] 8월 9일 일요일

사랑하는 어머니, 아버지, 레나, 그래함, 파크, 딕, 베티, 토마스, 그리고 모든 아이들,

여러분께서는 거기서 분명 멋진 시간을 보내고 계시겠죠? 저희도 여러분이 계신 곳으로 들어가서 여러분을 깜짝 놀라게 해드리고 싶은 마음이에요. 저희가 집에 가게 될 때, 빌릴 수 있는 오두막 딸린 진정한 "길머 셸러" 여름 휴양지를 갖고 계신다면 참 좋겠어요. 저희는 이번 여름에는 작년만큼 고통스럽지 않았어요. 하지만 지난 며칠 동안은 자고 있는 도마뱀을 깨울 정도로 굉장히 더웠지요. 사람이 앉아 있는 동안에는 땀을 닦고 부채질하는 것 말고는 할 게 없어요. 어떻게든 할 수 있는 건, 그저 정원으로 걸어갔다 돌아오는 것, 아니면 병원에 가는 것? 사람이 꼭 바닷물에 빠졌다가 건져낸 것처럼 보이고, 마치 어지럼증이 있는 말처럼 등뼈가 툭 튀어나와요. 저희는 테니스를 치면서 운동을 하려고 노력하는데, 그렇게 하려면 저녁 늦게까지 기다려야 한답니다.

조선의 북부 지방에서는 큰 홍수가 나서 엄청난 피해를 입었어요. 마을 전체가 쓸려나갔고 집들은 지붕까지 물에 잠겼어요. 전해지는 이야기가 하나 있는데, 거대한 뱀이 빠르고 높은 조수에 의해 바다에서 왔대요. 그리고 물을 피하기 위해 집의 지붕에 올라가 있던 두 사람을 먹어 치웠답니다. 그렇지만 제 생각에 그건 "스네이크 테일"이에요. "뱀" 같다기보다는 "물고기"스럽고, 정말 "떨려요."

제가 지난 번 편지에서 고통 당하는 사람들을 위해 열리는 콘서트에

서 노래한다고 말씀 드렸었죠? 음, 노래를 불렀고, 그 콘서트의 프로그램을 동봉할게요. [유실] 십자말풀이가 다 떨어지면 이걸 한 번 시도해 보세요. 콘서트는 목포에서 "지도자"급의 사람들이 준비했어요. 여러분들께서도 그런 것들 중 하나, 딱 하나에 참석하신다면 좋을 것 같아요. 제가 프로그램 상으로 앞쪽이었는데도 9시까지 기다렸다가 갔고, (그들도 저희처럼 할 거라는 걸 알고 있거든요.) 그리고 거기 도착한 후 시작하기까지 30분 이상을 기다렸어요. 그들은 꼭 청중들이 도착한 후에 건물을 장식하고 무대를 준비하거든요. 그러고 나면 유명세를 타고 싶은 최소 30명의 사람들이 판을 벌여요. 청중들이 있는 도처에서 말이죠. 위층으로, 아래층으로, 무대 위에서 속삭이고, 무대 밖에서 속삭이고 우리가 현기증이 날 때까지 돌아다녀요.

그런 종류의 일을 감당하려면 늘 약 25명의 사람들이 필요해요. 일단 관중으로 도착하고 나서, 사람들이 자기들을 필요로 한다고 느끼고 싶고 그렇게 되기를 원하는 많은 사람들이 엄청 품위 있게 자리에서 일어나서, 프로그램을 진행하는 어려운 일을 도우면서 위아래로 과시를 하러 나가죠. 프로그램은 노래 몇 곡, 플롯 연주, 그리고 바이올린 독주인데, 독주자는 바이올린을 그 전날 구입했고 다음 날 있을 독주를 위해서 밤을 새워 연습했어요. 거기에는 악보를 배우는 것도 포함되어 있었죠.

마침내 최소 30분 이상 계속된 개회사가 끝났어요. 번호는 이렇게 발표해요. 긴 막대가 바닥에 수직으로 박혀 있어요. 번호와 연주자가 기록되어 있는 좁다란 종이 조각에 충분하려면 막대가 거의 천장까지 닿아야 해요. 각 번호가 끝나면, 그걸 잡고 있는 두 사람이 번갈아가면서 막대기 가까운 쪽 무대 위에 앉아서 종이를 잡아 찢어내요. 그러면 그 다음 종이에 있는 다음 숫자가 나오는 거죠. 저는 그들이 무대에서

사랑이 키티를 조선에 부르다

충분하게 말을 하고 싶을 때 왜 이 방법을 쓰는지, 그것도 말하고 있는 사람을 교체해버리는 방법을 쓰는지 이해가 되지 않아요. 하지만 그들은 듣는 것만큼이나 보는 것도 좋아하기 때문에 이런 방법이 두 명에게 기회를 주는 것이기도 하죠. 노래든, 연설이든, 플루트 독주든 뭐든지 간에 30명의 관리자들 중 누구나 너무 길다고 생각이 들면 청중들 뒤에서 걸어 나와요. 그리고 어쨌든 걸어 나가는 걸 멈추게 되면, 멈춰 서서 연주자의 어깨를 부드럽게 톡톡 두드리고 말하는 거죠. 이미 충분히 연주했거나, 혹은 이미 충분히 연설을 했다고요. 그러면 연주자는 연주를 멈추고 (맞다고 생각되면) 그 종이를 찢어 넘으로써 다음 번호가 공개되는 거예요. 저는 그들이 제가 노래하고 있는 중간에 중단시키는 걸 원하지 않았기 때문에 짧은 곡을 선택했고 빠른 속도로 불렀어요.

그들은 이런 콘서트를 위해 우리 노래 "켄터키 옛집"을 선택해서 조선말로 번역했어요. 저희는 딱 한 줄을 알아들었는데, "나는 흑인"이었답니다. 그들이 그걸 어떻게 이해했는지 모르겠지만 그들이 노래를 조선말로 부를 때 노래 안에 들어 있었어요.

그래함 주니어 Graham Jr., 네 나이 또래인 소년이 병원에 있었는데 그 아이는 무릎 결핵을 앓고 있었어. 작은 아빠 빌리가 오래 동안 그를 훈련시켰고 햇빛에 너무 오래 동안 있도록 하는 바람에 어린 흑인 소년처럼 보인단다. 그 아이는 자기 아버지가 떠나가고 자기를 거기 남겨둘 때 울고 또 울었지. 웃기게 생긴 미국 사람들을 두려워했기 때문이야. 하지만 작은 아빠 빌리가 그 아이에게 친절했고 굉장히 편안하게 느끼도록 해주셨거든. 이제는 절대로 병원을 떠나지 않을 거라고 말하는구나. 거기에 또다른 어린 소년이 있거든. 그 아이들은 둘 다 영어 단어 몇 개 말하는 걸 배우고 있는데 굉장히 기뻐한단다. 나이를 더 먹은 아이가 더 어린 아이를 가르치는 거야. 정말 재미있어.

　이번에는 마가렛 Margaret, 에밀리 Emily, 그리고 비벌리 Beverly 에게 얘기해줘야겠다. 어떤 어린 소녀가 있는데, 엄마와 아빠가 **아주 아주** 많이 아픈 그 아이를 병원으로 데려왔어. 예수님과 성경에 대해 듣기 전에는 조선의 모든 소년 소녀들이 다 그런 것처럼 아마도 그 부모님은 아이의 뱃속에 거북이가 들어 있다고 생각한 것 같아. 작은 아빠 빌리가 어머니에게 소녀가 뭘 먹었느냐고 묻자 이렇게 대답했어. "아, 별로 많이 먹지 않았어요. 저녁을 먹었고 그리고는 참외를 **여섯 개** 먹었어요." 그 아이도 아주 어린 소녀였어. 그래서 빌리 삼촌은 얼른 그 아이에게 좋은 기름(?)과 다른 것들을 줬지. 그랬더니 그 아이는 건강해졌어. 그런데도 부모들은 그 아이가 죽을 거라고 확신하더구나.

　어제는 머피 부인이 저희에게 달콤한 우유와 거품을 내기 위한 크림을 약간 보내왔어요. 머피 부인은 새 미국 소 한 마리를 가지고 있는데, 5월에 현장에서 은퇴한 전주의 테이츠 가족 the Tates 에게서 산 거예요. 그녀는 제가 거품 낸 크림을 좋아한다는 걸 알고 있었어요. 그래서 저는 크림을 온종일 얼음 위에 올려놨어요. 그리고 요리사에게 저녁 식사를 위해서 크림을 저어야 한다고 말했지요. 제가 직접 저으려고 들어갔더니 요리사가 벌써 시도하고 있었고 충분하지 않다고 생각하면서 달콤한 우유(탈지 우유)를 아주 자유롭게 거기에 붓는 거예요. 그리고는 이렇게 말하더군요. "부인, 안될 거예요." 그래서 제가 말했어요. "그래요, 안될 것 같네요." 그래서 저녁 식사를 위한 거품 크림은 얻어내지 못했어요. 그걸 가지고 빌리를 놀래 줄 생각이었는데, 크림을 잃어버린 것보다 그 실망감이 더 컸지요.

저희는 지금 계속해서 커밍 씨를 기다리고 있어요. 그가 만약 먼저 어머니를 찾아가지 않는다면 저희는 실망할 거예요, 어머니. 어머니의 소식을 그에게 듣는다면 참 좋을 거예요. 그러그러한 사정으로 그가 돌아오게 되면 그를 데리고 하숙을 시켜야 한다니 유감이에요. 하지만 저희는 선교사들이니까 이런 일도 해야겠지요. 니스벳 가족은 수년 동안 그를 데리고 있었는데 더 오래는 그를 데리고 있을 수 없는 거라고 생각해요. 다른 여성들도 그 일을 할 것 같지는 않으니 저희 차지인 거죠. 그 불쌍한 남자가 어디에선가는 살아야 하잖아요. 그리고 그 어딘가를 만들어내는 건 저희에게 달렸어요. 제 생각에 그는 전혀 문제가 없어요. 딱 하나 그는 식사가 불규칙적이고, 집에서 굉장히 많은 조선인들을 만나야 해요. 그에게는 아침부터 밤까지 그를 끊임없이 찾아드는 조선인들이 있어서 늘 집이 꽉 차게 될 것 같아요.

오늘은 제가 교회를 떠나 있어야 했어요. (조선인 교회) 그래서 빌리가 혼자 갔지요. 이제 빌리가 돌아올 시간이라서 가봐야겠어요. 여러분 모두를 많이 많이 사랑해요.

키티와 빌리

하나 더! 딕과 토마스, 여러분이 만든 삼나무 장롱 고마워요. 분명 굉장히 어려운 일이었을 텐데, 멀리 조선에 있는 형과 누나를 위해 시간을 따로 내다니 정말 멋져요. 우리가 얼마나 고마워하는지 아마 모를 거예요. 엄청난 일을 해낸 거예요. 그러니 우리의 감사를 받아줘요. 우리를 만나러 오게 된다면, 우리가 얼마나 고마워하는지 알게 되겠죠?

남장로교 선교부
조선 목포

[1925년] 8월 9일 일요일

사랑하는 어머니:

음, 모든 의심이 끝을 맺었고 현실이 되었어요. 저는 요즘 엄청난 구토에 시달리고 있는데, 이 무서울 정도로 더운 날씨는 구토를 가라앉히는데 전혀 도움이 되지 않아요. "아기 빌리"가 3월 19일경에 태어날 것 같아요.

어머니, 솔직히 제 인생에서 이토록 무기력하기는 처음이에요. 제게 필요한 것에 대해 아무 생각이 없기 때문에 어디서부터 시작해야 할지 모르겠어요. 엄마는 아이들이 여덟이었기 때문에 이번에는 그때를 위해 엄마가 준비를 해주시라고 말씀드렸어요. 다음번에는 제가 더 많이 알게 될 테니 제가 할 수 있을 거예요. 하지만 지금 당장에는 그 방면으로는 경험이 없네요.

이곳에서는 여러 가지 이유로 인해 도움을 받기가 좀 어려워요. 여성 두 명은 바느질을 전혀 하지 않고, 니스벳 부인은 그들이 진짜 필요한 것을 갖고 있지 않다고 말하죠. 반면에 바느질을 잘 하는 니스벳 부인은 자기 자신과 아기의 옷에 대해서 너무 극단주의자예요. 그녀는 저에게 불필요한 물건들을 백만 달러 어치나 사게 만들 거예요. 그녀는 자기가 말한 모든 것을 제가 해야 한다고 생각하기 때문에 제가 그렇게 안하면 미치도록 화가 날 거예요. 그러니 차라리 그녀에게 조언을 구하지 않는 게 좋겠어요. 저희는 그래서 여성들에게는 아무 말도 하지 않기로 결정했답니다. 그러면 그녀가 어떤 관심도 갖지 않을 것 같죠?

그 여성이 돈을 쓰는 속도를 보면, 그 집이 가난한 처지로 떨어지는 걸 그녀의 남편이 어떻게 막을 수 있는지 이해할 수가 없어요. 그녀는 옷이나 다른 물건들과 비교했을 때 아기가 100개 이하의 기저귀로 지내는 건 불가능하다고 생각해요. 금년 여름에는 자기를 위해 11벌의 옷을 만들었고, 휴가에서 돌아오자마자 12번째 옷을 만들기 시작할 참이에요. 사람들이 말하길 아기 옷은 굉장히 비싸다는데 그중 몇 벌은 저도 봤어요.

그래서 저는 엄마한테 부탁해서 패턴과 재료를 좀 보내주시라고 할 예정이에요. 물론 여기서는 그것들을 구할 수도 없고 어쨌든 "손으로 만들어야" 할 거니까 재봉틀이 없는 건 문제가 되지 않아요. 엄마 시절 이후로 상황도 스타일도 많이 바뀌었을 수 있기 때문에 파크에게 필요한 물품 목록을 만들어 달라고 하려고 생각했어요. 하지만 파크를 너무 괴롭히게 될 것 같아 걱정이 되었고 그렇게 할 만한 용기를 낼 수가 없었답니다. 파크는 제가 그녀를 괴롭게 하는 것 말고도 최근에 자신의 어려움을 충분히 겪었으니까요.

그래서 저는 엄마에게 수표를 보냈어요. 분명히 엄마는 이 일을 하는데 큰 기쁨을 누리실 거예요. 엄마는 **얼마 안되는** 손주들에게 푹 빠져 계시거든요. (전부 3명) 그리고 엄마에게 더 많은 손주들이 없는 걸 슬퍼하시고 그 아이들을 위해 바느질하면서 즐거워하세요. 만약 필요하다면 새로운 스타일에 대해서도 알아보실 수 있을 거예요. 자! 이 모든 물건을 삼나무 장롱에 넣는다니 멋지죠?

어머니만을 위해서 이 짧은 추가 편지를 동봉해요. 정기적인 편지를 썼는데 우체부가 편지를 두고 가는 걸 가족 일반이 볼 수도 있잖아요? 그렇게 될 경우 편지가 각양각색의 무리들에게 당황스러울 거예요. 그러니까 어머니께서 좀더 은밀하게 소식을 전해주실 수 있겠지요.

많이 사랑해요.

마음을 담아;

키티

남장로교 선교부
조선 목포

[1925년] 8월 10일 목요일

사랑하는 레나와 그래함:

이 편지 때문에 충격을 받아서 많이 아프지 않았으면 해요. 우리가 여러분을 생각하지 않기 때문에 편지를 쓰지 않는 것이라고 생각하지 마세요.

저는 우리가 편지를 쓰지 않는 이유를 궁금해 하고 이해하지 못하는 사람들에게 너무나 여러 번 그 이유를 설명했어요. 그걸 다시 설명을 하는 건 완전히 바보 같이 느껴져요. 그래서 이 세상에는 분별 있는 사람들의 수가 적다는 걸 당연하게 생각하기로 했어요. 그리고 여러분 두

사랑이 키티를 조선에 부르다

분이 바로 그런 사람들이라고 생각해요. 두 분에게 편지를 쓰지 않은 것에 대해 두 분은 인내심이 있고 친절하고, 편지를 쓰지 못하는 것에 대해 우리를 꾸짖지도 비난하지도 않았고, 화가 나서 편지 쓰는 걸 거절하지도 않았어요. 그래서 저는 두 분에게 편지를 쓰지 않은 것에 대해 마음 불편하게 느끼고 편지 쓸 기회를 만들고 있는 거랍니다. 저는 두 분을 제 편지의 첫 번째 리스트에 놓았어요.

저는 많은 노력을 했지만 대개는 인사를 하게 되면 두 줄을 쓰고 편지가 끝나지요.

그래함 아주버님, 아주버님의 편지를 읽으며 굉장히 즐거웠어요. 특별히 개인적인 쪽지가 추가되어 있을 때는 더 그랬지요. 대개의 경우 편지에 "앞으로 계속 이어진다는" 흥미로운 뭔가가 들어 있기 때문에 저희는 아주버님의 편지를 늘 기대하게 돼요. 마지막이 어떻게 될지 알고 싶어지죠. 아주버님은 아주버님께 일어나는 일, 아주버님과 관련된 일, 아주버님을 위한 일, 그 모든 것 이상의 일을 하시는 게 분명해요. 사람들은 아주버님이 선교 현장에서 살고 있다고 생각할 거예요.

그리고 말할 필요도 없이 저희는 항상 레나 형님과 누이들의 편지에도 푹 빠져요. 그들은 스타일이 꼭 쌍둥이 같다고 생각해요. 그들의 편지에는 늘 큰 웃음이 있어서 그걸 생각하면 며칠 동안 계속 웃곤 해요.

"아이들와일드 오두막"에서 즐거운 여름을 보내셨다지요? 맙소사, 제가 제대로 알았나요? 그런 과장된 이름은 제가 잘 기억하지 못해요. "쏜 오두막"은 훨씬 잘 기억해요. 저는 마음을 닫고, 모두 함께 시원한 버지니아의 높은 해발에서 즐거운 시간을 보내고 계시는 여러분을 더 이상 생각하지 않아야 할 것 같아요.

으, 이곳의 여름은 끔찍해요. 우리들 가운데 어떤 이들은 일이나, 자금 부족 등등 여러 가지 이유로 그냥 있어야만 해요. 저희도 두 번의 여름을 다 여기서 지내야 했기 때문에 좀 불행했죠. 여름을 나기 위해 뭔가 더 좋은 건 느끼지도 보지도 못했답니다. 그런데 이곳의 웃기는 법이나 어쭙잖은 경찰 때문에 빌리는 **단 하루도** 나갈 수가 없어요. 만약 "어리석은 키티"도 만약 병상에서 일어나기 위해 도움을 받아야 하는 경우라면 절대 빌리 없이는 지내지 못할 걸요. 그 복 받은 남자는 단 한 순간도 쉬지 않고 뭔가 엄청난 일을 해야만 해요. 심지어 열이 올라 상태가 안좋을 때도 그래요. 저는 빌리가 그걸 어떻게 견뎌내는지 궁금할 뿐이고 저는 그를 아주 가까이서 돌봐야 하죠. 그렇지 않으면 버티지 못할 거예요.

저는 아무리 생각해도 이곳 태양에 대해 이해할 수가 없어요. 지도상으로 보면 이곳의 지리적 위치와 우리가 사는 미국이 별 차이가 없거든요. 그런데 대기 여건은 너무 달라요. 햇빛이 너무 날카롭고 아프고 단시간 내에 우리가 입고 있는 옷을 바래게 만들죠. 창문 커튼으로는 흰색 말고는 갖출 수가 없는데, 바람도 많이 불고 비도 많이 내리고 거기에 보잘 것 없는 낡은 방충만 때문에 흰색 재질이 견디지 못해서 결국 버려야 한답니다.

저희 창문을 보실 수 있다면 좋겠어요. 저는 모든 창을 가로질러 줄을 쳤어요. 마치 덩굴 식물을 위해 만든 것 같죠. 그렇게 하면 창을 빨리 녹슬게 하는 방충망으로부터 보호할 수 있을 거예요. 저는 여름을 대비해 창문을 해체했지만 줄은 그대로 쳐있어요. 다시 커튼을 친 후에도 창문을 유지해야 할 테니까요. 조만간 선교지부에 손님들이 올 예정이니 커튼을 조금 빨리 쳐야겠지요.

이제 그만 돌아가야 해요. 왜 그 "상황"에서 줄을 건너뛰고 여기서 이 페이지로 돌아왔는지 설명할게요. 빌리가 들어왔거든요. 그가 타자기를 사용하기 원하기 때문에 이 편지를 빼내야 하고 다시 제자리로 돌릴 수가 없어요. 제 편지는 많은 훼방거리들 때문에 오래 동안 여기 머물러 있는 경우가 대부분이어서, 편지를 쓰는 동안 몇 번씩 타자기로 올라갔다 내려갔다 해요. 빌리가 업무상 편지를 쓰니까요.

지난 일요일 밤에는 무서운 폭풍 또는 태풍이 불어서 우리 마당, 집, 정원, 학교가 모두 엄청난 피해를 입었어요. 지난 5월에 이 집의 벽 전체를 새로 단장했는데 이제 어떤 곳은 손을 댔다고 말하기가 어려워졌어요. 바람이 비를 몰고 와서는 돌로 된 벽에 직격탄을 날렸답니다. 물론 이건 믿기 어려운 일이겠지만 모든 건물이 부실하게 지어졌지요. 그들은 건축에 대해서 아무 것도 몰라요. 조선 사람들은 흙집 말고는 아무 것도 모르고, 일본 사람들은 얇은 판자와 종이로 된 건물만 알고 있어요. 중국 사람들이 우리의 목공일을 다 했어요. 그들은 굉장히 훌륭한데, 그 말인즉슨 동양 사람들 가운데 최고라는 뜻이고 그들 역시도 사실은 견고한 건물에 대해서 아무 것도 모르고 오직 한 가지 스타일의 집만 지을 줄 알아요. 우리 집들은 다 비슷하게 보인답니다.

여기는 여름이면 폭풍도 많이 불고 비도 많이 내려요. 7월 6일부터 28일 사이에는 홍수로 조선인 447명이 죽었고, 111명이 실종됐고, 323,765명이 피해를 입었고, 75,518채의 가옥이 침수되었고, 그중 어떤 집은 완전히 무너졌고 131,887헥타르의 농토가 침수됐어요. 그 뒤로도 종종 손실이 더 발생했지요. 자작농까지 포함해서 조선 사람들 80% 정도가 농부들인데, 대부분은 가난한 소작인들이에요. 그들 말로는 96%라고 하는 것 같아요. 연간 평균 수입이 백 엔에서 천 엔 사이인데,(대부분은 100엔 [50달러]) 그들의 생활비, 그러니까 실제적인 생활비가 수입을 훨씬 초과해서 그들은 항상 빚을 지고 살거나 실제로 굶어 죽기도 하죠.

그들은 정말 애처로운 사람들이에요. 제가 그들을 위해 더 많은 걸

할 수가 없이 때문에 어떤 때는 그들을 향한 제 연민 때문에 괴롭기까지 하답니다. 그런데 또다시, 그들에게 있는 그들의 천덕스러운 삶의 방식, 그들의 말도 안되는 게으름과 무기력함과 자족감에 대한 혐오감이 또다른 저를 "사로잡아요." 그래서 그들을 모두 붙잡고 흔들면서 말해주고 싶어요. "깨어나세요. 좀 생기를 찾고 해야 할 일을 하세요."

너무 슬프게도 이곳 교회에 변절이 시작되었어요. 그런 상황들과 점점 더 많은 씨름을 해야 하겠지요. 이 문제에 대해 여러분의 기도가 필요해요. 잊지 말아주세요. 나이든 신자들을 보면 무척 힘이 나지요. 그들의 믿음은 참으로 진실하고 변함이 없어서 그걸 보는 우리가 부끄러워진답니다. 그들이 열정적인 예배를 드리는 모습을 보는 사람은 모두 생각하게 하고 눈물을 흘리게 만들어요. 하지만 그 다음 세대는 종교는 없는 교육만을 추구하고 있고, 그건 여기서도 다른 어디서도 효과가 없지요. 게다가 그들은 교회에 큰 문제를 야기하고 있어서 우리는 이 일로 굉장히 방해를 받고 있어요. 아주 불행하게도 어떤 선교부가 (우리 남장로교는 아니에요.) 정통이 아닌 남녀들을 이곳으로 보내고 있어요. 사실은 그들의 근대주의가 조선 사람들을 상당 부분 빠르게 장악하고 있는 중이에요. 그렇게 오랫동안 어둠 가운데서 살아 온 이 사람들이 이제 올바른 길을 발견하고 알게 되는 기회를 가졌는데, 이런 부류의 사람들이 파송을 받아와서 그들에게 그런 따위를 가르치는 걸 보니 그저 마음이 찢어지는 것 같아요. 제가 세계에 있는 모든 선교위원회에서 자칭 이사가 될 수 있다면 얼마나 좋을까요? 하지만 이 일을 제가 길게 해서는 안 되는 것이, 그곳은 제가 거기 너무 오래 있게 되면 이성을 잃을 수 있는 곳이네요.

빌리가 요즘 병원에서 많은 사람들을 개종시키고 있어서 저희는 기분이 상당히 좋아요. 만약 비용이 없이 뭔가를 하고 싶어 하는 주일학

사랑이 키티를 조선에 부르다

교 학급이나 기독교 면려회나 아니면 보이스카웃이 있다면 병원의 환자들을 위해 스크랩북이나 뭐 그런 종류의 것들을 만들어줄 수 있을 것 같아요. 그들 특별히 어린이 과에서 이런 것들을 굉장히 좋아하지요. 항상 "골수결핵"에 걸린 남자 아이들이 있는데 한 번 입원하면 몇 달씩 병상에 있어야 해요. 그리고 어떤 아이들은 굉장히 흥미롭고, 처음 와서는 굉장히 소심하고 두려워하는데도 빌리가 그들을 그의 친근한 방법으로 밀고 나가면 곧 빌리를 좋아하게 되고 떠나는 걸 거부하게 된답니다. 나이가 더 많은 사람이 더 어린 사람을 가르치죠. 그들이 미국에서 온 이 사진들을 보고는 그 각각의 것이 뭔지 그 용도가 뭔지를 알아내려고 노력해요.

우리의 가장 최근 사건은 어떤 듣지 못하고 말하지 못하는 남자 거지 아이에요. 그는 어찌어찌해서 병원 진료대기실로 흘러 들어왔는데, 그에게는 친척이 없기 때문에 어떻게 오게 되었는지는 아무도 몰라요. 빌리는 그를 진찰했고 그들에게 있는 아주 평범한 질병에 대한 처방을 내렸어요. 그는 아프고 어린 녀석인데 굉장히 흥미롭고, 빌리는 그 아이를 점점 좋아하게 되었고 갈 곳이 없기 때문에 병원에서 돌보고 있어요. 세상에서 가장 행복한 녀석이죠. 8살, 9살 정도밖에 되지 않아요. 미국서 누군가 보내준 이 스크랩북을 보더니 사진이 뭘 뜻하는지 말하려고 뭔가 신호를 하네요. 사람들에게 그는 처치곤란이에요. 쫓아낼 수도 없고, 병원은 아직도 "재정적으로 곤란해요." 그 아이가 뭔가를 할 정도로 나이를 먹을 때까지 지원을 한다는 건 꽤 오랫동안 해야 한다는 의미이고요. 우리의 후원 명단은 이미 꽉 차서 넘치고 있지만, 아무래도 3년 묵은 낡은 모자와 옷을 1년 더 입고 그 녀석에게 기회를 줘야 할 것 같아요. 끔찍해요. 돌려보낼 수 없을 것 같은 경우가 허다하지만, 그들 모두를 붙잡을 수는 없잖아요.

기도회 시간이 거의 되었어요. 이번 달에는 기도회와 주일 예배 모임 둘 다를 저희 집에서 열기 때문에 가서 모든 의자를 가져오고 배치해야 해요. 아이들 모두가 교회에 데려올 수 있을 만큼 자라서 저희 무리의 숫자가 늘었어요. (그리고 늘어날 거예요.) 어른 15명에 아이들 7명이죠.

요즘은 제가 편지를 좀더 잘 쓸 수 있으면 하고 바란답니다. 하지만 제가 그렇게 할 때까지 계속 편지 써주시고 사랑해주세요.

모든 아이들과 두 분에게 사랑을,

　　　　마음을 다해

그래함 아주버님, 그 교회에 있는 서클 구성원 중 한 명에게 멋진 편지를 받았어요. 제가 답장을 했는데 유실되지 않았으면 좋겠어요. 저희가 보내드린 작은 책 받으셨나요? 그리고 서클의 여성분들에게도 하나 보냈는데요.

어제 오후, 이 편지에 서명을 적어 넣기 바로 직전 광주에서 손님 두 명이 찾아왔어요. 이곳 사람들은 예고같은 것도 없이 그냥 불시에 찾아오는 그런 습관이 있어요. 그래서 손님방을 정리하기 위해 힘들게 뛰어다니면서 뭔가를 해야 했고, 기도회용 의자들을 치워야 했고, 요리사를 불러서 저녁식사를 추가로 준비하라고 해야 했지요. 그들은 오늘 아침에 떠났어요.

이 편지를 쓰고 있을 때 끔찍한 생김새의 나병환자가 문에 앉아서 목숨을 구걸했어요. 이런 상황이 주는 느낌을 아마 상상하지 못할 거예요. 그는 아마도 오전 내내 거기 앉아서 희미한 목소리로 부르겠죠. 나환자 수용소에 있는 그들을 지원하기 위한 돈을 주지 않을 경우 그들은 자주 이렇게 말해요. "저는 죽을 때까지 바로 여기 있을라요." 그건 바

사랑이 키티를 조선에 부르다

로 저희 집 문을 말하는 거예요. 어떤 경우에는 수용소도 더 이상 수용할 수 없이 꽉 차고, 어떤 때는 저희에게도 그들에게 줄 돈이 없어요. 만약 저희가 한 번이라도 지원을 하게 되면 아프고, 피 흘리고, 손가락, 발가락 또는 코가 떨어져나간 그들이 바로 저희 집을 둘러싸게 될 걸요. 이런 상태에서 (?) 저는 극도로 신경이 예민해지고 뒷문으로 빠져나가 떠나야 한다는 생각이 들어요. 그들에게 돈을 주지 않고 그들을 쫓아내는 건 불가능해요. 저는 일꾼을 내보내서 병원에 있는 빌리에게 가라고 그 사람을 설득했지만 그는 미동도 하지 않고 그저 계속해서 결핵 기침을 하면서 계속 목숨을 구걸하는 거죠.

　　사랑해요,

　　키티

＊＊＊

남장로교 선교부
조선 목포

[1925년] 8월 26일 수요일

　　사랑하는 어머니:

　　이번 주에는 편지 쓰는 게 늦어졌어요. 하지만 주 후반에 나가는 배가 있기 때문에 제 생각으로는 제때에 이 편지를 받으실 것 같아요. 편지가 늦은 이유는 빌리가 아버지의 편지에 답장을 하고 싶다고 말했기 때문이에요. 그래서 빌리는 이번 주에 시간을 낼 예정이었고, 정말 참을 수 없을 정도로 더웠고, 그런 사정으로 저는 다음 주를 대비해 제 힘을 아낄 수 있을 것이라고 생각했죠. 하지만 여러 가지로 방해거리가 많아서 빌리가 편지를 쓰지 못했어요.

그는 편도선염의 악운을 극복하고 있어요. 가엾어라! 날씨도 너무 덥고, 아프고 열나는 것도 안 좋아요. 빌리가 조금이라도 아플 때면 저는 늘 너무 놀라서 마치 제가 "무슨 무슨 염" 말기인 것처럼 느끼게 된답니다. 그것만으로도 죽을 듯 무섭고 잠을 잘 수도, 먹을 수도, 일을 할 수도 없고, 아무 것도 할 수 없고 그저 빌리만 생각하게 돼요.

저는 선교 현장에서 물러나게 되면 일을 할 생각이에요. 선교 병원의 손실을 감당할 수 있을 정도로 충분한 돈을 벌기 위해서, 필요하면 빨래를 걷는 일이든 뭐든 할 거예요. 그 의사님이 이런 견딜 수 없는 기후에서 한 달 동안 휴가를 쓰게 된다면 말이죠. 정말 안됐어요! 그들의 일은 여름에 훨씬 힘들어요. 조선인들은 일을 하지 않는데, 그런 와중에도 그들이 일을 하지 않으니까 돈이 없고, 그렇다 보니 대부분의 병원일은 자선이 되는 거죠. 필요한 지출을 충당하려면 눈곱만큼 지불되는 걸 받기 위해 빌리가 현장에 있어야 한답니다.

이 병원을 운영하기 위해서는 한 달에 1천 2백 엔이 넘게 필요해요. 선교위원회에서는 딱 3백 엔만 보내주니까 나머지를 감당하는 건 빌리에게 달렸어요. 새 병원에, 장비도 많이 사야 하고, 관세도 내고, 새로운 사람들을 훈련시켜요. 일을 어떻게 하는지 충분히 훈련하지도 않고 온종일 돈만 쓰는데 그들은 돈을 쓸 곳을 참 빨리도 발견하지요. 그게 모든 조선인들이 태생적으로 갖고 있는 특성이에요. 빌리가 현장에 있는데도 1천 2백 엔 이상이 필요한데 병원이 조선 사람들에게 남겨지면 어떻게 될까요?

제가 이번 겨울에는 회계 장부 적는 방법을 배울 계획이에요. 그리고 이번 겨울과 내년 여름에는 아무 것도 없이 지낼 계획이에요. 그러면 내년 여름에는 상당액을 병원에 줄 수 있을 거예요. 저는 여기 머물

사랑이 키티를 조선에 부르다

면서 건너가서 경리 일을 보고 지출 상황을 좀 억제하는 거죠. 그리고 내년 여름에는 잠시 동안 빌리를 떠나게 하는 거예요. 제가 이 계획을 말하면 빌리는 저를 보고 크게 웃겠지요. 게다가 제가 가지 않고 그를 내보내는 건 제게 힘들다는 것도 알고 있어요. 하지만 그때는 "아기 빌리"가 태어났을 것이고, 아직 4개월밖에 안된 아기를 데리고서 우리가 가야 하는 방법대로 여름 캠프에 간다는 건 상상도 할 수가 없어요. 여기 있는 다른 여성들은 그렇게 하지만요.

여기서 어디를 가기 위해서는 많은 방법이 있다고 제가 썼던 것 같아요. 어디든 덥고 사람들로 꽉 찬 냄새 나는 기차를 타고 하루 밤낮 이상을 가야 해요. 아니면 같은 수준의 작은 배를 타게 되는데, 거의 카누 크기의 배가 바다로 나가는 거예요. 고무공처럼 파도에 휩쓸리다가 가라앉아서 영원히 이 즐거운 세상과 작별 인사를 할 지경이라고 생각할 때 다시 확 들려 올라가서 10분마다 같은 경험을 하게 된답니다. 또 저희가 가는 어떤 곳은 어떤 경우에 남성의 등에 업혀서 강으로 옮겨지고, 거기서는 조선인 소유주가 일을 하는 작은 노젓는 배가 대기하고 있어요. 이렇게 해서 강을 건너게 돼요. 그리고 스스로 갈 수 없을 경우에는 또다른 조선인 남성의 등에 타고, 그가 산까지 데려가 주지요. 현장에서는 많아야 두 명 정도의 여성이 그렇게 했다고 알려져 있는데, 그게 광주의 쉐핑 Miss Shepping 과 저예요. 제가 그걸 또 할 수 있는지 아닌지 모르겠어요.

일단 산에 올라서, 만약 조선식 집(흙집)이 없을 경우에는 저희 텐트를 쳐요. 그리고는 비가 워낙 많이 내리기 때문에 말리기 위해 몸부림을 친답니다. 바닷가 휴양지는 도착하기도 어렵고, 엄청 비싸고, 홍수 지역이거나 아니면 거기에서 가까워요. 어떤 때는 그리로 가다가 폭풍 속에서 조난을 당하기도 하고, 며칠 동안 섬에 고립되었다든지 아니면 항구 마을에 묶여서 근근이 살기도 하죠. 게다가 집이 워낙 허술하게 지어졌거나 저렴하게 지어져서 어떤 경우에는 집과 그 안에 살고 있는 "휴양객들"마저도 완전히 휩쓸려가죠. 준비를 하고 휴양지로 간다는 건 두려운 일이에요. 하지만 그곳의 시원함을 즐기고 잘 지내는 건 그럴 만한 충분한 가치가 있지요.

순천에 있는 코잇 부인이 저에게 편지를 보냈는데, 휴가차 집으로 갔던 선교사 한 명이 전보를 보냈대요. "길머 부인의 자매가 가능하다." 뜻인즉, 정규 교사가 1년 동안 휴가차 고향에 있는 동안 학교로 와서 가르칠 수 있다는 것이에요. 글쎄 그게 언니인지 헬렌인지는 모르겠지만 아마도 헬렌이지 싶어요. 하지만 가족들이 그 일을 굉장히 반대하기 때문에 그게 진짜인지는 모르겠어요. 지난 가을에 저희가 그 일을 제안했을 때 헬렌이 오는 걸 허락하려 들지 않았거든요. 그 일에 대해 가족들에게서 한 마디도 들어보지 못했기 때문에 그저 그게 무슨 뜻인지 기다리고 확인해야죠.

어제는 빌리가 새로운 수술을 집도했어요. 하지만 그게 뭔지는 제게 묻지 말아주세요. 빌리가 이름을 오랫동안 내뱉긴 했는데 이 조선인들이 콩팥칠팥하는 것보다 더해서 기억이 나질 않아요. 어쨌든 수술을 하는데 두 시간이 걸렸답니다. 그가 집에 들어왔을 때 모습을 어머니께서 보셨어야 하는 건데요. 머리부터 발끝까지 실오라기 한 가닥도 마른 곳이 없었어요. 정말 그를 가볍게 두드리기만 해도 물이 쏟아질 것 같았지요. 빌리의 바짓단도 그랬고, 한 땀 한 땀이 마치 옷을 입은 채로 수영을 했던 것 같았답니다.

끔찍한 일을 하나 말씀 드릴게요. 때로는 제가 저를 거의 억누를 수가 없네요. **나흘** 동안 진통 중이던 여성이 있었는데 그녀의 친척 몇 명이 그녀를 병원으로 데려왔어요. 남편이 그녀를 병원으로 데려가는 걸 거부했기 때문에 남편이 나가고 없을 때 그녀를 몰래 빼낸 거죠. 그 가여운 사람이 너무 고통을 받으니까 이 여성들이 그녀를 슬그머니 데리고 온 건데, 남편이 돌아와서 벌어진 사태를 보고는 병원으로 달려왔어요. 빌리가 막 수술을 하려고 하는 참에 "안돼"라고 말한 거죠. 그는 수술을 못하게 하고는 그녀를 데리고 갔어요. 가엾어라! 그녀가 당하는 고통은 끝이 나지 않았고 겪어야 하겠죠. 게다가 만약 아이가 **남자**가 아닐 경우에는 심지어 다른 여자를 위해 그의 아내를 버릴 수도 있어요. 이 가여운 여성들, 이 사람들에게 매순간마다 제 마음이 쓰인답니다. 그들이 인정사정없는 남편들로 인해 고통 받는 것을 어머니는 아마 상상도 못하실 거예요.

음, 그만 멈추고 부채질을 해야겠어요. 나무 아래로 달려가서 그곳에 공기가 좀 있는지 확인하는 게 좋을 것 같아요. 하지만 어떨지 모르겠어요. 보통은 집이 바깥보다 더 시원하니까요. 그리고 그게 뭐 특별한 일도 아니에요. 어머니도 더위로 고생하고 계시겠죠. 틀림없이 온 세상을 덮고 있는 총체적인 더위 파동이 있는 것 같아요.

어머니, 어머니의 다정한 편지가 월요일에 도착했어요. 보내주시는 것과 같은 그런 편지를 써주시고, 저를 사랑한다는 것을 깨닫게 되셨다니 어머니는 너무 멋지세요. 저는 정말 행복하고 또 정말 그걸 받을 자격이 없는 걸로 느껴지는군요. 커밍 씨가 항해를 시작하기 전에 어머니를 "짧게" 방문하기를 바라고 있어요. 헬렌이 애쉬빌 Asheville 에서 편지를 보냈는데, 몬트리트 Montreat 에 가서 휴가를 보내고 있는 이곳 사람들을 모두 만났대요. 목포의 마틴 양도 만났는데, 그녀는 건강이 좋지 않아서 요양을 하기 위해 애쉬빌에 머무르고 있답니다. 가여워라. 그녀가 집에 도착했는데 가족들이 모두 캘리포니아로 가버려서 갈 집이 없었던 거죠.

어머니의 정원에 대해서는 너무 슬픈 마음이에요. 어찌 말씀 드려야 할지⋯⋯. 저희 정원은 결국 꽤 잘 되었어요. 지금은 비록 토마토 말고는 말씀드릴 게 없지만요. 다른 식물들을 함께 심는 것보다 토마토를 심는 게 좋겠어요. 제가 좋아하는 건 아니구요. 저는 많이 좋아하지는 않고, 그냥 그래요. 하지만 기억하시죠? 빌리가 좋아하잖아요. 솔직히 말씀드리면 토마토가 사람을 죽이지 않는 게 다행이에요. 빌리는 식사 때 커다란 접시를 꽉 채워 먹어요. 어떤 때는 끼니 사이에도 먹지요. 세상에나! 내년에는 빌리를 위해서 저희 땅에 촘촘히 토마토를 심을 계획이에요.

아마도 이 편지가 어머니께 도착할 때쯤이면 그래함과 레나가 왔다가 갔을 것이고, 토마스는 학교로 돌아가겠죠? 어머니 가까이에 파크 Parke 를 두시게 되어 기뻐요. 파크도 기뻐하겠지요? 저는 3주 동안 그녀에게 편지를 쓰려고 노력했어요. 사실은 저의 자매들과 형제들에게도요. 하지만 제가 어머니와 엄마께 보내는 편지를 다 쓸 때쯤이면 이 더위 속에서 더 이상 편지를 계속 쓸 수 없을 것 같아요. 제가 공부를 할 수 없는 이 여름 동안에 편지를 많이 쓰려고 계획했지만 실패했어요. 드레이퍼에 있는 선교사회에도 편지를 썼고, 저희가 연락을 받은 린치버그의 서클에도 편지를 쓰면서 어머니께 보낸 것과 같은 소책자도 보냈어요. 그리고 맥체스니 McChesney 형제를 포함한 다양한 사람들에게 그 소책자들을 많이 부쳤어요.

빌리가 오늘은 편지를 쓸 기회가 있을 것 같다고 하니 오후까지는 편지를 부치지 않을 거예요. 항상 어머니와 아버지를 많이 많이 사랑해요.

마음을 담아,
키티

사랑이 키티를 조선에 부르다

남장로교 선교부
조선 목포

[1925년] 9월 5일 토요일

사랑하는 엄마, 어머니:

이번 주에는 많이 줄여야 할 것 같아요. 요리사가 아파서 제가 "수석 요리사이자 허드렛일꾼"이거든요. 방해거리가 많아서 계속 번잡하게 돼요. 그러니 이번 주에는 짧은 편지에 대해 용서해주세요. 모든 사람들이 돌아왔고, 진짜 일은 이제 시작이에요. 모두가 자기 자리로! 저는 다시 수업을 시작해야 하고, 어떤 상황에서도 별로 즐거움이 기대되지 않는 이 언어와 씨름을 해야 해요.

요리하고 있는 제 모습을 보신다면 죽도록 웃으실 거예요. 공기를 쐬러 창문으로 달려가고, 제 얼굴에 끼었을 시원한 물을 위해 몸부림을 친답니다. 저 자신이 그렇게 웃길 수가 없지만 그때는 약간 터프한 것 같기도 해요. 뭐 그렇다는 얘기는 들었지만 그 정도일 거라곤 전혀 알지 못했어요. 구역질이 다 끝나고 엄청 시달리고 난 뒤에는 제가 숨을 잘 쉬지 못하게 되니까 빌리는 제가 정신을 잃었다고 생각해요. 최악은 제가 구토를 한 번도 못하게 빌리가 막았다는 거예요. 그리고 그게 제가 … 해야 했던 가장 어려운 일들 가운데 하나였어요.

(시간이 지난 후)

이 편지를 시작할 때 중단하지 않고 끝내지 못할 거라는 걸 알고 있었어요. 그 사이에 요리사가 돌아왔지요. 밤까지도 여전히 덥긴 하지만 그래도 이전보다 훨씬 시원해요.

그런데 꼭 말씀 드려야겠는데, 아무래도 제가 지난 두 통의 편지에 번호 매기는 걸 잊어버린 것 같아요. 번호 매기는 걸 기억한다는 게 정말 힘들어요. 그리고 깊이 생각해보니 정말 쓸모가 없는 게, 제가 편지에 잊지 않고 날짜를 쓰고 제가 아프지 않는 한 **매주** 편지를 쓰고 그리고는 빌리가 편지를 쓰니까 어떤 편지를 받으셨는지 받지 못하셨는지 날짜로 늘 확인하실 수가 있잖아요? 그래서 편지에 번호 매기는 걸 생각하면서 제 자신에게 부담을 주지 않으려고 해요. 그냥 날짜를 봐주세요. 어떤 주에 편지를 받지 못하실 경우 그 편지가 유실되었다는 것을 아실 수 있을 거예요. 물론 제가 어떤 때는 토요일에 편지를 쓰기도 하고 어떤 때는 일요일에, 어떤 때는 월요일에 쓰기도 하지만 거의 그 3일들 중 하루이고 가까이 붙어 있으니까 한 주를 건너뛴 것으로 생각할 수 있지요.

빌리는 요즘 아주 좋고 저희 둘 다 다가오고 있는 가을을 즐기면서 더할 나위 없이 행복하답니다. 지난주에는 처음으로 저장 식품을 만들었는데, 설탕을 모두 허비해버릴까 봐 너무 무서웠지요. 설탕은 0.5킬로그램에 36엔이나 하고 어떤 때는 더 비싸거든요. 빌리와 저는 거의 사용하지 않기 때문에 많이 담그지는 않지만 저희집 하숙인과 손님을 위해 좀 준비해야 해요. 무화과, 배, 복숭아와 약간의 토마토 잼을 갖고 있으니까 저의 저장하기는 거의 끝났어요. 여기서는 다양한 걸 구할 수가 없기 때문에 저의 메뉴는 대부분 거의 똑같을 수밖에 없답니다.

예를 들어, 어느 날인가에는 저희가 깃털을 달고 깨어나서 꼬끼오 하고 울게 되지 않을까 싶어요. 여름에는 얼려놓을 얼음이 없기 때문에 고기를 구할 수가 없어요. 그들은 소를 잡는 곳으로 가지요. 하지만 소를 죽이고는 바로 그날 그거 죄다 먹어요. 길에 나가면 부패한 고기 냄새가 다른 모든 냄새보다 훨씬 강하답니다. 생선의 경우 사람들이 그걸 물에서 바로 가져오는 걸 저희가 보지 않는 이상은 감히 먹지 않아요.

사랑이 키티를 조선에 부르다

그런 건 보기가 힘든 모습인 것이 그들이 잘 먹는 생선은 말린 생선이기 때문이에요. 게다가 생선을 세척조차 하지 않고 몇 날 몇 주를 보관한다는 건 그들의 미성숙한 삶에서는 아무 상관도 없는 일이죠. 야생을 제외하고 돼지는 알려져 있지 않기 때문에 날이면 날마다 닭이에요. 닭은 너무 빈약해서 손질하기 전에 그 안에 있는 뼈를 죄다 셀 수 있답니다. 한 끼 식사밖에 안 되지만 저희는 또 한 번의 식사를 위해 뼈를 빨아대지요.

변화를 좀 주려고 경성 아메리칸 식료품 가게에서 콘 비프를 한 캔 주문했어요. 하지만 얼마를 지불했는지는 말씀 드리지 않을래요. 만약 말씀 드린다면 두 분의 살아계신 모습을 뵐 수 없을 것 같거든요. 저희는 가장 덜 비싼 버터를 구입하는데, 453그램에 1.4달러를 내고, 커피는 1.93달러를 내요. 달러 대신에, 즉, 아시는 것처럼 미국 달러의 반으로 계산되는 엔이에요. 값은 그렇게 되고, 그 외에 경성에서 목포로 오는 운임이 있어요. 차는 453그램에 3.8달러에요. 물론 이건 비싸죠. 이곳에도 차가 많이 있거든요. 그렇지만 저희는 그들의 차를 쓸 수가 없기 때문에 미국 차의 가격을 올린답니다. 오늘 상품을 받았는데, 제 생각에 제가 정말 낭비벽이 있는 건지도 모르지만 언젠가 파티를 열기 위해 마라스키노 체리도 한 병 구입했어요. 계산서가 왔는데 한 타 반의 체리가 들어있는 작은 병이 1.5엔, 보통 크기의 크래커 상자가 4.15엔이었어요.

요즘 빌리의 병원에서는 많은 사람들이 회심하고 있어요. 그걸 보면 저희는 정말 행복하답니다. 다음 일요일에는 약 4.8킬로미터 밖에서 새로운 주일학교를 시작할 예정인데, 이번에는 평지죠. 저희라기보다는 빌리가 이 주일학교를 시작할 것이고 저는 얼마 동안은 갈 수가 없어요. 제가 등산을 한다면…. 생각해보세요. 어쨌거나 지금 다른 주일학교에는 훌륭한 일꾼들이 있으니까 그들로 하여금 그곳을 운영하도록 하고 저희는 더 많은 일을 하는 게 최선이에요. 그나저나, 어머니, 주일 학교 카드 너무 감사해요. 아직 도착하지는 않았지만 분명히 다음 우편에는 올 거예요. 아이들이 카드에 대해 너무 기뻐하고 있어요. 저는 그 위에 조선말로 글을 쓰고 그걸 외우도록 할 예정이에요. 너무 다정하게도 어머니께서 제 부탁을 기억하시고 챙겨주셨네요. 이제 그만 가봐야겠어요. 오늘 아니면 월요일에는 두 분께로부터 긴 편지가 오겠죠? 많이 사랑하고, 또 사랑하고, **많이** 사랑해요. 그리고 날마다 두 분을 생각하고 기도하고 저희와 함께 하실 수 있길 바란답니다.

    마음을 다해,
    키티와 빌리

南장로교 선교부
조선 목포

[1925년] 9월 27일 일요일 밤

    사랑하는 어머니:
    어머니의 사랑스러운 편지가 어제 도착했어요. 편지는 늘 기쁘고 어머니를 간절히 뵙고 싶도록 만든답니다. 어머니와 캐롤라인 Caroline 의 꿈이 재미있지 않아요? 아시다시피 지금까지 그 꿈들이 현실이 되었으니까요. 이제 저는 최악의 상황이 거의 끝나고 좋아질 거라고 생각하고 있어요. 공부를 시작했고, 제가 더 이상 가르칠 수 없을 때까지 가르치는 걸 계속할 생각이지만 제가 가는 길을 고려해보면 그렇게 오래 가지 않을 것 같아요. 어머니, 걱정하지 마세요. 제가 조심하고 있고 빌리와

사랑이 키티를 조선에 부르다

함께라면 전혀 두렵지 않거든요. 빌리가 저를 돌보고 있는데다 또 잘 돌본답니다. 저는 빌리가 무척 분별 있는 의사라고 생각해요. 극단주의자가 아니라 정말 분별 있는 사람이죠.

그 많은 가족들이 사라지고 난 후 그곳은 주변이 무척이나 조용하겠죠? 이제 어머니는 편안히 충분히 쉬셔야 해요. 아무 것에 대해서도 걱정하지 마세요. 그들이 "잃은 양"을 찾았기를 바라고, 그렇지 않다면 그가 "뒤에 있는 꼬리를 흔들면서" 집으로 돌아왔기를!

삼나무는 멋질 거예요. 저희가 여기서 할 수 있으니까 광택제를 바르는 것에 대해서는 걱정하지 않으셨으면 해요. 그걸 만들다니 토마스와 딕은 정말 멋있어요. 저희가 분명 감사하게 될 거예요. "아기 빌리"의 자잘한 물건들을 위해 좋지 않겠어요? 그걸 생각하면 너무 기쁘고 그것 이상으로 원하는 물건은 생각하지도 못했을 거예요.

어제는 하루 종일 찬장과 서랍장 등을 청소하며 시간을 보냈어요. 거기서 곰팡이와 케케묵은 냄새가 문제를 일으키고 그 냄새는 참을 수가 없기 때문에 그 물건들을 자주 청소해야 한답니다. 찬장 다섯 개와 부엌 저장실, 그리고 서랍 28개를 리졸을 가지고 청소했고, 그 물건들과 그 안에 들어있는 것들을 햇빛으로 내놓았어요. 음, 오늘 아침에는 무릎이 뻣뻣했지만 깨끗한 기분이 들고 코를 톡 쏘는 냄새가 나네요. 저희가 커밍 씨의 서랍장과 찬장도 사용하고 있는 중인데 그 안에 넣어두었던 모든 물건들을 놓을 자리를 찾느라 굉장히 힘들었어요. 1년이라는 시간 동안 저희처럼 많은 고물들을 쌓을 수 있는 사람은 없을 거라고 제가 빌리에게 말했지요. 하지만 여기서는 어떤 식으로든 사용할 수 있는 것이라면 그 어떤 것도 버릴까 봐 두렵답니다. 언젠가는 무척이나 그 물건을 필요로 하게 될 것 같거든요. 그리고 만약 저희가 아니면 다른 누군가에게 필요할 걸요. 그렇기 때문에 저희는 무척이나 쓸모

없이 보이는 고물을 갖고 있어야 해요.

커밍 씨가 어머니를 찾아뵙지 않아 유감이에요. 최소한 그에게서 어머니의 얼굴을 뵈었다는 말을 듣기만 해도 너무 좋을 텐데……. 하지만 그에게서 어머니와의 대화에 대해 듣는 것도 괜찮을 거예요. 그가 금요일 밤에 올 거라고 생각하고 있어요.

제 앞에 어머니의 최근 편지 네 통이 있어요. 그 편지에서 언급하신 모든 것들을 곱씹어보고 싶지만 그리 하자면 아무래도 오늘밤에는 잠자리에 들지 못할 것 같아요. 뭘 먼저 말씀드리는 게 좋을지 모르겠어요. 야외 저녁식사와 여러 가지 사건들, 이거 정말 흥미진진해요. 그리고 어머니께서 동봉해주신 레나의 짧은 편지에 대해서 제가 언급한 적이 있는지 없는지 모르겠는데, 그거 너무 매력적이죠? 분명 그녀와 같이 다니면 진짜 즐겁고 기쁠 거예요. 그녀의 편지를 읽어보면 그녀와 언니가 굉장히 비슷하다는 추측을 하곤 해요. 그들은 뭔가 비슷하게 들리기도 하고 늘 즐거움과 행복으로 가득한 것 같아요. 있잖아요, 어머니, 그렇게 많은 오두막에 대해 들어본 적이 없어요. 이제 저희가 집으로 돌아가게 되면 또다른 오두막이 추가되겠지요. 저희 계량소 주변에는 어떤 나무들이 자라나요? 아니면 그걸 "양 오두막"이라고 부를까요?

빌리는 병에 걸린 병원 간호사 한 명을 돌아보기 위해 시내 건너로 갔고 저는 이렇게나 큰 집에 홀로 있어요. 하지만 온갖 강도들과 살인자들 등이 있는 미국에서 있을 때의 절반도 두렵지 않아요. 이곳은 아무도 총을 소지할 수 없기 때문에 꽤 안전하게 느낀답니다. 앗! 바로 지금 집에 있는 어떤 문이 삐걱거렸어요. 저는 그걸 잊기 위해 가능한 빠른 속도로 편지를 쓰고 있지요. 웃기는 일이지만 진짜예요. 그렇게 삐걱거리는 것들이 좀 있는데, 제가 여기 혼자 있을 때만 의식한답니다. 빨리 고쳐야겠어요.

자, 저희 새 주일학교에 대해 어머니께 말씀드려야겠어요. 지난 일요일에는 갈 마음이 있었어요. 저는 늘 이른 오후까지는 상태가 꽤 좋거든요. 오후에 이 마을로 갈 때 제가 동행하면 최소한 무리를 끌어모으는 일에 도움을 줄 수 있을 거라고 생각했어요. 사람들이 미국 여자를 보기 위해 몇 킬로미터씩을 걸어오거든요. 그래서 갔지요. 선교부차 중 하나를 타고 4.8킬로미터를 운전하고, 그리고 내려서, 차를 덮고는 약 1.6킬로미터 되는 언덕과 골짜기를 넘었어요. 그들은 일요일과 월요일을 구분할 줄 모르기 때문에 어떤 요일에 저희가 올지 예상할 줄도 모르죠. 하지만 약 백 명의 무리를 모으는데 15분 정도밖에 걸리지 않았고 설교가 시작되었어요. 어린 아이들과 어른들 **몇 명**이 굉장히 흥미있어 하는 것 같았어요. 아니면 대부분 호기심이었겠지만 어쨌든 그들은 조선인 병원 전도자가 그들에게 예수님과 예수님의 사랑에 대해 말하고 그들로 하여금 요한복음 3장 16절을 입으로 말하도록 시키는 동안 집중하더군요. 그리고 저희는 "예수 사랑하심은"을 불렀어요. 이 곡은 항상 첫 번째로 가르치는 곡이고, 그들 모두가 너무 좋아하는 곡이에요.

그런데 무리 가운데 있던 어떤 사람이 계속 크게 소리를 지르면서, 그가 저희를 부르듯이 "예수쟁이들"을 어떻게 해보려고 했어요. 그의 행동은 정말 좋지 않았지요. 그의 밑에서 일하는 다른 사람들이 듣는데 열심이었기 때문에 그는 상당한 소란을 피우면서 그 사람들이 자신의 일자리로 돌아가고 그 "바보같이 말하는 사람들"에게 귀를 기울이지 않기를 바란 거예요. 자꾸 빈정대는 말을 하면서 무리 중에 앉아 있던 그가 마치 가려는 것처럼 조용히 일어서더군요. 저희는 관심을 가졌죠. 저로서는 기쁜 일이었어요. 그런데 그가 옆으로 가더니, 땅을 경작할 때 사용하는 거대한 쇠스랑을 집어 드는 거예요. 잠시 서있더니 그걸 들고는 있는 힘껏 깊게 땅을 파는데 저희가 거의 닿을 정도로 가까웠어요. "예수쟁이들" 모두를 어떻게 하고 싶은지 보여주는 용도로 그걸 사용한 거죠. 그는 돌 하나를 집어 들었어요. 하지만 그의 친구들 몇이 내려놓으라고 말했고 그는 그렇게 했어요. 물론 그가 그 돌을 던지지는 않았을 거예요. 그 사람은 자기가 보여주려고 했던 것보다 사실은 훨씬 겁쟁이거든요. 선교 초창기에는 사람들이 수많은 돌을 던졌지만 저희들이 해롭지 않다는 소식이 이 땅 도처에 널리 알려졌고, 지금은 그들이 돌을 던진다는 소식은 거의 들리지 않는답니다.

예배가 끝난 후 저희는 메리 그래함 양Miss Mary Graham이 보내준 카드를 나눠줬어요. 어린 아이들은 무척 행복해 하면서 벌레를 쫓아다니는 닭들처럼 카드를 놓고 경쟁했지요. 저는 주중에 그 카드 뒷면에다 하얀 종이를 붙이고는 제 교사더러 그 위에 요한복음 3장 16절을 쓰라고 했어요. 오늘 오후에 빌리가 카드를 가져왔는데 충분하지 않았지요. 그래서요, 어머니, 갖고 계신 카드를 죄다 보내주세요. 아주 많이 있어야 해요. 저에게 어린이들만을 위해 써놓은 60장 남짓의 카드가 있었는데 충분하지 않았어요. 제가 카드를 몇 장 더 내보냈을 수도 있긴 하지만 지난 일요일에 아이들의 숫자를 세었거든요. 그 숫자가 이번 일요일에 그렇게 늘어날 거라고 꿈에도 생각하지 못했답니다.

이 아이들은 모두 어린 남자 아이들이었어요. 여자 아이들은 너무 두려워하거든요. (이러나저러나 굉장히 방해받고 있는 거죠.) 저희에게 1미터 이상은 다가오지 않으려고 하고, 저희가 좀 구슬리려고 하면 그 작은 발이 갈 수 있는 최대의 속도로 날아가죠. 그리고는 숨었던 곳에서 조심스럽게 나와 엿보는 거예요. 그리고 흥미를 보이고 조심스럽게 가까이 오다가 저희가 가까이 가면 다시 날아가 버린답니다. 오늘 오후에는 빌리가 말하길, 그들이 조금 더 가까이 왔고, 아주 어린 한 여자 아

사랑이 키티를 조선에 부르다

이는 와서 멍석 위에 앉기까지 했다더군요. 그 멍석이 지금 저희 주일 학교의 교실인데, 약 5백 년 정도 된 것으로 추정되는 오래된 커다란 떡 갈나무 아래에 펼쳐져 있지요. 첫 번째 주일학교가 열린 일요일에 어떤 귀한 영혼이 크고 오래되고 더러운 멍석 한 장을 가져왔어요. 그건 장 례식 같은 공적인 일에 사용되었던 물건이에요. 그런데 세상에, 지난 일요일에 우리가 모였을 때 그들이 그 주간에 만든 새로운 멍석을 내놓 았어요. 비록 그게 저희만을 위한 특별한 목적으로 만들어졌다고 분명 하게 말할 수는 없지만요. 아마도 다음 일요일 아니면 그 다음 일요일 에 저의 교사와 제가 그들과 동행해서 여자 아이들을 움직이도록 해볼 거예요. 그녀는 학교에서 아이들과 함께 일을 했고, 같은 종류의 사람 이니까 그 아이들이 그녀를 두려워하지 않겠지요. 그래서 아마도 그녀 가 아이들을 구석에서 잘 구슬려서 움직여볼 수 있지 않을까요?

음, 빌리가 돌아왔어요. 저는 괜찮아요. 저를 괴롭게 하는 건 아무 것 도 없고, 문도 더 이상 삐걱거리지 않아요.

어머니를 많이 많이 사랑해요.

마음을 가득 담은 어머니의 아이들,

키티와 빌리

남장로교 선교부
조선 목포

[1925년] 10월 2일 금요일

사랑하는 어머니:

어머니는 세상에서 가장 다정한 분이시네요. 어떻게 죽도록 어머니를 사랑할 수 있을까요? 어머니의 귀한 편지가 그제 도착했는데, 저는 그 편지에 거의 울 뻔 했어요. 어쩌면 그렇게 다정다감한 편지를 쓰셨는지. 그리고 말씀하셨던 모든 물건들을 보내신다니. 어머니, 정말 분에 넘쳐요. 저희에게 그렇게나 잘해주시는 것에 대해 뭐라고 **어떻게** 감사드려야 할지! 저희가 얼마나 어머니께 감사하고 어머니를 사랑하는지 아시게 해드리고 싶지만 그러기에는 저희가 너무 먼 곳에 있네요. 하지만 저희가 집에 가게 되면 잃어버린 시간을 보상해드릴 거예요. 정말이에요!

저희는 그 목재와 삼나무 장롱과 그 안에 들어있는 모든 것에 대해 그저 열광할 뿐이에요. 그리고 어머니, 제가 그 망토를 세상 어떤 것보다도 간절히 필요로 한다는 걸 어떻게 아셨어요? 제가 이곳에 올 때 이미 1년 된 코트를 가져왔고 그 이후로 한 벌도 사지 않았거든요. 사실은 그게 올이 다 보일 정도로 낡았고 게다가 지금은 대체로 너무 작기까지 해서 몇 달이 지나면 어떻게 될지……. 그리고 제가 걷는 걸 날마다 수 킬로미터로 늘릴 때까지 사랑하는 빌리가 걷고 걷고 또 **걷겠다고** 약속했거든요. 그러니 망토는 제가 마음으로 그릴 수 있는 가장 유용한 물건이 될 거예요. 사는 건 싫었고, 없이 견뎌보려고 노력할 거라고 생각했었지요. 그리고 퀼트!! 어머니는 세상에서 가장 사려 깊은 어머니라고 말씀 드릴래요. 저는 퀼트 때문에 그저 할 말을 잃었어요. 제 마음을 표현하는데 말이 나오지 않을 경우 그냥 제 마음을 읽어주세요. 그러면 제가 어떻게 느끼는지, 얼마나 어머니께 감사하는지 정확히 아시게 될 거예요. 그리고 그 햄에 대해 말씀드리지 않을 수 없네요. 그건 저희에게 정말 중요하거든요. 햄은 최근에 제가 가장 먹고 싶어 했던 음식일

사랑이 키티를 조선에 부르다

거예요. 그래서 햄을 구해야겠다고 생각하게 되었고요. 음, 저는 계속해서 열변을 토할 수도 있지만 더 이상 말씀드리지 않아도 저희가 어머니를 얼마나 사랑하고, 어머니께 감사하는지 아시겠죠.

광주에 올라갈 수 있는 시간이 생기기만 하면 체리목에 대한 작업을 시작할 예정이에요. 광주에서 일을 진행할 것이고 그걸로 뭘 할지 어떻게 해야 할지 설명해야겠지요.

페이지 아래쪽으로 내려올 때면 항상 종이가 엉망이 되어서 제 글씨가 마치 딕 어린이가 쓴 것처럼 보이게 돼요.

정말 파크에 편지에 대해 감사한 마음이었어요. 그녀는 정말 소중한 사람이에요. 그렇죠? 그녀를 너무 보고 싶고, 또 모두를 보고 싶어요. 파크의 이야기는 니스벳 부인보다 훨씬 합리적으로 들려요. 엄마도 편지에서 파크처럼 말씀하셨던 것 같아요. 제가 잘 하면 니스벳 부인보다 훨씬 적은 돈으로도 잘 꾸려갈 수 있을 거니까 걱정하지 말라고요. 그리고 물건들을 기꺼이 고쳐서 필요한 때에 제가 받을 수 있도록 할 거래요. 물론 엄마는 아기 빌리라고 부르는 "그녀"에 대해 너무 기뻐하고 계신답니다. 엄마는 여자 아이들에 대한 애정이 꽤 강한 편이시지만 제 생각에 엄마도 행복하실 거예요.

어머니, 저는 저희의 고요한 삶에 좀 신나는 일을 꾸며보기로 결정했어요. 어느 오후 여성들에게 발표하는 파티를 여는 거예요. 빌리는 세상에서 가장 귀여운 십자말풀이 퍼즐을 만들었어요. 저는 그들에게 그것을 풀게 하고 그들의 깜짝 놀라는 얼굴을 보는 거죠. 그들 중 그 누구도 아직까지 의심하는 사람이 없거든요. 그들이 쭉 지켜봤지만 실망했기 때문에 지금은 포기한 거라고 생각해요.

웃기는 얘기 하나 해드릴게요. 지난 화요일에 광주에 있던 벨 선생님 Dr. Bell 이 돌아가셨어요. (이건 농담이 아니에요.) 저희는 최대한 많은 인원이 포드 두 대에 타고 (선교부 포드죠) 장례식에 갔어요. 음, 그런데 하퍼 씨가 아직 운전하는 걸 배우지 않았고 게다가 여행을 떠났기 때문에, 하퍼 부인이 빌리에게 그들의 차를 운전해달라고 요청했어요. 그래서 빌리는 제가 가는 게 제게 나쁘지 않을 거라고 말했지요. 더구나 제가 앞좌석에 앉는다면 말이죠. 저희는 모든 준비를 마쳤고, 그날 아침에 차가 제대로 되어 있는지 빌리가 확인을 하러 갔어요. 그때 하퍼 부인이 매우 당황해 하며 와서는 자신이 아기를 가졌는데 조만간 그에게 말을 해야 할 것 같고, 그래서 말을 하기는 하는데 (다른 사람에게) 말하지는 말아달라고 하면서, 만약 앞좌석에 앉는다면 가는 것이 괜찮다고 생각하는지 물은 거죠.

그런데 제가 가려고 현장에 나타났을 때 (그녀는 당시에 제가 갈 거라는 걸 몰랐어요.) 하퍼 부인은 어쩔 줄 몰라 했어요. 그리고 제가 앞좌석에 제 물건을 놓았기 때문에 그저 뒷좌석에 탈 수밖에 없었어요. 저는 그녀가 약간 불안해하는 것을 봤지만 앞좌석으로 향했고 저희는 출발했어요. 그 사이에 빌리는 제게 그 사실에 대해 말할 기회가 있었죠. 저는 마치 제가 그녀의 앞좌석을 빼앗은 도둑이 된 기분이었답니다. 우리들 중 그 누구도 다른 사람의 상태를 알지 못했던 거예요. 계속 차를 타고 있는데 제 양심이 뜨끔! 그래서 누구 피곤한 사람 있느냐고, 앞좌석을 원하는 사람 있느냐고 물었죠. 하퍼 부인이 당장 큰 소리로 말했어요. 그녀에게 앞좌석을 주라고 말했고 저는 내려서 뒷좌석으로 탔어요. 그러자마자 제가 본 가장 품질 나쁜 도로를 만나게 되었어요. 저는 죽도록 겁이 났답니다. 그때까지는 도로가 좋았거든요.

저희가 돌아오려고 출발할 때는 번갈아가는 것이 공정했다는 생각이 들었죠. 그래서 빌리와 함께 다시 기어 올라갔고 다시 그 험한 도로 위를 달렸어요. 그리고는 다시 하퍼 부인과 자리를 바꿨답니다. 저희

사랑이 키티를 조선에 부르다

둘 다 똑같이 기회를 잡은 거예요. 제가 아는 한 저희 중 아무도 마음에 상처를 입지 않았어요. 그리고 또 제가 아는 한 그녀는 제가 자기에 대해 알고 있다는 사실을 모르고 있어요. 그게 웃기는 상황이었던 거죠. 그리고 만약 빌리가 저에게 말한 것으로 생각했다면, 아마 줄곧 자기한테 앞좌석을 내주지 않은 것 때문에 저를 **이상한 사람**으로 여겼을 거예요. 하지만 제가 점점 거대해지고 있기 때문에 그녀도 조만간 알게 될 것이고 더 이상 오래 숨길 수는 없겠지요.

커밍 씨가 지난밤에 왔어요. 저희 집에 머무르는 것에 대해 굉장히 기뻐하는 것 같았어요. 어머니의 초대에 응하지 못해 굉장히 죄송해 하더군요. 불가능했대요.

그 사진들 정말 멋져요. 거의 닳도록 쳐다봤지요. 정말 귀여운 아이들이 뭉쳐 있네요. 감사해요. 그건 어머니가 아시는 가장 좋은 물건 다음으로 두 번째 좋은 물건이에요. 그걸 갖게 되어 늘 감사해요. 이제 가봐야겠어요. 하지만 어머니를 향해 세상에 있는 모든 사랑을 남겨드려요~.

　　　마음을 담아,
　　　　　키티와 빌리

남장로교 선교부
조선 목포

[1925년] 10월 10일 토요일, 밤 8:30

　　사랑하는 어머니:

어머니께서 9월 12일에 쓰신 또다른 귀중한 편지가 오늘 도착했어요. 목재를 실을 예정이거나 이미 실었다는 내용을 쓰셨어요. 어머니의 땅에서 베어낸 목재를 가지고 저희 식당의 가구를 계획하는 것은 정말 큰 기쁨이 될 거예요. 기다리기가 너무 힘든 거 있죠. 빌리와 저는 오늘 이야기하기를 저희가 선교 현장에서 물러나게 될 때 집으로 다른 물건은 가져가지 않더라도 어머니가 보내주신 그 목재로 만든 가구는 가져갈 거라고 했어요. 어떻게 해서든 갖고 싶은 마음인지라 혹시 만들어내지 못할까봐 두려워요. 하지만 제작 솜씨를 갖고 있는 레이놀즈 씨 Mr. Reynolds 의 감독 하에 있으니까요. 괜찮기를 바라고 있어요.

어머니, 이제 저희들에 대해 걱정하지 마세요. 이제 여름도 끝났고, 저희 둘 다 건강 상태도 좋고 무척 행복해요. 하나님께서 저희를 돌보시리라는 것을 알고 있고, 저희가 어려운 일을 좀 겪어야만 한다면 그건 하나님을 위해 저희가 할 것이고, 그리스도께서 저희보다 훨씬 더 많은 고통을 당하셨다는 것이 제가 어떤 즐겁지 않은 일을 언급할 때마다 저 자신을 부끄럽게 만들지요. 그래서 저희는 잘 견뎌야 해요. 어려움을 참아내야만 저희가 더 멋진 남자, 여자가 되지 않을까요? 어머니는 저희들에게 너무나 잘해주세요. 정말 너무 잘해주시기 때문에 어머니께서 저희를 망칠까봐 두려울 정도랍니다. 저희가 달려가서 어머니를 뵙고 단 1분 동안 어머니를 꽉 끌어안을 수만 있다면 즉시 돌아오더라도 기꺼이 그렇게 하고 싶어요. 하지만 휴가 때가 와서 어머니를 오래 동안 뵐 수 있다면 그건 정말 멋진 일이 되겠지요.

오늘밤은 다시 저 혼자예요. 커밍 씨는 스위츠 박사 Dr. Sweets 와 (그가 교육 관련 일로 지금 조선에 있다고 제가 썼던 걸로 기억해요.) 하퍼 씨를 하퍼 씨의 "촌스러운" 포드에 태우고 나갔어요. 그건 고향에 있는 누군가가 하퍼 씨에게 선물로 마련해준 것이죠. 그런데 커밍 씨가 오늘 오후

사랑이 키티를 조선에 부르다

에는 돌아올 예정이었는데 돌아오지 않는 거예요. 그가 혼자서 돌아오고 있었고 저희는 혹시 그에게 차량 관련 문제가 생기지 않았을까 하는 두려움이 생겼어요. 게다가 도시 바깥에서는 도움을 얻을 수가 없거든요. 그래서 빌리와 머피 씨가 다른 포드를 타고 그를 찾기 위해 갔어요. 그들은 밤새도록 집으로 오게 될 수도 있어요. 포드 한 대가 불안에 떨고 있는 곳이 어딘지 말씀해 주실 분! 어쩌면 그들은 광주까지의 대략 반 정도 거리를 가야 할지도 몰라요. 96킬로미터랍니다.

저희는 스위츠 박사와 매우 즐거운 시간을 보냈어요. 그는 아버지와 휘트 숙부님을 안다고 말하더군요. 그는 유쾌하고 영적인 사람이고 비록 "후천년주의자"라고 해도 그는 정말 화려한 말솜씨를 구사했어요.

어머니, 최악의 구토가 이제는 끝난 것 같아요. 괜찮은 것 같고 또 그러기를 바라고 있어요. 종종 방해를 받기는 하지만 운동도 많이 하고 있어요. 지금 좀 해야 하고, 나중에 또 해야 하고 등등. 하지만 지금부터는 아무 것도 방해하지 못하게 할 거예요. 이번에 빌리에게 약속했어요. 날마다 걷는 것도 늘리기로 했지요. 여기서는 걷는 게 무척 힘들답니다. 그 어떤 방향으로 가든 수많은 조선인들과 일본인들을 만나게 되지요. 어떤 때는 반원형으로 약 180미터밖에 되지 않는 저희 컴파운드 안에서만 걷기도 해요. 어느 정도의 보행 거리를 채우기 위해서는 이 끝에서 저 끝까지를 10번 정도 움직여야 하고 꽤나 단조롭게 되는 거죠. 어쨌거나 본토인들이 저희를 노려보는데 나중에는 참기 힘들어요. 그게 바로 망토가 훌륭한 도움이 되는 지점이죠.

오늘은 난로를 세웠어요. 어머니가 벽을 보셨어야 하는데……. 정말 이 웃기는 사람들! 그 미성숙한 삶에 있어서 새로 칠한 회벽 위의 검댕 같은 건 전혀 중요하지 않아요. 그들이 난로 설치를 마치자, 세 방에는 벽 위아래가 온통 지문과 손자국으로 가득했어요. 여기서는 마치 무선

전신국처럼 보일 때까지 각방의 연통을 사방 벽에 묶어줘야 해요. 저는 벽으로 올라가서 있는 힘껏 문질러댔지만 그래도 자국이 여전히 남았네요. 세 개의 난로를 설치하는데 **하루 온종일** 남자 두 명을 썼어요. 저는 박서방(우리 일꾼이에요)에게 "좀 더 조심하고, 벽을 새까맣게 안할 수는 없어요?"라고 말했어요. 그랬더니 "글씨"라고 대답하는 거예요. 이걸 영어로 하면 "그럴 수 있을까요, 없을까요?" "그럴까요, 그렇지 않을까요?" 뭐 등등의 뜻이에요. 그들은 대부분 의심쟁이들이라서 이 표현을 엄청 사용한답니다.

빌리가 저녁식사 중에, 제가 제 뱃속에 50센 어치 포도가 들어있다고 어머니께 말씀드리래요. 저는 요즘 과일을 많이 먹어야 해요. 그가 오늘 오후에 시내에서 포도를 발견했어요. 여기서는 일본인들이 이제 막 포도를 재배하기 시작했거든요. 그래서 빌리가 포도를 좀 사러 갔는데 "100돈쭝"에 50센, 포도로 재자면 딱 한 송이이고 그것도 큰 송이는 아니에요. 그래서 저녁에 그 한 송이를 먹었어요. 하지만 저는 한 송이에 50센씩 하는 포도는 더 이상 먹지 않겠다고 빌리에게 말했어요. 연중 이 시기에는 과일이 귀하답니다. 귤이 곧 나올 것이고 저희는 귤을 굉장히 좋아해요. 매우 저렴하죠.

어머니, 어머니의 샐러리를 말씀하셨는데, 저희 샐러리를 보여드리고 싶어요. 지금 무척 아름다워요. 날씨에 구애받지 않고 잘 된 것 같아서 좋아요. 비가 적당히 내려줬고, 왠지 저희 것이 다른 사람들 것보다 잘 되었답니다. 저희는 여름 내내 샐러리를 돌보고 싹이 잘 트는지 확인했어요. 여기서는 일이 진행되는 걸 반드시 확인해야 한답니다. 일이 "되기를" 원하신다면 한순간도 조선인의 손에 일을 맡겨서는 안돼요. 그건 조선식 표현이에요. 모든 경우에 그 표현을 사용해요. 예를 들어, 요리사가 뭐를 준비했을 때 "끝났어요?"라고 말하지 않고 "됐어요?"라고 말해요. 화단이 자라지 않는 건, "되(지 않)는" 거예요.*

하퍼 가족에게 소가 한 마리 있거든요. 그들은 외양간 두엄을 아끼려고 매우 조심하고 있지요. 어제는 하퍼 부인이 구근 식물을 심고 있었는데, 일꾼에게 이 외양간 두엄을 화단에 놓으라고 말했어요. 그런데 그가 하지 않았지요. 그녀가 이유를 묻자 그가 말하길 너무 오래 되었대요. "되지" 않을 거라는군요. 화단에 줘야 하니까 있는 건 모조리 필요한 텐데 말예요. 하지만 봄 화단 이후로 그걸 사용하지 않았기 때문에 그게 너무 오래된 거라고 생각한 거죠.

제 편지에서 저희 일꾼들을 언급하는 것에 대해 지치지 않으시길 바

---

* "Is it done?"을 "Has it become?"로 쓴다는 말인데, 국어사전을 보면 '되다'의 뜻으로 1. 어떤 사물이나 현상이 생겨나거나 만들어지다. (밥이 맛있게 되다, 이제 밥이 다 됐다.) 2. 일이 잘 이루어지다. (일이 깔끔하게 되다, 요즘은 사업이 그럭저럭 되고 있다, 식사 준비가 다 됐으면 불러라, 올해 고추 농사는 작년보다 잘 됐다.) 3. 작물 따위가 잘 자라다. (이 고장은 땅이 기름져 작물이 풍성하게 된다, 올해는 보리가 잘 됐어.) 등으로 사용된다. 우리말과 영어 사용법의 차이점에 대하여 설명하고 있다.

랄게요. 그렇지만 그들은 워낙 특이한 사람들이라서 저는 결코 그들에게 익숙해질 것 같지 않아요. 어떤 때는 쓸 게 없기도 하고요.

며칠 전에 배티 Bettie 에게서 짧은 편지를 받았어요. 가족의 멋진 사진을 동봉했더군요. 어머니께서 보내주신 사진을 보면서 굉장히 즐거운 시간을 보냈어요. 자주 보내주시면 변화를 알아차릴 수가 있을 거예요. 저희는 여기서 아주 비참한 일을 겪어서 어머니께 사진을 보내드리기가 부끄러워요. 이제 제 코닥이 부서져서 찍을 수도 없네요. 게다가 여기서는 수리도 할 수가 없답니다.

또다른 편지 서둘러주세요. 왜냐면! 저희가 어머니를 많이 많이 사랑하니까요.

마음을 담아,
키티와 빌리

남장로교 선교부
조선 목포

[1925년] 11월 15일 일요일

사랑하는 엄마, 어머니:

매주 일요일마다 그 날이 제가 나가서 소책자를 배포할 수 있을 정도로 따뜻한 마지막 날이 될 거라고 생각해요. 빌리는 그 사이에 구릉 산지를 올라 주일학교로 가죠. 그런데 오늘은 다시 멋진 날이에요. 또 가야겠어요. 혼자서 행인들에게 소책자를 건네며 수킬로미터나 떨어져 아무도 없는 곳 도로가에 앉아 있으면 가끔은 오싹하는 느낌이 들어

사랑이 키티를 조선에 부르다

요. 어떤 때는 저의 관객들이 제가 원하는 것보다 많아지고, 저를 노려보고 이러니저러니 말을 하기도 하지요. 저는 그들이 뭐라고 말하는지 모른답니다. 어떤 사람들은 정말 고약하게 보이는 존재예요. 거기서는 아무도 제 실수에 귀를 기울이지 않기 때문에 혼자 그들에게 큰소리로 말하는 연습을 할 수 있어서 제 언어를 위해서는 도움이 되기도 하죠.

빌리가 병원에서 회진을 도는 동안 저는 산책을 했는데 지금은 교회에 갔어요. 지금 교회에는 난방기가 없어요. 부실하게 지어진 건물에 엄청 크고 완전히 개방되어 있기 때문에 거기서는 늘 불편하죠. 지금은 감기에 걸릴까 봐 두렵기 때문에 조심해야겠다 싶어 저는 가지 않아요. 빌리는 계속해서 양말을 두 켤레 겹쳐 신어요. 저는 제 신발 위에 씌울 덧신을 만들었기 때문에 신발을 벗을 필요는 없었거든요. 빌리에게도 바로 좀 만들어줘야겠어요. 전에는 갖고 있었는데 덧신을 지킨다는 게 무척이나 어렵답니다.

화요일 밤에는 빌리와 함께 광주에 갔어요. 저희는 그곳에서 수요일까지 머물면서 최고의 시간을 보냈지요. 빌리가 말하길 지난 크리스마스 이후로 제가 목포를 벗어난 적이 없기 때문에 저한테 도움이 된대요. "특별히" 저는 이제 다시 밖으로 나가려면 앞으로 크리스마스를 몇 번 더 보내야 하겠죠. 그렇지 않을까요? 모든 사람들이 저에게 친절했고, 저를 위해 멋진 일을 해줬어요. 벨 부인Mrs. Bell 은 네 개의 꽃을 피우게 될 아름다운 포인세티아를 크리스마스용으로 제게 줬어요. 녹스 부인Mrs. Knox 과 윌슨 부인Mrs. Wilson 은 각각 아름다운 양치식물을 줬는데, 하나는 공작고사리이고, 다른 하나는 보스턴고사리예요.* 그들은 거기서 그렇게나 예쁜 꽃들을 기르지만 여기서는 여름과 겨울에 부는 바람

---

* Mrs. Knox(Nancy Reid Dupuy)는 우월순 선교사의 아들인 John Knox Wilson의 부인이다.

때문에 그렇게 할 수가 없어요. 저희는 그것들을 위해서 열심히 노력했지만 그 모든 일이 아무 쓸모가 없는 것으로 판명되었기 때문에 이제 그만 하려고 하던 참이었지요.

하지만 제가 받은 이 식물들이 순조로운 출발을 했기 때문에 제가 유지할 수는 없는지 확인해보려고 해요. 그건 많은 일을 해야 한다는 의미이지요. 조선인들은 그걸 제대로 돌보지 않을 거예요. 그들은 꽃들을 거의 돌보지도 않고, 돌보는 것에 대해서 전혀 알지도 못한답니다. 그 말은 날마다 12시 정각쯤에 바람이 시작되면 밖으로 뛰어나가서 그것들을 들여와야 한다는 뜻이에요. 그렇게 하지 않으면 금방 엉망이 될 테니까요. 저희 집들은 꽃을 위해서 지어진 게 아니라서 여기서는 여름 태양은 꽃들을 죽이고 태양이 없는 겨울을 날 수가 없어요. 그걸로 된 거죠.

저는 요즘 상태가 좋아요. 어떤 밤에는 밤새 오래 동안 잠을 잘 수도 있고, 힘이 있고, 죽도록 과식할 태세죠. 저는 절대 충분히 먹지 않는데도 배가 너무 불러서 멈춰야 한답니다. 엄마, 제가 그럴 것 같지 않으시죠? 혹시 제가 너무 많이 먹는 것 아니냐고 빌리에게 물었더니 이렇게 말했어요. "세상에, 아니에요. 뭐든 **당신이** 먹게 할 수만 있다면 당신을 막지 않겠어요." 제 요리사가 4주간의 공백 끝에 어제 돌아왔답니다. 제가 요리 때문에 아프지는 않았지만 그래도 그녀가 이곳에 있는 게 기뻐요. 저는 제 공부로 복귀할 수 있고 가르치는 일 등을 더 많이 할 수 있고, 바구니 만들기와 작은 침대를 준비하기 시작할 수 있어요.

이번 주 이틀 밤 동안 또 다른 손님이 있었어요. 경성에서 온 YMCA 사람인데요. 그가 여기서 잠을 자기는 했는데, 두 명의 다른 여성들이 그를 먹이는 일을 도와줬어요.

어머니, 지금 어머니가 서클에서 조선을 공부하고 계신다는 걸 몰랐어요. 죄송해요. 어머니가 가지셨으면 싶은 너무나 멋진 조선 그림들이 있어요. 그걸 어떻게든 보내드릴게요. 어머니의 조선 공부가 끝나신다고 하더라도 흥미로움을 발견하실 수 있을 거예요. 바로 보내드릴게요. 아버지의 편지를 보니 그날 오후 어머니께서 공부하러 가셔서 제 편지 몇 통을 읽으실 거라고 쓰여 있었어요. 그런 목적으로 읽혀질 예정인 것을 알았더라면 편지를 좀더 멋지게 하려는 노력을 했을 텐데, 편지를 쓸 수 있는 시간이 너무 짧으니까 서둘러서 편지를 써야 하고 어떤 때는 마치기까지 며칠 동안 질질 끌기도 해요. 그 작은 책이 어머니께 약간이라도 도움이 되었으면 좋겠어요.

주일학교 카드가 지난주에 왔어요. 무척 감사해요. 그 아이들은 카드 때문에 아주 시끌시끌하고 저희가 그걸 가져가지 않으면 무척 실망하거든요. 그 종이를 위에 붙여주신 건 분명 선행을 베푸신 거예요. 제가 해야 할 다른 일들이 있을 경우에는 그게 꽤나 큰 작업인데 이번에는 제가 할 일이 카드를 제 교사에게 넘겨서 그 위에 구절을 쓰도록 해주는 것뿐이었답니다! 너무 감사해요. 어머니께서 보내신 물건에 대한 선하증권을 받았어요. 하지만 물건이 먼저 일본 고베로 가야 하기 때문에 아직 목포에 도착하지는 않았고 내일 오는 미국 우편을 기다리고 있어요. 실망하지 않기를 바라고 있고요. 또 엄마가 부치실 거라고 말씀하신 물건들도 기다리고 있어요. 늘 혹시라도 물건이 유실되지 않을까 생각하기 때문에 물건이 여기 도착하게 되면 엄청 안심이 되는 거죠.

저희 체리목이 작업 중이에요. 그게 제가 광주에 간 이유 중에 하나이지요. 디자인은 확정했고 지금은 작업을 하고 있어요. 끝날 때까지 어떻게 기다릴지! 분명 그걸 자랑스럽게 여길 거예요. 그 나무로 저희 침실 가구와 거실용 여분 테이블을 만들기로 결정했다고 제가 얼마 전에 말씀드렸죠. 물론 월넛으로는 식당 가구를 만들 거예요.

저희는 저희를 행복하게 하는 것들을 엄청 많이 갖고 있는 것 같아요. 그 행복을 완벽하게 만드는 데 한 가지 부족한 게 있어요. 그건 어머니들, 아버지, 그리고 가족들이 저희들에게 더 가까이 있어야 하는 거예요. 여러분들이 가까이 계시면 좋겠어요. 하지만 가까운 장래에 그렇게 되겠지요. 그렇다면 저희는 행복할 거예요.

하나님께서 저희의 사역에 복을 내려주시고 지탱할 힘을 주신다면, 또 그러실 거라고 믿고, 저희는 저희의 모든 희생에 대해 보상을 받는 것으로 느끼게 될 거예요. 저는 불행한 사람들에 대해 들었고, 읽었고, 알고 있어요. 이해가 되지 않지만 또 쉽게 이해가 되기도 해요. 제가 너무 행복하기 때문에 다른 누가 불행한 것을 상상할 수가 없는 거죠. 저처럼 "빌리" 길머를 갖지 못한 사람들이 얼마나 많은지, 주님께 예배드리지 않는 사람들이 얼마나 많은지, 저는 그들이 행복하지 않은 이유를 쉽게 이해할 수 있답니다. 모든 사람들이 제가 누리는 행복을 똑같이 누리기를 얼마나 바라는지요!

예배가 끝나고 저녁을 먹을 시간이에요. 그리고는 주일학교에 가고 영어 예배로! 이제 그만 마감해야겠어요. 하지만 두 분의 아이들은 두 분이 아시는 것보다 훨씬 더 두 분을 사랑합니다.

　　　키티와 빌리

南長老教 선교부
조선 목포

[1925년] 11월 24일

사랑하는 어머니와 여러분 모두:

물론 키티가 그 목재와 장롱과 그 안에 담긴 것들에 대해 공식적인 감사의 편지를 쓸 거예요. 하지만 제가 얼마나 감사하는지 아셨으면 하는 마음에 최소한 짧은 편지 하나는 덧붙여야 할 것 같습니다. 모든 물건이 최상의 형태로, 정해진 시간에 왔습니다. 저희는 일주일 전 오늘 물건을 개봉했지요. 운송 건이 거의 편지만큼이나 시간을 잘 맞췄습니다. 그들은 저희의 선적에 대해 관세를 거의 부과하지 않았어요. 목재를 포함해서 전체적으로 9달러 미만이었지요. 물품을 죄다 언급하느라 시간을 보내진 않을게요. 그건 키티가 할 겁니다. 하지만 모든 게 있었고, 모든 게 큰 도움이 될 거예요. 저는 목재를 광주에 있는 남학교로 바로 실어 보냈습니다. 거기에 있는 실업과에서 저희 식당 가구 세트를 제작할 예정이지요. 그들은 지금 체리목 작업을 하고 있습니다. 이 파트는 햄든시드니에서 조지와 함께 학교를 다녔던 레이놀즈 Mr. R. B. Reynolds•가 운영하고 있어요.

어머니, 이제는 어머니의 선교사 아이들에 대한 재정적인 도움을 줄이실 때가 되었습니다. 충분히 하셨어요. 냉장고를 사실 생각은 하지 마세요. 얼음 가격이 굉장히 비싸고 공급이 확실하지가 않아서 저희는

•　R. B. Reynolds로 표기되어 있는데, 그는 W. D. Reynolds의 둘째 아들 J. B. Reynolds로 추정된다.

전기 발전 장치를 사기로 결정했어요. 이런 선택을 한 다른 이유가 있어요. 이런 눅눅한 기후에서는 얼음 냉장고에 곰팡이가 너무 빨리 펴서 그 안에 있는 음식을 잘 보존할 수가 없지요. 이미 발전 장치를 위해 돈도 모았어요.

(이게 빌리의 모든 편지에 일어나는 일이랍니다. 그 가엾은 소년은 편지 한 통을 거의 끝내본 적이 없답니다. 저는 날마다 그의 편지가 끝나길 기다리면서 마지막 순간까지 제 편지를 보류했죠. 그러다가 그는 배가 곧 떠나니까 편지를 부치라고 말하는 거죠. 편지가 배를 놓치지 않았으면 좋겠어요.)

케이.

11월 24일 화요일

사랑하는 어머니, 아버지, 파크, 레나, 베티, 그의 남편들과 아이들:
쓰고 싶은 것들을 쓸 수 있고, 하고 싶은 말을 제 마음대로 할 수 있는 시간이 있다면 얼마나 좋을까요? 하지만 이 편지를 첫 배에 실려 보내려면 시간이 몇 분밖에 없어요. 저는 놀라움과 흥분과 기쁨에 압도되어서 저의 짧은 단어들조차도 "마음껏 말하기를" 거부하네요. 충분히 말을 한다 쳐도, 그건 그 사랑스런 장롱과 그 안에 든 것들과 목재와 햄에 대한 감사와 행복을 반도 표현하지 못하는 거예요.

그건 마치 "알라딘의 요술램프" 같았어요. 물건은 빌리가 병원에 가고 몇 분 후에 도착했어요. 물론 그가 없는 상태에서 개봉을 하지 않을 작정이었지요. 물건을 들여다보지 않기 위해 저는 모자를 쓰고 집을 떠났답니다. 그에게 쪽지를 보내 가능한 빨리 오라고 했죠. 빌리가 왔고,

사랑이 키티를 조선에 부르다

저희는 바로 개봉을 하고 상상도 못할 흥분에 휩싸였어요.

장롱은 꿈 그 자체예요. 제가 장롱을 갖게 될 거라고는 생각하지 못했어요. 딕과 토마스! "목공일"을 한 것에 대해 두 사람을 알아줘야겠는걸요. 아름답게 만들어졌어요. 장롱을 만들지 않고 샀다고 의심하는 건 아닌지 빌리에게 물었어요. 하지만 빌리는 두 사람이 만들었다고 확신하더군요. 그래서 여러분은 최신식의 가구쟁이들이라고 말하고 싶어요. 그게 우리에게 어떤 의미인지 여러분은 절대 절대 모를 거예요. 우리에게 그것ㅂㅗㄷㅏ 필요한 걸 도저히 생각할 수도 없어요. 좀과 다른 해충들 때문에 애를 먹고 있기 때문에 여러분이 우리를 위해 장롱을 만든 것은 이 세상에서 굉장히 가치 있는 뭔가를 했다고 할 수 있답니다. 너무 자랑스러워요. 여러분은 절대 모를 거예요.

그리고 그 햄, 그리고 저희가 갖게 될 그 예쁜 식당 가구. 어머니, 아버지, 두 분은 저희에게 너무 잘해주십니다. 절대 갚을 수 없겠죠. 저희가 음식을 먹어치우는 탁자는 "이음 부분이 너무 약해서" 저희 음식을 붙들고 있어야 하거든요. 완성될 때까지 어떻게 기다리죠? 저희가 추수감사절 저녁만찬을 위해 햄 한 개를 보유하고 있고 정말이지 햄을 갖고 있는 것만으로도 감사할 게 너무 많답니다. 상태는 환상적이에요. 어머니, 어머니가 걱정하셨던 구더기 같은 건 전혀 없어요.

그 아름다운 이불들이라니……. 저는 너무 자랑스러워서 계속 의자 위에 펼쳐놓았어요. 오는 사람들은 모두 그걸 볼 수 있게 말이죠. 선교 지부에 있는 모든 방문객들, 그들이 좀 많거든요 ─ 그리고 모든 "선교지부 사람들이" 그것들을 봤고 저는 오늘 오전에서야 그걸 정리했답니다. 저희에게 커버가 거의 없었거든요. 너무 예뻐서 사용하고 싶지 않을 정도지만 침대 위에 바로 덮을 거라고, 그래서 모든 게 잘 정리된 듯하고 뿌듯한 느낌을 갖고 싶다고 빌리에게 말했지요. 너무 멋지고 또 너무 필요했던 것들이라 어디쯤에서 그 물건들에 대한 이야기를 멈춰야 할지 모르겠어요. 그리고 빌리는 그 울이 어머니께서 저희에게 쓰셨던 그 양에게서 바로 나온 것 같다고 하더군요.

레나와 그래함 아주버님이 보내준 그 아름다운 스프레드! 세상에서 처음으로 만나게 되는 "잘 정리되어 마음을 흔드는" 침대를 갖게 되지 않을까요? 제 생각에 그 스프레드는 제가 본 가장 예쁜 스프레드인 것 같아요. "침구류" 중에서 신상품인가요? 어쨌든 전에는 그렇게 생긴 걸 본 적이 없어요. 너무 아름다워요. 모든 여성들이 그걸 원해서, 그들에게 특별한 손님이 오게 되면 그때 빌려가게 해주겠다고 약속했지요. 그건 제가 안에 들여놓지 않고 전시해 놓았던 또 다른 물건이에요. 아름답기 때문에 굉장히 장식성도 뛰어나요. 정말이에요!

이번 주 저의 손님들은 모두가 물건들을 알아차리지 못하는 남자들이었어요. 여자 손님들이나 아니면 좀 "눈치가 있는" 남자 손님들이 오면 얼마나 좋을까요? 그러면 저의 예쁜 이불들, 스프레드, 예쁜 자수가 있는 수건을 사용할 수 있잖아요, 베티. 베티가 그런 섬세한 자수같은 멋진 작업을 하는지 궁금하군요. 만약 베티 당신이 자수를 놓는다면 저는 정말 베티가 부러워요. 그리고 또 손님들을 위한 수건이 약간 모자랐기 때문에 더 많이 고맙고, 제 취미 중 하나가 예쁜 수건이거든요. 너무 예뻐요.

그리고 파크, 제 손님방을 정리할 때면 저 귀한 담요를 놓을 자리를 찾아야 한다는 생각을 하게 돼요. 그렇게 귀여운 물건 처음 봤죠? 저는 그저 앉아서 아가씨와 베티가 보내준 담요와 다른 모든 물건을 껴안았어요. 토마스와 딕이 보낸 핀들! 그들은 정말 사려 깊어요. (그게 메이슨가 사람이 처음으로 꽂았던 핀이라고 하네요.)

어머니, 제 새 망토를 입으니 잘 차려입은 것 같고 편안해요. 제게 잘

사랑이 키티를 조선에 부르다

맞고 너무 멋지고 예뻐요. 단을 약간 올려야 해서 상자가 온 바로 그날 오후에 했어요. 그리고 니스벳 부인을 만나러 온 방문객과 일본인 관리 한 명을 만나러 니스벳 부인 집으로 차를 마시러 갔답니다. 실크 바지는 또 얼마나 매력적인지요. 딱 제가 원하던 거예요.

그 수많은 멋진 물건들에 대해 어떻게 감사드려야 할까요? 빌리의 물건들도 역시 너무 멋지고, 감사드린대요. 다섯 켤레가 안전하게 살아남았는데 멋져 보였어요. 저희는 목재를 광주로 실어보내기 전에 그걸 보려고 나갔어요. 도착했는데 세관에서 장롱을 통과시키고 있더군요. 그리고 그 양말을 한 번에 두 켤레씩 무게를 재고 있었어요. 구경하려는 사람들이 749명 정도 있었지요. 저는 약간 짜증이 났어요.

사람들이 사진을 보면서 즐거워했는데, 어머니, 저라면 그들을 위해 그렇게 많은 사진을 찍지는 않을 것 같아요. 사진을 보내주셔서 기뻐요. 저는 사진을 보고 또 보며 즐겼답니다. 빌리의 어릴 때 사진이 말할 수 없이 귀여워요. 엄마가 그 나이쯤의 제 사진 한 장을 빌리에게 보내셨으니 함께 액자에 넣어야겠어요. 어머니의 사진도 너무 자랑스러워요. 어머니는 여전히 예쁘시다고 빌리가 그러네요.

세상에, 그래함 길머 가족의 사진은 장식품으로 소장할 만한 걸요? 그들의 모습이 정말 자랑스러운 걸요? 레나, 에이더 맥머피 Ada McMurphy 가 꼭 그걸 봤으면 좋겠어요. 지금은 시골에 있으니까 오자마자 갖다 줘야겠어요. 사촌 베티가 보낸 베갯잇이 있었고, 작은 베개, 칼라(오래된 것과 새 것), 신발(두 켤레), 실내화, 가죽 코트, 이 모든 것들에 대해 감사드리고 또 감사드려요. 말로 표현할 수가 없어요.

마지막이지만 중요한, 마가렛과 에밀리가 보내준 멋진 작은 수건들! 그런 걸 만들다니 가장 영리한 소녀들인 것 같아요. 그리고 그런 걸 보내다니 정말 다정다감하기도 하네요. 저는 그걸 아기 빌리를 위해 기념품으로 남겨둘 작정이에요.

　다시 한번 감사드려요. 여러분은 저희에게 정말 친절하세요. 저희도
많이 사랑하고, 또 너무 행복해요.

　　마음을 담아,

　　키티와 빌리

　　　　　　　　南

　　　　　　　남장로교 선교부
　　　　　　　조선 목포

　　　　　[1925년] 12월 1일 월요일

　사랑하는 엘리자베스:

　동생아, 그 귀한 슬립색에 대해 뭐라고 고맙다는 말을 전해야 할까?
진심이야. 그걸 보자마자 내가 말했어. "그건 엘리자베스가 보낸 거야."
왜냐하면 너무 앙증맞고 귀여웠거든. 딱 너의 작품 같았어. 이제 "아기
빌리"가 그걸로 멋진 옷을 차려입는 것 아니겠니? 빌리는 그게 남자아
이에게는 너무 섬세하대. 그래서 그걸 입히려면 우리는 여자아기를 가
져야 할 것 같아. 너무 너무 고마워. 지난주에는 물건을 만드는데 있어
서 한 파트씩을 맡아준 모두에게 편지를 썼지. 하지만 그 귀여운 슬립
색에 대해서는 개인적으로 편지를 써야겠더구나. 모든 물건들이 말도
못하게 귀여웠어. 그저 그것들을 붙들고 쳐다보는 거야. 사랑하는 사람
아, 어서 와서 바쁘게 지내렴. 아기를 기다리고 준비하는 건 모든 게 무
척이나 행복한 느낌이고, 우리는 너무 행복해. 물론 우리 둘만으로도
늘 행복할 수 있지만 우리는 우리 가족을 많이 기다리고 있고 그들을

사랑이 키티를 조선에 부르다

위해 계획을 세우는 건 큰 기쁨이야.

엘리자베스, 네가 엄마에게 큰 의미가 되고 있다니 너무 기뻐. 엄마는 너에 대한 수많은 멋진 일들과 네가 얼마나 즐겁게 지내는지 등등에 대해 말씀하신단다. 엄마가 건강하시고 행복하시고, 또한 네가 있는 것처럼 누군가 엄마를 즐겁게 해드릴 사람이 있음을 알게 되면 엄마에 대해 훨씬 안심하게 되는구나. 네 집을 무척 보고 싶으니까 사진을 한 장 찍어서 보내주겠니? 그리고 엘리자베스, 혹시 언니와 헬렌의 사진을 구할 수 있는 방법이 어디 없을까? 언니와 헬렌의 단발머리가 어떻게 보이는지 너무 보고 싶은데 절대로 사진을 보내게 할 수가 없다. 내가 자기들을 얼마나 간절히 보고 싶어 하는지 알기만 한다면야 나한테 그렇게 하진 않겠지. 그래서 아무래도 너에게 호소해야 할 것 같다. 너는 나를 도와줄 수 있겠지. 애니 스펜서도 보고 싶은데 사진을 구할 수가 없어. 엄마가 애니 스펜서의 머리를 단발머리로 잘랐다는 소식을 날마다 기다렸는데 아마도 안하신 것 같아. 내가 그 반대의 소식을 하나도 듣지 못한 걸 보면 너도 그걸 피한 것 같고. 날마다 너를 생각하고, 대개는 네가 날마다 뭘 하고 있는지 생각하려고 노력한단다.

최근에 우리 선교지부는 방문객들로 붐볐는데, 내게 주어진 몫보다 많은 사람들을 접대했지. 여러 가지 이유로 내 몫이 되었고 그것 때문에 계속 바빴어. 집에 왔던 손님들 중 한 명은 외무성 장관이었어. (미국에서 10년을 살았던 일본인) 그는 매력적인 손님이었고 우리는 그와 함께 굉장히 즐거운 시간을 보냈지. 그가 자기 집으로 돌아간 후 그에게서 멋진 편지를 받았단다. 그리고 YMCA에서 일하는 사람과 의약품 장사였어. 그 세 명은 각각 다른 시기에 우리집에 온 손님들이었지. 그리고는 미국에서 니스벳 부인을 방문한 사람이 있었는데, 그는 3주 동안 머무르면서 한 번은 차를 마시고, 한 번은 식사를 하는 걸로 끝났어. 지금은 일본에서 풀턴 가족이 여기 와있는데, 그들은 코델 양과 내가 거기 있는 동안 우리에게 친절했고 많은 일들을 해줬거든. 그들을 니스벳 부인의 손님으로 머물도록 허락을 했지만, 내가 그들을 위해 식사를 준비했단다.

조만간 성경공부반 사역이 시작될 거야. 그러면 사람들을 가르치기 위해 다른 선교지부에서 오는 사람들을 맞게 되겠지. 이건 가을에 약 두 달 동안 일어나는 일이고, 그리고 나면 모든 것이 멈추게 되고, 그 해의 남은 시간 동안은 그저 앉아서 서로를 바라보게 되는 거야. 아마도 사업차 와서 기차를 기다리는 동안 들르는 방문객이 어쩌다가 있겠지. 작년 가을 의사 면허 시험을 치는 동안 함께 머물렀던 일본의 도트리 양Miss Daughtery이 혹시 우리와 함께 크리스마스를 보낼 수 있을지 편지로 물어왔어. 물론 나는 그녀에게 오라고 편지했지만 아직까지 그녀에게서 이후의 이야기를 듣지 못했어. 그녀는 굉장히 재미있는 사람이야. 왔으면 좋겠는데. 그녀는 자기 집에 있는 것처럼 편안하게 지내는 스타일이고 신경 쓸 게 없기 때문에 그녀를 위해서 내가 해줄 건 별로 없어.

드디어 우리는 우리의 모든 크리스마스 박스들을 떠나보냈어. 이렇게나 빨리 그것들을 보낸다는 게 좀 우스꽝스럽게 보일 수도 있지만 아마 크리스마스 때까지 거기 도착하는데 빠듯할 거야. 우리 두 가족이 워낙 크잖아. 물건을 먼저 구하려면 많은 생각을 해야 해. 몇 달씩 앞서서 생각하지 않으면 우리가 원하는 걸 항상 구할 수가 없지. 그건 힘든 일이야. 지금 우리 선물은 굉장히 간단해. 우리가 보내고 싶은 많은 것들을 보내는 게 어렵고 안전하지 않기도 하고. 이 가난한 사람들을 위한 돈이 필요하다고 많이 느끼기 때문에 우리 자신보다는 그들에게 주어야 한다고 생각하거든. 하지만 우리가 돌아갈 때는 무척 멋진 것들을 가져가기 위해 계획하고 있어.

있지, 이곳에 왔을 때는 날마다 실크 옷을 입을 수 있을 거라고, 내 모든 친구들에게 실크 기모노를 보낼 거라고 생각했어. 그런데 어쩜! 내 인생에서 그렇게도 바보같은 적이 또 있었을까? 실크는 고향에서보다 정말 훨씬 **비싸**. 훨씬! 내가 봤던 기모노를 한 벌이라도 가지려면 **50엔**, **60엔**, 100엔까지 내야 할 거야. 말도 안되는 얘기지. 기모노의 땅인 이곳에서, 이 "경사스런 때"를 위해서조차도 기모노가 한 벌도 없어. 엄마가 내 혼수에 넣어 보내주신 빨간색 실크가 대신하게 되겠지. 아마도 집에 갈 때는 한 벌 갖게 되지 않을까 생각해. 선교사들은 7년에 한 번 안식휴가를 보내러 집으로 갈 때면 특별한 때를 대비해서 실크 드레스를 준비하거든. 대부분의 경우 여기서 만들려고들 하는데 엉망이야. 나는 그리운 미국에 도착할 때까지 기다렸다가 내 걸 만들어야겠어. 기대했던 것보다 우리가 집에 더 빨리 가게 된다면 굉장하지 않을까? 즉 위원회에서 안식년을 당겨주면 말이지.

멀지 않은 장래에 너에게 완성된 자수를 보내줄게. 말했듯이 나는 원하는 것들을 시간에 맞춰 내는 건 생각할 수도 없거든.

엘리자베스, 우리가 잘 지내고 있다는 걸 엄마가 아시도록 엄마에게 이 편지를 보여드려. 우리가 많은 크리스마스 편지와 카드를 보내느라 바빠서 이번 주에는 엄마에게 편지를 쓸 시간이 없을 것 같거든. 네가 거기에 엄마와 함께 있으니까 쓰지 않을게. 내용도 똑같을 것이고. 작은 슬립색 다시 한 번 고마워. 언제 또 편지해 줘.

너와 보시를 향한 사랑을 담아,

키티 샌과 빌리

남장로교 선교부
조선 목포

[1925년] 12월 6일 일요일

사랑하는 어머니와 모든 가족에게:

제 생각에 이 편지가 도착할 때쯤이면 여러분 모두가 그곳에 모여서 즐거운 시간을 보내고 계실 것 같네요. 저희도 그곳에 함께 있게 된다면 얼마나 좋을까요. 저희는 여러분을 생각할 것이고 사랑할 거예요. 그리고 조만간에 저희도 그곳에 함께 있게 되겠지요. 멋지겠죠? 여러분 모두에게 크리스마스가 주는 기쁨과 행복, 그리고 가장 행복한 새해가 오기를 기도합니다.

저희는 어제 마지막 크리스마스 카드를 부쳤어요. 저희가 보낸 모든 것이 목적지에 안전하게 도착하기를 바랍니다. 또 이모, 사촌 재니와 베티에게도 지난주에 편지를 보냈어요.

어머니, 어머니의 편지가 토요일에 도착했어요. 저는 "크루 드 게르"를 간절하게 기다리고 있답니다. 보내주셔서 너무 감사해요. 저는 그런 명예를 너무 자랑스럽게 여기는데 이 사랑스런 제 남자는 그것들에 대해 모두 말하려고 하지 않아요. 그는 자랑하는 걸 끔찍하게 생각하고, 자기가 가치 있는 일을 했다고 생각하는 것 같지도 않아요. 저는 그저 그가 자랑해야 할 것들의 십분의 일이라도 있었으면 하는데 말이죠. 저희는 아직도 사진을 보면서 그것들을 갖고 싶어하고 있지요. 그리고 저희는 아직도 저희 삼나무 장롱과 그 내용물들을 볼 때마다 즐거워하고 있어요. 저는 혹시라도 메달이 유실될까 걱정이 되어서 그 메달이 도착할 때까지 벌벌 떨고 있을 것 같아요. 하지만 꼭 오겠죠. 어머니께서 그걸 가지고 저를 꾸미라고 말씀하신 것 때문에 무척 웃었답니다. 분명 갖고 싶을 거예요.

금년에는 선교지부를 위해 크리스마스 트리를 설치할 거예요. 저는 산타클로스 복장을 만들기 위해 빌리의 낡은 파자마 한 벌을 염색하려고 해요. 가엾은 선교사 자녀들이 한 번도 산타를 본 적이 없기 때문에 제가 할 수 있는 한 최고로 빌리를 꾸미고 저희 21명을 위해 그를 산타로 만들려고 해요. 아마 선교지부에 한두 명 정도의 방문객도 있겠지요. 나무를 꾸밀 수 있는 재료가 거의 없지만, 소나무는 많이 구할 수 있으니까 어찌 되었든 그 나무를 가져와야죠. 보통 저희는 다음 날 아침에도 일꾼들을 위해 나무를 그대로 갖고 있어요. 모두 아이들을 데리고 오고, 저희는 그들을 위해서 과일과 사탕을 나무 위에 걸고 일꾼들을 위해서는 작은 선물을 준비해요. 얼마나 좋아하는지 그들을 보시면 재미있으실 거예요. 금년에는 병원을 위한 나무를 무척 갖고 싶은데 아직 잘 모르겠어요. 저는 빌리의 낡은 타이를 다림질해서 외국 스타일로 옷을 입은 소년들에게 줘요. 손수건도 얼마나 좋아하는지 저는 그것도 손질해서 준답니다. 작년에는 저희 요리사에게 시계를 줬어요. (저희를 위해서) 그녀는 자신이 백만장자라고 생각했지요.

이 편지는 크리스마스 편지로서 쓰기로 했기 때문에 일상적으로 일어나는 일들을 가지고 편지로 책을 만들진 않겠어요. 행복하고 즐거운 크리스마스 보내세요. 먼 곳에서 상상도 할 수 없는 사랑을 보내드립니다.

키티와 빌리

파크, 조만간 당신의 따뜻한 편지에 답장할게요.

남장로교 선교부
조선 목포

[1925년] 12월 13일 일요일

사랑하는 엄마,

엄마의 "재미있는 소식이 가득한" 편지들이 목요일에 도착했어요. 엄마가 부에나 비스타를 좋아하셨으면 해요. 부에나 비스타에 대해 편지 써주세요. 얼마나 큰지 등등. 엄마가 언니와 헬렌과 가깝게 지내신다니 좋아요. 좋은 일들이 많이 생기는 것 같아요. 우리는 분명 행복한 거죠. 애리스가 이익을 내고 있다니 자랑스럽네요. 애리스도, 보시도, 푸츠도, 엄마도, 그리고 제 모든 가족들도 자랑스러워요.

저는 그냥 그 옷에 대한 관세 때문에 "정신이 없고" 극도로 짜증이 났어요. 엄마, 그걸 왜 찾으셨어요. 그냥 돌려달라고 말씀하셨으면 관세를 물지 않으실 텐데요. 빌리가 말하길 그렇게 하는데 애를 좀 쓰면 돈을 돌려받을 수 있대요. 여기서 구입하고 낡아져서 돌려보낸 건 그 어떤 비용도 들면 안되죠. 제 개인 자산이었잖아요. 그런 취지의 진술서를 보낼 테니 원하시면 세관으로 보내셔도 돼요.

일본인들에 대해 말하자면, 제가 들은 바 미국 세관이 1년 동안 보여준 것보다, 당장에는 일본인들이 훨씬 감각 있고 도의적이에요. 제가 드레스 두 벌을 세탁해 달라고 파크에게 보내면서, 돌려보낼 때는 무슨 일이 있어도 가격을 매기지 말라고 얘기했어요. 그런데 그때 파크가 아파서 그걸 잊어버리고 50달러로 가격을 매긴 거예요. 이곳 세관이 관세 42엔을 통보했죠. 빌리가 가서 자초지종을 그들에게 설명하자 친절하게 대해주고는 관세를 한 푼도 부과하지 않았어요. 자, 그런데, 제가 정

사랑이 키티를 조선에 부르다

확히 기억은 못하지만 3달러나 5달러로 값을 매긴 그 드레스에 왜 11달러나 되는 관세를 부과한 거죠? 몇 백 퍼센트잖아요. 엄마가 그걸 아예 찾지 않았으면 좋았을 텐데. 그 물건은 그만한 가치가 없어요. 조만간에 그 돈을 엄마에게 보낼게요. 아니면 돌아가는 선교사 편에 새 드레스를 보낼게요. 뭐든 엄마가 가지시는 게 좋겠어요.

저희에게 크리스마스 선물을 보내지 않으셔서 기뻐요. 저희는 기다리지도 않았고, 그 바느질을 다 하시고 보내시는 것도 원하지 않았어요. 저희도 최근에 경비가 많이 들었어요. 그렇게 많이 나오는 건 처음이에요. 사적인 것이나 사역 둘 다 필요경비를 계산해보시면 아마 진짜 믿지 않으실 거예요.

어제는 엄청난 충격을 받았어요. 두 엘리자베스에게 제가 보낸 접시에 대해 최대한으로 기뻐해달라고 말씀해주세요. 저는 일본에 있는 어떤 여성에게 크리스마스를 위해 집으로 보낼 물건을 보내달라고 했어요. 그녀는 선교사들을 위해 물건을 구매하는 사람이에요. (센트를 기반으로 하죠.) 제게 가격을 써줬는데, 그 접시에 붙인 가격이 얼마나 싼지 깜짝 놀랐어요. 그런데 제가 올케들 한 명 당 접시 한 개씩만을 주문했거든요. 선물이 너무 작을 것 같아 한 사람 당 두 개씩을 보내기로 결정했지요. 그런데 어제 이 여성에게서 편지를 한 통 받았어요. (말씀드린 물건에 대해 그녀에게 수표를 보내고 그것을 받았다는 통지를 받은 후였죠.) 장부에 올리다가, 그 접시들에 대해 받아야 할 5분의 1만 청구했다는 걸 발견했다는 거예요. 접시를 되돌려 보내야 할까, 아니면 나머지 금액에 대해 수표를 보내야 할까. 접시는 지금쯤이면 미국에 거의 도착했을 것이고, 그렇다면 당연히 수표를 보내야만 했죠. 진짜 숫자를 언급하지는 않지만 그 명세서에 보면 접시 하나에 "1엔"을 청구했으니까 대신에 "5엔"이었던 것이죠. (비유적으로 말하자면) 저는 꽤나 짜증이 나서 정말 보내고 싶지 않은 마음이었어요. 그러나 이 복되신 저의 빌리께서 그건 정직한 실수라고 말하더군요. 그가 수표를 보낼 거예요. 뭐 그렇기는 하지만 그건 저희에게 분명 불운이었어요.

그렇지만 제가 "불행한 이야기"처럼 들리는 이걸 의도한 건 아니에요. 그런 죄를 범해서는 안되죠. 이제 상쇄할 만한 멋진 이야기를 들려드릴게요. 제가 바깥 큰 나무 아래서 열리는 저희 주일학교에 대해 말씀드렸죠. 엄마는 그것에 대해 아무 반응도 없으셨지만, 제가 그 일을 몇 통의 편지에서 언급했고, 제가 편지를 쓸 때 그 일에 대해 어떤 언급도 없으니까 엄마가 주일학교에 대해 당연히 아신다고 생각해요. 지난 일요일에는 너무 춥고 비가 내려서 그들을 만날 수가 없었어요. 그래서 저희는 그 문제를 놓고 기도하고, 주중에 빌리가 조사 한 명을 보냈어요. 어떤 사람에게 그의 집에 있는 방 하나를 내달라고 설득할 수 있는지 확인하라고 했죠. 조사는 8킬로미터 여행을 시작하기에 앞서, 유월절과 관련하여 예수님께서 그의 제자들에게 말씀하셨던 것과 비슷한 사건을 만나도록 긴 시간 동안 열심히 기도했어요. 그들이 방을 제공해 줄 "어떤 사람을 만날" 것이라고 하셨잖아요. 그런데 정말 "정장로"(조사)가 이 마을의 길에서 어떤 사람을 만나서 이야기를 나눴는데, 그 사람이 믿겠다는 약속과 함께 또 주일학교를 위해서 자기 집에 있는 방도 제공하겠다고 했어요. 그게 감사하고 행복한 일 아니겠어요? 그게 바로, 한 영혼을 구원하기 위한 수많은 기회가 있을 때 그 모든 일을 놓고 저희가 애쓰는 이유 아니겠어요? 저희는 오늘, 이 남자의 가능성과 함께 100명의 무지한 소년 소녀 이방인 그룹을 위한 방, 그리고 수많은 신자들에 대한 소망으로 굉장히 부유한 마음이랍니다.

재정에 관한 한 이번 한 달 동안 병원 일은 가장 절망적이에요. 비용을 맞추기 위해서는 사람들 중에 몇을 해고해야 하지만, 저희는 그 일

사랑이 키티를 조선에 부르다

을 두고 기도하고 있어요. 어쨌든 분명 하나님의 계획에 따라 모든 일이 이루어지겠죠. 빌리가 자기 감정을 드러낸 건 처음 봤어요. 하지만 사람들의 관습과 사람들의 곤궁과 자금의 부족, 이 모든 것들이 큰 부담이에요.

다른 상자들이 아직 도착하지 않았어요. 언니가 그걸 부치지 못했다는 걸 엄마가 설명하신 이후에, 어떤 편지에서 엄마가 다른 상자를 부치러 튜플로로 가져갔다고 쓰여 있었거든요. 왜 볼드윈에서 물건을 부칠 수 없었는지 이해가 되지 않아요. 엄마가 그 뒤에 바로 들어가서 "왜?"라고 묻는다면 그 어떤 물건도 부치지 못할 이유가 없다는 걸 알게 되실 거예요. 어머니는 늘 드레이퍼에서 물건을 부치시는데, 드레이퍼는 3등급 우체국이 있는 유일한 시골 상점이에요. 그렇게 되면 볼드윈은 무척 수준이 낮게 되는 것이고, 저는 부끄러워지는 거죠.

언니가 어깨에 짐을 너무 많이 짊어지지 않았으면 좋겠어요. 언니가 허물어지게 되면 그건 정말 말할 것도 없이 붕괴가 되지 않을까 걱정이에요. (언니가 잠깐 저희를 방문했으면 해요.) 이제 저는 7개월째 접어들고 있고 "예정보다 빨라질" 가능성도 있어서, 그 기저귀들에 대해 약간 "걱정스러워요." (그냥 농담이에요. 도착할 거라고 믿어요.) 잊어버릴 뻔했어요. 지난 월요일인 것 같아요. 오래된 담요, 시트, 베갯잇 2쌍, 그리고 침대 커버가 왔어요. 진심으로, 많이 많이 감사드려요. 몇 달 전에, 언니가 깃털이불을 보낸다고 썼던 걸로 기억하는데 도착하지 않았어요. 이 상자에 대해서는 관세가 하나도 부과되지 않았답니다. 다 해서 상자가 3개네요. 제이너스 양 Miss Janus 이 보낸 것, 예쁜 시트와 실내복 등이 들어있는 엄마가 보내신 것, 그리고 이거예요.

항상 사랑을 가득 담아서,
케이와 비

[1925년] 12월 20일 일요일

가장 사랑하는 엄마, 어머니:

분명히 두 분께서는 제가 먹지를 새로 장만하거나 아니면 먹지 쓰는 걸 그만 두기를 바라실 거예요. 음, 쓸 때마다 가능한 마지막 사용이 될 거라고, 버릴 수 있을 거라고 생각하는데 다시 시도하고 있네요. 계속해서 먹지를 주문할 참인데, 이런! 해야 할 일과 생각할 일이 너무 많아서 생각을 못하는 거죠.

지금 무슨 일이 벌어졌는지 아세요? 커밍 씨가 장티푸스에 걸렸어요. 그가 지난 주에 아프기 시작했는데 아시다시피 그가 저희 집에 하숙하고 있었잖아요. 하지만 식사는 머피 부인의 집에서 하는 달이었어요. 지난달은 니스벳 부인의 집에서 먹는 달이었기 때문에 제 음식 때문에 그가 아프지는 않아서 안심이 되었어요. 하지만 너무 아파서 나갈 수가 없었기 때문에 제가 그를 위해 식사를 준비해야 했고, 그가 처음에는 많이 아팠기 때문에 빌리는 시중을 들면서 할 일이 많았답니다. 그는 이틀 동안 경성에 다녀왔는데, 많이 아픈 상태로 집에 왔어요. 빌리는 그의 진단이 확실해질 때까지 제가 그에게 시중드는 걸 원하지 않았어요. 화요일 오전에 확실해졌고 커밍 씨를 병원으로 옮길 예정이었는데, 니스벳 부인은 자기가 커밍 씨에게 좀더 시간을 내줄 수 있을 거라고 생각했고, 저희들 집 가운데 어딘가에서 있으면 하고 생각했지요. 그래서 니스벳 부인은 그리로 옮기라고 말했고, 저희는 그렇게 했어요. 현재 상황에서 그 일이 제게 너무 큰 부담이 될 거라고 생각했으니까요. 음, 물론 그 시간 내내 저는 편안하지가 않았고, 그의 방과 접시 등등을 깨끗하게 하는 일에 엄청 신경을 써야만 했지요.

그리고 이 일꾼들. 세상에나, 그들은 아마 멀쩡한 사람도 미치게 만들 거예요. 그들을 모두 쫓아버릴 수만 있다면 빌리만 빼고 제가 갖고 있는 것 모두를 주고 제 일을 할 거예요. 정말 그렇게 하고 싶어요. 참을 수가 없네요. 그들과 있으면 저희가 매순간 위험에 처하거든요. 하지만 이곳 상황에서는 모든 불편함을 감수하고 언어와 사역을 해내야 하기 때문에 그건 불가능할 것 같아요. 어떤 때는 1.6킬로미터 떨어진 곳에서 물을 길어 와야 하고, 바람과 비 등등 때문에 화장실을 집 안에 둬야 하고, 급수시설은 없고, 그러니 이럴 수밖에요.

저희 요리사는 꽤 신중한데, 바깥에서 일하는 일꾼은 조심해야 해요. 저희는 요리사들에게 부엌 밖에서는 아무 것도 못하게 해요. 저희가 위험을 맞닥뜨려야 하니까요. 그들은 절대 손을 씻지 않아요. 그리고 제가 그들의 화장실 설비와 무신경에 대해 여러 번 말씀 드렸으니까 더 반복하지 않을게요. 이건 제가 최근에 겪은 어떤 일이에요.

저는 화장실 문 앞에 지켜 서서, 그가 커밍 씨의 변기를 집 안에서 비우지 않도록 해야 했어요. 그렇게 말했지만 정말 **아무 소용이 없었어요.** 그를 언제 추적해야 할지 알고 거기 서있으면 그는 그걸 배출하는 장소로 들고 나가는 거죠. 하지만 언제 저희 집 변기를 하루에 한 번씩 깨끗하게 해야 하는지 그 일의 유용성을 이해하지는 못하더군요. 한꺼번에 하면 되는 걸. 그냥 자기 마음 내키는 대로 하는 거죠. 커밍 씨의 변기를 처리한 뒤 손을 씻지 않고 야채를 보러 밭으로 가거나 마실 물을 가지고 오는 거였어요. 커밍 씨가 옮겨간 후 저는 그 방을 완전히 청소했고, 주변에 있는 물건들을 소독하느라 제 손이 망가졌답니다. 그에게 맡겨뒀다면 아마 드문드문 하거나 아니면 전혀 안했을지도 몰라요.

저는 다시 한번 청결한 느낌을 즐기면서 우연히 세면대 아래서랍을 열게 되었는데, "요강"이 가득 차 있는 거예요.(그가 옮겨간 다음날이었지요.) 저는 너무 역겨워져서 그걸 신속하고도 조심스럽게 밖으로 내가라고 그에게 말했죠.

그가 하는 걸 확인하기 위해 뒤따라가다가 도중에 잠깐 지체했는데, 제가 뒷문에 도착했을 때 그는 이미 그걸 그냥 밖에서 비웠더군요. 그리고는 저희가 끓이는 용도로 사용하기 위해 통에 담갔다가 물을 푸는 바가지를 가지고 물을 쏟아 붓고 있는 것이었어요. "요강"을 헹궈내기 위해 식수통에서 퍼서 말이죠. 뜨거운 물도, 소독제도, 다른 그 무엇도 사용하려고 하지 않았어요. 저는 너무 화가 나서 그를 죽여 버릴 수도 있을 정도였어요. 그 바가지를 수천 번 열탕 소독을 하고 모든 물을 쏟아버렸답니다. 그 일이 그의 마음을 상당히 아프게 했는데 그건 물을 져나르는 일에 상당히 부담을 느끼고 있었기 때문이에요. 저는 기도 모임에 가는 중이었기 때문에 요강을 마당으로 내다 놓으라고 말했어요. 저는 소위 말하는 약을 직접 칠 생각이었어요. 제가 돌아왔을 때는 시간이 너무 늦어서 저는 그걸 다음날 아침까지 그대로 뒀어요. 밤사이 완전히 꽁꽁 얼었지요. 저희가 다음 날 아침에 식사를 하러 내려왔을 때 그는 난로 옆에 앉아 그걸 녹이고 있었어요. **부엌 안에서!!** 으악! 저는 울부짖을 뻔 했어요. 하지만 저희가 어찌할 수 없을 때 어찌 되었든 주님께서 저희를 돌보실 거라 생각했답니다.

다음 날 저는 침구들을 삶기 시작했어요. 커밍 씨의 방이 많이 아픈 환자에게 적합하지도 않고, 몇 분마다 들여다볼 수도 없었기 때문에 저는 그를 저희 손님방으로 들여야만 했지요. 그에게는 하프 침대밖에 없고 게다가 울퉁불퉁하고 엉망진창이었기 때문에 제 커버도 사용했답니다. 저의 그 귀한 새 커버를 세탁한다? 그걸 생각하는 건 끔찍한 일이었어요. 그런데 세상에! 빌리가 그걸 병원으로 가져가서 소독기에 집어넣은 거예요. 저는 그걸 세탁할 필요가 없었답니다. 하지만 린넨 등은 그 일꾼을 시켜 세탁장으로 가져가게 했고 불을 지필 때까지 거기 서 있다가 그걸 집어넣고 수분 동안 삶으라고 말했어요. 그리고는 그때 부엌에서 다림질을 하고 있던 세탁부에게 언제 가서 그걸 꺼내올지를 말할 참이었죠. 마침 저는 바로 심부름할 일이 있었는데 아마도 그 물통이 겨우 따뜻해질 만큼 시간이 걸렸을 거예요. 제가 돌아왔더니 세탁부가 그걸 통에서 꺼내서 마지막 헹굼물에서 헹궈 널려고 하고 있었어요. 그런데 물통 아래에는 불꽃이 전혀 보이지 않는 거였어요. 그가 쬐끄만 솔불을 지폈는데 그게 전부였던 것이죠. 그게 제가 끊임없이 겪어야 하는 일이랍니다. 그들은 얼마나 고집이 센지 그들처럼 느린 것에는 도저히 맞출 수가 없네요. 저희가 원하는 것에 대해 그들은 의미가 없다고 보기 때문에 그들은 개의치도 않고, 그냥 안하는 거죠.

머피 씨네 아기도 약간의 장티푸스 기운이 있었어요. 아마도 일꾼들이나 아니면 잘 끓이지 않은 물 때문이라고 생각해요. 이 두 사람을 빼고는 모두가 예방접종을 했거든요. 빌리는 김[커밍 씨]이 이곳에 돌아오기 전에 예방접종을 하라고 분명히 말했거든요. 그런데 하지 않았고 빌리에게 접종을 하지 않았다는 말도 안했어요. 지금 그 대가를 치르고 있는 거예요. 저희는 항상 무엇인가 때문에 바늘 곁에 머물러야 한답니다. 그런데 어떤 사람들은 그걸 싫어해요. 접종하는 건 별로 큰 일이 아니지만 우리를 무척 큰 걱정거리와 아픔으로부터 구해주지요. 그가 많이 아프기 때문에 다시는 예방접종을 미루지 않겠죠? 빌리와 저, 특히 빌리는 치아와 관련된 중요한 일이 있어요. 광주에 가기로 시간을 잡아 뒀는데 지금은 '김'을 떠날 수가 없어요. 제가 혼자 갈 수는 없고 크리스마스 이후에는 가기 싫은데 어떡할지…… 제가 이제 볼만 하거든요.

두 분께서 제가 낡은 드레스들을 합쳐서 바느질하는 모습을 보셔야 하는 건데. 세 개를 가지고 큰 것 하나를 만드는 거예요. 아직까지 보신 적이 없는 가장 웃기는 조합으로 고친답니다. 빌리는 제가 수선하는 걸 보고 웃겨 죽겠나 봐요. 드레스 한 개를 가지고 여러 곳을 분리하거나 모든 치맛자락을 떼어내고 허리 부분을 사용해요. 풀 스커트가 있는 다른 드레스의 허리를 잘라내어 끈으로 매달아요. 그리고는 또다른 드레스를 가져다가 솔기를 뜯고 두 조각을 더 내면 그걸 네 개의 판처럼 만들게 되는 거죠. 그러면 그 아래로 완전히 다른 색과 재료의 드레스를 입게 되는 거예요. 그게 여기서 누릴 수 있는 특권이라고 할까요. 저희가 그 어떤 옛날 방식을 사용해도 되고, 사람들은 알고 이해하고 그것에 대해 아무 생각도 하지 않아요.

자, 제가 제일 먼저 말씀드리려고 했는데 여기까지 오면서 말씀드리지 않는 게 바로 이거예요. 어머니, 지난 화요일에 "크루 드 게르"가 도착했어요. 그걸 받게 되어 얼마나 행복했는지 몰라요. 그걸 갖고 있고 싶어서 바로 걸치고는 온종일 그렇게 있었답니다. 어머니께서 말씀하신 것처럼 그걸 가지고 저를 치장하기 위해 3월까지 기다릴 수가 없었어요. 하지만 그때 또 할 거예요. 보내주셔서 너무 감사해요. 제가 그걸 사랑하고, 저에게는 무척 큰 의미랍니다. 어머니께서 그걸 보내셨다고 말씀하신 후로 내내 많이 불안했거든요. 여기 오기까지 꽤 오랜 시간이 걸렸고 누가 그걸 훔쳐가서 보지 못하게 될까 봐 두려웠죠.

그리고 엄마, "기저귀"가 금요일에 도착했어요. 그래서 이제는 아기 빌리에게 모든 것이 갖춰졌어요. 그 모든 바느질을 해주신 것, 그리고 기저귀를 그렇게 앙증맞고 멋지게 만들어주신 것에 대해 얼마나 감사하는지 모르실 거예요. 두 분의 다정한 어머니들이 안계신다면 저희는 어떻게 하지요? 작은 깃털 매트리스도 왔고, 제 용도로 시트와 담요도 왔네요. 저는 너무 기뻤어요. 제가 사용할 수 있는 물건들이 전혀 없었거든요. 이제 저는 멋지게 단장했고 출산 준비가 되었답니다. 이 마지막 상자 세 개에 (모두 합해서 세 개라는 뜻) 관세가 금화 2달러밖에 들지 않았어요. 침대 커버, 시트, 담요, 베갯잇, 그리고 기저귀입니다.

이번 주에는 산타클로스 복장을 만들고 있어요. 아시다시피 저희가 집 안에 트리를 만들 예정이고 빌리가 산타가 될 예정이잖아요. 사람들은 한 번도 산타를 맞아본 적이 없답니다. 아무도 원하지 않았는지 아니면 옷을 만드는데 어려움이 있었는지 이유는 모르겠어요. 그건 별로 문제가 아니거든요. 저는 오래되어 낡은 빌리의 하얀 색 코트 한 벌과 빌리가 입지 않는 카키색 바지를 염색하고 코트 주변에 솜을 바느질하고 멋지고 작은 모자를 바느질했어요. 부츠가 그를 멋지게 꾸며주겠죠? 저는 빌리와 함께 어른들까지도 깜짝 놀라게 할 생각이에요. 이곳에 있는 아이들은 별로 즐거운 일이 없고 딱 저희 마당에만 갇혀 있기 때문에 그들을 위해 뭔가를 하고 싶었던 거예요.

상황만 잘 맞는다면 크리스마스에는 모두 함께 저녁식사를 하게 될 것 같아요. (물론 커밍 씨를 빼고) 지난 가을에 일본에서 저희와 함께 묵었던 도트리 양이 크리스마스를 보내러 올 예정이에요. 하지만 그녀가 생각했던 것보다 방학이 늦게 시작되는 관계로 크리스마스 때 여기 도착하는 건 불가능할 것 같다고 편지를 썼네요.

엄마, 새로운 장소는 마음에 드시는지 정말 궁금해요. 그곳을 좋아하시고 그곳에서 사시는 것 즐거워하셨으면 좋겠어요.

이 편지를 너무 서두르는 마음으로 생각 없이 써서 보내기가 부끄러워요. 일요일은 편지 쓰는 시간데 오늘은 낮잠 자는데 써버린 거 있죠. 제가 지난밤에 잠을 제대로 못 잔데다 무척 따분한 날이어서 눈을 뜨고 있을 수가 없었답니다. 그러니 이번에는 용서해주세요. 이번 주 내내 일정이 꽉 차 있어서 편지 쓰는 걸 내일까지 미루게 될까 봐 걱정이었어요.

밀가루와 설탕이 부족한 상태이고 저희는 한 달 동안 옥수수 빵을 먹어야 했지요. (통밀 가루도 없어요.) 지금은 설탕을 구할 수도 없어요. 미국에 주문한 식료품을 내일 올 걸로 기대하고 있는데 만약 그게 오지 않는다면 동료들뿐 아니라 저희 자신도 궁지에 빠지게 될 걸요. 이곳 식료품들은 너무 오래되고 나빠서 더 이상 주문을 할 수가 없었어요. 그래서 저희는 미국에 주문한 것을 기다리면서 저희 채소밭과 과일로 연명하고 있지요.

지난주나 그 지난주까지 아주 따뜻한 가을을 보냈기 때문에 채소밭이 잘 되었어요. 정말 운이 좋았죠. 그 어느 누구보다도 풍성했답니다. 지난 7월 이후 하루도 거르지 않고 식탁에 토마토가 올라왔고, 지지난주 처음으로 차가운 서리가 내려서, 아니, 그게 3주 전이었네요. 하여튼 그때 토마토를 모두 뽑았어요. 토마토 몇 개씩을 익히기 위해 거의 날마다 햇빛이 드는 창에 두지요. 아마 크리스마스 기간 내내 충분히 먹을 것 같고 계속 익는다면 아마 이후로도 며칠은 더 가능할 것 같아요. 샐러리도 잘 돼서 맛있게 먹고 있지요. 제가 초록색의 것들을 무척 원하고 있거든요. 일꾼을 시켜서 짚과 상자를 가지고 상추를 덮으라고 했어요. 그러니 약간의 상추도 함께 먹고 있는 거죠. 이게 좀 흔치 않은 경우인 것이 정말 풍성하게 잘 됐고 또 지금 제가 그걸 잘 먹고 있다는 점이에요. 엄마, 엄마가 저에게 겨자와 순무잎을 먹이려고 애쓰셨던 것 기억하세요? 저는 먹지 않으려고 했었죠. 그런데 지금은 그걸 좋아해요. 엄마가 보셔야 하는데. 정말이지 날마다 원하지요. 이제 그만 써야겠어요. 잘 시간이고 내일은 일찍부터 할 일이 있어요.

　　사랑하는 두 어머니들께 사랑을 담아,

사랑이 키티를 조선에 부르다

키티와 빌리

　금요일에는 그래함 아주버님과 레나 형님이 보낸 멋진 캔디 상자가 도착했어요. 어머니, 저희가 그걸 먹는 모습을 보셨어야 해요. 마치 어린아이들 같다니까요. 저희가 캔디에 굶주려 있었거든요. 몇 달 동안 페퍼민트 막대 캔디를 간절히 그리고 있었답니다.

───────────

❧

1926년 1월 17일 일요일

　사랑하는 여러분.
　지난 주에는 엄마, 헬렌, 그리고 언니에게서 편지가 왔어요. 아니, 정확히는 엄마와 헬렌에게서는 편지가, 언니에게서는 속기로 쓴 짧은 글이 왔지요. 그렇지만 아무 것도 오지 않은 것보다는 낫기 때문에 언니에게도 똑같이 고마워. 그 상자가 엄마와 헬렌의 마음에 들었다니 기뻐요, 엄마. 두 사람이 그런 것처럼 사람들이 그걸 좋아하는 것 같으면 저희는 물건을 보내는 게 보람 있어요. 아마 지난 크리스마스에 보냈던 멋진 상자 때보다 이 상자를 더 좋아했을 거라고 믿어요. 관세가 너무 비싸서 뭘 보내야 할지 잘 모르겠어요. 놋으로 된 걸 보내고 싶은 마음이 간절한데 아마 엄마가 관세를 엄청 물게 될 것 같아 무섭네요. 그 녀석들은 저희가 표기하는 가격을 믿으려 하지 않으니까요.
　어제는 훌륭한 프루트케이크가 왔어요. 정말 감사드려요. 굉장히 멋져 보이고 이곳에 있는 저희에게는 진귀한 선물이에요. 마치 제가 케이크나 되는 것처럼 케이크 상자가 자랑스러운 거 있죠. 아름답고, 장식품으로 가져도 될 만큼 가치가 있어요. 게다가 관세가 붙지 않은 다른 상자도 왔어요. 소중하고 깜찍한 아기 양말이에요. 엄청 고마워요. 리즈와 애리스에게 복을 내리소서! 그들은 저희를 절대 잊지 않는군요. 필러 부인과 유니스도 마찬가지에요. 그들은 저희에게 정말 잘해줬어요. 다른 사람들에게는 말씀하지 마세요. 그들이 늘 저희를 기억해 주기 때문에 필러 가족과 리즈와 애리스를 위해 뭔가 좀 멋진 것을 준비하고 있는 중이랍니다.

제가 보낸 다른 상자도 안전하게, 관세 없이 여러분에게 도착했다면 좋겠네요. 제가 선물 대상자에 포함시킨 사람들이 관세 내는 걸 도와야 해요. 물론 제대로 하려면 그걸 감당할 수 있는 수표를 보내야 하겠지만 보낼 물건이 무척 많기 때문에 관세가 커다란 품목이 돼버리거든요. 그래서 관세가 없는 것으로 감행하는 거랍니다. 관세가 없는지 있는지 엄마는 한 번도 말씀하시진 않았어요. 빌리의 가족이 물건으로 꽉 찬 삼나무 장롱을 보냈을 때, 크리스마스를 위해 보낸 거라고 생각했죠. 물건이 크리스마스 바로 직전에 왔으니까요. 그런데 세상에! 어머니께서 크리스마스 선물로 수표를 보내신 게 아니겠어요? 파크는 삼나무 장롱과 그 내용물에 대한 관세를 내고도 남을 만큼의 수표를 보냈고, 거기에 2.3킬로그램짜리 휘트먼스 캔디 상자도 보내왔어요. 그래함 아주버님과 레나 형님은 갖가지 종류의 캔디를 6.8킬로그램이나 보내주는 등 모든 게 크리스마스에 딱 맞춰서 왔어요. 크리스마스 바로 며칠 전이었죠.

그들은 최고로 다정한 사람들이에요. 처음이에요. 한 번 본 적도 없고 알지도 못하는 인척에게 말이죠. 여러분은 그들이 저를 평생 동안 알고 지내온 사람들이라고 생각할지도 몰라요. 저는 그들이 실망하게 될까 봐, 그들이 저를 만나보지 않는 게 차라리 나을 거라는 생각이 들어요. 그들은 세상에서 가장 이타적인 사람들이에요. 장소를 분배하는 데 있어서도 그들은 모두가 미국을 먼저 생각하고, 저희를 위한 계획을 세우고, 저희가 고향에서 살기 위해 돌아갈 때를 대비해 저희 구역을 멋지고 좋게 해주기 위해 최선을 다하고 있죠.

엄마, 엄마가 "아기 빌리"에게 지어주신 이름을 보고 웃겨 죽는 줄 알았어요. 저는 마가렛 올리비아 Margaret Olivia 를 생각했는데, 엄마 것이 더 좋은 것 같아요. 그렇지만 빌리 말로는 처음 태어난 여자 아기에게 는 딱 **한 가지 이름**만 가능하대요. 두 번째 아기는 마가렛 엘리자베스 Margaret Elizabeth 가 될 수 있을 것 같아요. 그를 달리 설득해볼 수도 있겠 지만 그 아이는 캐스린 Kathryn 으로 정해져 있답니다. 저희가 날마다 점 점 더 많이 사랑하게 된다고 말씀드리면 엄마는 어리석다고 말씀하실 지도 모르겠어요. 제가 늘 들었던 바로는 남자가 결혼하면 아내에 대한 예의를 잃어버린다는데 빌리의 경우는 달라서 그는 제가 그와 결혼했 던 날이나 지금이나 똑같아요. 그건 **많은 걸 말해주죠**.

요리사가 지금도 아파서 그 재미있는 세탁부를 다시 끌어들였지요. 제 감기가 호전이 되는 중이고 제가 일어날 수 있어서 직접 요리를 할 수 있기는 해도 일을 많이 하면 굉장히 피곤해져요. 저는 집채만큼 거 대한데 감기 때문에 약하답니다. 빌리가 제 감기를 가져가서 거의 독감 수준이에요. 아시다시피 여기서는 계절이 바뀔 때마다 감기와 독감에 걸리잖아요. 그래서 저희는 옷 입는 걸 조심해야 해요. 너무 눅눅하고 차갑고 바람이 많이 불거든요.

제가 하는 운동은 규칙적으로 저를 성가시게 하는 일이 되었어요. 하던 걸 중단하고 바지 두 벌을 입어야 하는데, 세탁도 많이 하고 계속 입어서 낡은 것 한 벌, 그리고는 몸을 끼워 넣기 위해 만들어야 했던 짜 깁기한 옷의 결함을 충분히 감춰 주기 위해 또 입어야 해요. (그런데 엄마가 보내신 바지가 유실된 것 같아요. 바지가 드디어 도착해서 부칠 거라고 크리스마스 훨씬 전에 편지에 쓰셨거든요.) 제가 이렇게나 잘 차리고 출발할 때쯤이면, 밀려오는 조선인 몇 명을 만나게 되고 그들은 제가 휙 돌아서서 돌아와 버리는 걸 당연지사로 여기고, 그러면 결국 두 번 일이 되는 거죠. 그게 아니면 비가 내리기 시작하기도 해요. 이제는 쉬지 않고 한 시간 동안 운동을 하게 되면 너무 피곤지기 때문에 나눠서 해야 한답니다. 그렇지만 그 시간 안에 다 해내기 위해 잠깐만 쉬었다가 다시 출발해야 해요. 그건 꽤나 수고스러운 일이지만 제 고통을 덜 수 있다면 기꺼이 해야겠죠? 세탁부에 대해 말씀 드리자면, 그녀는 훌륭한 요리사인 것으로 결론이 났어요. 비스킷을 만들었는데 저희가 먹어본 것들 중 유일하게 괜찮은 비스킷이었고 저는 그녀가 무척 자랑스러워요. 그 가여운 사람은 지난 2주 동안 이런 일을 하는 중이에요. 세탁, 다림질, 그리고 요리. 물론 그녀는 아직까지 몇 가지밖에 할 줄 모르지만 지금은 제가 한 번만 말을 하면 잘해내고, 다른 것들에 대해서도 어떻게 처리해야 할지 추리도 하는 수준이에요. 또 다른 여성은 일이 쉬고 있기 때문에 더 동안 유용하게 써먹을 수 있을 것 같지 않고, 그래서 저는 더 기쁘답니다.

엄마, 엄마와 푸츠가 갖고 계시는 그 많은 음식들에 대해 들어본 적도 없어요. 세상에! 한꺼번에 그렇게 많은 걸, 그것도 그렇게 좋은 것들을 구하다니 믿어지지 않는 걸요. 저희에게 그 우유와 버터와 **소시지**를 조금이라도 실어 보내실 수 있으면 좋겠어요. 오, 멋져요! 그 달콤한 우유와 버터밀크 한 잔에 백만 달러라도 드릴 수 있어요. 제가 그걸 **얼마나 간절히** 원하는지 엄마는 상상도 못하실 걸요. 엄마 편지를 받고 나니 거기에 천 배는 더 원하게 된 것 같아요. 솔직히 말씀드리면 쉬지 않고 4리터도 마실 수 있을 정도?

사랑이 키티를 조선에 부르다

모두들 크리스마스에 좋은 시간을 보낸 걸로 알고 있어요. 모두들 거기 함께 모여 있는 걸 볼 수 있다면! 보스의 새 집을 무척 보고 싶군요. 그곳에 있는 사진사의 이름만 저에게 알려주신다면 그 집 **사진 딱 한 장**과 언니와 헬렌의 단발머리 사진 한 장을 구하기 위해 그에게 돈을 낼 거예요. 많이 비싸지 않을 테고 게다가 해주기만 한다면 누구에게나 기꺼이 돈을 지불할 마음이 있거든요. 누군가의 이름만 편지로 써주시면, 제가 그들에게 편지를 써서 그 일을 해달라고 할게요. 그저 필름 한 롤과 사진을 찍을 시간만 있으면 되고, 현상하는 건 그리 비싸지 않은데, 거기서 사진을 찍어줄 사람이 절대로 떠오르지 않네요.

요즘은 하고 있는 일의 모든 면에서 문제가 있어요. 학교, 교회, 게다가 병원에 있는 사람들 가운데 한 명이 분별없이 유혹에 넘어가서 돈을 가져갔어요. 이 사람들에게는 돈을 가지고 모험을 하면 안돼요. 그건 그들의 가장 치명적인 약점이랍니다. 병원이 무척 고통을 당하고 있어요. 물론 그게 병원 돈이었지만, 그건 저희의 손실이고 또 꽤나 크죠. 병원이 받는 건 적은 액수밖에 없으니까요. 그걸 지불하는 것 말고는 갚을 방법이 없어요.

저희가 의학전문학교에 보내고 있는 학생의 경비가 이번 달에는 50엔에 도달했어요. 그걸 보고 "설상가상"이라고 하죠. 그는 비용덩어리이지만 결국 훌륭하게 될 거라고 생각해요. 빌 리가 원하는 건 저희가 집으로 돌아갈 때 그에게 일을 넘길 수 있을 만한 수준까지 그를 올려놓는 거예요. 그 일을 할 수 있는 다른 사람이 없을 테니까요.

로저스 부인 Mrs. Rogers 의 어머니께서 여기 오셨어요. 저는 로저스 부인 때문에 정말 기뻐요. 로저스 박사는 그녀가 크리스마스 때까지 살지 못할 거라고 생각했지만 저는 그녀가 굉장히 운이 좋다고 생각해요. 그녀는 살면서 수술을 12번 받았고, 모든 것이 나쁜 상태지만 지금은 저처럼 같은 시기에 아기를 가졌지요. 그들은 그녀가 출산을 하고 살 수 있을 거라고 생각하지 않기 때문에, 이번 달 어느 때쯤 아기를 받을 것으로 기대하면서 그녀를 경성으로 옮겼어요. 경성에 가기 위해 그들은 먼저 포드를 타고 산 **일곱 개**를 넘어 96킬로미터를 가야 했어요. 흔히 겪듯 도중에 포드가 "고장"을 일으켰고 눈폭풍을 만나기도 하면서 그들이 기대했던 시간 또는 원래 소요되는 시간보다 두 배나 긴 시간을 길에서 보냈고, 그날 밤 8시에 광주에 도착해서 다음 날 아침 7시에 경성을 향해 출발했어요. 침대칸 하나 없는 보잘 없는 기차를 하루 종일 타고 그날 밤 10시에 경성에 도착했답니다.

저는 중요한 일을 해야겠다고 생각했어요. 하필 크리스마스 바로 직전(3일 전) 광주로 가야 했는데 조선에 온 이후로 처음 보는 거대한 눈보라에 갇혔어요. 철로는 전혀 보이지 않았고 이 초라한 기차를 타고 일본 포드 버스를 타고 1.6킬로미터 가량이나 갔을까요? 몇 분에 한 번씩 차가 옆으로 돌다가 결국 완전히 옆으로 미끄러지더니 철조망에 부딪힌 거예요. 저희는 차에서 내려서 남은 길을 걸었는데, 눈이 내리자마자 금방 얼어버리는 상황이라 저는 미끄러지지 않도록 떠받들어져서 거의 통째로 옮겨지다시피 했어요. 저는 새파랗게 질렸지만 치과 치료는 받아야만 했지요. 제 치아 질환의 결과 아시죠? 그런데 가엾은 로저스 부인. 그녀의 여행 이후 저는 제가 아픈 건 아무 것도 아니라고 생각하게 되었답니다. 저희는 그녀에 대해 많이 불안하지만 그저 최선을 바라고 있어요.

전주의 에버솔 부인 Mrs. Eversole 은 치아 모두를 뽑아야 했어요.[*] 지금

---

[*] 원문에는 Chungju라고 되어 있다. 그러나 1913년부터 1930년까지 에버솔 선교사가 전주신흥학교의 교장이었음을 감안할 때 이는 Chunju의 오기라고 생각된다. 따라서 청주가 아닌 전주로 표기한다.

전주에는 의사가 없어서 광주로 와야 했는데, 광주 의사도 없는 상황이었죠. 그래서 빌리는 독감이 걸려 있는 상태에서 아침 6시 기차를 차고 광주로 가서 그녀를 마취시키고 도왔답니다. 그가 더 나빠질까 봐 저는 온종일 울었어요.

광주의 그래함 양이 아주 많이 아파요. 5주를 예정하고 시골로 여행을 떠났는데, 광주에서 몇 킬로미터 떨어진 길에서 데려왔어요. 그녀와 동행했던 조선인 조사가 자전거를 빌리고 누군가를 따라 안으로 들어갈 때까지 두 시간 동안 길에서 의식을 잃은 채 누워 있었어요. 그녀는 혈압이 너무 높았고, 불안해했고, 거기서는 적절하게 쉴 수도 없었기 때문에 광주에서 안심할 수가 없었거든요. 그런데 그녀가 의사로서 빌리를 꽤 좋아하니까 사람들이 그녀를 침상에서 데리고 나와서 한 달 동안 빌리에게 치료를 받도록 하기 위해 이곳으로 데리고 내려왔답니다. 게다가 밀러 양Miss Miller 도 금요일에 서둘러서 와야 했지요. 그녀도 어떤 종류의 질병으로 고통 받고 있었는데, 뭔지 잊어버렸네요. 그녀는 이곳에 와서 이틀을 머물렀는데, 빌리는 자기 자신도 엄청 아픈 상태에서 11시 기차로 오는 그녀를 만나야 했답니다. 정말이지 저희는 이곳에서 대단한 삶을 살고 있어요. 하지만 이 모든 것을 엄마한테 말씀드리면 안돼요. 그 즐겁지 않은 일들을 말씀드리면 저는 훌륭한 선교사가 못될 테니까요.

이제 그만 가봐야겠어요. 보내주신 두 개의 상자와, 엄마가 해주셨고 지금도 하고 계시는 바느질, 너무 감사해요. 많이 많이 사랑해요.

키티와 빌리

엄마가 상자 몇 개를 보내신다고 말씀하셨는데 도착하지 않았어요. 리즈의 상자 안에 있던 케이크가, 그들이 받아주지 않아 언니가 세 번이나 갖고 갔었다는 그 케이크인가요?

화요일

7.5달러가 표시된 멋진 베이킹 접시가 지난 밤에 도착했어요. 존John 과 애니 루Annie Lou 가 보낸 거네요. 제가 그걸 워낙 간절히 원하고 있었기 때문에 "얼굴색이 변하고 눈이 튀어나오도록" 좋아하며 웃었답니다. 아름다운 물건이고 그걸 사랑해요.

1926년 2월 1일 월요일

사랑하는 엄마, 어머니:

토요일에 두 분에게서 길고 멋진 편지가 왔어요. 크리스마스 직후에 쓰셨더군요. 지금쯤이면 모든 것이 다시 일상으로 돌아갔겠지요. 오늘 아침에는 제대로 된 편지를 쓸 만한 정신이 없었는데 11시 기차로 보낼 게 있어서 지금 써요. 제가 들어보기만 했던 불면의 밤을 좀 보내고 있어요. 그전날 밤에 거의 뜬눈이었기 때문에 지난밤에는 10시에 잠자리에 들었죠. 하지만 무슨 이유인지 12시 전까지 깨어 있었고, 그 후로 오늘 오전 5시 30분까지 줄곧 시계가 재깍거리는 소리를 들었어요. 그런 밤을 보내는 건 그다지 좋은 느낌이 아니네요.

모두들 분명 좋은 날씨를 즐기고 있을 거예요, 그렇죠? 저희도 지금까지는 운이 좋았는데, 토요일에 춥고 불쾌하게 바뀌었어요. 한동안은 날씨가 나쁠 것 같아요.

모두 즐거운 크리스마스를 보내셨다니 기뻐요. 1928년에는 두 분과 또다른 크리스마스를 보내길 기대하고 있어요. 어머니, 저희가 보내드

사랑이 키티를 조선에 부르다

린 상자에 깨진 것들이 좀 있었다니 유감이에요. 어쨌거나 그 먼 거리에도 모든 물건이 도착했다니 정말 놀라워요. 하지만 물건들이 나쁜 상태로 그곳에 도착했다는 걸 들으니 왜 그런지도 궁금하네요. 아무래도 도중에 물건을 다루었던 사람들 모두가 충분히 세심하게 물건을 다루지 않은 것 같아요. 그 일에 대해서도, 관세와 관련된 일에 대해서도 부아가 치밀어 오르는군요.

이번 최신 우편에 도착할 식료품들이 좀 있었는데, 관세가 굉장했어요. 뭘 해야 할지 안다는 게 문제네요.

제가 두 분께 사진이라기보다는 제가 장차 "되고 싶은" 모습을 보내드릴 거라고 편지에 썼는데, 아직까지 부치지 못한 거 있죠. 할 일이 많아서 시도할 수 없었던 것 같지만 이번 주에는 보내기 위해 노력할게요.

제가 두 분께 말씀드리지 않을 것 같은데, 크리스마스 바로 직후에 있었던 어떤 결혼식에 대해 말씀드려야겠어요. 저의 예전 선생님이 [조선인] 결혼을 하게 되었는데 미국식 결혼을 강하게 원했어요. 그들이 저에게 와서는 교회를 꾸밀 수 있도록 모든 장식이 붙어 있는 제 크리스마스 트리를 빌려달라는 거예요. 제가 말했죠. 가져갈 수는 있지만, 가능한 미국 스타일대로 하고자 한다면, 우리는 그런 스타일의 장식, 특별히 반짝이는 빨간 공과 눈, 고드름 등은 사용하지 않는다. 그랬더니 그들은 마지못해 장식품들을 포기하고 나무와 제가 가지고 있던 매우 긴 빨간색, 초록색 줄 장식, 그리고 만발한 포인세티아를 가져갔어요. 제 생각에 그들은 정말 제가 데리고 있는 젊은 산타클로스를 원했던 것 같지만 제가 허락하지 않았기 때문에 그냥 간 거죠. 만국기와 크리스마스 트리와 줄 장식이라! 두 분은 한 번도 보신 적이 없어요.

그들은 신부를 위해 하얀색 길을 만들었는데, 이 빨간색, 초록색 장식용 줄을 가지고 테두리를 둘렀고, 여자 아이들에게 (보통 신부 뒤에서 걸어가는 아이들) 종이꽃을 뿌리도록 했어요. 남자들은 미국인들이 사용했던 키가 큰 실크 모자를 물려받아 배운 대로 썼어요. 결혼식 내내 그걸 쓰고 있었고, 예식이 진행되는 동안 사진도 그걸 쓰고 찍었어요. 여자 어린이들이 신부에게 노래를 부르는 동안 사진을 찍었답니다.

음, 결혼식과 관련해서 슬픈 건 신부가 오래 전부터 결핵을 앓고 있었다는 점이에요. 그렇지만 그녀는 짧은 시간 동안 저를 가르쳤을 뿐인지라 저를 가르칠 때 그걸 몰랐어요. 결혼식 당시에 그녀는 거의 죽어가는 상태였는데도, 신랑이 일본에서 공부하고 있었기 때문에 사람들은 그가 그 사실을 알지 못하게 했답니다. 여자가 결혼을 하지 않고 죽는다는 건 그들에게는 굉장한 불명예이기 때문이에요. 결국 그녀는 결혼식 직후 앓아누워 죽게 되었죠.

옛날에는, 아니 심지어 지금도 어떤 곳에서는 처녀가 결혼 전에 죽으면 관 속에서 그녀의 얼굴을 아래로 향하게 한대요. 입을 꿰매고 나서 길 한가운데 묻는답니다. 그녀가 매우 쓸모없고 불명예 가운데서 죽었기 때문에 모든 사람들의 발에 밟히게 하는 거죠.

[편지의 나머지 부분은 유실되었다.]

🙐

남장로교 선교부
조선 목포

며칠? ♥

[1926년 2월 14일]

사랑하는 "헤티 Hettie"[헬렌]:

사랑하는 동생! 사진과 함께 보내준 멋지고 긴 편지 정말 고마워. 그 편지는 지난 월요일에 도착했어. 너도 언니도 내가 기대했던 짧은 머리의 모습과 다르더구나. 하지만 둘 다 높이 평가하며 인정하는 바야. 무척 잘 어울려. 짧은 머리를 했을 때 멋있는 것 이상의 다른 걸 기대했다는 뜻이 아니라 그저 내 마음에 완전히 다른 모습을 그렸다는 것뿐이야. 사진을 보내줘서 고맙고, 우리 자매들을 얼마나 자랑스럽게 생각하는지 몰라.

물론 나도 헤어컷을 하고 싶은 마음이 굴뚝같지만 여기서는 그렇게 할 수가 없어. 조선인들도 짧은 머리카락을 가진 여자는 불명예스럽다고 생각하거든. 그들이 병에 걸렸거나 아니면 어떤 이유로 그런 일이 생기게 되면 머리카락이 다시 자랄 때까지 머리를 감싸고 다닌단다. 그런데 여자 선교사들 네 명이 단발을 했어. (서로 서로 잘라주는 거야.) 물론 여자 아이들은 모두 단발이야. 내 생각에 조선인들은 점차 단발을 하게 될 거야. 그게 미국 스타일이기 때문이지. 그리고 사람들 말로는 지금 경성에는 단발을 한 여자아이들이 한두 명 정도 있고, 일본에는 꽤나 있다고 해. 그걸 이해하지 못하는 이곳 남쪽의 "시골 족속들"을 기분 좋게 유지하기 위해서는 때가 되기를 기다려야겠지.

아마도 언니는 그 모습으로 판단해 볼 때 25달러짜리 펌 웨이브 중 하나를 한 것 같군. 이제 스포츠로 한 거 아냐? 맙소사, 네 편지와 함께 온 언니 편지를 보고 웃겨서 쓰러지는 줄 알았다고 전해 줘. 하지만 그렇게 "화를 낼" 필요는 없다고 언니에게 전해 줘. 우체국이나 우편에 대해 비판하려는 뜻이 아니었거든. 내가 헤플린 사람들에 대해 알고 그들이 얼마나 무책임한지도 알아. 네가 그들을 통해 물건 부치는 모험을 하지 않아 나는 기뻐. 빌리가 볼드윈의 엄마에게 보낸 25달러 수표 때문에 십년감수했어. 그건 우리에게 온 것이고, 거기에 우리가 배서를 해서 엄마한테 보냈기 때문에 다시 발행할 수도 교체할 수도 없어. 만약 없어지면 그냥 없어지는 거야. 그게 전부야.

자, 사랑하는 동생아, 약간의 일! 내가 첫 번째 편지를 쓸 때 사진을 보내면서 둘 중 누군가가 거기서 주문을 해서, 학교 여학생들이 수를 놓을 수 있도록 바로 보내달라고 했던 작은 침대보 있잖아. 나 그게 너무 간절하거든. 아마도 네가 이해를 못한 것 같아. 내가 그런 종류의 침대보를 가져본 적이 없기 때문에, 아직 그 사진 갖고 있으면 다음번 편지를 보낼 때 나한테 돌려 보내줄래? 필요한 다른 물건들과 함께 주문하려고 하거든. 작은 브러시, 코트 한 벌, 모자가 있어야 할 것 같은데, 그걸 받는데 시간이 오래 걸리거든. 주문을 해서 받을 때쯤이면 "아기 빌리"가 그것들을 사용할 준비가 될 것 같아.

그러니까 말이야. 우리가 6월 초에 연례회의에 참석할 예정이니까, 물건을 주문하고 받는데 약 세 달 정도밖에 없거든. 편지에 쓴 것처럼 이후 9월이나 10월쯤에는 북경에서 지내게 될 것 같아. 그래서 그 여학생이 여름을 보내러 집으로 가기 전에 침대보에 수를 놓아줬으면 하고 바라는 것이고, 코트와 모자는 연례회의와 북경 일정을 위해 필요한 거야. 사진을 끼워넣어 보내주면 내가 주문을 할 때 침대보도 함께 주문할게. 무척 귀엽기 때문에 작은 침대 위에 놓으면 매력적일 것 같아. 물

사랑이 키티를 조선에 부르다

론 첫째 주나 둘째 주에는 필요하지 않지. 하지만 말했듯이 오래 걸리니까. 나는 바구니를 만들면서 시간을 보냈고, 작은 물건들도 만들었단다. 작업을 시작하기 위한 리본 1인치도, 실크도, 다른 아무 것도 없었기 때문에 내가 해야 할 건 내 결혼식 복장에서 리본을 떼어내고 내가 할 수 있는 최선을 다하는 것이었어. 내가 전에도 말했지만 이 누에의 나라에서 사람들은 연한 푸른색과 밝은 핑크색은 만들어내지 않고 화려한 장밋빛과 남색 등이 있는데 수킬로미터 떨어진 곳에서도 보여. 그리고 미국식 90센티미터가 고향에서의 90센티미터보다 훨씬 비싸고, 구할 수 있는 최대 넓이는 약 70센티미터야.

나한테 길이 약 90센티미터, 넓이 약 30센티미터 되는 하얀색 실크가 있었거든. 나는 그걸 담청색으로 염색했다기보다는 염색을 하려고 시도를 했어. 하지만 내가 말했듯이 이곳 염색은 상당히 달라서 결국 녹청색이 됐단다. 어쨌든 그걸 세 조각을 내서 작은 침대로 사용하려고 하는 바구니 주위를 두를 장식을 만들었어. 그리고는 어쩌다 보니 병원에서 여기로 온 낡은 시트 한 장을 (노란색 국내산 면으로 된 시트) 가지고 바구니 안을 댔어. 거기서 찾을 수 있는 유일하게 괜찮은 부분에 검정색 잉크로 크게 "병원"이라고 글씨가 써져 있어. 한가운데! 그래서 솔기와 잉크가 무척 눈에 띈단다. 그 다음에는, 내 가운 하나에서 완전히 다른 느낌의 파란색 리본을 떼어내서 한쪽 귀퉁이 쪽으로 가는 머리 부분을 만들었어. 그래서 아기 빌리 아니면 아기 캐스린의 첫 침대는 웃기는 모양새가 되었지. 가장자리와 모든 모서리가 무명 같은 것으로 만든 검정색 끈으로 둘러진 우악스러운 바구니에, 안은 노란색에 국내산에 가운데는 솔기가 있고 낡아빠진 조선인 병원의 시트로 대고, 맨 바깥 부분에는 8센티미터 길이의 녹색 느낌이 나는 파란색 장식이 빈약하게 모여 있어.

작은 베갯잇에 대해서 말하자면, 엘리자베스와 애리스가 테디를 만들라고 보내준 파자마 천 조각을 가지고 (네가 보내준 트렁크 안에 있었어.) 그 위에 작은 자수 디자인을 만들어 넣었지. 다음, 욕실 바구니는, 찢어진 국내산 페티코트 장식 한 조각을 가지고 안을 댔어. 그건 트렁크에 담겨 온 조각 가방에 들어 있었지. 그걸 파란색으로 염색한 하얀 오간디 조각을 가지고 씌웠어. 하지만 조각이 너무 작아서 주름을 잡을 수가 없었기 때문에 그냥 장식 없이 안감을 대고, 그나마도 오간디는 늘려야만 했어. 나한테 레이스 테두리가 없었는데 그 조각들 중에서 짧은 장식끈 한 조각을 발견해서 그걸 가장자리에 바느질했어. 바닥까지는 닿질 않아서 내 웨딩드레스에서 레이스 조각 작은 걸 가져와 남아 있는 구멍을 겨우 덮었고.

나한테 비누 상자가 없거든. 그래서 작은 비누를 넣을 수 있는 틴 코코아 상자를 가지고 그걸 씌우기 위해 실크 조각으로 자루를 만들었어. 때가 타지 않겠지? 내 아이보리 분갑을 고치려고 애를 써봤지만, 금도 갔고 뚜껑도 오래 견딜 수 없을 것 같군. 또 베갯잇을 하나 가져다가 그 위에 좀 볼품없는 오리 모양을 수놓아서 빨래 주머니로 만들었어. 그 다음은, 마틴 양의 낡은 스크린 틀을 가져다가 두껍고 하얀 종이로 싸고 오래된 잡지에서 아기들의 사진을 몇 개 오려서 그 위에 붙였어. 우리집이 너무 개방되어 있어서 스크린이 필요할 것 같거든. 이게 내가 가지고 있는 천 조각들 전부였음. 이것으로 내 혼수 살림을 마감함!

1월 31일에 홀 부인(와서 결혼한 미망인)의 아기가 태어났는데, 아기 용품을 서술하려면 거의 12쪽 정도가 될 거라더군. 무척 우아한 실크 바구니도 많고. 사람들은 무척 귀여운 출생발표카드를 발송했는데 세상에 내게는 선물로 보낼 게 하나도 없는 걸. 지난밤에 로저스 부인의 아기가 태어났다는 전보를 받았어. 보잘 것 없는 오리가 수놓아진 내

베갯잇을 보내도 될까 고민했는데 아닌 것 같다는 결론을 내렸지. 더 이상 뭘 만들 수 있는 노란색 조각도 없으니 그냥 축하한다는 짧은 편지나 쓰려고 해. 내가 우리 아기를 위해 간절히 뭔가를 하려고 했더니 니스벳 부인이 작은 드레스를 하나 주더구나. 그건 부인의 아기를 위해 수를 놓으라고 보내온 건데 부인이 사용하지 않았거든. 그래서 내가 지금 수를 놓고 있지만 여름용 짧은 드레스야.

월요일 — 사랑하는 동생, 어제 이 편지를 완성하지 못했네? 다음 주 편지나 아니면 어느 때쯤 "처리할 일"에 대해 계속 쓸게. 오늘은 그만 써야 할 것 같아.

태풍이 불고 있어. 분명 태풍이 이 돌집을 땅에서 들어 올려서 바다에 던져 넣을 거야. 끔찍해! 48시간 이상 지속될 수도…….

엘리자베스 피어슨 여사께 코트가 지난주에 도착했다고 말씀드려. 무척 감사하다고 전하고 곧 편지할 거라고 전해드려. 편지도 감사하다고 전하고.

많이 사랑해요~

　　마음을 담아,

　　　키티

경성에 있는 우리의 중국인 식료품 장사에게 미국 빗자루를 주문했어. 미국 돈으로 1.5달러를 지불했는데, 미국에서는 얼마일까? 그걸 보관할 수 있는 케이스도 만들었어.

남장로교 선교부
조선 목포

며칠? ♥

[1926년 2월 14일]

사랑하는 어머니, 아버지:

이렇게 따뜻하고, 흐리고, 후텁지근한 날씨는 사람의 전신에서 나오는 "온갖" 생기를 완전히 빼앗아버린답니다. 편지를 쓸 생각도 못했네요. 어떤 면으로 보면 동양에서의 일들이 단조로워진다고는 딱히 말할 수가 없어요. 오히려 늘 일어나는 일들은 본토인들의 낯설고, 기묘하고, 혐오스러운 행동들이어서 저희는 그런 일들을 바로잡거나 다시 하느라고 늘 바쁘죠. 그러나 저희 미국 사회와 사건들을 생각해보면 1년 365일 내내 늘 같은 걸 보고 행동하고 말하는 것이 꽤나 지겨워진답니다.

빌리가 직업상 부름을 받아 다른 선교지부에 간 것, 그리고 제가 기차를 타고 치과 의자로 직행했다가 치과 의자에서 목포행 기차로 직행했던 2번의 광주 여행을 빼면 저희가 목포를 벗어난 지 1년이 넘었어요. 그리고 저는 수개월 동안 컴파운드를 떠나지 않고 있지요. 저는 날마다 210미터 정도 되는 컴파운드의 이쪽 끝에서 저쪽 끝까지 걷기를 해요. 운동을 위해 필요한 시간 동안을 왔다갔다 걸어 다니다가, 크고 무료한 집으로 다시 돌아와 세상에서 가장 다정한 남자가 와서 저와 함께 약간의 여유 시간을 써주길 기다린답니다.

저희는 이 여유 시간에 독서를 많이 하고 있어요. 서로에게 교대로 읽어주면서 매우 즐거운 시간을 보내지요. 아버지, 저희는 지금 헨드릭

Hendrick*이 쓴『월터 하인즈 페이지의 편지와 생애 *The Letters and Life of Walter H. Page*』**를 읽고 있어요. 그야말로 (4권) 훌륭해요. 빌리 말로는, 만약 아버지께서 그 책을 구하기 위해 돈을 구걸하거나, 빌리거나, 훔쳐야 한다면 그렇게라도 해서 구하시라는군요. 그 수많은 일들이 발전해가는 단계에서 그가 그렇게 중요했는지 저희는 모르겠더군요. 그의 대사직은 처음부터 끝까지 대단했죠. 1925년에 출판된 걸 커밍 씨가 돌아올 때 가지고 왔어요. 아직 저희에게는 저희만의 도서관이 없지만 컴파운드에 있는 다른 사람들의 책을 거의 읽었지요. 또한 저희는 창세기부터 요한계시록까지 쭉 다루는 성경공부도 즐겁게 하고 있는데 그런 식으로 하면 저희가 집에 갈 때쯤 마칠 수 있지 않을까 기대하고 있어요.

최근에서 병원 일이 폭주하고 있어서 독서를 할 시간이 그렇게 많지는 않아요. 한동안은 외국인 환자들이 빌리를 밤낮으로 바쁘게 했죠. 컴파운드에 있는 모든 가정들이 아파요. 독감, 장티푸스, 설사 등에 걸렸고, 광주에서 추가로 2명의 선교사가 빌리에게서 치료를 받으려고 내려왔어요. (거기도 의사가 있는데 말예요.) 한 명은 완치되어서 돌아갔고, 다른 한 명은 아직도 치료를 받는 중인데 그녀의 병이 너무 심해서 그 어떤 의사도 고칠 수 없을까봐 두려워요. 최소한 아주 아주 오래 동안 말이죠. 하지만 그녀는 처음부터 빌리를 믿고 있어서 (그리고 그녀가 옳기도 해요. 그렇죠?) 그냥 머무르는 거예요.

간호사 베인 양이 이번 여름에 안식 휴가를 떠나는데, 그녀가 돌아오지 않을 것이기 때문에 저희에게 간호사가 한 명도 없게 된다고 보고하게 되어 슬퍼하고 실망하고 있어요. 빌리는 그녀가 훌륭한 간호사래

---

* 버튼 J. 헨드릭 작가 출생: 1870년, 미국 코네티컷 주 뉴헤이븐 사망: 1949년 학력: 예일 대학교 수상: 퓰리처상 전기 및 자서전 부문, 퓰리처상 역사 부문.
** 월터 하인즈 페이지(1855-1918)는 제1차세계대전 동안 영국에서 미국 대사로 일했다.

요. 병원을 아주 말쑥하고 깨끗하게 유지하고 심지어 저희와 함께 보내기 위한 시간에도 병원을 떠나지 않아요. 저희가 하는 것처럼, 그리고 그들에게 원하는 정도만큼 조선인들을 만들 수 없어서 굉장히 슬퍼하고 있는데, 그녀가 그렇게 느끼는 건 참 슬픈 일이에요. 그건 이 세상에서 그 어떤 일보다도 불가능한 일이고, 저희 생명에 대한 염려를 외면하며 그들을 그렇게 만들려고 노력하고 기대하는 것은 쓸모없는 일이니까요.

그냥 예를 들어, 이건 아주 아주 작은 예인데요. 오늘 저에게 커밍 씨가 사냥에서 잡아온 정말 작은 비둘기가 한 마리 있었거든요. 빌리는 그걸 저녁식사용으로 굽기를 원했죠. 음, 저희 요리사는 아직 돌아오지 않은 상태라서 저는 여전히 이 새로운 여성을 훈련시키는 중이랍니다. 저녁 준비에 대해 주문을 하면서, 아니 정확하게는 준비를 함에 있어서 그녀가 맡을 부분을 주문하면서 고기를 언급하지 않았어요.(제가 알기로 그녀는 그걸 할 줄 모르기 때문에 제가 직접 새를 구우려고 생각하면서) 그랬더니 그녀가 계속해서 고기에 대해 묻는 거예요. 저는 결국 제 계획을 그녀에게 말하면서 절대 그냥 내버려두라고 했어요. 제가 직접 요리를 할 생각이었거든요. 뭔가 할 일이 있어서 2층으로 올라갔다가, 운동을 하고, 소파에서 잠깐 휴식을 취하고, 12시가 되자 새를 구우려고 내려왔어요. 그런데 아침식사 후 제가 부엌을 떠나자마자 그녀는 새를 삶기 위해 올려놓았고, 그 이후로 물에 있는 기름만 빼고 아무 것도 남지 않을 때까지 계속 삶아지고 있었다는 것을 알게 됐답니다. 제가 말했죠. "그냥 그대로 두면 좋겠다고, 제가 요리할 거라고 말하지 않았나요?" 그녀가 대답하더군요. "네, 하지만 저는 새가 삶아진 후에 부인이 그걸 다듬을 거라고 생각했어요."

그녀는 고기부터 옥수수 빵에, 디저트까지 죄다 삶고 싶어 하죠. 만

사랑이 키티를 조선에 부르다

약 그녀가 먹는 물을 그렇게 끓이려고 한다면 훨씬 기쁘게 이해해줄 거예요. 하지만 먹는 물은 따뜻해지면 그걸로 괜찮답니다(그녀에게는). 저희가 그들과 하는 온갖 거래와 모든 것들이 그런 식이에요. 저희가 스스로 슬퍼하고 그들에 대해 염려한다면 저희는 이 땅에 발을 디딘 후 15분도 견디지 못할 걸요?

어제는 새 미국 빗자루를 받았어요. 경성에 있는 저희 식료품 장사에게서 미국 돈 1.5달러를 주고 구했어요. 그리고 그건 두 개의 러그에만 사용할 예정이라고 그 일꾼에게 말했지요. 저희에게는 아주 예쁜 두 개의 중국 러그가 있는데, 저는 저희가 집으로 갈 때까지 그 러그를 잘 유지하고 싶거든요. 저희가 그 용도로 구한 다른 빗자루를, 그러지 말라고 엄하게 명령을 했는데도 그가 다양하고 잡다한 일들에 (대부분 연통을 청소하면서, 그리고 조선 동물 개한테 벌을 주고 난 후 청소하면서) 사용해서 완전히 닳아빠지게 만들었답니다. 그가 그 빗자루를 창고에서 가져왔고, 제가 보는 앞에서 개봉했어요. 저는 그걸 올려놓을 선반을 정리했죠. 바닥 에서는 그 위에 먼지가 모일 수도 있기 때문에 심지어 바닥에서도 떨어뜨려 놓으려고 한 거예요. 그리고 최대한 심각한 목소리 톤으로 말했어요. "그 빗자루는 매일 이 선반 위에 두고 두 러그에만 사용하세요. (거실과 식당)" 러그는 이미 무척 더러워진 상태였고 제가 너무 걱정을 했기 때문에 그는 새 빗자루를 열자마자 즉시 들고 가서는 15분 동안 잘 쓸었어요. 저는 그 쓰는 모습을 보며 그의 진보에 대해 매우 자랑스러운 마음이 들었죠. 그가 일하도록 그대로 뒀는데 10분 후 어쩐지 그가 하고 있는 걸 확인하고 싶은 마음이 드는 것이었어요. 갔죠. 그리고 그가 이미 나가서 폭우가 온 후 앞 현관에 고여 있는 5센티미터의 물과 진흙을 싹 쓸었고, 더럽게 거미줄이 쳐진 덩굴을 싹쓸이하고 있는 걸 보게 되었답니다. 그 덩굴은 이 돌집 외벽 위로 자라고 있었는데, 이 집이 서있는 기간 내내 시베리아 사막 저쪽 끝에서 목포로 불어오는 폭풍, 먼지, 비, 세균, 그리고 기타 여러 가지 것들을 다 붙이고 있는 상태였어요!

저희도 일꾼들로 인해 골머리 썩을 필요가 없다면 정말 기쁘겠어요. 하지만 기후, 건강 상태, 수킬로미터를 이동해야 하는 물 나르기, 언어 공부, 그리고 일까지, 그 모든 것들 때문에 그들을 데리고 있어야만 해요. 때로는 불편함이 한탄스럽기도 하고, 그러니까 어떻게 보면 저희는 그냥 그들이 없이는 생활할 수가 없는 거죠. 어떤 때는 그 모든 걸 던져버리고 싶다고 느끼기도 하지만, 한 명이라도 아플 때는 저희가 보내는 시간 때문에 그들을 너무 사랑하게 되고 그들이 회복되는 걸 환영하게 된답니다.

세상에! 지금껏 쓰면서 가치 있는 일은 하나도 말씀드리지 않았네요. 이 편지를 불평이나 골칫거리에 대한 편지로 생각하지 말아 주세요. 그걸 의도한 건 아니거든요. 결국 가끔은 걱정스럽기도 우습기도 하다는 거죠. 저희는 서로 너무 행복하기 때문에 저희를 걱정시키는 그런 일들도 그냥 그렇게 둔답니다.

두 분을 많이 사랑해요.

마음을 담아,

키티

어머니, 어제는 어머니의 편지 한 통이 어딘가에서 저절로 흘러 들어왔어요. 저희가 짐 삼촌 Uncle Jim 의 옷을 받지 못해 걱정하셨군요. 물건이 도착했다고 알려드리는 제 편지를 지금쯤이면 받으셨길 기대해요. 물건이 여기 온지 꽤 오래 되었고 빌리가 거의 닳도록 입고 있어요. 빌리가 짐 삼촌께 편지를 쓰기 시작했는데 완성하지를 못했어요. 오늘

사랑이 키티를 조선에 부르다

밤에 쓸 거라고 저한테 약속했지요. 어머니와 짐 삼촌께 물건을 보내주셔서 감사하다고 말씀드린 제 편지가 유실되었을까 봐 걱정이에요. 제가 분명히 썼거든요.

지난 월요일에는 두 분의 편지가 왔어요. 저희는 정말 즐거웠습니다. 그리고 아버지, "아기 빌리"가 "아기 키티"로 된다고 해도 저희는 괜찮아요. 다만 저는 조선인들 모두의 눈 밖에 나게 될 것이고, 그들은 빌리가 왜 저를 버리고 그를 위해 아들을 낳아줄 수 있는 다른 아내를 데려오지 않는지 궁금해 하겠죠. 아들이 아닌 딸일 경우 저는 바라볼 가치도 없이 생각될 것이고 그들이 보기에 그건 전적으로 저의 잘못이 될 거예요.

남장로교 선교부
조선 목포

1926년 3월 1일 월요일

가장 사랑하는 어머니, 엄마.

새로운 먹지를 좀 구했어요. 두 분께 그걸 사용하면서 축하하려고 해요. 먹지를 갖게 되어 두 분도 기쁘실 거예요. 음, 이제 유예기간이 18일밖에 남지 않았어요. 메리 엘리자베스 Mary Elizabeth 가 말한 것처럼 (어머니, 그 아이는 제 어린 조카예요.) "뭔가 일어날 것 같은 느낌이 들어요." 오늘은 이상하고 "뭔가" 느낌이 있어요. 그렇다고 그게 예정된 시간 전에 뭔가 일어난다는 건 아닌 것 같지만 빌리는 지금도 언제든 "일이 일어날 수 있다"고 말하네요.

빌리의 치료를 받으며 한 달 동안 내려와 있던 광주의 그래함 양이 오늘 떠났어요. 제게 생전 처음 보는 무척 예쁘고 작은 니트 주머니와 모자를 주더군요. 분홍색과 하얀색이에요. 게다가 빌리에게는 병원 비용으로 25엔을 냈어요. 물론 그의 치료는 무료였는데, 그녀는 무척 고마워했어요. 그녀가 많이 좋아지긴 했지만 빌리 말로는 다시 회복되지 못할 거래요. 이번 달에는 광주에서 여성반을 가르치려고 생각하고 있고 만약 할 수 있다면 다음 달에는 이곳에서 가르치기 위해 돌아올 거예요. 조만간에 시골 사역을 하는 건 불가능하답니다.

이 타자기가 제대로 작동하지 않아서 편지 쓰는 걸 중단했어요. 타자기를 가지고 작업을 했지만 그렇게 많이는 할 수 없을 것 같아요. 저에게 새로운 먹지가 있어도 이 편지는 "지저분한 편지"가 되어가네요. 저는 기계와 친하지 않아서 그걸 정확히 어떻게 다뤄야 할지 모르겠어요.

저희는 최근에 이 캔 우유를 마시기 위해 여러 가지 방법을 구사하고 있어요. 이 우유를 꼭 사용해야 하거든요. 그런데 빌리는 정말 불가사의한 사람이에요. 처음에는 저희가 여기서 구한 이 작은 귤을 가지고 맛있는 오렌지 밀크셰이크를 만들어내더니 그 다음에는 초콜릿 밀크셰이크를 만들었죠. 지난밤에는 시험 삼아 미국에 주문한 캔 살구를 가지고 살구 밀크셰이크를 한 번 시도해보기로 결정했어요. 정말 괜찮아요. 물론 거기서는 어떤 맛이었는지 완전히 기억나는 건 아니지만 그래도 고향에 있는 소다수 가게에서 샀던 것들하고 상당히 비슷한 맛이었던 것 같아요. 어쨌든 일을 촉진시키기 위해 우유를 마셔야만 할 경우 이 무서운 캔 우유를 섞으면 너무 "캔 같은" 맛이 나지는 않을 것 같네요. 며칠 전에는 컴파운드에 있는 모든 여성들을 불러 그들과 아이들을 위해 그걸 어떻게 만드는지 보여주기 위해 자그마한 시연 파티를 열었

사랑이 키티를 조선에 부르다

어요. 무척 즐거웠고, 그런 것도 가능하다는 걸 알고서 그들도 무척 기뻐했답니다.

미안한 말이지만, 이곳에 살고 있는 대부분의 사람들은 그들의 방법에 딱 고정되어 있어요. 저희가 살아가고 정상적으로 유지하기 위해 해야 하는 필수적인 것들을 고안해내려는 의욕이 없죠. 그런데 저희는 이런 것들을 해내기 때문에 그들은 빌리와 저를 보고 놀란답니다. 저희가 그런 것들을 생각해내는데 많은 기대를 해요. 기후, 일꾼들, 불편함, 그리고 물건을 구하는 것이 불가능한 것 등 뭐 이런 것들로 인해 상황이 어려워지고 차라리 그런 것들을 단념하고 태만해지는 경향이 생기는 거예요. 하지만 그렇기 때문에 저희는 더욱 개발해야 하고 정신을 바짝 차리고 저희를 지켜야 해요. 그리고 이제는 조심스럽게 생각하고 길러야 할 아기 빌리가 있기 때문에 더욱 정신을 차려야겠죠. 선교사 자녀들은 "괴상하다는" 정평이 나있어요. 그러는 게 당연하지만 저희는 저희 아이들을 가능한 정상적이고 건강하게 만들려고 노력할 거예요.

최근에 저희에게 일어난 가장 재밌는 일은 저희가 광고를 보고 주문한 새 알루미늄 케이크 번철을 작동해보려고 시도했던 일이에요. 저희가 배운 솜씨가 지금은 상당하지만, 처음 물건이 도착했을 때만 해도 그걸 요리사에게 넘겨주려면 저희가 직접 그 물건에 대해 알아야만 하는 상태였죠. 저희는 일요일 밤에 그 물건을 한 번 써보기로 했어요. (그때 저녁식사를 하거든요.) 저희는 지시사항을 너무 잘 지키려고 했던 것 같고, 지시사항은 너무 융통성이 없었던 것 같아요. 어쨌든 그건 "기름기가 없는" 케이크 번철이에요. 저희는 저녁식사용으로 케이크가 만들어질 수 있는 적절한 시간에 요리를 시작했어요. (그것도 오로지 케이크만) 아홉 시가 돼서야 케이크 한 개가 나와서 그걸 먹을 수 있었죠. 하지만 저희는 다음 일요일에 두 번째 시도를 했고, 지금은 최고로 마음에

드는 기름기 없는 케이크를 만들어 먹게 되었답니다. 요리를 하는 데도 전혀 문제가 없고 작은 석유난로를 식탁 바로 옆에 놓고 먹으면서 요리를 해요. 그래서 이제는 문제없이 그 여성을 가르칠 수 있을 것 같고 아침식사용 케이크 만드는 것도 문제가 없죠. 하지만 그들은 웃기는 사람들인 게, 뭔가 한 번 실패하는 걸 보잖아요? 그러면 그들에게 그게 다시 좋아질 거라는 확신을 심어줄 수가 없는 거예요. 그래서 저희가 실패하는 걸 그녀에게 보여줘서도 안되고, 만약의 경우 그걸 다시 믿게 하거나 시도하게 할 수도 없어요. 어쨌든 그게 저희의 일요일 밤의 케이크였답니다.

어제는 빌리에게 엄청 공포스러운 일이 있었는데 저희는 아직도 거기서 헤어나지 못하고 있어요. 병원에서 마취제를 놓는 사람이 조심스럽지 못해서 수술대 위에 있는 환자 한 명을 거의 죽일 뻔 했거든요. 빌리는 오래 동안 수술을 해야 했고 그녀를 살려내는 게 무척 힘이 들었어요. 잠시 동안은 희망이 없다는 생각도 했죠. 이 사람들은 감히 한 순간도 혼자 있게 둘 수가 없다니까요. 이 남자는 마취제를 수백 번 투여했는데 자신에 대해 너무 확신이 있었던 거예요. 하지만 이 일이 그를 공포에 빠뜨렸기 때문에 최소한 한동안은 신중하겠죠. 그들은 작은 것 하나를 배우면 알아야 할 모든 것 안다고 생각하기 때문에 아무 것도 말해줄 수가 없어요.

약해지지 않는다면 그것은 위대한 삶이다.

빌리에게 너무 미안했어요. 간호사 베인 양이 6월에 집으로 가서 돌아오지 않을 거라서 저희 선교지부에는 간호사가 없게 될 예정이죠. 그녀는 단 1회기만 나와 있었는데, 너무 낙담한데다 향수병에 걸려서 돌아가는 거예요. 훌륭한 간호사인데 그녀를 포기해야 해서 너무 슬프답니다. 그녀는 조선인들뿐 아니라 외국인들에게도 큰 도움이 되고 있거든요.

지난번 편지를 쓴 이후로 저희 쪽도 날씨가 나빴는데 오늘은 매우 따뜻하고 봄같은 느낌이 들어서 더 좋아졌으면 하고 바라게 되네요.

이제 운동하러 가야겠어요. 요즘은 운동을 짧게 해야 하는데도 계속 하게 되네요. 그러다 보면 빌리가 올 시간이 되겠죠? 여기서 그만 접을 게요. 하지만 늘 두 분을 많이 많이 많이 사랑해요.

　　　　마음을 담아,
　　　　　키티

언니, 이건 휘트 숙부님의 편지야. (빌리의 어머니의 오빠) 그는 중국에서 30년 동안 유명한 선교사이셨어. 이렇게 깜찍한 편지를 쓰시네? 이 편지는 지난 우편물로 온 건데 언니도 이 편지를 읽으면 즐거울 것 같아. [편지는 유실됨] 그분의 연세는 대략 80세 정도야.

내가 미아 Mia 에게 린넨을 약간 보내달라는 편지를 썼거든. 미아가 크리스마스 선물로 보내줬던 것하고 비슷한 거야. 만약 언니한테 편지가 오면 그 수표에서 지불해 줘. 하지만 편지를 쓸 것 같지는 않아.

일곱째 묶음

딸 캐스린을 가슴에 묻고

3월 12일 금요일 아침
9시 30분 정각

사랑하는 엄마:

다시 저예요. 빌리가 말하길, 이 아기가 훌륭한 장로교인이라서 때가 되기 전에는 나오지 않을 거래요. 그래서 저도 같은 결론을 내리고 19일까지는 기대하지 않을 작정이에요. 엄마 아시죠? 제가 늘 거의 정확히 제시간까지 있고 싶어 하고 시간을 지키려고 하는 잘못을 했었잖아요.

하지만 19일이 오면 얼마나 기쁠까요? 제가 불평을 하는 건 아니에요. 저는 참아야 하는 건 뭐든 참을 수 있거든요. 다만 이 계속되는 불면의 밤들 때문에 예민해져서 과업이 끝날 즈음에는 아마 제가 100살 정도 되어 보일 것 같아요. 저의 가려움증이 (두드러기) 좋아지지 않고 나빠졌어요. 빌리 말로는, 상태가 좋아질 만큼 충분히 오래 동안 오렌지를 멀리 했기 때문에 원인이 오렌지일 리는 없대요. 지금은 "활력 넘치는 아기 빌리"와 두드러기 상황, 그리고 언급할 수 없는 다른 몇 가지 복잡한 문제들로 밤에도 낮에도 쉴 수가 없어요. 그래도 제게는 감사할 것들이 많이 있어요. 그건 그저 불편한 문제들일 뿐이지 심각한 건 아니니까요. 아시다시피 어제 제 진통은 가짜였어요.

엄마의 다정한 편지가 몇 분 전에 도착했네요. 2월 12일에 시작해서

2월 15일에 마치셨군요. 엄마는 왜 그 좋은 먹을 것들에 대해 말씀하셔서 저희를 배고프게 만드시는 거예요? 제가 빌리에게 말했어요. 다음에는 길로 내려가서 우체부를 꼭 만나야 한다고요. 그리고 다음 번 엄마의 편지에 맛있는 "소세지, 갈비, 우유, 과일" 이상의 내용이 들어 있는지 확인하고, 만약 들어 있으면 저는 편지 읽는 걸 거부하겠어요. 한 번이라도 그 맛을 볼 수만 있다면 저는 태평양을 수영할 수도 있을 것 같거든요.

이번에는 엄마의 편지와 아기 사진들이 저희가 받은 우편물 전부였어요. 사진들이 너무 마음에 들어요. 정말 감사해요. 사진들을 액자에 넣으면 무척 예쁘겠죠? 아마 케이크는 하루나 이틀 후에 올 것 같아요. 그러면 "그녀가 누구이든" 양에게 편지를 쏠 거예요. 이름을 잊어버렸어요. 엄마는 그녀가 "양"인지 "부인"인지 말씀하시지 않았고, 그냥 메리 Mary 누구라고만 하셨거든요. 그러니까 저는 "~께"만 쓰고 헬렌에게 이름을 써넣게 해야죠. 헬렌의 글씨체가 제 것과 비슷하거든요. 그런 걸 보내주다니 정말 다정한 사람이에요.

엄마가 아기 옷을 가지고 너무 열심히 일하시는 것 같아 걱정이에요. 제발 지치도록 일하지 마세요. 여러분 모두가 저희를 위해 그렇게 많은 걸 해주시다니요. 모두들 정말 따뜻하시군요. 저희가 이 세상에서 그걸 어떻게 갚을지 모르겠지만 언젠가는 분명히 갚기 위해 노력할 거예요. 언니 편지를 읽어 보니 헬렌이 그 드레스 중 두 개를 만들었다는 느낌이 드는 걸요? 저의 가족에게 복을 내리소서. 제가 어제 썼지만, 다른 하나가 그 유실된 상자 안에 들어있지 않았으면 좋겠어요. 우리가 그걸 추적할 수 없다면 그건 심하게 부끄러운 일 아니겠어요?

여기서 그만 해야겠어요. 그리고 병원에 갈 때까지 이 편지를 "하루 하루의 분량"으로 쏠 거예요.

사랑이 키티를 조선에 부르다

많이 사랑해요.
키티

❦

1926년 3월 14일 일요일

소중한 여러분,
　병원에서 밤을 보내고 있어요.

여러분을 사랑해요. 사랑해요. 사랑해요.

❦

남장로교 선교부
조선 목포

1926년 3월 22일

사랑하는 어머니,
　3월 16일 화요일 오후 1시 20분에 캐스린 뉴먼 길머 Kathryn Newman Gilmer
가 태어났습니다. 예정일보다 단 3일 앞섰고, 몸무게는 정확히 3.6킬로
그램, 모든 면에서 완벽한 아기입니다. 키티는 아기가 어머니를 닮았다
고 합니다. 저희는 더할 나위 없이 자랑스럽고 행복할 뿐입니다. 하나
님께서는 저희에게 너무 좋으십니다. 둘 다 건강합니다.
　지금은 병원 일이 너무 많아서 쉴 수 있는 시간이 전혀 없습니다. 심

지어 제 아기를 보는 시간조차 내기가 힘듭니다.

많이 사랑합니다. 키티가 어머니께 더 재미있는 자세한 내용을 보내 드릴 거예요.

마음을 담아 아들 빌리

웨스턴 유니언 텔레그램
버지니아 드레이퍼 오전 8시 30분

1926년 3월 27일

뉴먼 부인 Mrs. C. S. Newman 께

미시시피 볼드윈

키티가 죽었다는 윌리엄의 전신이 왔습니다. 하나님은 우리의 피난

사랑이 키티를 조선에 부르다

처이십니다.

지오 P. 길머 Geo P. Gilmer 드림

남장로교 선교부
조선 목포

1926년 3월 27일

사랑하는 엄마,

저희에게 때로는 하나님의 방법을 이해하기 힘든 때가 있어요. 하지만 하나님의 지혜가 무한하시다는 걸 우리는 알고 있죠. 아직 두 시간도 지나지 않았어요. 하나님께서 아주 갑자기 우리가 사랑하는 키티를 하나님께로 불러들이는 게 좋겠다고 결정하셨네요. 제가 전보를 보냈지만, 그건 엄마에게 만큼이나 제게도 갑작스러웠어요. 키티는 분명히 괜찮은 상태로 잘 어울렸고, 식사를 하고 있었고, 아기가 태어난 후 11일이 지났죠. 그 시점에서 혈전이 만들어져서 키티의 뇌에 꽂혔어요. 키티는 거의 즉사했습니다.

제가 얼마나 키티를 사랑하는지. 다시는 키티와 절대 헤어지지 않고 함께 있을 수 있는 시간을 어떻게 기다릴지. 그건 복된 생각이지요. 저희는 무척 행복했고 저희 사이에 어려운 문제도 없었고, 지금까지 항상 가장 행복한 결혼이라고 느껴왔어요. 저희 전 생애의 행복은 저희가 함께 살았던 21개월에 집중되어 있습니다. 이건 저희에게 견디기 힘든 일이에요, 그렇죠? 그러나 하나님의 은혜가 족합니다.

사랑하는 엄마, 그 은혜 아래서 잘 견디시고 저를 계속 사랑해주세요. 제발 그렇게 해주세요. 그렇게 하신다고 편지 써주시고 말씀해주세요.

마음을 다해 엄마의 아들 빌리

**남장로교 선교부
조선 목포**

1926년 3월 27일

친애하는 뉴먼 부인,

길머 박사가 오늘 부인께 편지를 썼다고 말하더군요. 부인의 귀한 딸이 오늘 1시 20분 정각에 세상을 떠났습니다. 저희는 키티가 없어 쓸쓸하고, 키티의 죽음으로 인해 너무나 슬픕니다. 키티는 생기로 가득 차 있었고, 그래서 많이 사랑 받았습니다. 그녀가 가버렸다는 것을 깨닫는 것이 저희에게는 너무 힘듭니다.

키티가 거의 고통을 받지 않았다는 걸 알게 되어 위로가 됩니다. 길머 박사는 저와 함께 식사를 하고 있어요. 정오에 그가 오기 바로 직전 키티의 다리에 통증이 좀 있었지요. 그가 키티의 혈압과 체온을 쟀는데 정상이었습니다. 하지만 그는 재빨리 식사를 마치고 서둘러서 그녀에게 돌아갔고, 그녀가 의식이 없는 걸 발견했습니다. 그리고 몇 분 후에 그녀가 죽었습니다. 분명히 혈전이 키티의 머리로 들어갔습니다. 맥켈리가 어제 키티를 봤는데 그녀가 얼마나 건강해 보이는지에 대해 말했었거든요. 아기 캐스린은 너무 귀하고 예쁩니다. 아기도 건강하다고 들었지요.

사랑이 키티를 조선에 부르다

키티는 가능한 모든 보살핌을 받았고, 병원에 있었어요. 베인 양이 모든 주의를 그녀에게 집중했고, 길머 박사는 특별한 능력을 지닌 의사입니다. 그건 어떻게 해볼 수 없는 그 무엇이었습니다. 하나님께서 키티를 데려가신 겁니다. 하나님은 그녀에 대한 준비가 되셨고 그녀는 갈 준비가 되어 있었어요.

뉴먼 부인, 부인께서 키티의 집에서 그녀를 볼 수 있었다면 얼마나 좋을까요? 키티는 너무 사랑스러운 살림꾼이었어요. 남편에게 헌신했고, 또한 남편의 관심과 편안함을 위해 헌신했어요. 키티의 행복하고 다정한 기질 때문에 저희 모두는 그녀를 사랑했습니다.

키티는 자신의 집을 아름다운 상태로 유지했기 때문에 그곳은 항상 길머에게 쉴만한 곳이었어요. 또한 키티는 자신을 아름다운 상태로 유지했고 항상 그와 함께 산책을 나갈 준비가 되어 있었죠. 키티는 진심으로 자신의 남편을 사랑했고 그를 도울 수 있는 것이라면 모든 것을 하고 싶어 했습니다. 그의 일은 매우 힘들고 어렵지만 그녀가 그를 위해 행복한 집을 만들었기 때문에 그는 많은 것을 이룰 수 있었습니다. 저희는 길머 박사에게 마음이 많이 쓰입니다. 그가 키티를 너무 사랑했고 그의 편안함을 위해 그녀가 했던 모든 것에 대해 감사했기 때문입니다. 그는 키티를 매우 행복하게 해줬습니다.

길머 박사가 오늘 말하길 틀림없이 자신들이 너무 행복했답니다.

뉴먼 부인, 저희는 또한 모든 면에서 사랑스러운 여성이었고 부인께도 헌신적이었던 따님을 잃으신 부인께도 마음이 많이 쓰입니다. 키티는 매우 자주 부인에 대해 애정을 담아, 감사하며 이야기했습니다.

저희는 키티에게 결혼식 옷을 입혔습니다. 그녀의 예쁜 하얀색 사틴 드레스가 너무 잘 어울렸거든요. 저는 키티를 매일의 의무를 성실하게, 그리고 잘 해냈던 사람으로 기억합니다. 저는 친구를 잃었습니다.

연민과 사랑을 담아,

　애정을 담아,

(H. D.) 에밀리 코델 맥켈리 부인 Mrs. H. D. Emily Cordell McCallie

추신: 길머 박사가 키티를 떠나 저의 집으로 식사를 하러 올 때 키티는 분명 상태가 좋았습니다. 식사를 할 수도 있었지요. 그런데 그녀의 다리에 약간의 문제가 있었기 때문에 그는 짧게 식사를 하고 즉시 그녀에게로 돌아갔습니다. 변화는 매우 갑작스러웠고 예기치 못한 것이었습니다. 저희 집과 병원은 거리가 매우 가깝습니다. 그가 안으로 들어갈 때 베인 양이 소리를 지르고 있었어요. "선생님을 부르세요." 길머 박사는 키티가 얼마나 건강한지를 저희에게 날마다 말했습니다. 저희가 그녀가 잘 지낸다는 말에 기뻐했고 수일 내로 그녀의 집에서 그녀를 다시 보리라고 기대했습니다.

버지니아 드레이퍼

1926년 3월 27일

친애하는 뉴먼 부인:

어제 저 먼 곳 조선에서 날아 온 그 짧은 소식으로 인해 저희가 얼마나 망가졌는지 부인께 조금이라도 전할 수 있을지 모르겠습니다. 첫 번째 전신을 받고 모든 것이 잘되기를 바랐고 그렇게 될 것이라고 생각했습니다. 마른 하늘에 날벼락이 떨어졌습니다. 뭔가 자세한 걸 알기 전까지 3주는 기다려야 하겠지요.

사랑이 키티를 조선에 부르다

키티의 마지막 편지를 생각해보면, 키티는 다이어트 중이라고 했습니다. 그리고서 두드러기로 고통을 받고 있었기 때문에 키티의 문제는 분명 요독이었을 겁니다. 게다가 지난 겨울에 겪었던 독감 때문에 키티가 약해져 있었고, 그것이 건강하지 못한 기후와 합쳐져서 이 모든 것들이 키티를 공격한 겁니다.

오, 사랑하는 뉴먼 부인, 저희가 키티를 얼마나 사랑했는지, 처음부터 얼마나 사랑했는지, 날마다 그 사랑이 얼마나 커졌는지 모르실 겁니다. 모든 빛나는 편지와 그 속의 언어들을 통해 키티는 자신의 아름다운 성품을 드러냈고, 편지를 쓰는 것에도 얼마나 성실했는지 모릅니다. 제 남편 길머는 지난밤, 그 뺨에 눈물을 줄줄 흘리면서 말했습니다. "내가 키티를 얼마나 사랑했는지, 한 번도 본 적이 없는 사람을 그렇게 사랑할 수 있을지 몰랐어요." 저희 모두도 그렇게 느낍니다. 저희의 모든 이웃들도 동요했고 이런 충격은 생전 처음입니다.

어머니, 형제, 자매들, 여러분 모두의 슬픔이 얼마나 깊을지! 저는 여러분에 대해 많이 생각하고 있습니다. 그리고 그 불쌍한 아들! 빌리가 그 일을 어떻게 견딜 수 있을까요? 세상에! 빌리는 키티로 인해 너무 행복하고 키티를 자랑스러워했습니다. 빌리에게 날아가서 제 품에 안고 어린 아이였을 때처럼 위로할 수 있다면 얼마나 좋을까요! 빌리는 "내 은혜가 이 모든 것에 족하다"라는 하나님 아버지의 약속을 품고 있습니다. -- '족하다'이지 '족할 것이다'가 아닙니다.

그리고 그 어린 아기! 만약 하나님께서 아기의 생명을 구해주신다면, 윌리엄에게 편지를 썼습니다만, 아기가 여행을 견딜 수 있을 만큼 강해지는 대로 베인 양과 윌리엄이 함께 아기를 데리고 저희에게 데려오라고 했습니다. 아기는 그런 건강하지 못한 기후에 있어서는 안됩니다. 물론 부인께서 우선권을 갖고 계시지만 아기를 저와 함께 공유하셨으면 합니다. 그렇게 안될까요? 파크는 자신이 아기를 기르고 있고 젖도 충분하기 때문에 아기를 원하고 있습니다. 저희는 산중에 있고, 시골이라 신선한 공기, 순수한 물이 있고, 저희가 다정한 사랑과 돌봄을 아끼지 않을 것이기 때문에 아기를 강하고 건강한 아이로 키워줄 겁니다. 하지만 저희가 상황을 더 많이 알게 될 때까지 그저 기다려야겠지요.

장거리 전화 통화가 만족스럽지 못해 많이 아쉽습니다. 남편 길머는 사돈의 말씀을 잘 알아들을 수가 없었습니다. 제 생각에 사돈께서도 남편의 말을 잘 알아듣지 못했을 거라고 생각합니다.

키티가 하늘의 집으로 돌아간 일에 대해 자세한 소식을 받게 되면 편지 드리겠습니다. 그리고 부인께서도 들으시는 소식을 저희에게 알게 해주시면 대단히 감사하겠습니다. 뭐라도 부인과 나머지 가족들을 위로할 수 있는 말씀을 드릴 수 있다면 좋으련만. 하지만 부인께서는 유일한 위로자를 알고 계시고 저희가 할 수 있는 모든 것은 하나님 앞에 가는 것이지요. 저는 그렇게 무력하다고 느껴본 적이 없습니다. 제가 할 수 있는 게 뭐라도 있다면 견뎌내는 것이 이리도 힘들지는 않을 겁니다. 사랑하는 아들을 위해 기도하고 있습니다. 이 충격이 윌리엄을 망가뜨릴까 봐 걱정입니다.

이 편지로 가족들께 사랑을 전하고, 슬픔을 함께 나눕니다.

메기 P. 길머 Maggie P. Gilmer

1926년 3월 27일 일요일

세상에, 어쩌면……. 사랑하는 키티가 죽었다니요. 어떻게, 어떻게 그런 일이 있을 수가 있나요……. 그 어린 것이 살아남아서 키티를 닮기 바랍니다. 키티같은 사람이 있었을까요? 키티는 알기만 하면 사랑하게 되는 그런 사람이었습니다. 모든 사람이 사랑하게 되는 그런 사람이었습니다. 키티는 "너무 사랑스러웠습니다." 부인과 키티의 형제, 자매로 인해 마음이 아픕니다. 키티와 길머와 그의 아기가 부인께 돌아올 때를 고대하고 있었다는 걸 압니다. 그리고 그때가 오기를 얼마나 간절히 원했을지도 압니다. 그리고 지금은, 사랑하는 사람들을 포기하는 것이 얼마나 힘든지요! 뉴먼 부인, "그 뜻이 이루어지이다"라고 말하는 것은 힘든 것 같습니다. 힘들지요. 하지만 부인은 그분의 뜻에 반대하는 분은 아니시라는 것도 압니다.

키티는 부인께로부터 아름다움과 사랑스러운 성품을 물려받았을 것이라고 생각합니다. 키티는 부인을 정말 많이 사랑했습니다. 키티가 저에게 약혼에 대해 말했을 때가 생각납니다. "오, 키티, 나는 무척 기뻐요"라고 말했더니 대답하더군요. "네, 하지만 불쌍한 제 어머니를 생각하면……." 키티는 그렇게 다정하고 사랑스러웠습니다. 이제 그곳 선교사들에게 목포는 절대 예전의 목포와 똑같지 않습니다. 그들의 슬픔은 저희의 슬픔입니다. 분명 불이 꺼져버린 것 같을 겁니다. 그들의 마음은 무겁고 부인을 위해 슬퍼하고 부인으로 인해 슬퍼할 것이 분명합니다. 그들은 키티를 사랑했으니까요.

뉴먼 부인, 저에게 전보를 보내주신 점 감사드리고 싶습니다. 키티가 제게 얼마나 귀한 사람이었는지 부인께서 아신다니 기쁩니다. 제가 부인 가까이 있을 수 있다면 얼마나 좋을까요? 부인으로 인해 제 마음이 아픕니다. 소식을 다시 들으시게 되면 편지해 주십시오. 저도 제 동생으로부터 소식을 들으면 편지 드리겠습니다. 부인과 키티가 사랑했던 모든 분들께 사랑을 가득 담아 전합니다.

당신의 친구,

레오나 코델Leona Cordell

[맥켈리 부인(케이트는 그녀의 아이들을 가르쳤다)의 언니인 "코델 양"은 조선으로의 여행을 케이트와 함께 했고, 케이트의 들러리였다.]

미국 장로교회
조선 선교부
조선 목포

1926년 3월 27일

친애하는 뉴먼 부인께,

이 편지가 부인께 도착하기까지는 몇 주가 걸릴 거라고 생각합니다. 우리의 귀한 키티가 하늘로 돌아갔다는 소식을 전보로 들으셨겠지요. 키티의 죽음은 진심으로 제게 가장 커다란 충격이었습니다. 저희는 그녀가 가버렸다는 것을 인정하기가 힘듭니다. 저희들 서로가 또 이야기하고 또 이야기하는 것이 바로 그겁니다.

저희는 매일 그녀와 아기가 건강히 지내고 있다고 들었습니다. 지금은 토요일 밤이고 키티는 오늘 한 시와 두 시 사이에 숨을 거뒀습니다.

사랑이 키티를 조선에 부르다

오늘 식사를 할 때만 해도 저는 키티에 대해 행복한 생각을 했고, 길머 박사가 말하길 2주가 지날 즈음에는 키티가 집으로 올 거라고 말했었기 때문에 이제 그녀가 조만간 집으로 오겠구나 하는 생각을 하고 있었습니다.

맥머피 양Miss McMurphy 이 병원에서 오더니 그 슬픈 소식을 저희 모두에게 전했습니다. 저는 당장에 맥켈리 부인을 데리러 갔습니다. 그녀는 무척 다정하고 훌륭한 사람인데다, 저 혼자서 병원으로 갈 수가 없다고 느꼈기 때문입니다. 아주 잠시 후 박사가 와서 정오만 해도 본인이 키티의 체온과 혈압을 쟀으면 완전히 정상이었다고 말해주었습니다. 발병 당시 키티는 식사를 하고 있었고, 박사는 맥켈리 부인의 집으로 식사를 하러 갔습니다. 아주 짧은 시간 동안 갔었음에도 불구하고 그가 돌아왔을 때 키티는 의식이 없었습니다.

가여운 빌리! 그는 분명 한 여성이 가질 수 있는 최고의 남편이었고, 키티에게 완전히 헌신했습니다. 그는 키티에게 문제가 생기는 것을 막기 위해서 할 수 있는 모든 일을 다 했습니다. 그 일은 인간적인 약점과 무지함 가운데 있는 저희들로서는 설명할 수 없다고 생각되는 그런 경우 중 하나입니다. 그저 저희가 할 수 있는 말은 키티가 떠난 것은 주님의 뜻이었다는 것입니다.

저희들에게는 참으로 이상한 섭리인 것 같습니다. 키티는 무척 행복했고 살아야 할 이유가 정말 많이 있었습니다. 박사는 그저 본인들이 너무 행복했던 것 같다고 말할 뿐입니다. 그가 오늘 말하더군요. 그녀는 그가 살면서 만났던 가장 사랑스러운 여성이었고 2년의 결혼 생활 동안 둘 사이에는 어려운 문제가 전혀 없었답니다.

니스벳 부인은 키티의 옷이 어디 있는지 바로 알았고, 모든 물건을 어디서 찾아야 할지도 바로 알게 되었습니다. 베인 양과 맥켈리 부인은 장례를 위해 그녀에게 웨딩드레스를 입혔습니다.

니스벳 부인은 아기를 자신의 집으로 데려갔고, 키티가 원하는 만큼 항상 세심하고 조심스럽게 아기를 데리고 있을 겁니다. 오늘밤 니스벳 부인이 아기를 먹인 후에 제가 거기 있었는데, 캐스린은 부인께서 원하시는 대로 고요하고 평화롭게 자고 있었습니다. 박사는 한 달 남짓 지난 후 베인 양이 아기를 미국으로 데려다주기를 원한다고 말합니다만, 물론 저희는 아직 잘 모릅니다.

키티는 매우 정기적으로 운동을 했고, 박사가 조언하는 모든 것을 공들여 실천했습니다. 그들은 둘 다 그녀의 안전한 출산과 신속한 회복을 지켜내기 위해 할 수 있는 모든 것을 했습니다.

키티는 그녀의 집을 완벽한 상태로 정리해 두었습니다. 그렇게 느끼는 것이 어리석다는 걸 알고 있지만 그래도 모든 걸 완벽하게 정리해 두고 싶다고, 병원으로 가기 바로 얼마 전 키티가 제게 말했습니다. 그녀는 마지막까지 유포로 된 오찬 세트를 사용했으니까 그녀의 린넨은 전부가 정리되어 있겠지요.

뉴먼 부인, 키티는 분명 전 생애를 사는 동안 부인께 자랑거리였습니다. 그리고 그녀가 그리스도인의 삶을 살았다는 것과 그녀가 지금보다 훨씬 더 좋은 세상으로 갔다는 걸 아신다면 큰 위로가 될 것입니다.

예배는 바로 그녀의 집에서부터 예정되어 있는데 그녀는 집을 너무 매력적으로 만들었습니다. 그녀는 이상적인 남편에게 이상적인 아내였습니다. 제가 전에 부인께 편지할 때도 그랬지만 저는 여전히 길머 박사와 그의 탁월한 성품을 생각합니다. 저는 그가 항상 키티를 사랑으로 돌볼 것이라고 예언했는데, 변한 것은 세월이 흐른 것밖에 없습니다. 박사는 그리스도인다운 멋진 견고함을 보여주고 있습니다. 그가 이렇게 말했습니다. "하나님께서 가장 잘 아십니다. 저는 키티를 다시 만날 겁니다!"

뉴먼 부인, 이런 힘든 시기에 신실한 그리스도인의 위로가 있으니 다행입니다. 우리의 하나님께서는 실수하지 않으심을 우리가 알지 않습니까?

"키티의 어머니"에 대한 사랑을 마음 가득 담아, 그리고 저희가 길머 박사와 아기를 위해 할 수 있는 모든 것을 할 것임을 약속드립니다.

크리스틴 머피 Christine M. Murphy 드림

[머피 부인은 케이트가 좋아했던 친구이자 이웃이었다. 그들은 서로 살림에 대한 정보와 고통을 공유했고, 함께 잼을 만들었다. 또한 케이트는 무척 즐겨하는 크림을 선교지부에 있었던 유일한 소인 머피 가족의 "미국" 소로부터 받았다. 그녀의 남편 머피 목사 Rev. T.D. Murphy 는 그들의 결혼식을 주관했다.]

🌿

버지니아 린치버그
보스턴 가 304

1926년 3월 29일

친애하는 뉴먼 부인께,

슬픔 가운데서 제 마음이 부인을 향합니다. 저는 부인을 생각하며 부인과 키티가 사랑했던 모든 분들을 위해 기도하고 있습니다. 제 마음이 부인으로 인해 아픕니다. 너무나 큰 충격이었고, 저는 아직도 그 일을 인정할 수 없을 것 같습니다. 사실일 리가 없습니다. 그녀는 너무 젊었고 매력적이었고, 정말 사랑받았고, 살아야 할 이유가 참으로 많았습니다. 그녀와 빌리는 함께 무척 행복했습니다. 그들의 서로를 향한 사

랑은 무척 아름다웠고, 이제는 그들의 사랑이 이 어린 딸로 인해 더 강
해졌을 때였습니다. 저희는 왜 하나님께서 그녀를 데려가셨는지 궁금
해 하지 않을 수 없습니다. 분명 하나님께서는 키티를 위해 더 위대하
고 더 광대한 일터를 가지고 계심에 틀림없습니다. 저희는 로마서 8장
28절이 맞다고 믿습니다.* 저희가 지금은 눈물 때문에 그것을 이해할
수도 볼 수도 없지만, 언젠가는 왜 그분께서 저희가 사랑하는 사람을
데려가셨는지 알게 될 것입니다. 오늘 그래함과 토마스는 어머니 댁에
가 있습니다. 그들 모두 몸을 가누지 못하고 있습니다. 그들은 부모님께
서 월리엄에게 갈 수는 없는지 궁금해 하십니다. 그저 저는 월리엄의
마음이 찢어졌다는 것, 그리고 거기서 어린 아기와 함께 외로움 가운데
있는 월리엄에게 두 분이 큰 위로가 될 것이라는 것만 알 뿐입니다. 저
희는 월리엄에게 아기가 남아있기를 기도하고 있습니다. 아기는 그에
게 큰 위로가 될 것입니다. 저희 모두에게도 마찬가지입니다. 저희는
키티를 본 적이 없지만 여전히 그녀를 많이 많이 사랑합니다. 그녀의
편지는 무척 매력적이었고, 밝고, 행복했습니다. 늘 즐거움과 활력으로
가득했답니다. 아기가 태어날 것을 기대하며 얼마나 행복했는지요. 부
인의 마음이 얼마나 고통스러울지! 그 상황을 견딜 수 있도록 도울 수
있다면! 하지만 하나님 한 분만이 그 일을 하실 수 있습니다. 하나님께
서 부인을 강하게 하시고 위로하시길, 그리고 "모든 이해를 넘어서는
평화"를 부인께 허락하시길 바랍니다.

　　분명 키티는 행복합니다. 그 어느 때보다 행복할 겁니다. 그녀는 저
희들 사이의 또하나의 연결 고리입니다. 또한 그녀가 저 위의 집, 천국

---

* "우리가 알거니와 하나님을 사랑하는 자 곧 그의 뜻대로 부르심을 입은 자들에게는 모든 것
　이 합력하여 선을 이루느니라."

454

사랑이 키티를 조선에 부르다

그곳에서 사랑하는 사람들이 오기를 기다리고 바라보고 있기 때문에 그곳이 이제 더욱 귀하고 귀합니다.

조선으로부터 소식을 들으시거든 저희에게도 알려주십시오. 간절히 편지를 기다립니다. 하나님께서 부인께 복주시고, 지켜주시고, 위로하시길 기도합니다.

깊은 연민과 사랑을 담아,

레나 길머 Lena R. Gilmer 드림

남장로교 선교부
조선 목포

1926년 3월 30일

사랑하는 어머니, 아버지,

두 분의 전보가 큰 도움이 되었습니다. 진정 하나님은 피난처이십니다. 이번에는 많이 쓸 수가 없습니다. 이 시험은 견디기가 무척 힘이 들지만 하나님의 목적의 일부이고, 왜 시험을 보내셨는지 그 이유를 제게 드러내셨습니다. 하나님은 제게 참으로 좋은 분이시고, 키티가 고통 없이, 의학적인 관점에서 볼 때 도저히 막을 수 없는 상황에서 갔다는 것이 너무 감사합니다. 키티는 아기가 태어난 후 11일 동안 분명 완벽하게 정상적인 코스를 밟았고, 뇌의 혈전으로 인해 거의 즉사했습니다.

키티는 이 세상을 살았던 가장 사랑스러운 여자였고, 저희는 함께 무척 행복했습니다. 두 분도 그 모든 것을 알고 계시겠지요. 또한 그때가 올 것이고, 저희 모두가 함께 있어 절대로 갈라지지 않을 그때가 멀지 않다는 것도 아실 것입니다. 그 복된 진리가 저를 지탱해줍니다.

저희가 그 약속의 때를 기다리는 동안, 하나님께서는 저희들에게 그분을 증언하는 일을 계속해서 다른 사람들로 하여금 앞에 이르도록 하라고 말씀하셨습니다. 제 아기를 데리고 두 분께 간다면 얼마나 좋을까요? 그렇지만 성령님의 이끄심은 아무래도 최소한 당분간은 이곳에서 사역 가운데 머물러야 한다고 하시는 것 같습니다. 물론 요즘 조선의 상황이 가망이 없어 보임에도 불구하고 그렇습니다.

아기는 지금까지 건강하게 지내고 있습니다만, 어쨌든 아기가 살아남는다면 베인 양이 저를 대신해서 집으로 데려다 줄 겁니다. 그녀는 거의 확정적으로 5월 16일 고베에서 프레지던트 테프트 호를 타고 항해하게 될 것 같습니다. (변화가 있게 되면 알려드리겠습니다. 그러니 제게서 소식을 듣지 않으실 경우 이대로 움직여주세요.) 프레지던트 테프트 호는 6월 2일에 샌프란시스코에 도착할 예정입니다.

아버지, 여행을 감당하실 정도로 건강하시다면 그곳에서 그들을 맞아 주세요. 그렇지 않다면 그래함에게 그리 하도록 해주세요. 그 일은 교회 사역이니 아버지의 목회자 표를 사용하실 수 있습니다. 베인 양이 아기를 돌보는 것에 대해서는 모두 알겠지만, 그래도 홀로 대륙을 횡단해서 여행을 하는 건 무척 어려울 것입니다.

모든 경비는 저에게 청구하세요. 아버지와 베인 양 두 분 모두 샌프란시스코의 라모나 호텔에 예약하기 전에 저에게 전보를 치시거나 편지를 써주세요. 혹시 아버지께서 배에서 그녀를 놓칠 경우 베인 양이 그쪽으로 가도록 하겠습니다. 배가 부두에 닿을 때 가능하면 거기 계셔주세요. 그래야만 베인 양이 아기를 데리고 호텔로 가고 아버지는 짐을 세관에서 꺼내실 수 있으니까요. 이 배들은 종종 예정보다 12시간에서 18시간 정도 빨리 도착하기도 합니다.

어머니와 엄마를 위해 저희 러그들을 보내드릴까 합니다. 아마도 관세로 128달러 정도가 필요하겠지만, 중고이기 때문에 적게 내거나 아니면 무관세로 통과해야 합니다. 만약 왕복여행을 계획하신다면, 남쪽으로 너무 치우친 경로는 뜨거우니 고르지 마세요.

만약 아기가 살아남게 된다면 에메트 박사 Dr. Emmett 에게 소아과 의사를 구해달라고 부탁하고, 아기가 그곳에 도착하게 되면 그 의사로 하여금 아기의 식단에 대해 조치를 취하게 하겠습니다. 저는 내년 여름에 (1927년) 두 세 달 동안 집으로 가있을 예정입니다. 어떻게 하는 것이 최선일지 그때 결정하겠습니다. 어머니와 아버지께서 저와 함께 돌아와 이번 임기의 남은 기간 동안 조선에 머무시는 것이 방법이 될 수도 있겠지요. 이번 임기 후에는 조선으로 복귀하지 않을 가능성도 꽤 있습니다.

외롭지만 위로 가운데 있는 두 분의 아들이 세상의 모든 사랑을 담아,
빌리 올림

아기는 더할 나위 없이 사랑스럽습니다. 어머니, 키티는 아기가 어머니를 닮았다고 생각했습니다.

남장로교 선교부
조선 목포

1926년 3월 30일

사랑하는 엄마, 누님, 헬렌, 그리고 클리포드,

　여러분의 전보가 큰 도움이 되었습니다. 저는 엄마에게 계속해서 저를 사랑해주시라고 편지를 썼고, 엄마는 여러분이 그렇게 했다는 것을 전보로 알려 주셨습니다.

　제가 겪는 이런 고통을 사람이 겪을 수도 있다는 걸 저는 몰랐습니다. 회환은 없습니다. 키티는 아기가 태어난 후 11일 동안 분명 완벽하게 정상적인 코스를 밟았고, 뇌의 혈전으로 인해 거의 즉사했습니다. 그 일은 하나님께로부터 온 직접적인 부르심이었음에 의심의 여지가 없어 보입니다. 그리고 의학적인 관점에서 볼 때 피할 수 없는 일이었음을 아는 것이 큰 도움이 되었습니다.

　저는 전에 그녀를 얼마나 사랑하는지 말씀드리려 노력했습니다. 저희는 더할 나위 없는 행복한 결혼 생활을 했고, 22개월 중에서 48시간 동안 떨어져본 적이 없습니다. 6시간 떨어져 있는 경우도 별로 없었습니다. 저희가 얼마나 행복했는지요! 하나님의 말씀 가운데서 계시된 진리로 인해 하나님을 찬양합니다. 저희는 머지않아 다시 함께할 것이고

사랑이 키티를 조선에 부르다

영원토록 다시는 헤어지지 않을 것입니다. 제 심장이 있고 또한 있었다고 믿도록 가르침을 받은 곳에서 겪는 이 극심한 고통을, 저는 이 진리로 인해 견디게 됩니다.

더 이상 무슨 말씀을 드릴 수 있겠습니까? 말씀드릴 수 있다면 그렇게 하겠습니다. 세상에 살았던 가장 사랑스러운 여인의 어머니와 자매와 형제들에 대해 저는 여러분께서 상상할 수 있는 것 이상의 많은 외로움과 슬픔과 연민을 느낍니다. 그러나 하나님께서 제게 주신 약속, 저희가 곧 함께하게 되고 다시는 헤어지지 않을 것이라는 그 복된 약속 가운데서 더한 기쁨을 느낍니다.

마음을 담아,

빌리 드림

남장로교 선교부

조선 광주

1926년 3월 30일

친애하는 뉴먼 부인께:

어제 하루 종일 저는 멀리 계시는 부인을 생각했습니다. 부인의 귀한 따님의 죽음 뒤에 남겨진 모든 이들에게 사랑의 위로가 전해졌는데, 그것을 부인께서 보실 수 있다면 얼마나 좋을까요?

이곳에서의 장례식은 참으로 훌륭했습니다. 시신은 방부 처리되지 않았고, 관은 저희가 구할 수 있는 가장 좋을 목재로 만들었습니다. 실크로 안을 댔는데, 그 일을 하고 싶어 하는 사람들과 그 예쁜 관에서 쉬기 위해 눕혀질 사랑스러운 여인을 마음 다해 사랑했던 사람들이 그 실크를 통과하는 모든 시침과 바늘땀을 만들어냈습니다. 관은 틀로 짜인 긴 장대 위에 올려졌고, 하얀색 천을 씌워 일꾼들이 어깨 위에 얹어 운반했습니다. 교회 사람들은 참으로 헌신적이었습니다. 탁월한 구성원들이 간소한 관 옆에서 나란히 걸었고, 그 딱딱한 곳을 덮고 있는 무거운 것들을 옮겨 주었습니다. 그 일은 저희 모두에게 경이로웠고 참으로 격려가 되었습니다.

키티는 바다가 보이는 언덕 한쪽에서 매장되었습니다. 상상 이상으로 훨씬 멋진 곳입니다. 저희는 저희들 집 주변에서 자라는 꽃만 가지고 있었습니다만, 수많은 친구들이 꽃다발과 리스와 초록색의 토종 관목 십자가를 만들었고, 제비꽃과 노랑수선화로 그것들을 묶었습니다. 얼마나 사랑스러웠는지 모릅니다. 순천의 코잇 부인 Mrs. Coit 은 나리꽃과 제비꽃으로 예쁜 꽃다발을 만들었습니다. 어떤 친구들은 양치식물을 떼어내서 리스를 만들었습니다.

조선인들은 가장 화려한 색깔의 종이꽃들로 만든 수많은 리스를 (약 60센티미터 높이의) 보내왔습니다. 이것은 조의를 나타내는 그들만의 방식이었고, 저희는 이런 선물을 매우 높게 평가하는 것을 배우게 되었습니다.

저는 그 어린 아기를 보러 들어가지 않았습니다. 제 외동딸이 아기를 잃었고 딸의 생명도 거의 잃을 뻔했기 때문입니다. (미국에서 일어난 일인데, 그때 저는 이곳에 있었고, 딸과 함께 하지 못했습니다.) 그 가슴 아픈 기억이 저를 떠나지 않았습니다. 그 기억들은 잘 잊혀지지 않는답니다.

"하나님께서는 행하고자 하시는 그의 놀라운 일을 신비한 방법으로 움직이십니다." 하나님께서 왜 이 사랑스러운 젊은 여인을 집으로 부르셔야만 했는지 저희는 모릅니다. 하지만 그분의 방식은, 시간이 되어 그분께서 저희에게 계시해주시는 것 말고는 발견할 수가 없다는 것을 알게 되었습니다.

그분의 팔이 우리를 둘러싸고 계십니다. 그리고 "그의 영원하신 팔이 네 아래에 있도다"*라고 말씀하시는 그 구절이 부인께 큰 의미가 될 것입니다. 이 구절은 늘 제게 위로가 됩니다.

키티의 무덤에서 가져온 말린 꽃들 조금, 키티의 발치에 놓았던 꽃들 조금, 그리고 조선인들이 바친 종이꽃 몇 조각을 보내드립니다. 키티가 받았던 사랑을 말해주는 것이라면 그 무엇도 부인께 소중하리라 생각됩니다. 목포의 여성들은 키티를 사랑했습니다. 또한 그 어린 딸도 얼마나 사랑하는지 모릅니다!

부인께서는 많고 많은 편지를 받으시게 될 것이고, 다른 일들로 부담이 되신다면 이 편지에 답장하실 필요가 없습니다. 어제가 아름다운 날이었고, 키티가 소중한 친구들 가운데서 영면에 들어갔다는 것을 아시길 원합니다. 그리고 만약 부인께서 여기 계셨다면 키티를 기억하며 마음껏 쏟아 부었던 영예와 존경 그 이상의 것은 원하시지 않았을 것이라 생각됩니다.

부인을 사랑하는 친구,

로이스 혹스 스와인하트 Lois Hawks Swinehart 드림

(M. L. 스와인하트 부인 Mrs. M. L. Swinehart)

* 신명기 33장 27절

조선 광주

1926년 3월 30일

친애하는 파크,

이렇게 오랜만에 내게서 소식을 듣게 되어 놀랄 수도 있겠다. 하지만 이번에는 한 마디라도 써서 보내야 한다는 생각이 들었단다. 토요일에 길머 부인의 죽음을 알리는 소식이 목포에서 왔을 때 우리 모두는 상상할 수 없는 충격을 받았단다. 사실 첫 번째 전갈이 전화로 왔고 조선인이 그 전화를 받았기 때문에 우리는 분명 무슨 실수가 있겠거니 생각했지. 곧 이어서 전보가 날아왔는데, 그 슬픈 뉴스를 확인하는 소식이었다. 그야말로 나는 받아들일 수가 없었단다. 내가 그전 주 일요일에 목포에 있었고 키티와 아기에 대해 들리는 소식은 모든 게 좋았기 때문이었어. 나는 머피 가족의 집에서 너의 오빠와 함께 식사를 했는데, 빌리는 무척 행복해 보였고 새로 태어난 딸에 대해 무척 자랑스러워했었거든.

나는 토요일 오후에 목포로 내려가고 싶었지만, 다시 전화 통화를 하고 나서는 월요일까지 기다렸다가 장례식에 내려가기로 결정했단다. 이곳에 있는 우리들, 그리고 순천, 전주, 군산에 있는 친구들은 어제 아침에 내려갔다가 지난밤에 돌아왔어. 순천에서 오는 사람들은 여기서 내려가는 기차를 타기 위해 새벽 4시에 집을 떠나 산을 가로질러서 운전을 했단다.

집에서는 영어로 짧게 예배를 드렸고, 무덤에서는 조선말로 또다른 예배를 드렸어. 커밍 씨가 두 예배를 주관했지. 이곳에서의 장례식은 어떤 점에서 고향의 장례식과 다를 수밖에 없다. 조선인들은 키티가 누

사랑이 키티를 조선에 부르다

운 언덕 주변에 운집했어. 어떤 사람들은 사랑과 존경의 마음으로, 어떤 사람들은 호기심으로 왔지. 그런 때에는 수많은 눈들이 바라보는 표적이 된다는 게 참 힘들다. 하지만 그들은 아마 이교도 방식과 기독교적 장례식을 비교하면서 뭔가를 배웠을 거야. 언덕을 내려오면서 이교도식 장례 행렬을 만났는데 온갖 화려한 색깔과 소음으로 가득했지. 참으로 대비가 되더구나. 내가 지나칠 때쯤 그 장례 행렬은 길 가에 서있었어. 여성들은 머리에 새끼줄을 두르고 노란색 옷(삼베)을 입었는데, 관 옆에 무릎을 꿇고 앉아 통곡했어. 만약 우리가 가진 소망이 우리에게 없다면 그게 어떤 의미가 있을까 하는 생각을 내내 했단다. 우리가 사랑하는 사람들은 다시 보게 된다는 것을 아는 것, 그건 얼마나 멋진 일인지! 어제는 계속해서 그 생각이 내 머리에 떠올랐어. 이 쓸쓸한 언덕에서 우리가 떠나보낸 건 진짜 키티 길머가 아냐. 이건 그저 키티의 사랑스러운 영혼이 잠시 머물렀던 집에 불과해.

파크, 너도 키티를 알았다면 얼마나 좋았을까? 너는 그녀를 대단히 사랑했을 거야. 키티는 얼굴만 아름다운 것이 아니라 영혼도 아름다웠어. 나는 그녀에 대해 오직 아름다운 일들만 들었단다. 키티를 더 많이 알게 되었더라면 좋겠지만, 그래도 나는 키티가 이곳 우리 집에 있었던 시간 동안 즐거웠고, 내가 키티의 집에 있는 동안 즐거웠다. 우리는 여기서 서로 매우 친밀하게 느꼈고, 거의 하나의 대가족 같았어.

묘지에서 돌아오는 길에 병원에 들어가서 아기를 보았어. 정말 귀한 어린 아기야. 하지만 아기가 누구를 닮았는지는 말할 수가 없구나. 아기는 그녀를 돌보는 베인 양이 아주 잘 돌보고 있단다.

너의 오빠는 그 어려운 시험 가운데서도 매우 용감하더구나. 하지만 그가 너무 외롭다는 걸 나는 알고 있어. 그들은 가장 헌신적인 부부였다.

너의 소가족은 어떠니? 네가 드레이퍼에서 살기 위해 돌아왔다고 길머 박사가 말해주더구나. 분명 집 가까운 곳에 있으면 행복할 거라고 생각한다.

나는 이번 여름 사우스웨스트 버지니아로 돌아갈 예정이다. 집을 떠난 후 거의 5년이 지났다고는 도저히 생각되지 않는구나. 돌아가기를 얼마나 바라는지……. 하지만 나는 이곳도 사랑한단다. 조선은 아름다운 나라이지만, 그럼에도 내가 늘 말했듯이 사우스웨스트 버지니아보다 더 아름다운 곳은 없지.

자, 사랑하는 파크, 더 이상 쓸 수가 없을 것 같다. 어제의 일에 대해 내가 해줄 수 있는 말을 해야만 한다는 생각이 들었었단다. 이번에는 너와 온 가족에게 나의 깊은 조의를 전하고 싶구나.

어머니와 아버지께 사랑한다고 전해드리렴.

사랑을 담아,

마가렛 마틴

조선 광주

친애하는 뉴먼 부인께,

큰 상실 가운데 계신 부인에 대해 저희들의 마음이 얼마나 아픈지 모릅니다! 부인께서 저희의 사랑과 위로를 아셨으면 하는 마음에 뭔가 저희가 할 수 있는 것이 있기를 모두가 바랐습니다.

키티을 알게 되면 키티를 사랑하게 되었습니다. 저희 선교부에서 부인의 귀한 따님만큼 외국인들과 선교사들에게 더 사랑스럽고 더 사랑받는 이가 없었습니다.

사랑이 키티를 조선에 부르다

저희는 지난 6월에 키티와 길머 박사가 대접했던 15명 이상의 손님들 중 일부였습니다. 그녀가 그 무리를 얼마나 능숙하게 다루는지 저희는 모두 놀랐습니다. 그녀는 훌륭한 음식을 제공했고, 그녀의 집은 너무 멋지게 갖춰져 있었습니다. 동봉된 편지는 그녀가 제게 쓴 것입니다. 부인께서 편지를 갖고 싶어 하실 거라는 생각이 들었습니다.

[편지 중 단 한 쪽만 발견되었다. 편지를 아래와 같이 기록되었다.]

저는 마음을 부인과 함께 나눌 수 있습니다. 제게 동생이 있었는데 도슨 부인 Mrs. Dodson 이었습니다. 2년도 안됐습니다만, 첫 아기가 태어났을 때 죽었습니다. 제 동생과 키티는 절친한 친구들이었습니다.

아기와 길머 박사는 이번 연례회의 때 저희 집에 머물 예정입니다. 물론 베인 양도 함께입니다.

아기는 부인의 가족이 되기를 바랍니다. 키티의 아기는 키티의 엄마에게 속해야 한다고 생각합니다.

저는 아기 캐스린을 2번 봤습니다. 크고 건강한 아기입니다. 길머 박사는 아기가 엄마를 닮았다고 말하는데, 제가 보기에는 아버지를 굉장히 많이 닮았습니다. 저는 아기가 어머니처럼 성장하기를 소망합니다.

언젠가 편지를 또 써야 할 것 같습니다. 저는 어린 녀석들 일곱 명의 엄마이고 편지를 쓸 시간이 거의 없습니다. 키티가 제게 편지를 썼던 그 오찬 세트 하나를 부인께 드릴 거라고 길머 박사가 말하더군요. 그것은 키티가 떠나기 바로 직전에 마무리되었습니다.

마음으로부터 위로와 사랑을 담아,

알. 엠. 윌슨 부인 Mrs. R. M. Wilson 드림

켄터키 핸더슨
포웰 가 11

1926년 4월 1일

친애하는 뉴먼 부인과 따님들께:

이 엄청난 상실의 시기에 저는 마음으로부터의 가장 깊은 사랑과 위로를 여러분께 전하고자 편지를 쓰고 있습니다. 코넬 양이 키티의 슬픈 죽음과 새로운 키티에 대학 좋은 소식을 저에게 알려 주었습니다. 저는 완전히 마음이 무너져 내렸고, 지금도 진짜인 것 같지가 않습니다. 적응하게 되기까지 오래 오래 걸릴 테지요. 선교지부는 빛나는 그녀의 존재가 없어졌기 때문에 많이 바뀌게 될 것입니다. 그녀는 약 1년 동안 저와 함께 살았습니다. 항상 친절했고, 재치 있었고, 사려 깊었습니다. 그모든 것들이 사랑스러운 성품을 만들어냈지요. 저는 키티같은 사람을 본 적이 없습니다. 그녀를 아는 것은 기쁨이었고, 그녀에게는 분명 멋지고 현명한 어머니가 계실 것이라고 늘 생각했습니다. 키티는 남자 중 남자인 길머 박사와 참으로 행복했습니다. 그렇게도 훌륭한 그리스도인의 성품이 있으니 저희는 소망 없이 슬퍼하지 않습니다. 저희는 모두가 다시 만날 것이기 때문에 위로를 받을 수 있습니다. 물론 저는 박사와 사랑스런 자신의 어머니를 알지 못할 그 어린 아기에 대해서 슬픈 마음입니다. 이곳은 참으로 슬프고 슬픈 세상입니다. 제가 1년 전 목포를 떠날 때 키티는 감기 혹은 독감에 걸려 있었고, 역에서 저를 배웅할 만큼 건강하지 않았습니다. 제가 그녀의 집으로 가서 이 세상에서 마지막으로 작별 인사를 했던 것이 기억납니다.

키티는 밤이면 박사의 무릎에 앉곤 했는데, 그들은 함께 성경을 읽고 공부했습니다. 그들의 결혼 생활은 이상적이었습니다.

우리들 또한 "더 높은 곳"으로 올라갈 날이 그리 멀지 않을 테지요.

키티는 행복했음에도 불구하고, 여러분 모두를 너무 보고 싶고, 어떤 때는 견딜 수가 없다고 말하곤 했습니다. 그녀는 자신의 고향의 가족들을 무척 사랑했습니다.

여러분들은 건강하시리라 믿습니다. 저는 제 건강이 허락한다면, 8월 14일에 시애틀을 떠나 조선으로 항해를 할 예정입니다.

사랑과 위로를 담아 보냅니다.

　　여러분의 친구,

　　　줄리아 마틴 Julia Martin 드림

저는 지난 여름 애쉬빌에서 부인의 딸을 만났습니다. 그녀가 저를 기억하는지 궁금합니다.

조선 목포

1926년 4월 1일

친애하는 뉴먼 부인께,

이 편지는 부인께 드리는 두 번째 편지입니다. 첫 번째 편지는 우리의 귀한 키티가 곧 사랑받는 길머 박사의 흠모하는 신부가 될 때였습니다. 지금은, 진정, 그녀가 신랑 되시는 우리 구주의 신부가 되었네요.

저희 공동체 전체가 외국인이든 본토인이든 막론하고 순식간에 비통하고 연민으로 가득 찬 사람들이 되었습니다. 많은 사람들이 아직도 그녀가 정말 저희 곁을 떠났다는 것을 실감하지 못하고 있습니다.

저희 모두의 마음이 길머 박사로 인해 얼마나 아픈지요. 키티는 박사의 생명이었습니다. 키티와 아기 캐스린은 너무 아름답게 지내고 있어서 그는 넋이 나갈 정도로 행복했습니다. 그 어떤 아내도 키티만큼 따뜻하고 다정한 돌봄을 받지 못했습니다. 그러므로 어느 누구든 자책을 할 여지가 전혀 없습니다.

아기는 너무나 사랑스럽고, 키티를 많이 닮았습니다.

길머 박사는 그 모든 과정 가운데서 매우 용감하게 지내고 있습니다. 그 표면 아래에 놓여 있는 고통을 알기 때문에, 그것이 저희의 마음을 더 아프게 합니다.

조선인들은 참으로 훌륭했고 배려가 넘쳤습니다. 약 250명의 여성들로 구성된 성경공부반이 진행 중이었는데, 키티가 떠난 그날 오후 그들은 모였고 슬픔 가운데 있는 모든 사람들을 위해 기도하며 그 오후의 남은 시간을 보냈습니다. 도시의 아름다움을 보러 가는 것 대신에 말이죠.

저의 집은 광주에 있지만 저는 3개월 가까이 길머 박사의 진료를 받았습니다. 저는 무엇보다도 당시 저희 선교지부 안에서 저의 사역과 관련된 사람들과 겪었던 온갖 잡음, 혼란, 상담 등으로부터 벗어나고자 내려갔습니다. 그 외에도 길머 박사의 의료 기술의 혜택을 누리게 되어 무척 기쁩니다.

저는 그가 현장에 도착했을 때 만났던 초기 환자들 중 한 명이었습니다. 저희 의사가 안식휴가 중이었는데, 그때부터 저는 그를 엄청나게 좋아했습니다. 그래서 또한 제가 좋아하는 사람이 아내를 갖게 되었을 때 훨씬 기뻤습니다.

키티는 저희들 가운데 머물렀던 짧은 시간 동안 분명 사람들의 마음을 얻었습니다. 저는 고혈압에다가 심장에 약간의 문제가 있어서 극히 제한된 양의 운동만을 할 수 있을 뿐입니다. 키티 역시도 날마다 걷기를 하고 있었지요. 그래서 저희는 한 달 가량을 함께 걸었습니다. 얼마나 멋진 산보였는지 모릅니다. 그날들은 제 즐거운 기억 중 하나로 남을 겁니다.

우리는 이 일들을 이해할 수 없습니다. 하지만 키티는 우리들에게보다 사랑하는 아버지께 훨씬 귀했고, 그분께서 그 모든 일을 하셨고 거기에는 실수가 있을 수 없다는 것을 알게 된다면 좋지요.

이 일은 부인께 무거운 슬픔입니다만 그녀의 결혼 생활이 행복으로 가득했다는 것, 그리고 그녀가 더 이상의 고통이나 슬픔을 결코 모른다는 것을 알게 되면 기쁩니다.

부인과 다른 사랑받는 이들에게 사랑과 위로와 기도를 가득 담아 전해드립니다.

　　　　부인의 친구,
　　　　엘라 그래함 Ella Graham 드림

남장로교 선교부
조선 목포

1926년 4월 8일

사랑하는 엄마,

저는 매우 허전합니다. 하지만 불행할 리는 없습니다. 키티는 매우 빨리 그리스도와 함께 있게 되었고, 우리는 그분께서 오실 때 키티를 돌려주실 것이라고 믿어 의심치 않습니다. 지금 제가 고대하고 있는 날이 그 날입니다. 다른 날이 아닌 그 날입니다. 저희는 함께 미국으로 돌아가 엄마, 어머니, 아버지를 만날 그때를 기대하곤 했습니다. 하지만 이제 저는 그분의 오심을 바랄 뿐입니다.

저희가 함께 얼마나 행복했는지 말씀드릴 필요가 없을 겁니다. 캐스린이 태어났고, 저희는 행복한 가족이었고, 키티는 캐스린을 품에 안고 행복하고 예쁜 장면을 만들어냈습니다. 이 세상으로서는 너무 행복했죠. 키티는 천국에 속해 있고, 키티가 그곳으로 갔기 때문에 우리는 슬퍼해서는 안됩니다. 이 세상에서 짧은 시간이었지만 저는 하나님께서 그녀를 제게 주신 것이 너무 감사합니다. 그리고 영원의 약속으로 인해 더 많이 감사합니다.

저는 다음 여름에 (1927) 몇 달 동안 집으로 갈 예정입니다.

아기 캐스린은 지금까지 건강히 지내고 있습니다. 아마 6월 초순에 베인 양이 아기를 집으로 데리고 갈 겁니다.

저를 사랑해 주세요.

엄마의 아들, 윌리엄 올림

❦

남장로교 선교부
조선 목포

1926년 4월 18일

사랑하는 엄마,

외국인 예배를 드리고 이 커다랗고 외로운 집으로 방금 돌아왔습니다. 하나님께서 그분에게로 부르시기에 적합하다고 보셨던 그녀를 제

사랑이 키티를 조선에 부르다

가 얼마나 사랑하는지 아시죠? 물론 키티는 하나님의 것이고, 키티에게 있어서야 질병과 고난으로 가득한 이 악하고 죄많은 세상보다는 천국이 훨씬 좋은 곳이지요. 그렇지만 저는 무척 이기적이어서 키티가 저와 이곳에서 머무르기를 바라고 있습니다. 저는 많이 행복했습니다. 이제 저에게는 앞으로 고대하는 단 하나의 날짜만 있을 뿐입니다. 그것은 바로 그리스도께서 오시는 날입니다. 그때 우리는 모두 함께 있게 될 것이고 다시는 헤어지지 않을 거예요. 키티와 저는 거의 하루도 떨어진 적이 없었습니다. 언젠가 제가 거의 이틀 동안 집을 떠나 있었는데, 저희는 너무 서로를 그리워했고, 그래서 다시는 그렇게 하지 말자고 결정했지요. 하나님께서는 그분이 오실 때까지 저희를 떨어져 있도록 결정하셨습니다. 그 일이 멀지 않다고 생각하지 않습니다.

엄마의 어린 손녀 캐스린은 매우 건강하게 지내는 것 같습니다. 저희 계획을 완전하게 세운 건 아니지만, 아마도 캐스린과 저는 금년 돌아오는 가을이나 겨울 언제쯤 미국으로 돌아가 살게 되지 않을까 생각합니다.

엄마, 제게 편지해 주세요.

엄마의 아들 빌리 올림

켄터키 헨더슨
포웰 가 11

1926년 4월 27일

친애하는 길머 부인께:

저는 광주에 있는 윌슨 박사의 부인으로부터 키티의 죽음에 대해 이야기하는 편지를 한 통 받았습니다. 그녀는 이렇게 썼습니다. "우리 선교부에 또 하나의 비극이 일어났어요. 3월 27일에 길머 부인이 갑작스럽게 사망했습니다. 3월 16일에는 그녀의 아기 캐스린 뉴먼이 태어났습니다. 아기가 태어났을 때 모든 상황이 좋았고, 토요일 1시까지만 해도 아기와 엄마가 매우 잘 지내고 있었습니다. 그때 길머 부인이 갑자기 의식을 잃었고 15분에서 20분 사이에 사망했습니다. 길머 선생은 식사를 하러 맥켈리 댁으로 갔었죠. 길머 부인이 식사를 하다가 베인 양에게 말했어요. '저 몸이 좀 안 좋아요.' 그녀가 이 문장을 마치기도 전에 얼굴이 확 붉어지더니 무의식 상태가 되었습니다. 길머 선생은 금방 병원으로 돌아왔고 2분 후 이미 방에 있었어요. 그와 베인 양은 피하지방주사를 놓았지만 그녀는 다시 회복되지 않았어요. 컴파운드에 있는 사람들이 그녀가 아프다는 것을 다 알기도 전에 그 귀한 길머 부인의 영혼이 천국으로 가버렸답니다."

"길머 선생은 멍해보였어요. 그녀가 죽기 불과 하루 전에 길머 선생이 윌슨 박사에게 편지를 썼지요. '저희 훌륭한 딸을 보러 내려오지 않으십니까? 그녀는 모든 면에 있어서 세상에서 가장 훌륭합니다. 키티는 건강히 잘 지내고 있습니다. 아기는 태어났을 때 3.6킬로그램이었는데 바로 몸무게가 늘어났습니다.'"

"베인 양은 계속해서 아기를 돌볼 예정이고 목포 선교지부는 베인 양이 5월에 고향으로 돌아가는 걸 허락해달라고 요청하고 있습니다. 그녀의 안식휴가나 이번 여름으로 예정되어 있는데, 그녀는 아기를 데리고 가서 길머 선생의 어머니께 전하려고 해요. 길머 선생은 고베까지 갈 것이고, 그의 아버지에게 그들을 태평양 연안에서 맞아달라고 요청할 예정입니다. 그는 아기를 만나러 내년 여름에 고향으로 갈 것 같다

사랑이 키티를 조선에 부르다

고 말합니다. 장례식은 월요일 오후에 집에서 열렸고, 시신은 니스벳 부인의 무덤 가까운 언덕에 묻혔습니다. 꽃이 무척 예뻤답니다. 제비꽃, 나팔수선화, 수선화가 무덤을 덮었어요. 묘지가 있는 그 황량하고 바람이 쌩쌩 부는 산은 적막하게 보이는 곳이지요. 그런데 저희가 그녀의 시신을 안장하는 동안 태양이 따뜻하고 밝게 빛났고, 바람도 불지 않았고, 밀물 때였어요. 그래서 그곳은 무척 예쁘고 평화로왔습니다."

4월 16일, 17일에 열린 해외선교 집행위원회가 조선 선교에 대해 내린 결정입니다. "3월 27일에 목포의 Wm P 길머 부인이 여자 아기를 남기고 사망했음을 알리는 전보를 수신하였습니다. 아직까지는 다른 특이사항은 받지 못했습니다. 우리는, 체스터 박사 Dr. Chester 에게는 길머 부인에 대하여 적절한 약력을 준비할 것과, 사무국장에게는 이 나라에 있는 길머 박사와 길머 부인의 가족들에게 위원회의 조의를 전할 것을 권하는 바입니다."

사랑을 담아 안부를 전합니다.

줄리아 마틴 드림

코리아 미션 필드, 장로교 보고서

1926년 5월

부고: 3월 27일, 남장로교 선교부, 목포, W. P. 길머의 아내 길머 부인

남장로교 선교부
조선 목포

1926년 5월 5일

사랑하는 엄마, 처형, 그리고 헬렌:

최근 우편물로 온 여러분의 멋진 편지들 때문에 제가 얼마나 즐거웠는지 모르실 겁니다. 물론 키티같은 여성이 세상에서 가장 훌륭한 분들에게서 나왔다는 걸 알고 있었습니다만, 여러분은 이 시험에서 제가 기대했던 것보다 훨씬 큰 도움이 되십니다. 고향 가족들의 편지에는 계속해서 그들이 여러분과 얼마나 가까워졌는지 쓰여 있습니다.

여러분의 편지에 합당한 답장을 드리고 싶지만 제 마음이 너무 갈기갈기 찢어져 있어서 제가 느끼는 것을 표현하는 걸 시작할 수가 없는 상태입니다. 게다가 제가 하는 말은 제가 하고 싶은 말에 한참 모자라기 때문에 말하려고 노력하는 게 쓸데없는 것 같습니다.

이런 때에 그래함 형이 여러분께 갈 수 있어서 기쁩니다. 이 편지는 형이 그곳에 있는 동안 보낸 편지입니다. 우리 모두가 예수님과 함께 행복한 가족으로 있게 될 때 영광스럽지 않겠습니까? 그곳에는 더 이상 그 어떤 이별도, 슬픔도, 고통도 없을 것입니다.

그리고 이 사진 세 장은 이곳 사진입니다. 한때 생존했던 귀한 여성이 이곳에서 그분을 섬기며 그녀의 삶을 드렸습니다. 2년이라는 짧은 기간 동안 남편으로 지낸 것이 너무 과분한 행복이었습니다. 이제 계속해서 갖는 한 가지 생각은 예수님께서 다시 오실 것이고, 그분께서 키티를 부르셨던 것보다 훨씬 갑자기 키티를 제게 돌려주실 것이라는 완벽한 확신입니다. 그 일은 지금 어느 때이든 일어날 수 있습니다. 제가

사랑이 키티를 조선에 부르다

키티를 얼마나 사랑하는지요. 저희는 최고로 행복한 결혼 생활을 했습니다. 알고 계시지요?

이제 아기 캐스린과 저, 저희의 계획에 대해 몇 자 적습니다. 처음에는 캐스린을 집으로 보내려고 생각했습니다만, 지금은 제가 캐스린과 함께 하고 다른 누군가가 이 일을 이어받도록 하는 것이 하나님의 뜻인 것 같습니다. 일이 이런 식으로 진행된다면 저희는 다음 가을이나 겨울이면 고향에 있게 될 것입니다. 캐스린은 너무 사랑스러운 아기이고, 눈동자가 파란 것만 뺀다면 마치 키티의 아기 때 사진 같습니다. 캐스린은 시간마다 제게 말하려고 하고, 사랑한다고 말하려고 열심히 노력하면서 가장 달콤한 세모꼴 웃음을 웃습니다. 제가 캐스린의 사진을 몇 장 찍었는데, 상태가 괜찮으면 보내드리겠습니다.

여러분은 많이 사랑합니다. 그리고 깊은 도움에 감사합니다.

마음을 담아,

빌리 드림

장로교 보고서

1926년 7월

"캐스린 뉴먼 길머"

Wm. P. 길머 박사의 사랑받는 아내 캐스린 뉴먼 길머의 사망 소식을 접한 해외선교 집행위원회는 슬픔에 잠겼다. 길머 부인은 1923년에 선교사 자녀들을 가르치는 교사로서 현장으로 갔다. 섬기던 현장에서 몇 달이 지난 후 그녀는 목포 선교지부에서 사역하는 의료 선교사인 Wm. P. 길머 박사와 결혼했다. 1926년 3월 15일, 그들에게 딸이 태어났고 행복했다. 약 열흘 동안 어머니와 아기는 건강하게 지내는 것 같았다. 그런데 길머 부인은 식사를 하는 도중 뇌출혈의 공격을 받았고, 그녀가 아프다는 것을 선교지부의 다른 선교사들이 알기도 전에 사망했다. 장례식은 집에서 집례되었고, 시신은 1920년 3월에 같은 선교지부에서 세상을 떠난 니스벳 부인 Mrs. J. S. Nisbet 의 무덤 가까운 언덕 위에 안장되었다. 윌슨 부인 Mrs. R. M. Wilson 은 장례식에 대하여 이렇게 썼다. "꽃이 무척 예뻤답니다. 제비꽃, 나팔수선화, 수선화가 무덤을 덮었어요. 묘지가 있는 그 황량하고 바람이 쌩쌩 부는 산은 적막하게 보이는 곳이지요. 그러나 어제 오후, 저희가 그녀의 시신을 안장하는 동안 태양이 따뜻하고 밝게 빛났고, 바람도 불지 않았고, 밀물 때였어요. 그래서 그곳은 무척 예쁘고 평화로웠습니다." 길머 박사의 어머니는 전보를 보내와, 아기를 자신에게 보내줄 것을 요청했다. 아마도 아기는 안식휴가를 떠나는 우리 선교사 한 명의 보호 하에 이번 여름 언제쯤 미국으로 보낼 예정이다.

집행위원회는 사별을 당한 남편과 가족에게 진심으로 깊은 조의를 표한다. 또한 모든 위로가 되시는 하나님께서 슬픔에 빠져있는 그들을 돌보시고 그들의 필요를 따라 그들에게 은혜와 힘을 주시리라는 우리의 하나된 기도의 확신을 전한다.

사랑이 키티를 조선에 부르다

번역을 마무리하며

　　언더우드, 아펜젤러 등 한국교회의 교인이라면 누구나 알 법한 선교사들의 이름이 꽤나 있다. 그런데 그들은 어떤 교회의 설립자, 어떤 학교의 설립자, 성경번역자 등 활동의 결과물이 중심된 공인의 타이틀로 우리에게 다가오기 때문에 우리가 그 선교사들의 더욱 역동적인 삶과 그 내면을 깊고 넓게 이해하기는 쉽지 않다. 잘 알려진 선교사들 말고도 우리가 알지 못하는 훨씬 더 많은 선교사들이 우리나라를 다녀갔다. 그들은 짤막한 글이나 선교사 편람, 또는 생몰 시기가 기록된 묘비에서 발견될 뿐 공인으로서의 모습마저도 알려지지 않은 경우가 많다. 캐스린 뉴먼 길머 역시 그런 인물에 해당된다. 선교사로서 그녀의 활동이 3년을 넘기지 못했고 출산 이후 갑작스럽게 사망했기 때문에 우리는 그녀의 삶은 고사하고 공인으로서의 모습조차도 파악하기가 어렵다. 여기서 이런 질문이 생긴다. 이미 한 세기 가량의 세월이 지나버린 지금 캐스린이라는 생소한 선교사의 공적인 활동이 아닌 시시콜콜한 일상과 내면을 우리가 꼭 알아야 하는가? 알아야 한다면 그것이 후대의 우리에게 어떤 의미가 있는가?

　　역자는 무엇보다도 '풍성함과 역동성'에 의미를 두고 싶다. 선교사로 파송 받은 캐스린은 아직 미국에 있을 때 트렁크를 분실하는 사건을 겪게 되는데, 천신만고 끝에 트렁크를 찾기는 하지만 긴 시간 동안 트렁크를 찾아 다니면서 '죽이고 싶을 정도로' 분노하는 모습을 보여준다. 좋은 곳을 다닐 때마다 가족들을 생각하고 언니와 동생의 일자리를 걱정하기도 하고, 일본과 조선을 비교하고 조선의 열악한 상황을 끔찍하다고 말하기도 한다. 조선에서 살면서 어렵게 구한 얼음 몇 조각과 우유 한 잔에 크게 기뻐하고, 미국에서 날아온 햄에 크게 기뻐하는 등 소소한 일상에서 맛보게 되는 기쁨을 가감 없이 표현한다. 더구나 윌리엄 페인터 길머라는 남성 선교사를 만나 사랑에 빠지고 결혼하고 이후의 삶을 살아가는 과정은 선교사이기 전에 인생의 희로애락을 겪어가는 평범한 사람의 모습을 가장 꾸밈없이 보여준다. '자신을 부르는 소리를 따라 조선으로 왔더니 길머가 있었고 이제는 길머 때문에 꾸고 있는 황금의 꿈에서 혼자 깨어나는 것이 고통'이라고 고백하는 캐스린의 모습은 여지없이 사랑에 빠진 한 여성이다. 이렇듯 그녀의 편지에는 교육선교사로서의 직무보다는 그녀의 일상과 내면이 가감 없이 드러난다. 그러면서도 자신이 교육을 맡았던 악동 앨리스가 변해가는 모습을 보면서 '후광이 보이고 (천사) 날개의 싹이 살짝 보인다,' '자신의 시간과 수고가 헛되지 않았다'는 표현을 쓰는 것을 보면 그녀가 교육선교사로서 직무 역시도 최선을 다해 수행했음도 어렵지 않게 짐작할 수 있다.

캐스린의 편지를 읽으면서 역자에게는 많은 질문이 떠올랐다. '일제의 식민지가 된 조선에 일자리를 위하여 장사를 하기 위하여 온 것인가? 저렇게 속물 같은 행동을 하다니 선교사로서의 정체성이 있기는 한가? 인생의 반려자를 찾기 위하여 왔나?' 그러나 캐스린의 죽음과 함께 편지읽기가 끝날 무렵에는 뭉클함이 밀려왔다. 캐스린은 조선의 열악한 상황을 끔찍하게 여겼지만 어느덧 조선 생활을 잘 수용하고 병원 운영에 대하여 고민하고 주일학교를 잘 운영하기 위하여 최선을 다하

사랑이 키티를 조선에 부르다

는 등 참으로 하나님 앞에 서있는 원숙한 선교사의 모습을 유감없이 보여주었다. 두려움을 표현할 시간도 없을 만큼 너무 빨리 닥쳐온 죽음의 소식을 읽으며 역자는 펑펑 울었다. 마치 '목사님은 화장실에도 안 가시는 줄 알았어요'라고 말하는 순진한 교인처럼, 공적인 활동을 중심으로 굳어져 있는 선교사의 상이 역자의 머릿속에도 박혀 있었음을 느끼면서 3년여의 마지막 삶을 조선에서 불태운 캐스린에게 고맙고 미안한 마음이 들었다. 캐스린의 편지는 역자로 하여금 하나님 앞에서 살아가는 하나님의 백성을 있는 그대로 바라보게 만들어 주었다. 평면적인 경험이 아니라 입체를 넘어 후각과 촉각까지 동원하게 하는 사차원적 경험이 일어났던 것이다. 이것이 캐스린의 편지가 역자에게 가르쳐 준 '풍성함과 역동성'이다. 아울러 목회자가 어떻게 살아야 할 것인가에 대해서도 다시 생각해본다. 목회자로서의 정체성에 앞서 하나님 앞에 선 연약한 죄인임을 인정하고 기억하며, 자신의 연약함을 들키지 않으려고 애쓰기보다는 서로를 격려하고 위로하며 살아가야 하겠다.

관동대지진을 포함하여 미국에서 출발하여 조선에 도착하기까지의 여정에서 겪은 많은 사건들, 장례식, 위생, 호떡 이야기 등을 통해 보는 조선의 상황, 일본과 중국에서 물건을 들여와 미국으로 보내려는 계획, 맥켈리 선교사와 학원사태를 통해 보는 급변하는 1920년대 조선의 사회상, 여기저기 등장하여 그 활동을 짐작하게 하는 선교사들의 이름. 이 모든 것들은 캐스린의 편지가 선교사들의 공적 활동을 촘촘하게 채워주고 아직까지 별로 드러나지 않은 전라도 지역의 선교활동을 알려주는 사료임과 동시에 1920년대 식민지 목포를 잘 보여주는 사료임을 알게 한다. 그러나 1920년에 참정권을 갓 부여받은 미국 남부의 여성인 캐스린의 편지를 읽는 그 자체만으로도 충분히 흥미진진하다고 고백해야겠다.

역자는 캐스린의 마지막 3년여의 삶을 함께 산 것 같다. 예기치 못한 죽음 앞에서 뚝 끊어져버린 그녀의 편지를 아쉬워하면서, 그리스도인 된 한 사람의 삶을 이토록 섬세하게 경험하고 감동했음에 감사한다. 어쩌면 그저 스쳐지나면서 나 자신의 잣대를 들이델 수 있는 수많은 사람들 안에 켜켜이 쌓여있는 삶의 무게 앞에서 겸손해지는 경험이 독자들에게도 있기를 바란다. 이런 경험을 제대로 전달하지 못하는 것은 모두 역자의 몫이다.

서 선 영